2022 体外诊断科技创新发展报告

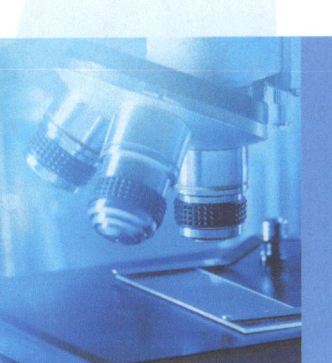

中国生物技术发展中心 编著

·北京·

图书在版编目（CIP）数据

2022体外诊断科技创新发展报告 / 中国生物技术发展中心编著. —北京：科学技术文献出版社，2022.10（2023.3重印）
ISBN 978-7-5189-9580-6

Ⅰ.①2… Ⅱ.①中… Ⅲ.①诊断剂—制药工业—科技发展—研究报告—中国—2022 Ⅳ.①F426.77

中国版本图书馆CIP数据核字（2022）第172816号

2022体外诊断科技创新发展报告

策划编辑：郝迎聪 责任编辑：李 晴 责任校对：张永霞 责任出版：张志平	
出 版 者	科学技术文献出版社
地　　址	北京市复兴路15号　邮编 100038
编 务 部	（010）58882938，58882087（传真）
发 行 部	（010）58882868，58882870（传真）
邮 购 部	（010）58882873
官方网址	www.stdp.com.cn
发 行 者	科学技术文献出版社发行　全国各地新华书店经销
印 刷 者	北京虎彩文化传播有限公司
版　　次	2022年10月第1版　2023年3月第2次印刷
开　　本	787×1092　1/16
字　　数	405千
印　　张	24.75
书　　号	ISBN 978-7-5189-9580-6
定　　价	228.00元

版权所有　违法必究

购买本社图书，凡字迹不清、缺页、倒页、脱页者，本社发行部负责调换

《2022体外诊断科技创新发展报告》编写人员名单

编委会主任：张新民

编委会副主任：沈建忠　范　玲　郑玉果

主　　　编：郑玉果

副　主　编：苏　月

编写组成员：（按姓氏笔画排序）

马骏龙	王　军	王　瑛	王　晶	王　磊	王成彬
王传新	王华梁	王会如	王黎琦	方子寒	邢菁华
朱耀毅	江明金	苏顺开	李　岑	李丹荣	李冬雪
李芮冰	李苏宁	李治非	杨　阳	杨　喆	杨　雳
杨广宇	吴函蓉	旷　苗	何　蕊	宋海波	张　彤
张　鑫[*]	张　鑫[**]	张大璐	张成鹏	张会生	陈　琪
武瑞君	罗晓亮	赵添羽	姚贝儿	高尚先	郭　健
唐　波	唐玉国	黄　鑫	黄伟滨	黄英明	曹　芹
彭年才	葛胜祥	董　华	程　曦	温新宇	魏　巍

[*]　作者单位为中国生物技术发展中心合作处
[**]　作者单位为中国生物技术发展中心前沿处

前 言

体外诊断被誉为"医生的眼睛",是现代检验医学的重要构成部分,其临床应用贯穿疾病预防、诊断与鉴别诊断、治疗效果评价、预后评估等疾病发生发展的全过程,在促进医疗卫生事业发展和维护全民健康之中起到了至关重要的作用。体外诊断行业正呈现出生物技术、信息技术、智能控制技术、纳米技术、新材料技术高度集成、高度融合的趋势,已成为医疗器械创新发展的重点领域。体外诊断是全球医疗器械行业的最大分支,现有市场规模巨大,行业发展稳健。

近年来,我国体外诊断科技和产业快速发展,一大批创新技术已成功应用到临床检验领域,显著地改变了原有的市场格局,显著地扩大了体外诊断的原有应用范畴,极大地拓展了临床检测的市场空间,整体创新能力与科技水平得到了显著提高,整体的技术发展方向与国际大趋势一致。但与发达国家相比,我国体外诊断在技术发展和产业链条等多方面还存在一定差距。

中国生物技术发展中心围绕科技项目管理专业机构和生物领域高端智库"双目标、双保障"的目标,一直承担生物技术和医疗器械领域的科技计划管理,密切关注相关领域科技发展动态。为系统地反映国内外体外诊断科技和产业领域的发展概况和主要成果、总结发展经验、研判发展趋势,中国生物技术发展中心组织开展《2022体外诊断科技创新发展报告》(简称《报告》)的编制工作。《报告》共分为十章:第一章简述了体外诊断技术及产业发展历程,重点介绍了我国体外诊断的发展历程;第二章介绍了全球体外诊断战略规划与产业政策;第三章至第七章介绍了全球体外诊断产品、技术、产业链条、市场发展现状和趋势;第八章对全球体外诊断领域论文和专利开展了文献计量学分析;第九章至第十章对全球代表性研究机构、产业园区和企业进行了介绍。需要特别说明的是,由于数据库的统计口径不同,《报告》中的市场规模等数据存在一定差异。

希望《报告》能为国内外体外诊断研究领域的政策制定者、研发人员、管理工作者、医务工作者，以及关心体外诊断领域科技和产业发展的社会各界人士提供参考。同时，在本书的编写过程中，难免存在数据收集不完整、不准确之处，欢迎予以批评指正，提出宝贵意见，以便我们进一步改进和完善。

目 录

第一章 体外诊断技术及产业发展历程 … 1
第一节 体外诊断发展简史 … 1
第二节 中国体外诊断产业发展回顾 … 3
一、中国体外诊断产业初创期（1978—1990 年） … 4
二、中国体外诊断产业成长期（1991—2000 年） … 4
三、中国体外诊断产业快速增长和竞争加剧期（2001 年至今） … 5
第三节 中国体外诊断技术发展的历史进程 … 8
一、新中国成立至 20 世纪 70 年代：医学检验原始萌芽时代 … 9
二、20 世纪 80 年代：体外诊断由半自动向全自动迈进 … 10
三、20 世纪 90 年代：体外诊断大发展的孕育时代 … 11
四、21 世纪初叶前十年：体外诊断现代化发展时代 … 11
五、21 世纪第二个十年开始至今：体外诊断进入全新的里程碑 … 12
第四节 创新与产业动态变化及演化关系 … 13
一、体外诊断产业链知识结构分布 … 14
二、产业知识存量动态演化过程 … 15
三、技术创新与研发网络中协作关系变化 … 16

第二章 全球体外诊断战略规划与产业政策 … 20
第一节 中国体外诊断战略规划与产业政策 … 20
一、监管部门与行业组织 … 20
二、主要战略规划 … 21
三、主要产业政策 … 23
第二节 国外体外诊断战略规划与产业政策 … 27
一、主管部门 … 27
二、主要行业法规及产业政策 … 28

第三章 体外诊断产品及其应用……………………………………………… 33
第一节 体外诊断产品的分类 …………………………………………… 33
一、体外诊断产品的分类方法 ………………………………………… 33
二、体外诊断产品的七大类别 ………………………………………… 33
第二节 体外诊断产品的构成 …………………………………………… 35
一、体外诊断产品的系统组成 ………………………………………… 35
二、体外诊断产品的常见类型 ………………………………………… 36
第三节 体外诊断产品的应用 …………………………………………… 46
一、体外诊断产品的应用范围 ………………………………………… 46
二、体外诊断产品应用 ………………………………………………… 47

第四章 体外诊断技术发展趋势 …………………………………………… 55
第一节 体外诊断关键技术及发展趋势 ………………………………… 55
一、标记免疫类技术 …………………………………………………… 55
二、测序扩增技术 ……………………………………………………… 61
第二节 体外诊断前沿技术 ……………………………………………… 68
一、循环肿瘤细胞和外泌体技术 ……………………………………… 68
二、谱学技术 …………………………………………………………… 71
三、多组学技术 ………………………………………………………… 80
四、数字化技术 ………………………………………………………… 86
五、人工智能与智慧大数据 …………………………………………… 91

第五章 体外诊断产业链条 ………………………………………………… 98
第一节 体外诊断试剂原材料及仪器元器件 …………………………… 98
一、体外诊断试剂原材料及仪器元器件概述 ………………………… 98
二、国外体外诊断核心原材料与元器件发展现状 …………………… 99
三、国内体外诊断核心原材料与元器件发展现状 …………………… 113
四、体外诊断原材料与元器件发展前景与展望 ……………………… 117
第二节 体外诊断生产制造与质量控制 ………………………………… 119
一、体外诊断生产制造与质量控制的管理规范及现状 ……………… 119
二、体外诊断设备生产制造与质量控制 ……………………………… 128

三、体外诊断试剂生产制造与质量控制 ………………………………………… 131
第三节　体外诊断产品注册与备案 ……………………………………………………… 144
　　一、体外诊断产品注册与备案的法规 …………………………………………… 144
　　二、体外诊断产品评估与审批 …………………………………………………… 150
第四节　体外诊断市场渠道 ……………………………………………………………… 176
　　一、体外诊断渠道现状 …………………………………………………………… 176
　　二、体外诊断渠道发展趋势 ……………………………………………………… 180

第六章　体外诊断市场及其发展趋势 ……………………………………………………… 189
第一节　国内市场 ………………………………………………………………………… 189
　　一、市场规模分析 ………………………………………………………………… 189
　　二、产品注册情况 ………………………………………………………………… 194
　　三、进出口贸易 …………………………………………………………………… 198
　　四、主要细分领域市场 …………………………………………………………… 202
　　五、市场营销分析 ………………………………………………………………… 206
　　六、国内市场趋势 ………………………………………………………………… 207
第二节　国际市场 ………………………………………………………………………… 210
　　一、国际市场概况 ………………………………………………………………… 210
　　二、主要细分领域市场 …………………………………………………………… 211
　　三、发达国家市场分析 …………………………………………………………… 215
　　四、新兴经济体市场分析 ………………………………………………………… 218
　　五、中国产品进入国际市场 ……………………………………………………… 224
　　六、国际市场趋势 ………………………………………………………………… 227

第七章　体外诊断监管机制 ………………………………………………………………… 238
第一节　中国体外诊断监管 ……………………………………………………………… 238
　　一、体外诊断产品的管理类别 …………………………………………………… 238
　　二、产业及科技政策 ……………………………………………………………… 239
　　三、监管政策 ……………………………………………………………………… 241
　　四、发展趋势 ……………………………………………………………………… 252

第二节　国外体外诊断监管 ………………………………………………… 254
一、美国体外诊断监管 ………………………………………………… 254
二、欧盟体外诊断监管 ………………………………………………… 260
三、其他国家和地区体外诊断监管 …………………………………… 264

第三节　WHO 体外诊断监管 ……………………………………………… 269
一、产品资格预审项目 ………………………………………………… 269
二、实施协作注册程序 ………………………………………………… 271
三、发布体外诊断试剂基本清单 ……………………………………… 271
四、组建体外诊断专家战略咨询小组（SAGE IVD）………………… 272
五、发布相关指南 ……………………………………………………… 272

第八章　全球体外诊断文献计量学研究 …………………………………… 274

第一节　全球体外诊断论文分布 …………………………………………… 274
一、体外诊断论文发表逐年分布情况 ………………………………… 274
二、体外诊断论文发表的国家分布情况 ……………………………… 275
三、体外诊断论文发表的国际合作情况 ……………………………… 276
四、体外诊断论文发表国家的学术影响力情况 ……………………… 278
五、体外诊断领域顶级机构的学术影响力情况 ……………………… 280
六、体外诊断研究的顶级机构合作情况 ……………………………… 282
七、体外诊断论文排名前五十高被引论文情况 ……………………… 286
八、体外诊断论文资助机构情况 ……………………………………… 292
九、体外诊断领域论文资助机构的合作情况 ………………………… 292

第二节　全球体外诊断专利分布 …………………………………………… 294
一、体外诊断相关专利年度分布情况 ………………………………… 294
二、体外诊断相关专利的受理地情况及5局流向图 ………………… 295
三、体外诊断相关专利的技术来源地及主要技术构成情况 ………… 297
四、体外诊断相关专利排名前十技术来源地 ………………………… 299
五、体外诊断领域相关专利的申请人集中度情况 …………………… 300
六、体外诊断相关专利数量全国分布情况 …………………………… 300

第九章　全球代表性研究机构 · 302
第一节　代表性研究院所 · 302
一、中国代表性研究院所 · 302
二、国外代表性研究院所 · 304
第二节　代表性高校 · 314
一、中国代表性高校 · 314
二、国外代表性高校 · 318

第十章　全球代表性产业园区及企业 · 331
第一节　国内代表性企业概况 · 331
第二节　国内代表性创新企业概况 · 340
第三节　国内代表性产业园区 · 355
一、国内部分体外诊断园区介绍 · 358
二、体外诊断特色园区代表 · 368
第四节　国外代表性产业园区 · 370

致　谢 · 375

图表目录

图 1-1　体外诊断发展史上的代表性事件……………………………………2
图 1-2　2015—2030 年中国体外诊断市场规模……………………………7
图 1-3　中国体外诊断产业链………………………………………………14
图 1-4　协同创新三螺旋模型………………………………………………16
图 4-1　化学发光原理示意…………………………………………………55
图 4-2　基于 AMPPD 的化学发光酶免疫分析原理示意…………………56
图 4-3　电化学发光原理示意………………………………………………57
图 4-4　荧光光谱……………………………………………………………58
图 4-5　免疫 PCR 与 ELISA 检测方法对比………………………………60
图 4-6　大肠杆菌的典型拉曼光谱…………………………………………74
图 4-7　单细胞拉曼代谢药敏检测流程……………………………………75
图 4-8　波谱分布示意………………………………………………………76
图 4-9　数字微流控平台示意………………………………………………88
图 4-10　CRISPR/Cas 分子诊断技术原理示意……………………………90
图 4-11　不同形式的可穿戴人工智能设备…………………………………92
图 4-12　可穿戴智能设备用于血压、心率、血糖等指标监测……………93
图 4-13　人工智能诊断系统用于 X-Ray 胸片、CT 影像结果的识别……94
图 4-14　深度学习算法训练预警分类模型…………………………………95
图 5-1　体外诊断试剂原材料各类产品市场规模占比……………………99
图 5-2　体外诊断仪器的核心元器件典型进口产品实物示例……………109
图 5-3　高通量酶基因筛选技术……………………………………………114
图 5-4　质量体系的各个组成板块…………………………………………122
图 5-5　质量体系及其子体系的内在联系…………………………………124
图 5-6　特殊过程确认流程…………………………………………………129
图 5-7　空调系统工作示意…………………………………………………136

图 5-8　纯化水工艺流程示意 137
图 5-9　临床生物化学试剂生产工艺流程示意 138
图 5-10　酶联免疫法试剂生产工艺流程示意 139
图 5-11　金标类检测试剂生产工艺流程示意 140
图 5-12　发光免疫类检测试剂生产工艺流程示意 141
图 5-13　核酸扩增法检测试剂生产工艺流程示意 142
图 5-14　全球制造业发展的4个阶段 142
图 5-15　各省（区、市）包含检验科的临床试验医疗器械机构数量 159
图 5-16　各省（区、市）医学检验科与病理科的专业数量 160
图 5-17　全国医学检验科专业数量分布 160
图 5-18　2017—2021年境内外三类医疗器械（不含IVD）、IVD占比
　　　　（含首次、延续、变更） 161
图 5-19　2021年境内外三类医疗器械（不含IVD）、IVD占比
　　　　（含首次、延续、变更） 161
图 5-20　2017—2021年境内外三类医疗器械（不含IVD）、IVD
　　　　（含首次、延续、变更）注册情况 161
图 5-21　2017—2021年境内外三类IVD占比（含首次、延续、变更） 162
图 5-22　2021年境内外三类IVD占比（含首次、延续、变更） 162
图 5-23　2017—2021年境内外三类IVD试剂（不含仪器、软件等）注册情况 163
图 5-24　2017—2021年境内三类IVD试剂（不含仪器、软件等）注册情况 163
图 5-25　2017—2021年进口及港澳台三类IVD试剂（不含仪器、软件等）
　　　　注册情况 164
图 5-26　各年通过创新特别审批的体外诊断产品数量趋势 164
图 5-27　各年获批上市的体外诊断产品数量趋势 165
图 5-28　试剂类产品数量与仪器类产品数量对比 165
图 5-29　各地已完成创新特别审批产品数量情况 166
图 5-30　境外进口创新特别审批产品与境内创新特别审批产品数量对比 166
图 5-31　新冠体外诊断产品应急审批情况分布 167
图 5-32　各年通过优先审批的体外诊断产品数量趋势 170
图 5-33　优先审批试剂类产品数量与仪器类产品数量对比 171

图 5-34	2017—2021年三类试剂分类趋势	172
图 5-35	2017—2021年三类免疫诊断试剂方法学分类趋势	173
图 5-36	2017—2021年三类病理诊断试剂方法学分类趋势	173
图 5-37	2017—2021年三类分子诊断试剂方法学分类趋势	174
图 5-38	2017—2021年三类血液诊断试剂方法学分类趋势	174
图 5-39	2017—2021年三类生化诊断试剂方法学分类趋势	174
图 5-40	三类IVD试剂中各类型占比	175
图 5-41	三类IVD试剂中各方法学占比	175
图 6-1	2016—2021年中国体外诊断产业市场规模及增速	189
图 6-2	2016—2020年中国体外诊断上市企业平均营收和平均利润	193
图 6-3	2017—2021年我国各类体外诊断企业数量（存量）	193
图 6-4	2017—2021年我国体外诊断国产第一类产品注册数量（存量）	194
图 6-5	2017—2021年我国体外诊断国产第二、第三类产品注册数量（存量）	195
图 6-6	2017—2021年我国进口第二、第三类体外诊断产品注册数量（存量，含港澳台）	197
图 6-7	2017—2021年我国体外诊断产品进口规模及增速	198
图 6-8	2017—2021年我国体外诊断产品出口规模及增速	200
图 6-9	2013—2019年中国分子诊断市场规模	205
图 6-10	2015—2020年中国PCR市场规模	206
图 6-11	2021年全球IVD细分领域市场份额占比	211
图 6-12	2000年及2021年全球血球诊断市场占整体市场比例情况	212
图 6-13	2016—2021年全球免疫诊断市场份额	213
图 6-14	2019年美国市场各细分领域分布情况	215
图 6-15	2012—2022年FDA列名产品中IVD产品与非IVD产品对比	215
图 6-16	2012—2022年FDA列名产品中IVD产品分类	216
图 6-17	2012—2022年FDA列名产品中各国IVD产品数量	216
图 6-18	2021年印度尼西亚IVD各细分市场分布	218
图 6-19	2020年俄罗斯IVD各细分市场分布	220
图 6-20	2021年土耳其IVD各细分市场分布	221
图 6-21	2021年哥伦比亚IVD各细分市场分布	223

图 6-22	欧盟市场分布	228
图 6-23	全球体外诊断临床试验开展的疾病方向	230
图 6-24	分子诊断临床科研趋势（2015—2021 年）	231
图 6-25	免疫诊断临床科研趋势（2015—2021 年）	231
图 6-26	生化诊断临床科研趋势（2015—2021 年）	232
图 6-27	抗原诊断临床科研趋势（2015—2021 年）	232
图 6-28	罗氏临床发展趋势（2015—2021 年）	233
图 6-29	罗氏临床研究领域	234
图 6-30	雅培临床发展趋势（2015—2021 年）	235
图 6-31	雅培临床研究领域	236
图 7-1	围绕创新的医疗器械相关领域发展规划	240
图 7-2	中国医疗器械法规体系	242
图 7-3	国家药监局已批准的创新医疗器械数量	244
图 7-4	国家药监局医疗器械优先审批数量	244
图 7-5	医疗器械注册人制度优势	245
图 7-6	标准、指导原则年度制修订数量	246
图 7-7	2016—2020 年全国医疗器械不良事件报告数量	251
图 7-8	2015—2019 年医疗器械生产企业飞行检查品种情况	252
图 7-9	日本医疗器械上市后安全措施流程	265
图 7-10	IVD 产品的资格预审完整流程	270
图 7-11	简化的资格预审流程	270
图 8-1	体外诊断领域 2016—2021 年论文发表情况	275
图 8-2	体外诊断论文发表数量排名前十的国家	275
图 8-3	体外诊断论文数量排名前五国家的逐年发表情况	276
图 8-4	体外诊断论文国际合作数量排名前十一的国家	277
图 8-5	体外诊断领域国家 / 地区合作网络	278
图 8-6	体外诊断论文发表数量排名前十国家的被引用情况	279
图 8-7	体外诊断合作论文数量前五机构的逐年发表情况	284
图 8-8	体外诊断机构的合作网络	284
图 8-9	体外诊断合作论文数量排名前五机构的合作网络	285

图 8-10 体外诊断领域资助机构合作共现图 ·················· 293
图 8-11 体外诊断领域近5年专利申请量和授权量变化情况 ·················· 295
图 8-12 体外诊断领域专利5局流向 ·················· 296
图 8-13 体外诊断专利受理国家/组织的分布（2016—2021年）·················· 297
图 8-14 体外诊断专利受理国家/组织的分布（2016年以前）·················· 297
图 8-15 体外诊断专利技术来源地的分布 ·················· 298
图 8-16 国内外体外诊断领域专利细分领域技术分布 ·················· 298
图 8-17 体外诊断专利排名前十技术来源地的平均权利要求项数 ·················· 299
图 8-18 权利要求数量最多的前10件专利 ·················· 299
图 8-19 体外诊断专利申请人集中度情况 ·················· 300
图 8-20 体外诊断领域专利申请数量排名前十省份 ·················· 301
图 8-21 体外诊断领域主要申请省市近5年专利申请量变化趋势 ·················· 301
图 10-1 2019—2021年上半年科创板上市企业营收情况 ·················· 334
图 10-2 2019—2021年上半年沪深主板上市企业营收情况 ·················· 335
图 10-3 2019—2021年上半年创业板上市企业营收情况 ·················· 336
图 10-4 2019—2021年上半年港股、美股上市企业营收情况 ·················· 337
图 10-5 全国体外诊断生产研发企业分布 ·················· 338
图 10-6 2019—2020年跨国企业营收情况 ·················· 339
图 10-7 2020年部分体外诊断企业研发支出 ·················· 348
图 10-8 2021年1—9月部分体外诊断企业研发支出 ·················· 351
图 10-9 中国生物医药产业发展格局变化 ·················· 357
图 10-10 2019年与2020年上市国产创新医疗器械的生物医药产业园区分布对比 ·················· 357

表 2-1 2016—2019年我国政府在体外诊断行业颁布的相关政策 ·················· 24
表 2-2 国外体外诊断主要行业法规及产业政策 ·················· 28
表 4-1 常用的基因扩增技术及其特点 ·················· 66
表 5-1 酶制剂在体外诊断试剂中的应用 ·················· 99
表 5-2 国内外IVD酶原料部分企业 ·················· 100

表 5-3	抗原抗体原料在体外诊断中的应用	104
表 5-4	纳米抗体与传统抗体性能比较	105
表 5-5	部分国内外诊断试剂抗原抗体原料提供商	106
表 5-6	磁珠和微球的不同应用场景	107
表 5-7	不同磁珠性能指标与对应诊断试剂优点	107
表 5-8	体外诊断急需核心元器件发展情况	110
表 5-9	体外诊断生产制造与质量控制现行法规	120
表 5-10	洁净室空气洁净度级别	135
表 5-11	SAC/TC136 性能评价标准	151
表 5-12	国家卫生健康委发布的临床检验性能评价标准	151
表 5-13	新旧条例医疗器械产品检验政策比较	152
表 5-14	新旧管理办法体外诊断试剂检验政策比较	153
表 5-15	2017—2021 年通过优先审批体外诊断产品	168
表 5-16	境内外三类 IVD 注册产品情况	171
表 6-1	2020 年之前上市主营体外诊断企业	190
表 6-2	2021 年新上市主营体外诊断企业	191
表 6-3	2016—2021 年中国体外诊断上市企业总体营收情况	192
表 6-4	我国各省（区、市）体外诊断产品注册数量（存量）前 10 位	195
表 6-5	我国各生产企业体外诊断产品注册数量（存量）前 10 位	196
表 6-6	2021 年我国进口第二、第三类体外诊断产品注册数量（存量）前 10 位的企业	197
表 6-7	2021 年我国体外诊断产品主要进口市场规模与占比情况	199
表 6-8	2021 年我国体外诊断产品主要进口省（区、市）市场规模与占比情况	199
表 6-9	2021 年我国体外诊断产品主要出口市场规模与占比情况（出口地区）	201
表 6-10	2021 年我国体外诊断产品主要出口市场规模与占比情况（出口国家/地区）	201
表 6-11	2021 年我国体外诊断产品主要出口省（区、市）市场规模与占比情况	201
表 6-12	中国体外诊断上市企业出口额及占比	202
表 6-13	2019 年全球 IVD 市场份额各国占比	211

表 6-14	2021年全球临床化学市场规模分布	214
表 6-15	埃及体外诊断市场特点及趋势表现	220
表 6-16	2019年巴西各细分领域市场占比情况	222
表 6-17	2020—2021年我国体外诊断产品在澳大利亚、加拿大、新加坡的注册数量（存量）及占比	224
表 6-18	2017—2021年体外诊断产品在澳大利亚注册数量靠前的中国企业名单及产品注册数量（存量）	225
表 6-19	2017—2021年体外诊断产品在加拿大注册数量靠前的中国企业名单及产品注册数量（存量）	226
表 6-20	2017—2021年体外诊断产品在新加坡注册数量靠前的中国企业名单及产品注册数量（存量）	227
表 7-1	特别审查审评程序	243
表 7-2	医疗器械唯一标识制度	247
表 7-3	医疗器械及体外诊断试剂临床评价	249
表 7-4	FDA 医疗器械分类审评程序	256
表 7-5	审评审批改革措施	257
表 7-6	IVDR 分类	261
表 7-7	日本体外诊断产品分类	264
表 7-8	韩国体外诊断试剂分类规则	268
表 7-9	不同等级产品 UDI 实施日期	268
表 8-1	体外诊断论文发表数量排名前十国家的被引用情况	279
表 8-2	体外诊断论文发表排名前二十机构的被引用情况	280
表 8-3	发文量排名前十的中国机构	282
表 8-4	合作发文量排名前十的机构	282
表 8-5	合作发文量排名前五的机构被引次数最高的论文情况	283
表 8-6	体外诊断领域论文合作数量排名前二十的中国机构	286
表 8-7	体外诊断论文被引用次数排名前五十论文的情况	287
表 8-8	体外诊断论文的全球资助机构情况	292
表 8-9	体外诊断论文的中国资助机构情况	294
表 10-1	国家药监局创新通道审批的体外诊断类新冠产品	340

表 10-2	2020 年部分体外诊断企业研发支出	346
表 10-3	2021 年 1—9 月部分体外诊断企业研发支出	349
表 10-4	通过创新医疗器械特别审查通道体外诊断产品	352
表 10-5	2020 年部分园区全产业与生物医药产业 GDP 增长情况对比	355
表 10-6	4 类产业园区发展特点	356
表 10-7	美国十大生物技术集群的有关信息	371
表 10-8	印度主要生物技术集群的有关信息	373

第一章　体外诊断技术及产业发展历程

第一节　体外诊断发展简史

体外诊断（In Vitro Diagnosis，IVD），根据美国食品药品监督管理局（FDA）对体外诊断的定义：是指对人体样品进行收集、制备和对样品进行检测的试剂、仪器和系统，通过它们对疾病或人体其他状态，包括人体健康状况进行的诊断，为治愈、减轻、治疗、预防疾病及其并发症提供信息。从事这些体外诊断仪器、试剂、标准品，以及耗材和质控品研发、生产、营销、服务和应用的企业形成体外诊断产业，在国际上统称为体外诊断产业。因此，从广义上讲，体外诊断产业是指在人体之外，通过对人体的样品（血液、体液、组织等）进行检测而获取临床诊断信息的产品和服务。从狭义上讲，体外诊断产业是指体外诊断相关产品，主要包括体外诊断试剂及体外诊断仪器设备或系统。我国在《体外诊断医疗器械制造商提供的信息（标示）第1部分：术语、定义和通用要求》（GB/T 29791.1—2013）中，对体外诊断医疗器械给出了明确的定义，即体外诊断医疗器械是指单独或组合使用，被制造商预期用于人体标本体外检验的器械，检验单纯或主要以提供诊断、监测或相容性信息为目的，器械包括试剂、校准物、控制物质、样品容器、软件及相关的仪器或装置或其他物品。

体外诊断行业的发展伴随着生物化学、免疫学、分子生物学等领域的发展而发展，可分为3个发展阶段：第一阶段，20世纪之前，显微镜的发明催生了以微生物镜检为主的传统形态学检验手段；第二阶段，20世纪初期，酶催化反应及抗原抗体反应的发现为生化和免疫诊断奠定了根基，体外诊断逐步兴起；第三阶段，20世纪50年代后，DNA双螺旋结构、单克隆抗体技术、高通量测序技术等的运用推动了分子诊断及整个体外诊断行业的跨越式发展，在临床疾病预测、预防、诊断、治疗监测、预后观察和健康状态评价等方面，起到越来越重要的作用。体外诊断发展史上的代表性事件如图1-1所示。

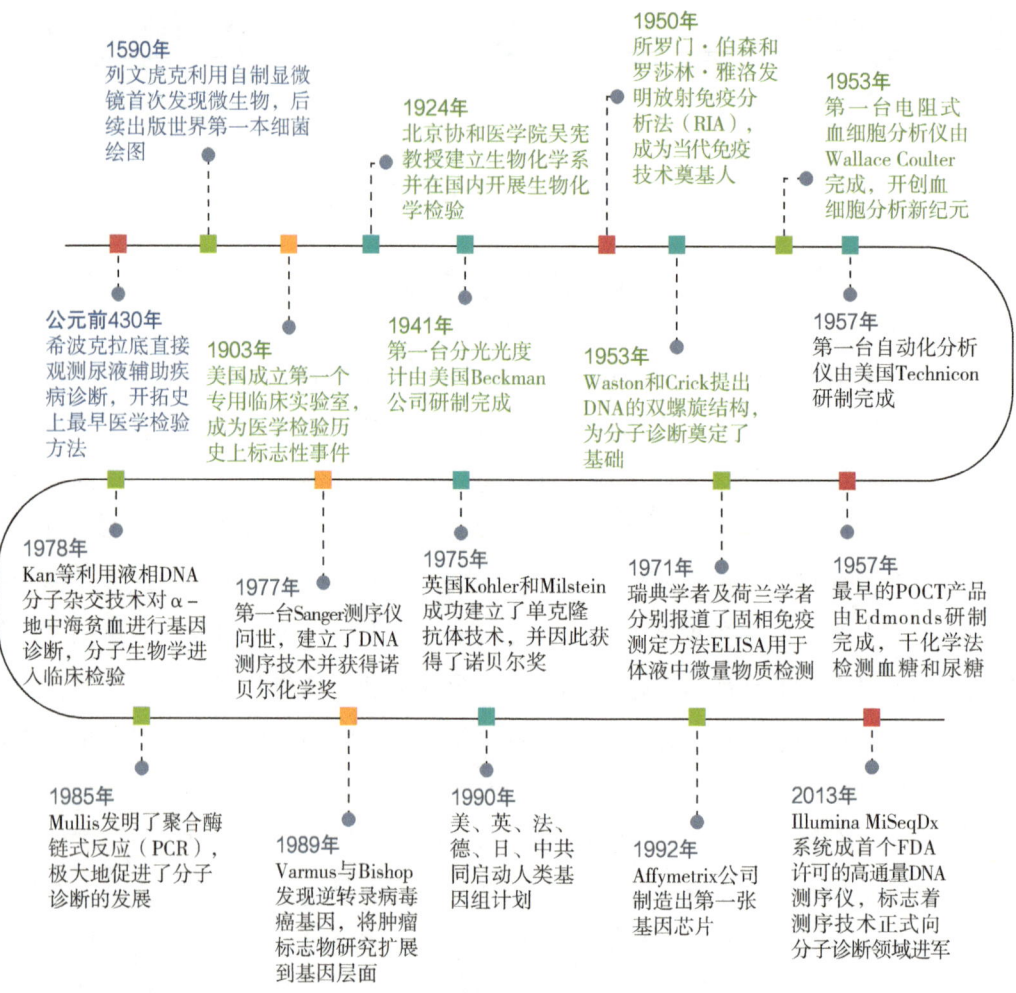

图 1-1 体外诊断发展史上的代表性事件

纵观体外诊断的发展历程，正是由于包括物理学、化学、免疫学、分子生物学等在内的一个个犹如星斗般灿烂的重大发现和发明，才使得体外诊断与治疗学科与时俱进，不断丰富、发展与完善。当代以体外诊断为代表的生物技术迅猛发展，体外诊断向更简便、更快捷、多信息化的方向发展。与此同时，伴随着社会经济的发展，体外诊断正经历着重大的转折，运用生物信息与大数据的发展，精准医疗成为一个新的医疗模式，这种对不同患者最终实现个性化的治疗方案将对未来体外诊断的发展提出全新的挑战。

从行业整体来看，受益于各国政府的重视、诊断技术的升级、医保覆盖面的提升和市场的需求，体外诊断产业近年来整体快速成长，中国已经成为全球体外诊断发展速度最快的国家之一。从细分领域来看，分子诊断将成为继生化、免疫、血细胞等主流细分领域之后最具发展前景的体外诊断领域。在分子诊断中具有代表性的基因芯片，因具有同时能够检测多个靶点的功能和快速有效的特点，也将成为新一代分子诊断试剂开发的主流。

如果说前三次工业革命使得人类发展进入了空前繁荣的时代，但也造成了巨大的能源、资源消耗，付出了巨大的环境代价。进入第四次工业革命，互联网大数据、人工机器人、3D打印技术蓬勃发展，以这些为核心的智能化技术给体外诊断产业带来了新的机遇、新的理念，实验室从自动化向信息化、智能化以致成为"绿色实验室"方向逐步发展。体外诊断产业的竞争已不是单方向市场，而是多元的、多广度的、多维度的全球竞争。体外诊断的发展与创新将继续改变着我们的现在和未来。

第二节　中国体外诊断产业发展回顾

中国体外诊断产业起步相对较晚，是在医学技术进步、生物技术产业升级、医保体制改革等综合社会背景下，以研发技术为基础、市场需求为导向，逐渐自发形成和成长起来的新兴产业。新中国成立时，就有部分检验人员和研究人员投入体外诊断的研发工作中，但由于条件限制，检验技术水平还比较低，体外诊断没有实现真正意义上的产业化。直到20世纪70年代末，中国开始进行改革开放，体外诊断技术成果逐步向产业转化。中国体外诊断产业的发展经历了逐步从雏形的形成到产业的高速成长，从手工作坊式研制到仪器和试剂一体化的全自动系统，从国外引进到部分产品实现进口替代，从无产业监管到规范化管理，企业产品加速开发，产业规模也逐步扩大和完善的过程。

从1978年至今，中国体外诊断产业，呈现出产业从无到有，从弱到强，从萌芽、初创到成长和高速发展，竞争不断加剧。产业结构升级的过程，大致可以分为初创期（1978—1990年）、成长期（1991—2000年）、快速增长和竞争加剧期（2001年至今）三大阶段。

一、中国体外诊断产业初创期（1978—1990 年）

（一）产业雏形的出现

1978 年成立国家医药管理局，直属国务院。党的第十一届三中全会正式确立了改革开放的政策，涌现出一大批体外诊断试剂的生产厂家，逐渐形成中国体外诊断产业的早期雏形。当时，体外诊断试剂多为实验室自研自用，部分试剂的生产也只用于样品的检测。但随着少量国外先进设备和技术的引进，一些实验室开始对其进行学习和产品的研发，只有为数不多的几家医化所和试剂站生产单位（如上海市立医学化验所、湖南化剂室等），但并没有成型的生产和销售组织。全国各大医院开展的检验项目也仅有二三百项。

（二）中国体外诊断产业基本形成

1982 年，卫生部临床检验中心于北京成立。随后，各省（区、市）也相继成立了地方的临床检验中心，极大地推动了中国体外诊断产业化的发展进程。1980 年第一套国产细菌编码微量发酵管进入实验室，1981 年第一台国产半自动生化分析仪在上海医分厂诞生。1983 年上海血液中心成功研制出了采血袋和血浆袋，结束了用盐水瓶采血的历史，此后第二军医大学朝辉制药厂、山东威高（前身威海国营医疗器械厂）等生产的血袋产品陆续进入市场。1988 年，解放军军事医学科学院基础医学研究所正式创建北京四环生物工程制品厂，并独家获得中国最早乙肝五项 ELISA 试剂的生产文号和新药证书。同年，全国医用临床检验实验室和体外诊断系统标准化技术委员会成立，对中国体外诊断产业的规范化管理起到了促进和推动作用，标志着我国体外诊断产业基本形成。

二、中国体外诊断产业成长期（1991—2000 年）

（一）产业快速成长

20 世纪 90 年代，中国体外诊断产业真正迎来了快速发展期。90 年代初，中国体外诊断试剂的生产以生化和免疫为主，除进口代理外，依托一些有实力的大专院校和研究所，本土生产型体外诊断企业不断涌现，带动了中国体外诊断产业的发展和初步形成，促进了商品化的成套试剂盒进入实验室，逐步取代了手工制配试剂，提升了实验室检测结果的可靠性。

(二)产业规范化管理

随着改革开放的不断深入,体外诊断产业迎来高速发展,但同时产品质量参差不齐,市场秩序较为混乱。20 世纪 90 年代初,国家管理层开始对产业进行整顿,取缔了一批没有生产资质的企业,淘汰了 35 项陈旧试验项目(生化项目为主)。1998 年,国家药品监督管理局挂牌成立。中国的体外诊断产业进入国家标准化管理和质量监管体系,产业步入法制化发展轨道。随后,国家又相应推出了系列中国体外诊断产业的相关政策。例如,2000 年,卫生部颁发了《出血时间、凝血时间检验方法操作规程的通知》,明确要求取消手工法出、凝血时间检验。经过国家行政部门的干预和市场治理后,产业逐步完善,集中度也有所提高,中国体外诊断产业进入良性发展轨道。

三、中国体外诊断产业快速增长和竞争加剧期(2001 年至今)

(一)外资主导与市场竞争加剧的第一个十年

进入 21 世纪以来,全球体外诊断产业高速发展,中国跻身为全球体外诊断发展最快的国家之一。2001 年,中国正式加入 WTO 成为世贸组织成员,中国体外诊断产业随之步入高速增长期,进入全新的阶段。部分外资企业洞察到中国市场发展的巨大潜力和需求,开始大规模进入中国市场,其产品主要通过试剂仪器一体化的封闭模式投放市场,同时具备国内所没有的先进检测技术和设备,以技术门槛优势快速扩大市场规模,并逐步在三甲医院等高端市场占据主导地位。与此同时,国内企业也开始了技术追赶,部分企业(如迈瑞医疗、科华生物等)所生产的试剂仪器一体化产品质量水平大幅提高,初步形成与跨国企业一争高下的能力。体外诊断行业逐渐受到资本市场的青睐,2004 年科华生物和达安基因先后登陆中国的 A 股市场,成为最早上市的两家以体外诊断为主营业务的企业。伴随着国家政策对体外诊断产业的扶持、产业技术水平的不断提升、医疗卫生投入的增长,中国体外诊断产业进入高速增长期。

（二）21世纪第二个十年开始至今：产业结构调整，加速并购和整合

1. 政策扶持下的产业集群发展

2011年3月，国家发展改革委发布《产业结构调整指导目录（2011年本）》，将"新型诊断试剂的开发和生产""新型医用诊断医疗仪器设备"列为第十三大类"医药"中的鼓励类项目。《国家"十二五"科学和技术发展规划》《"十二五"生物技术发展规划》《医疗器械科技产业"十二五"专项规划》等文件的相继出台，为中国体外诊断产业的创新发展创造了良好的外部政策环境。

随着各级政府对生物医药产业的重视，中国IVD产业结构开始优化调整，呈现出集群化发展趋势。体外诊断产业作为医疗器械的重要分支，主要分布在中国的长三角、津京冀和珠三角地区，其中尤以珠三角区域更加密集。广东省体外诊断企业的数量和产值都位居全国前列。体外诊断产业结构的集群化发展，对人才培养、降低成本、提高产业链的协作效率，产品技术的创新和市场的传播都有很大的协同效应，对中国体外诊断早日实现产业规模效应具有很好的促进作用。

2. 市场实际扩容超预期

全球体外诊断产业呈现"4+X"的格局，四大跨国IVD巨头企业罗氏（Roche）、雅培（Abbott）、丹纳赫、西门子（ARDS）处于第一梯队，在2017年全球市场份额占比为51%，占据了全球IVD领域的半壁江山；X则代表赛默飞（Thermo Fisher）、希森美康（Sysmex）、BD、美艾利尔、日立等在细分领域具备优势的第二梯队。这些跨国企业集团以其强大的资金实力为后盾，不断加快全球并购战略，进一步扩大在全球体外诊断行业的市场份额以保持其领先地位。行业呈现出寡头垄断竞争的格局。数据显示，国内体外诊断产品高端市场一直为国外几家大的跨国公司牢牢占据，第一梯队的国际巨头占有国内体外诊断试剂37%的市场。国内IVD企业数量有上千家，呈现小而散的格局，在市场占有率排名相对靠前的企业中（迈瑞医疗、科华生物、达安基因、新产业、安图生物、亚辉龙等），迈瑞医疗的全球市场占有率约为3%，中国企业约为9%，与巨头跨国企业相比还有很大的发展空间。

全球体外诊断市场区域间发展不平衡，全球各地区增长速度差异较大，发达国家因医疗服务相对完善，整体增速趋缓，以中国、印度为代表的新兴市场则增长迅猛。根据《医疗器械蓝皮书：中国医疗器械行业发展报告（2021）》统计数据显示，

中国体外诊断市场规模从 2017 年的 575.8 亿元增长至 2020 年的 904.1 亿元，年均增长率达 16.23%。预计 2022 年年底将达到 1274.1 亿元的市场规模，预计至 2030 年市场规模将成为全球最大的体外诊断产品消费国（图 1-2）。

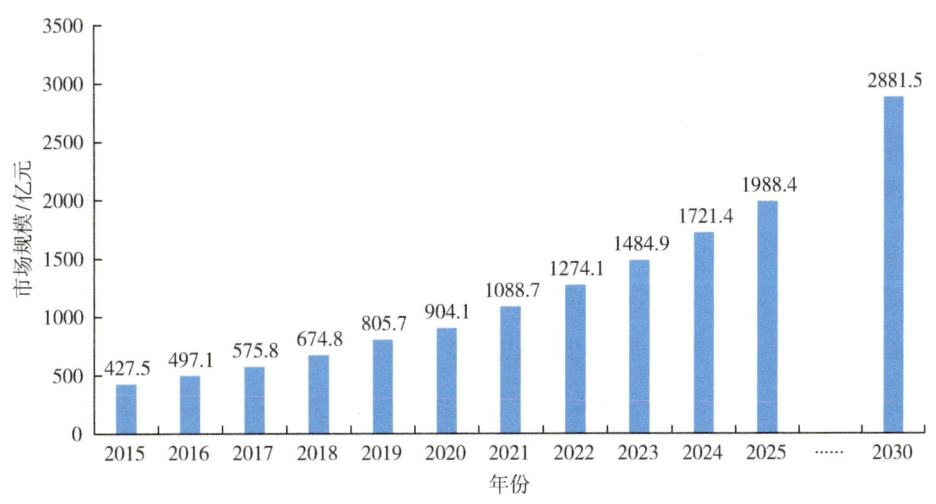

图 1-2　2015—2030 年中国体外诊断市场规模

3. 全球竞争下具有创新竞争力的本土企业显现

近 3 年，在新冠肺炎疫情的大背景下，国内 IVD 市场环境正在悄然发生变化，市场竞争日趋激烈，本土 IVD 企业正积极参与市场竞争，有实力的本土企业不断涌现，产品市场份额不断扩大，规模较大的公司有迈瑞医疗、华大基因、科华生物、达安基因、九强生物、利德曼、四川迈克、中生北控、复星长征等，本土企业掌握的核心技术已达到国际一流水平。国内企业在不断修炼内功提升产品质量和技术水平的同时，对本土市场比较了解且价格优势明显，更适应国内中低端市场的性价比需求。迫于市场竞争压力，外资企业在国内的市场占有率呈下降趋势，其在产品价格上不断下降。

根据《2020 年中国体外诊断行业报告》显示，截至 2020 年 6 月 30 日，新三板 IVD 相关企业有 46 家。从 2020 年 6 月至今，这 46 家新三板挂牌企业中 4 家已在 A 股成功上市，分别是明德生物（中小企业板）、新产业（创业板）、爱威科技（科创板）、之江生物（科创板），而致善生物、鑫科生物、高盛生物、科新生物、默乐生物、旷博生物等企业均终止了新三板挂牌。根据 CACLP 最新统计，截至 2021 年 8 月 30 日，新三板 IVD 相关企业数量为 36 家。2020 年 3 月 6 日证监会发布《关于全国中小企业股份转让系统挂牌公司转板上市的指导意见》，为企业IPO增添了一条新路径，具体为：新三板创新层→精选层IPO→A股。目前在新三板创新层挂牌的体外诊断相关企业有6家，分别是伊普诺康、百博生物、新健康成、璟泓科技、达瑞生物、汇知康。

2021年中国A股新上市的IVD企业共计17家，分别为浩欧博、之江生物、易瑞生物、奥泰生物、科美诊断、诺禾致源、亚辉龙、睿昂基因、爱威科技、纳微科技、义翘神州、兰卫医学、禾信仪器、百普赛斯、诺唯赞、安旭生物和优宁维。据不完全统计，截至目前，在国内A股、港股、美股等上市的主营业务为体外诊断及拥有体外诊断相关业务的上市企业已超过75家。收购兼并是IVD产业受资本市场影响的显著特征。国外体外诊断的巨头们购买技术、并购和战略联盟。中国IVD领域也已经产生了多起并购，创新技术和资本联合，渠道、服务商和提供商联合，行业上下游链条逐渐打通。收购和兼并正在中国体外诊断市场上如火如荼地进行着。

在行业集中度不断提高的大趋势下，上市公司利用资本市场的融资优势和杠杆优势，加快产业整合步伐。在资本市场的支持下，国内体外诊断产业格局正迎来新的变革。

第三节 中国体外诊断技术发展的历史进程

中国体外诊断的历史变迁自新中国成立之日起，已经走过70多个年头。中国体外诊断技术的发展经历了从经典手工、作坊式设备，到标准化、智能化、自动化管理的全过程，在不同时代赋予其不同特征。体外诊断在学科理念上也从"医学检验"到"检验医学"发生着重大转变，并为临床提供重要的病理、生理信息，是患者诊疗过程中的主要组成部分。

随着中国经济的快速增长，体外诊断技术也在不断发展与创新。新中国成立后至20世纪70年代，中国的检验试剂基本由医院检验科人员根据需要自行配制，技术上也是最简单的细胞形态学和手动低端生化诊断。此时，中国体外诊断的技术水平极大地阻碍了体外诊断产业化的发展道路，与世界先进水平有很大的差距。20世纪70年代末，中国进入了改革开放的新时期，国外先进设备和技术开始引进中国，同时加强和提高了自主创新能力，中国的体外诊断技术水平逐步得到提高，经历了从细胞形态学诊断、生化诊断、免疫诊断到分子诊断的发展过程。

如今，随着国内体外诊断技术水平及其产品质量的进一步提升，部分诊断试剂和仪器实现了国产化，中国已经发展成为全球体外诊断市场增长率最快的国家之一。在这70多年的进程中，不同时期所经历的技术里程碑，以及涉及的重要人物和事件都是值得记录的，正是有了他们才构成了中国体外诊断产业由小到大、由弱变强的发展历程。下面就体外诊断每个时代的特征、代表性的技术和重要开拓者进行阐述。

一、新中国成立至20世纪70年代：医学检验原始萌芽时代

中国自1949年成立以来，体外诊断的发展经历了60多个春秋。20世纪40年代，中国很多医院没有设立检验科，当时还没有自己的检验学专业。

20世纪50年代初，在我国各医院检验科，临床检验项目大多限于血、尿、便三大常规和其他的体液检验。当时的检验设备极其简陋和原始，检验人员主要依靠显微镜、试管、吸管、比浊管、目光比色计，通过原始手工作坊式的操作，做最基本的形态学检验。当时最高级生化检验项目就是转氨酶，是在大医院才有的检测项目。

中国临床生化检验基本处于停滞阶段，而这一时期国际上由于生化分离分析技术、免疫化学技术、化学发光技术及电子计算机技术的迅猛发展，临床生化检验突飞猛进，此时中国与国外临床化学检验水平拉大了距离。在这个动荡的时代，国内很多医学杂志被迫停刊，而国外医学发展却日新月异。著名的医学检验专家、中国人民解放军医学科学技术委员会终身荣誉顾问朱忠勇教授却没有停下来，由他主编出版的《实用临床医学检验》一书，填补了20世纪70年代医学检验专著的空白。

20世纪70年代免疫学已经在新中国开始萌芽发展，这源于中国特殊的历史环境。70年代中国迎来生育高峰，此时人口数量剧增，但当时医疗卫生体制缺乏科学管理，通过未经仔细消毒的医疗器械、输血献血、母婴垂直感染3个主要渠道，使得中国成为乙肝发病大国。经过历史的卫生大变革后，人们逐渐开始了解病原体感染和免疫相关知识，同时在科研开拓者的推动下，以抗原抗体特异反应的免疫诊断方法应运而生。

1978 年迎来了中国改革开放的新时代，体外诊断发展迎来了新高潮。中国检验医学界叶应妩、陶义训等一批临床诊断专家编写的《临床生化检验》《临床化学诊断方法大全》等系列著作，中华医学会创办了《中华医学检验杂志》，奠定了临床生化检验的理论基础。中华医学会检验医学分会第一届委员会于 1979 年 9 月 7 日在吉林省吉林市成立，40 余年历经十届委员会，积极开展学术交流活动、培养检验人才、建立实验室质量体系，为推动中国检验的快速发展发挥了巨大作用。

二、20 世纪 80 年代：体外诊断由半自动向全自动迈进

进入 20 世纪 80 年代，中国体外诊断的发展亮点就是检验结果质量控制进入标准化时期，并逐步与国际接轨，1984 年 2 月，国务院发布了《关于在我国统一实行法定计量单位的命令》，规定检验报告计量格式，在全国范围内开始实施检验结果的质量管理，建立室内质控、室间质评，中国体外诊断开始走向规范化、标准化的发展道路。

这个时期的检验设备以半自动为主，生化分析仪逐步从半自动到全自动；离心式到分立式，低速到高速；试剂盒从无到有；大医院开始引入全自动化检验设备。血液分析的检测方法不断创新，检测参数显著增多，突出表现在白细胞分类技术的"百花齐放"。三分类血液分析仪器引进并应用于临床，半自动干化学尿液分析仪、半自动酶标仪引入医院，并迅速在临床普及。高等医学院校已开设检验专业大学本科教育，具有高等专业教育的检验医学人才开始进入各医院临床检验科室。

随着免疫学的发展，许多免疫学检测从实验室研究进入临床检验应用阶段，酶联免疫标记技术（ELISA）作为实验室检测手段迅速在国内普及。在这方面，北京大学人民医院陶其敏教授功不可没，其中肝炎实验室研究取得了重大突破并在国内建立和推广"两对半"检测方法，率先引进并使用酶标仪，建议在全国推广酶标技术，使免疫学检测从反向凝集试验推到了酶标自动化检查，由此推动了国内免疫分析仪发展。而此时，上海市立医学化验所（现上海市临床检验中心）的陶义训教授在免疫诊断研究工作中也取得了较为显著的成绩。由他主持研究、开发的化学交联胶乳免疫凝集试验、肝炎标志物免疫测定、单克隆抗体妊娠试验和胶体金膜固相免疫测定等，在国内均居先进水平。

三、20世纪90年代：体外诊断大发展的孕育时代

20世纪90年代是体外诊断大发展的前期。在这个时期，引入大量全自动化检测设备，血细胞分析仪进入检验科，中速和高速生化分析仪进入国内医院，PCR技术开始在医院检验科开展，临床微生物检验设备（自动血培养、细菌鉴定、药敏鉴定技术和仪器）在国内开始应用。

借助改革开放的春风，一批公派、自费出国留学人员学成归国，医学检验专业人才开始进入检验医学领域，并逐步实现国内检验专业研究生培养教育。

20世纪90年代，伴随着国民经济的快速发展，国家对卫生事业的投入增多，各国的自动化仪器涌入中国市场，中/高速全自动生化仪、"三分群"血细胞分析仪逐步进入县级以上医院，"五分类"基本进入省级大医院，重大传染病特别是中国这样的肝炎大国对肝炎的研究进展极大地促进了免疫学检验的发展。从"两对半"、核酸定量到PCR技术的发展都是从肝炎开始着手的，后来是酶标技术，之后又发展到发光技术。酶标技术只能做大分子检验，发光技术可以精确到小分子检验。免疫发光技术就此开始起步，并得到迅速发展。

受到国际上PCR技术推广应用的影响，中国的分子诊断技术也得到快速发展，PCR技术被带进了大医院实验室。但在20世纪90年代中期，中国分子诊断技术发展出现了一个严重问题，PCR技术在临床实验室缺乏质量管理，导致大量检测结果呈假阳性。1998年4月卫生部发布《关于暂停临床基因扩增（PCR）检验的通知》（卫医发〔1998〕第9号），暂停临床基因扩增相关检测，后经过相关专家组商讨决议，2002年1月卫生部发布《临床基因扩增检验实验室管理暂行办法》（卫医发〔2002〕10号），分子诊断技术回到了理性发展的轨道。

1998年上海和北京分别成立了南方基因中心和北方基因中心，我国正式参与了国际人类基因组计划，并承担其中1%的任务。分子诊断由此从关注单个基因转向整个人类基因组，为21世纪的分子诊断大发展奠定了基础。

四、21世纪初叶前十年：体外诊断现代化发展时代

进入21世纪，随着技术的突飞猛进发展，体外诊断开始走向现代化的发展道路。检验设备全自动化、智能化、信息化、网络化，检验流水线引入，ISO 15189和

GB/T 22576 普及，临床实验室管理引入国际化标准，技术装备向两极化发展，即大型自动化、智能化和微型化及即时化（POCT）。人才教育有明显提升，检验专业在临床医学中占有重要的学科地位。从"医学检验"到"检验医学"的理念转变，为学科发展奠定了基础。

流式细胞仪的出现加速了血液免疫技术在常规临床实验室应用的进程。凝血试验自动化仪器的应用使得凝血功能检测与各类血小板分析技术结合，为出、凝血性疾病的诊断与治疗提供了新手段，尿沉渣数字化形态分析仪的应用推动了体液（包括胸腹腔积液、粪便等）检测全程自动化分析。此时 IT 技术进入了体外诊断，实现了数字化和网络化管理的新时代。POCT 发展方兴未艾。分子诊断技术加速发展，核酸、蛋白质分析技术在检验科诸多临床专业领域应用。各类免疫发光分析仪，通过现代免疫检测技术的应用，提高了免疫性疾病的临床诊断和治疗水平。蛋白飞行质谱技术、分子生物学技术为临床微生物等检测分析提供了特异手段。

21 世纪前十年发展比较快的还有 POCT，可穿戴的 POCT 和网络结合形成了智慧医疗，一些体外诊断企业也在 POCT 研究上下功夫，这也是今后的一个热点方向。因 20 世纪末基因组学打下的基础，使得分子诊断、核酸、蛋白质各项技术得到了发展。核酸的检测和大数据的结合，从而产生了精准医疗。同时伴随着体外诊断产业的发展，化学发光免疫仪器加速研发生产。

这个时期，中国人民解放军总医院在实验室标准化、规范化、国际化管理方面进行了深入的研究和探索，创建了《医学实验室全面质量管理体系图》，并在 2005 年 5 月领导中国人民解放军总医院临床检验科率先通过了 ISO15189 认可。丛玉隆教授推动的出血、凝血因子测定方法在实验室检测中得以应用，在全国迅速实现自动化凝血测定方法，并将自动化软件引入实验室，实现现代化的检验管理模式。在中国体外诊断中引入"互联网+"和专家诊断系统相结合的概念，从而将 IT 技术带入实验室，引领了中国体外诊断自动化发展的道路。

五、21 世纪第二个十年开始至今：体外诊断进入全新的里程碑

第四次工业革命，推动了体外诊断向着智能化、互联网大数据、人工机器人、3D 打印等新技术的创新与发展，以这些为核心的智能化技术给体外诊断产业带来了新的机遇、新的理念，实验室从自动化向信息化、智能化以致成为"绿色实验室"

方向逐步发展。新概念新模式的崛起，转化医学带来的精准医疗，将会带来体外诊断管理和发展模式的全新变革。运用生物信息与大数据的发展，精准医疗成为一个新的医疗模式，这种对不同患者最终实现个性化的治疗方案将对未来体外诊断的发展提出全新的挑战。

同时，在降低成本的基础上，加速核心技术的自主研发，实现国产化才是中国体外诊断技术的核心。技术研发的全球竞争格局，市场已不是单方向，而是多元的、多广度的、多维度的全新竞争格局。

贯穿整个20世纪中期到现在，中国体外诊断技术从细胞形态学发展到今天的POCT、精准医疗的大数据时代。在这70多年的历史进程中，医学者真切地感受到老一辈科研工作者在检验医学、教学和科研工作中所付出的巨大贡献。不同时代所赋予的不同特征下，新科学技术的应用极大地推动了中国体外诊断产业的发展，并改变着今天人们与健康和疾病的关系。

第四节　创新与产业动态变化及演化关系

当代科技医疗的特征彼此迥异，但创新在其社会经济发展中所起的作用，有着显著的一致性，创新是产业演化过程中的主要驱动力。体外诊断产业是当代生物医学的新兴产业，并在科学技术进步的推动下保持着高速增长。体外诊断产业所涉及的产品种类繁多，技术上经历了从细胞形态学诊断、生化诊断、免疫诊断到分子诊断的变革，每一次技术革命都使体外诊断产业跨上了一个新的台阶。

1912年，美籍奥地利经济学家瑟夫·熊彼特首次基于"创新"视角考察经济发展过程。熊彼特认为创新是产业变迁及经济结构调整的本质要素。20世纪70年代末80年代初，一些学者开始将理论研究专注于创新和产业的演化关系之中。意大利米兰的博科尼大学产业经济学教授Franco Malerba运用演化经济学深入理解创新与产业动态变化及演化之间的关系，他认为应从3个视角寻求突破，即从消费者能力和用户创新角度对需求因素的分析，从产业的构成基础角度对知识要素的理解，以及创新与研发网络中协作关系的变化。本节运用Franco Malerba的创新理论观点，对体外诊断产业中创新与产业动态变化及演化关系进行分析。

一、体外诊断产业链知识结构分布

体外诊断产业的构成基础，所涉及的产品技术种类众多，知识的积累推进了产业的不断演化。完整的体外诊断产业链知识结构包括上游原料供应环节，中游销售环节和下游使用环节，它们彼此相互制约并协同发展（图1-3）。

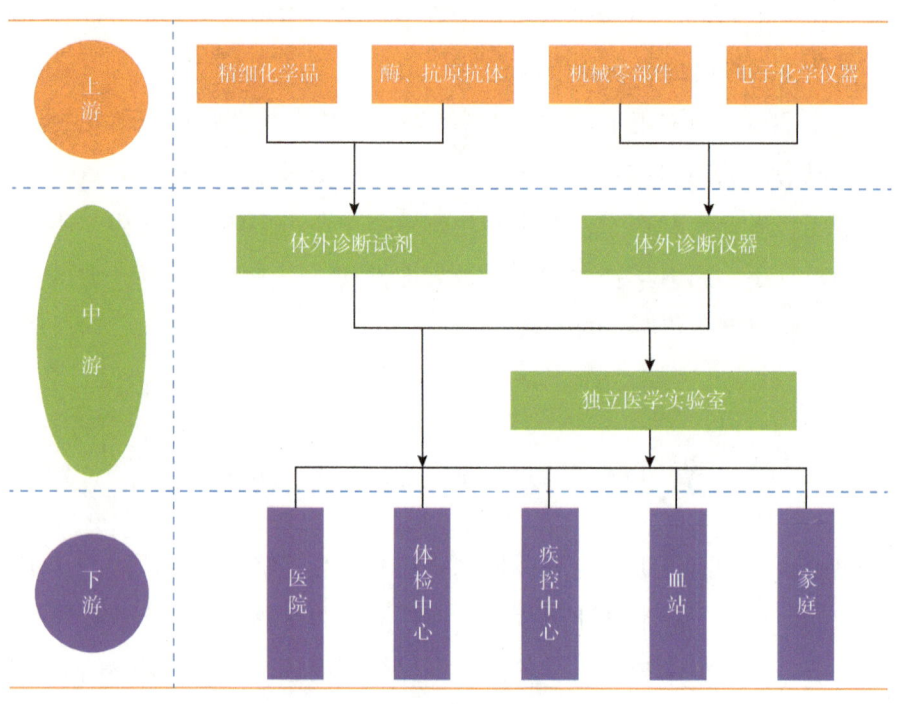

图1-3 中国体外诊断产业链

上游原料供应包括生物与化学原材料及各种机械零配件，以进口和仿制国外产品为主。上游中的诊断酶、抗原、抗体等原料及电子化学仪器仍为国外企业所垄断，国内研发能力突出的公司正逐步加强原料的研发。体外诊断行业有很好的成本转移能力，能够减少或规避来自原材料供应的成本压力。

中游销售环节包括体外诊断试剂和体外诊断仪器的生产厂家，以及独立医学实验室。体外诊断试剂企业可以选择自建渠道，通过专业经销商或与产业链上具有实力的仪器生产商合作，进行优势互补来销售其产品。目前，国内体外诊断市场仍处在发展阶段，企业多以生产试剂为主，而体外诊断仪器的生产商相对较少。对于大型的龙头企业，多采用封闭式的"试剂+仪器"销售模式，从而具有议价优势。

独立医学实验室是介于体外诊断生产商与下游使用端中间的独立检验机构，凭借着规模化、市场化运作，与医疗机构展开合作。当独立医学实验室收取费用下降时，将对生产企业的收入和利润产生负面影响，但从另外一个层面上在一定程度上能够激发医疗机构的外包动力。目前国内独立医学实验室已有 2200 项检验项目用于临床疾病的筛查和诊断，形成了以集团化跨地域、以集约化经营为核心竞争力的连锁机构。

下游使用环节按照消费去向分为医院、体检中心、疾控中心、血站和家庭。其中，医院是中国体外诊断产业中最主要的需求市场。医院通过体外诊断试剂和体外诊断仪器，运用严格的检验方法和流程进行样本分析，所获得的诊断结果为就诊者提供诊疗依据。三级医院往往因为诊断样本量大，使得生产企业通过低价或者免费的方式投放体外诊断仪器。中低端医院，其样本量无法支持仪器免费的成本，仪器和试剂都通过直接销售来完成。随着中国医疗卫生事业的快速发展，以及人们对健康重视程度的增强，医院对于体外诊断产品的需求将继续保持高速发展。同时，POCT 的兴起，体外诊断逐步走入百姓家庭，并通过网络等科技，实现方便快捷的诊断和服务。这将成为体外诊断市场新的需求亮点。

二、产业知识存量动态演化过程

体外诊断产业在生物医学中，是知识与临床应用结合最紧密、成果转化最快的领域之一。其中，创新是其发展的关键。熊彼特的创新理论最早从技术与经济相结合的角度解释了技术创新在经济发展过程中的作用。他强调企业为获得垄断利润不断增加研发支出，这增加了知识存量从而推动了技术创新，技术创新通过新产品和新生产方法来实施，进而促进了经济增长。企业创新一旦获得成功，就会促进产业结构调整，形成优胜劣汰格局，从而形成产业发展的动力。Franco Malerba 认为制药和生物技术产业，各种各样的科学与工程知识在更新企业的研发空间方面发挥着重要作用。有些就是产业中的关键行为主体（包括大企业、小企业和新的生物技术企业），并且它们之间的各种协作关系也相当普遍。特别是，新的生物技术企业已经进入该部门，并与早已设立的大型制药企业开展竞争与合作（或者被收购）。

中国体外诊断产业的发展史也是一个快速成长、技术驱动、市场重组和产业升级的过程。通过科研人员和企业的技术创新，中国体外诊断产业快速增长，一些企业发展壮大并在产业进步中逐渐形成技术领先的地位，不符合标准和技术落后的企业利润不断减少而最终被市场淘汰。一些企业开始与资本市场合作，并通过加大科研的投入和购买领先技术，形成企业自有知识产权。中国体外诊断产业从无到如今已经具有百亿元的市场规模。

三、技术创新与研发网络中协作关系变化

Franco Malerba 在创新与产业演化中强调了产业与外界协作的研发网络关系。Bonaccorsi 认为网络的效率依赖于知识转移特性、合作关系结构两个维度，而且网络绩效评价中高校与企业要处于同等重要的地位。美国 Etzkowilz 和荷兰 Leydesdorff 提出大学、产业和政府三者间的协同创新三螺旋模型。近年来，三螺旋模型被广泛应用在知识经济时代下，是大学、产业和政府之间在推动创新中的网络协同关系的代表模型（图1-4）。三螺旋模型理论认为，在创新系统中知识流动主要在三大范畴内流动：第1种是参与者各自的内部交流和变化；第2种是一方对其他某方施加的影响，即两两产生的互动；第3种是三方功能重叠形成的混合型组织，以满足技术创新和知识传输的要求。三螺旋模型理论认为，政府、企业和大学的"交叠"才是创新系统的核心单元，其三方联系是推动知识生产和传播的重要因素。在将知识转化为生产力的过程中，各参与者互相作用，从而推动创新螺旋上升。

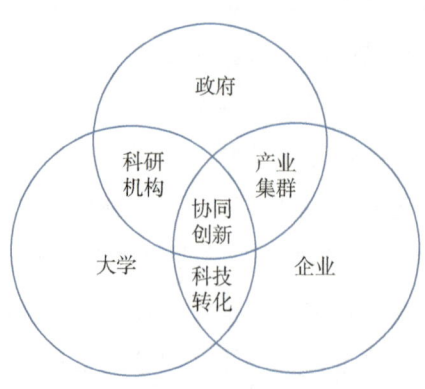

图 1-4　协同创新三螺旋模型

技术创新的成果转化是技术与产业相结合的桥梁。体外诊断产业是生物医学领域中理论与应用衔接最紧密的行业之一。要让科技成果切实转化为生产力，必须加

快破解阻碍科技成果转化的体制障碍，着力构建以企业、大学、政府相结合的协同创新体系。三者除履行传统的知识创造、财富生产和政策协调职能外，三者之间彼此相互作用，衍生出一系列新的职能，最终孕育了以生物医学知识为基础的体外诊断创新发展体系。

比较美国促进技术成果转化的政策与运行体系，以及法律保障等文献后发现，在20世纪80年代之前，美国也存在严重的研发与产业脱节问题，之前国家立项支持的研究最后成果都属于国家，使得成果转化严重滞后。1980年12月12日，美国国会通过了《专利和商标法修正案》，即拜杜法案，统一了联邦政府的专利政策，赋予了项目承担人享有科研成果专利所有权和转让给私营部门商业开发的权利，鼓励大学与企业界合作转化由联邦政府资助的科研成果，许可权优先授予小企业并建立统一的许可权授予规范。

中国的科技成果转化率低于发达国家，这些年随着国家对创新驱动的重视，相应出台了一些扶持政策，加快了科技体制改革的步伐，让企业成为技术创新的主体，市场成为配置创新资源的决定性力量。其中，以体外诊断为代表的创新型产业是国家的重要支持领域。

中国体外诊断产业逐步形成以科技创新和人才发展为主要基石，科技和产业相互促进带动产业的整体发展模式。在技术成果转化上，最具代表性的是上海市临床检验中心的前身上海市立医学化验所。它是中国成立最早、影响最大的医学检验单位之一，也是最早尝试与企业合作的科研机构。

中国很多优秀的体外诊断企业，通过积极与国内外大学和政府合作，在核心技术和成果转化方面形成了企业自身的优势。其中，很多成功的IVD企业家通过人才引进或留学归国创业，将自身掌握的先进技术与政府、大学、科研机构紧密合作，如博奥生物、达安基因等。

通过一些协同创新的成功案例，可以发现一个企业的成功有多方面的原因，如国家政策和支持、大学科研人员的努力、企业灵活的机制和创新模式、风险投资的引进等，都为技术创新和成果转化提供了完善的平台。当前在体外诊断产业发展中，我国企业的医疗研发水平与国外企业存在一定的差距，尤其是创新能力薄弱的企业。企业作为社会财富的直接创造者，是技术成果转化的最终实现者，只有建设一个企业、大学（科研）、政府三者紧密连接在一起的网络体系，才能有效提高企业的创新能力。

由此可见，技术创新对于产业演化具有巨大的驱动作用，技术创新会影响产业演化进程，而产业演化也会通过市场需求、知识基础、研发网络引导技术变革与发展，两者呈现协同演化态势。体外诊断作为现代生物技术产业中的新兴产业，不同于一般技术产业。体外诊断中的技术创新是一个综合了各种社会、经济、医疗利益的动态发展过程。如何将科技创新与产业紧密结合，为中国的经济发展和全民健康做出实质性贡献，是中国体外诊断产业所面临的挑战。只有厘清创新各驱动因素之间的关系，才能完整地把握创新与产业演化状态，从而科学地指导医疗科技和监管政策的制定。

参考文献

[1] 丛玉隆. 血细胞分析技术进展与展望 [J]. 临床检验杂志（电子版），2012（1）：4-7.

[2] 朱立华，李健斋. 新中国临床化学50年 [J]. 中华医学检验杂志，1999，22（5）：264-269.

[3] 袁桂清. 实验诊断学专家：叶应妩教授 [J]. 中华检验医学杂志，2004，27（2）：9.

[4] 宋海波. 中国体外诊断产业35年发展历程回顾 [M] // 宋海波，王兆强，朱耀毅，等. 中国体外诊断产业发展蓝皮书（2015年·首卷）. 上海：上海科学技术出版社，2016：3-9.

[5] 李白薇. 基因组计划的中国记忆 [J]. 中国科技奖励，2015（12）：35-36.

[6] 王成彬. 我国检验学科70年的发展变化与展望 [J]. 中华检验医学杂志，2019，49（8）：590-594.

[7] 中国体外诊断行业年度报告（2020）[R]. 全国卫生产业企业管理协会医学检验产业分会，2020.

[8] SCHUMPETER J，BACKHAUS U.The theory of economic development [M]. New York：Springer US，2003：61-116.

[9] 张寒，李正风. 对 Bayh-Dole 法案及相关研究的再思考 [J]. 自然辩证法研究，2012（8）：59-63.

[10] 邢菁华. 当代体外诊断的技术特征与演化趋势 [J]. 医学与哲学，2017，38（7B）：94-97.

[11] FRANCO M，RICHARD R，NELSON，et al. Innovation and the evolution

of industries：History-friendly models［M］．Cambridge：UK Cambridge University Press，2016．

［12］梁耀铭，连奕奕，李连清．医学独立实验室践行 20 年之浅析［J］．中国医院管理，2016，36（4）：25-26．

［13］LEYDESDORFF L，ETZKOWILZ H.Emergence of a triple helix of university-industry-government relations［J］．Science and public policy，1996，23（5）：279-286．

［14］王华梁，王国飞，侯建娜．中国体外诊断产业发展现状及未来趋势［M］//宋海波，王兆强，朱耀毅，等．中国体外诊断产业发展蓝皮书（2015 年·首卷）．上海：上海科学技术出版社，2016：24．

［15］FDA.CFR-code of federal regulations title 21［EB/OL］．[2022-03-29]．https://www.accessdata.fda.gov/scripts/cdrh/cfdocs/cfcfr/CFRSearch.cfm?CFRPart=809．

第二章 全球体外诊断战略规划与产业政策

第一节 中国体外诊断战略规划与产业政策

中国政府在鼓励体外诊断产业发展方面，推出了一系列切实有效的政策和措施，为体外诊断行业提供了财政、税收、技术和人才等多方面的支持。一系列的战略规划和产业政策将突破体外诊断核心技术列为重点目标，加速体外诊断产业的结构调整和优化升级，促进规模化生产与应用；深化体外诊断技术与信息技术等融合发展，积极开发新型产品，提升产业整体竞争力。

一、监管部门与行业组织

（一）国家发展改革委

医疗器械行业的宏观管理部门，主要负责组织实施产业政策、研究拟订行业发展规划、指导行业结构调整及实施行业管理等。

（二）国家药品监督管理局

体外诊断行业的行政主管部门为国家药品监督管理局。下设医疗器械注册管理司、医疗器械监督管理司、医疗器械标准管理中心、医疗器械技术审评中心等，主要负责医疗器械的安全监督管理；负责组织制定、公布国家药典等药品、医疗器械标准、分类管理制度和注册管理制度并监督实施；负责制定研制、生产、经营、使用质量管理规范并指导实施；负责组织开展药品不良反应、医疗器械不良事件的检测、评价和处置工作；负责制定检查制度，依法查处药品、医疗器械注册环节的违法行为，依职责组织指导查处生产环节的违法行为等。其下设的医疗器械监督管理司监管二处监督实施体外诊断试剂及临床检验器械的生产监管制度和生产质量管理规范，组织指导其生产的现场检查，组织查处其生产环节重大违法行为，组织拟订并指导实施医疗器械经营、使用质量管理规范。

（三）国家卫生健康委

主要负责拟订国家卫生健康政策、协调推进深化医药卫生体制改革、制定并组织落实疾病预防控制规划、组织拟定并协调落实应对人口老龄化政策措施、组织制定国家药物政策和国家基本药物制度、制定医疗机构和医疗服务行业管理办法并监督实施等。国家卫生健康委临床检验中心协助制定临床检验技术标准及管理规范；参与全国临床检验的质量管理、技术指导、临床检验仪器的质量评价、参考方法的建立、校准实验室的建立、临床检验专业人员的技术培训等。

（四）行业协会

体外诊断行业的自律组织为中国医疗器械行业协会体外诊断系统专业委员会（简称"IVD 专委会"）。IVD 专委会主要负责体外诊断行业市场研究、参与制定相关行业标准和政策法规、对会员企业的公众服务、行业自律管理及代表会员企业向政府部门提出产业发展建议等。

二、主要战略规划

体外诊断属于战略新兴产业，国家陆续发布了《"十三五"国家科技创新规划》（2016 年 7 月）、《医药工业发展规划指南》（2016 年 10 月）、《"十三五"生物产业发展规划》（2016 年 12 月）、《"十三五"国家社会发展科技创新规划》（2017 年 2 月）、《"十三五"医疗器械科技创新专项规划》（2017 年 6 月）、《增强制造业核心竞争力三年行动计划（2018—2020 年）》（2017 年 11 月）、《"十四五"医药工业发展规划》（2021 年 12 月）等一系列国家创新驱动发展战略规划支持体外诊断行业的发展。

（一）《"十三五"国家科技创新规划》

突破微流控芯片、单分子检测、自动化核酸检测等关键技术，开发全自动核酸检测系统、高通量液相悬浮芯片、医用生物质谱仪、快速病理诊断系统等重大产品，研发一批重大疾病早期诊断和精确治疗诊断试剂及适合基层医疗机构的高精度诊断产品，提升我国体外诊断产业竞争力。

（二）《医药工业发展规划指南》

要求重点发展高通量生化分析仪、免疫分析仪、血液细胞分析仪、全实验室自动化检验分析流水线（TLA）及相关试剂、单分子基因测序仪及其他分子诊断仪器、新型即时检测设备（POCT）。加强体外诊断设备、检测试剂、信息化管理软件和数据分析系统的整合创新，加快检测试剂标准建立、溯源用标准物质研制和新试剂开发。

（三）《"十三五"生物产业发展规划》

针对急性细菌感染、病毒感染等重大传染性疾病，包括外来重大传染性疾病的检测需求，加速现场快速检测的体外诊断仪器、试剂和试纸的研发和产业化。针对糖尿病、高尿酸血症、高脂血症等慢性病，加快便捷和准确的家用体外诊断产品的产业化。加快特异性高的分子诊断、生物芯片等新技术发展，支撑肿瘤、遗传疾病、罕见病等疾病的体外快速准确诊断筛查。完善产业链的配套建设，发展配套的高精度检测仪器、试剂和智能诊断技术，支持第三方检测中心发展与建设。

（四）《"十三五"医疗器械科技创新专项规划》

以"一体化、高通量、现场化、高精度"为方向，围绕临检自动化、快速精准检测、病理智能诊断、疾病早期诊断等难点问题，重点加强不同层次生命活动中生物化学和生物物理学的基础研究和新型诊断靶标的发展与应用，加快发展微流控芯片、单分子测序、液体活检、液相芯片、智能生物传感等前沿技术，更好地满足不同层级医疗机构的早期、快速、便捷、精确诊断等应用需求。

（五）《增强制造业核心竞争力三年行动计划（2018—2020年）》

重点支持高通量基因测序仪、化学发光免疫分析仪、新型分子诊断仪器等体外诊断产品，全降解冠脉支架、神经刺激器、组织器官诱导再生和修复材料等新型植入介入产品、高端智能康复辅助器具、高精度即时检验系统（POCT）等产品升级换代和质量性能提升。

(六)《"十四五"医药工业发展规划》

强化关键核心技术攻关,大力推动创新产品研发,提高产业化技术水平。推动创新药和高端医疗器械产业化与应用,加快新产品产业化进程,促进创新产品推广应用。吸引全球医药创新要素向国内集聚,吸引全球创新药品和医疗器械率先在我国注册,提升临床研究国际化水平。

三、主要产业政策

2020年中国医疗器械行业迎来了政策大变革的机遇,颁布了一系列相关行业政策。2016—2019年中国政府在体外诊断行业颁布的相关政策,如表2-1所示。

(一)新冠肺炎疫情期间医疗器械应急审评审批

2020年1月21日,国家药监局医疗器械技术审评中心启动医疗器械应急审评程序,快速制定并发布《2019新型冠状病毒核酸检测试剂注册技术审评要点》等3个审评要点,为技术审评和企业产品研发提供指引。1月26日,我国开始有新冠病毒核酸检测试剂获批;2月22日,开始有新冠病毒抗体检测试剂获批,满足了抗疫前线的需求。此外,其他用于疫情防控应急审批的医疗设备,如基因测序仪、呼吸机、恒温扩增核酸分析仪也陆续获批。

(二)医疗器械注册人制推广与监管

2020年7月7日,国务院发布《关于做好自由贸易试验区第六批改革试点经验复制推广工作的通知》,其中提到医疗器械注册人委托生产模式。医疗器械注册人除自行生产产品外,可委托具备相应生产条件的企业生产产品。医疗器械注册人委托生产模式负责单位为国家药监局,推广范围为全国。截至目前,国内超过20个省份参与医疗器械注册人制度试点。随着试点的持续推广,相应的监管措施也伴随而来。国家药监局在2020年11月27日发布了《医疗器械注册人开展产品不良事件风险评价指导原则》,规范并指导医疗器械注册人开展医疗器械上市后风险评价。

表 2-1 2016—2019 年我国政府在体外诊断行业颁布的相关政策

	发布时间	政策名称	发布部门	涉及体外诊断行业的主要内容
1	2019年7月	《国务院关于实施健康中国行动的意见》	国务院	实施妇幼健康促进行动；促进生殖健康；实施癌症防治行动；倡导积极预防癌症，推进农村妇女宫颈癌和乳腺癌的检查，早诊断、早治疗；有序扩大癌症筛查范围；推进早诊早治，提升中西部地区及基层癌症常见癌症诊疗规范，提升中西部地区及基层癌症诊疗能力
2	2019年7月	《国务院办公厅关于印发治理高值医用耗材改革方案的通知》	国务院办公厅	按照带量采购、量价挂钩、公开采购等原则探索高值医用耗材集中采购。对公立医疗机构采购高值医用耗材须在采购平台上公开交易、阳光采购。对于临床用量较大、采购金额较高，临床使用较成熟、多家企业生产的高值医用耗材，按类别探索集中采购、鼓励医疗机构联合开展带量谈判采购，积极探索跨省联盟采购
3	2019年5月	《国务院办公厅关于印发深化医药卫生体制改革2019年重点工作任务的通知》	国务院办公厅	制定医疗器械唯一表示系统规则。逐步统一全国医保高值医用耗材分类与编码。对单价和资源消耗占比相对较高的高值医用耗材开展重点治理。改善完善医用耗材采购政策。取消公立医疗机构的高值医用耗材加成，完善医用耗材采购机构的合理收入的补偿问题
4	2018年8月	《国务院办公厅关于印发深化医药卫生体制改革2018年下半年重点工作任务的通知》	国务院办公厅	制定加强疾病预防控制体系建设的指导性文件，改革完善疾病预防控制机制。深入实施健康扶贫，继续做好大病专项救治、实施地方病、传染病综合防治和健康促进改革坚行动，采取有效保障措施减轻贫困人口就医负担
5	2018年3月	《关于巩固破除以药补医成果持续深化公立医院综合改革的通知》	国家卫生计生委、财政部、国家发展改革委、人力资源社会保障部、国家中医药局、国务院医改办	持续深化药品耗材医改领域改革。2018年，各省份要做药品购销"两票制"方案落实落地，实行高值医用耗材分类集中采购，逐步推行高值医用耗材购销"两票制"
6	2017年6月	《"十三五"卫生与健康科技创新专项规划》	科技部、国家卫生计生委、国家体育总局、国家食品药品监局、国家中医药局、中央军委后勤保障部	重点突破一批引领国际前沿技术、重点发展体外诊断技术与产品等10种医疗器械，推动高性价比通用医疗器械的品质提升，协同推进医疗器械技术及装备升级，完善设备标准体系

续表

发布时间	政策名称	发布部门	涉及体外诊断行业的主要内容
7	2017年5月	《"十三五"医疗器械科技创新专项规划》	科技部办公厅	开发一批进口依赖度高、临床需要迫切的高端、主流医疗器械；培育若干年产值超百亿元的领军企业和一批具备较强创新活力的创新型企业；扩大国产创新医疗器械产品的市场占有率
8	2017年3月	《"十三五"健康老龄化规划》	国家卫生计生委、国家发展改革委、教育部、工业和信息化部、民政部、财政部、人力资源社会保障部、国土资源部、住房城乡建设部、国家体育总局、国家中医药局、全国老龄办、中国残联	积极发展老年健康产业，大力提升药品、医疗器械、康复辅助器具等研发制造技术水平
9	2017年2月	《中国防治慢性病中长期规划（2017—2025年）》	国务院办公厅	实施早诊早治，降低高危人群发病风险，促进慢性病早期发现，积极推进高血压、糖尿病、心脑血管疾病、肿瘤、慢性呼吸系统疾病等患者的分级诊疗
10	2016年12月	《"十三五"生物产业发展规划》	国家发展改革委	加快特异性分子诊断、生物芯片等新技术发展，支撑肿瘤、遗传疾病、罕见病等疾病的体外快速准确诊断筛查
11	2016年11月	《"十三五"国家战略性新兴产业发展规划》	国务院	加速发展体外诊断、设备、试剂等新产品，推动高特异性分子诊断、生物芯片等新技术发展，支撑肿瘤、遗传疾病及罕见病等外快速准确诊断筛查
12	2016年10月	《医药工业发展规划指南》	工业和信息化部、国家发展改革委、科技部、商务部、国家卫生计生委、国家药监局	重点发展高通量生化分析仪、免疫分析仪、血液细胞分析仪、单分子体外诊断试剂、新型及时检测设备。加强体外诊断产品、分子基因测序设备及其他分子诊断仪器、新型及时检测设备。加强体外诊断整合创新，检测试剂、信息化管理软件和数据分析系统的整合研制和新标准建立、溯源可标准化的体外诊断整合研制开发
13	2016年7月	《"十三五"国家科技创新规划》	国务院	突破微流控芯片、单分子检测、高通量检测芯片、自动化核酸检测系统、医用生物质谱仪、快速病理诊断系统等重大产品，提升我国体外诊断产业竞争力

（三）国家高值耗材带量采购

2020 年 1 月 14 日，国家卫生健康委办公厅发布了《关于印发第一批国家高值医用耗材重点治理清单的通知》，将导丝、血管支架、耳内假体等 18 类耗材列为第一批国家高值医用耗材重点治理清单。7 月 23 日，国务院发布《关于印发深化医药卫生体制改革 2020 年下半年重点工作任务的通知》，其中提出要完善药品耗材采购政策，开展高值医用耗材集中采购试点。目前，第一批医用耗材国采已经完成，第二批集中采购正在路上，涉及人工髋关节、人工膝关节、除颤器、封堵器、骨科材料、吻合器 6 种高值耗材。从第一批带量采购结果看，冠脉支架的价格从均价 1.3 万元左右下降至 700 元左右，与 2019 年相比，相同企业的相同产品平均降价 93%，国内产品平均降价 92%，进口产品平均降价 95%。与此同时，国家药监局要求各省级药品监管部门加强对冠脉支架生产企业的日常监管。

（四）疾病诊断相关分组（DRG）试点工作推进

2020 年 6 月 17 日，国家医保局、财政部、国家税务总局制定印发了《关于做好 2020 年城乡居民基本医疗保障工作的通知》，明确在 30 个城市开展疾病诊断相关分组（DRG）付费国家试点工作，推进医保支付方式改革，完善医保总额管理。6 月 18 日，国家医保局印发《关于印发医疗保障疾病诊断相关分组（CHS-DRG）细分组方案（1.0 版）的通知》。明确各试点城市要参考 CHS-DRG 细分组的分组结果、合并症并发症/严重合并症并发症表、分组规则、命名格式等，制定本地的 DRG 细分组。

（五）后疫情时代医疗新基建工作展开

2020 年 5 月 20 日，国家发展改革委发布《公共卫生防控救治能力建设方案》，要求实现每省至少有一个达到生物安全三级（P3）水平的实验室，每个地级市至少有一个达到生物安全二级（P2）水平的实验室，确保医疗机构储备质量合格、数量充足的医用口罩、隔离衣、眼罩等防护用品，同时要求每个城市改扩建 1～2 家现有医疗机构。7 月 30 日，国家卫生健康委、国家发展改革委制定并发布《综合医院"平疫结合"可转换病区建筑技术导则（试行）》的通知。9 月，国家发展改革委下达完成 2021 年卫生健康领域中央投资，下达资金用于支持各地公共卫生体系建设和重大疫情防控救治体系建设。

（六）医疗器械产品注册技术审查指导原则发布

2020年6月17日，国家药监局发布了《关于热湿交换器注册技术审查指导原则等8项注册技术审查指导原则的通告》。并陆续发布了家用体外诊断医疗器械注册技术审查指导原则等7项注册技术审查指导原则、电子上消化道内窥镜和眼底照相机2项注册技术审查指导原则等，有效地规范了医疗器械产品注册申报和技术审评工作，有利于提高中心技术审评质量和效率。

第二节　国外体外诊断战略规划与产业政策

一、主管部门

（一）欧盟

欧盟医疗器械和体外诊断行业的管理主体主要包括欧盟委员会、主管当局、医疗器械协调小组和公告机构。其中，欧盟委员会主要负责欧盟层次医疗器械产品监管立法、向成员国通报公告机构、合规产品和企业、违规事件的查处等；主管当局是由各成员国自行任命的隶属于成员国的医疗器械主管部门，主要负责医疗器械市场监督管理、医疗器械分类决定、不良事件报告的处理、产品召回、咨询、制造商欧盟注册、制造商授权代表注册及临床评价审查等；医疗器械协调小组负责确保相关法规的实施并向欧盟委员会提供实施建议，同时为欧盟委员会和各成员国提供协助；公告机构是经过欧盟委员会及其所在成员国审查并认可的实验室或检测机构，主要负责依照其遵照的欧盟法规，对提交申请的制造商的医疗器械产品执行符合性评估程序，并颁发CE证书。

（二）美国

美国医疗器械行业由美国食品药品监督管理局（FDA）负责监管，其下设的器械和放射健康卫生中心（CDRH）承担美国医疗器械的产品标准、沟通和培训、上市前准入、生产企业检查、市场准入（即为注册）上市后监管等基本管理职能。

（三）英国

自 2021 年 1 月 1 日起，英国医疗器械市场监管部门调整为英国药品和保健品管理局（MHRA）。此后，在英国市场销售的所有医疗器械（包括体外诊断仪器和试剂）需要在 MHRA 注册。

（四）日本

日本厚生劳动省（MHLW）负责医疗器械的监督和管理。厚生劳动省医药食品安全局内设医疗器械课对医疗器械进行行政管理，并会同监督指导课一起进行质量体系检查。此外，还在国立卫生试验所设立药品医疗器械综合管理机构（PMDA），对医疗器械进行技术复核和相关研究工作。

（五）新加坡

新加坡卫生科学局（HSA）是医疗器械、药品、化妆品的政府管理机构。2008 年 8 月以前由医疗器械管理中心（CMDR）负责医疗器械的监督管理，目前 HAS 经过机构调整，由治疗产品部医疗器械处（MDB）负责。

二、主要行业法规及产业政策

国外体外诊断主要行业法规及产业政策，如表 2-2 所示。

表 2-2　国外体外诊断主要行业法规及产业政策

国家/地区	主要行业法规及政策	主要行业法规及政策原名
欧盟	《体外诊断医疗器械指令》	In Vitro Diagnostic Directive
	《体外诊断医疗器械法规》	In Vitro Diagnostic Regulation
美国	《联邦食品、药品和化妆品法案》	Federal Food, Drug and Cosmetic Act
	《医疗器械质量体系法规》	21 CFR Part 820 Quality System Regulation
	《医疗器械的制造商和进口商的工厂注册和产品列示》	21 CFR Part 807
英国	《体外诊断医疗器械法规》（过渡期内）	In Vitro Diagnostic Regulation
	《英国医疗器械规范》	Regulating Medical Devices in the UK

续表

国家/地区	主要行业法规及政策	主要行业法规及政策原名
日本	《药机法》	医薬品、医療機器等の品質、有効性及び安全性の確保等に関する法律
新加坡	《医疗保健产品法案》	Health Products Act

（一）欧盟

欧盟医疗器械主管部门将产品的具体审批工作交由各成员国指定的第三方机构（公告机构）执行，临床研究和上市后监督管理由欧盟各成员国的主管部门负责。2017年5月以前，欧盟体外诊断行业监管的文件主要为《体外诊断医疗器械指令》（IVDD），该指令根据体外诊断医疗器械的风险特征将医疗器械划分为List A、List B、Self-Testing和Other 4类，监管级别依次递减。体外诊断医疗器械企业在取得欧盟CE认证并经欧盟成员国审查通过后，即可在对应成员国中销售相关产品。2017年5月，欧洲议会和理事会通过了《体外诊断医疗器械法规》（IVDR），该法规于2017年5月25日生效，并于2022年5月26日起开始实施。

IVDR与IVDD相比变化较大，为避免由于法规切换而造成对现有医疗系统的冲击，实现法规的"软着陆"，IVDR法规从生效到实施有5年的过渡期。在生效日前依照旧法规IVDD颁发的CE证书，在证书有效期内持续有效；在生效日后依照旧法规IVDD颁发的CE证书，在实施日2年后失效。与IVDD相比，IVDR新增的规范内容主要包括以下5个方面。

① 分类规则的变化及公告机构介入的增加。在IVDR法规中，对于体外诊断设备的监管依然是基于分类监管这个大框架，但是分类规则较之前的IVDD却发生了根本性的变化，即在IVDR中，基于产品的风险将所有的体外诊断设备由低到高分为A、B、C、D 4类。伴随着产品分类规则的调整，各类别产品对应的认证途径自然较原监管体系也有很大的变化，其中最核心的变化点在于公告机构介入的增加，涉及产品包括所有的D、C、B类和部分A类。在整个IVD领域，涉及公告机构介入的产品数量从IVDD监管体系下的20%增加至80%。公告机构介入量的增加，意味着绝大多数的体外诊断设备，在欧盟区的市场准入将要告别之前自我声明的路径，取而代之的将是一个实质性的注册过程。

② 欧盟医疗器械数据库的建立及监管透明度的增加。在 IVDR 的法规体系下，欧盟主管当局一个很重要的工作就是未来将要推出医疗器械数据库（Eudamed），该数据库涵盖从产品上市前审批到上市后监管中的很多重要信息。

③ 法规负责人的提出。IVDR 法规首次提出了法规负责人的要求：要求每个制造商企业内，至少任命一名法规负责人，负责处理与产品相关的监管、合规性相关工作。具体职责包括产品批放行、起草和维护 CE 技术文档、完成上市后产品的监控、临床试验相关文件的签署等。

④ 唯一设备识别系统（Unique Device Identification System，UDI）的引入。继美国 FDA 实施 UDI 的要求以来，世界范围内纷纷效仿，很多国家相继推出相关草案。欧盟本次出台的 IVDR，同样也引入 UDI 的要求，以增强产品的追溯及上市后的管理。与 FDA 的要求一样，IVDR 中所提出的 UDI 同样是由一个固定的产品识别码（Device Identifier，DI）和一个非固定的生产识别码（Production Identifier，PI）组成。生产企业在实施 UDI 的过程中，需要明确各产品的 UDI 代码及所包含的信息，并在产品上加贴 UDI 标贴，同时以电子形式存储 UDI 相关信息并在 Eudamed 系统申报。

⑤ 制造商要求增加。IVDR 中，制造商应确保所有器械均按照法规的要求进行设计和生产，除 IVDD 下要求的符合性声明、技术文档和质量体系程序及记录文件外，还需提交风险管理文档、性能评估文档及上市后监督文档。

2021 年 10 月 14 日，欧盟委员会发布修正 Regulation（EU）2017/746 中对 IVDD 到 IVDR 过渡期规定的提案，提议将 IVDD 下需由公告机构颁发 CE 证书的产品（对应 IVDD 下的 List A、List B 和 Self-Testing 类）最后使用期限调整为 2025 年 5 月 26 日；对于 IVDD 下自我声明（对应 IVDD 下的 Others 类）且在 2022 年 5 月 26 日前已提供相应符合性声明的产品，根据其在 IVDR 下的风险类别调整最后使用期限，其中 IVDR 下分类为 D 类的器械在 2025 年 5 月 26 日前仍可销售或使用、分类为 C 类的产品在 2026 年 5 月 26 日前仍可销售或使用、分类为 B 类和 A 类的灭菌器械在 2027 年 5 月 26 日前仍可销售或使用、分类为 A 类的常规器械仍需在 2022 年 5 月 26 日之前提供 IVDR 下的符合性声明。

（二）美国

美国医疗器械监管主要由美国 FDA 负责，进入美国市场的医疗器械产品必须通过FDA注册或备案。根据产品的不同风险等级，FDA将医疗器械分为Ⅰ、Ⅱ、Ⅲ三类，分别采用一般控制、特殊控制和上市前批准的措施进行管理。对于Ⅰ类医疗器械，FDA大多豁免上市前通告程序，生产企业满足FDA质量体系法规和工厂注册、产品列示后可进入美国市场；对于Ⅱ类医疗器械，企业除满足一般控制要求外，多数情况下还需递交510（k）申请，在收到FDA的正式批准函件后方可在美国市场销售；对于Ⅲ类医疗器械，企业在除满足一般控制要求外，还需向FDA递交上市前批准申请，经FDA审核通过后才能在美国市场销售。

（三）英国

2021年1月1日，英国MHRA开始替代原欧盟主管部门承担英国医疗器械市场的监管职责，此后至2023年6月30日为过渡期，期间原欧盟CE认证依然有效，但任何销往英国境内的医疗器械（包括体外诊断产品）都需要在MHRA进行注册。同时，英国采用UKCA标志作为新的产品合格评定标记，2023年7月1日后进入英国市场销售的医疗器械产品均需要满足UKCA的要求。

（四）日本

日本《药事法》（昭和35年法律第145号）正式定名于1960年，2002年7月日本政府宣布全面修订《药事法》。从修订内容来看，日本政府将竭力确保医疗器械产品的质量、安全性和有效性。修订后的《药事法》2005年全面施行，投入市场前准许和入市后管理体系将随之发生重大变化。新版《药事法》在医疗器械方面，增加新型生物产品管理条例、对低危医疗器械的第三方认证体系，以及厚生劳动省评审高危医疗器械的优先权等。在施行新版《药事法》之前，厚生劳动省的组织结构有所变动。这些变动将会在评审体系中引进新方法和新程序，以提高评审工作的质量和效率，并使之与国际上的做法更趋一致。《药事法》法规管理涵盖药品、医疗器械和化妆品，《药事法》管理下的日本厚生劳动省从权利范围上保障劳动者权益、健康、福祉。2014年管控范围扩展到医疗器械相关产品，所以更名为《药机法》。

（五）新加坡

《医疗保健产品法案》（*Health Products Act*）是新加坡医疗器械的基本法规。新加坡卫生科学局把医疗仪器按其风险程度分为四级，即A、B、C和D级。新加坡卫生科学局是在《医疗保健产品法案》于2007年生效后，分阶段展开医疗仪器监管框架。自2010年8月起，所有中高风险C级和高风险D级医疗仪器需接受强制性审批。自2012年1月起，强制性审批的覆盖率已扩大至所有中低风险B级和低风险A级医疗仪器。一般来说，在美国、欧盟、澳大利亚、日本获批的医疗器械，如果有适当证明，在新加坡是可接受的。

参考文献

[1] 谢俊祥，张琳.国内外体外诊断试剂行业发展现状及趋势［J］.中国医疗器械信息，2017，23（11）：1-5.

[2] 李宁.国内外医疗器械政策法规及标准比较研究专题报告［J］.商业观察，2021，(8)：13-16.

[3] 胡苗苗，吴泽东，张金东.浅谈体外诊断行业的现状与发展［J］.中国医疗器械信息，2021，27（9）：62-63.

[4] 欧盟体外诊断医疗器械分类监管体系变化与思考［J］.中国医疗器械杂志，2021，45（6）：674-679.

[5] EMA Regulatory Science Strategy to 2025 [EB/OL].（2020-03-31）[2022-03-05].https：//www.ema.europa.eu/en/about-us/how-we-work/regulatory-science-strategy#regulatory-science-strategy-to-2025-section.

[6] 佟乐.英国脱欧后药品医疗器械监管体制机制探究［J］.中国药事，2021，35（12）：1429-1435.

[7] 周良彬，崔乐，程娟，等.欧盟体外诊断医疗器械分类监管体系变化与思考［J］.中国医疗器械杂志，2021，45（6）：674-679.

[8] Overview of IVD Regulation [EB/OL].（2020-10-18）[2022-03-16].https：//www.fda.gov/medical-devices/ivd-regulatory-assistance/overview-ivd-regulation.

[9] Medical Device Coordination Group Document.MDCG 2020-16 Guidance on classification rules for in vitro diagnostic medical devices under regulation（EU）2017/746 [EB/OL].[2022-03-21].https：//health.ec.europa.eu/system/files/2022-01/md_mdcg_2020_guidance_classification_ivd-md_en.pdf.

第三章 体外诊断产品及其应用

第一节 体外诊断产品的分类

一、体外诊断产品的分类方法

体外诊断产品有不同的分类方法，主要包括以下几种。

① 按临床诊断领域分类，可分为生化诊断、免疫诊断、分子诊断、血液体液诊断、即时检验（POCT）、微生物诊断、病理诊断七大类。

② 按体外诊断产品的风险分类，可分为一类、二类、三类。一类风险最低、二类适中、三类风险最高。

③ 按体外诊断产品系统的组成部分分类，可分为仪器、试剂、质控品、校准品。体外诊断产品通常是一个系统，系统由这些不同部分组成。并且在产品注册时，可以以系统整体来进行注册，也可以分别将这些部分单独进行注册。

体外诊断产品的不同分类有不同的作用，形成了不同的细分领域，进而在产品研发、生产、销售、使用上形成不同的定位，也为分析研究体外诊断行业和不同产品细分领域的发展建立了基础。

二、体外诊断产品的七大类别

按临床诊断领域分类形成的体外诊断产品七大细分领域，是目前体外诊断行业分析研究最为常用的方法，本节将具体介绍这七大产品。

（一）生化诊断产品

生化诊断产品是通过采用光电原理的检测仪器和在仪器上使用的相应生物化学试剂，对相应样本的生物化学成分进行检测和分析，是集生物技术、光、机、电、算于一体的光电医用系统。

(二）免疫诊断产品

免疫诊断产品是用生物试剂对样本进行抗原抗体反应，然后用相应的仪器来检测免疫指标特性的系统。包括检测仪器、检测试剂等。按不同的反应和检测特点，又分为酶联免疫产品、放射免疫产品、化学发光产品、荧光免疫产品。目前化学发光产品已经成为免疫诊断领域的主流。

(三）分子诊断产品

分子诊断产品是应用分子生物学原理，对人体的遗传物质或病原体、病原体的基因结构与类型进行基因层面检测和分析的系统。分子诊断又称为基因诊断。产品按方法可分为4个系统：聚合酶链式反应系统（PCR）、基因芯片系统、原位杂交系统、基因测序系统。

(四）血液体液诊断产品

血液体液诊断产品是对血液和体液样本的有关理化指标进行检测分析的系统。产品主要分为血液分析系统、尿液分析系统、凝血分析系统及其他血液体液分析系统。

(五）即时检验（POCT）产品

即时检验（POCT）产品是在人体及生物体近旁进行即时现场检测的系统。这类产品可以用不同的方法学和检测技术来实现，可以涉及体外诊断其他细分领域，包括生化、免疫、分子、血液体液、微生物等各类诊断技术。突出现场、快速、及时、简便的特点。除在医院检验科使用外，还在一些临床科室使用，家庭和个人也使用一些相关产品。

(六）微生物诊断产品

微生物诊断产品是指对感染性疾病的病原体进行细胞分析、病毒分析或其他病原分析的系统。这类系统不仅包括传统的微生物培养、鉴定、药敏分析系统，也包括用分子诊断技术和质谱技术建立的产品系统。

（七）病理诊断产品

病理诊断产品是指对机体器官、组织、细胞中病理改变的形态学检查系统。系统包括取样、制片、诊断、报告等部分，涵盖组织病理、细胞病理、免疫组化、分子病理等细分产品。

第二节　体外诊断产品的构成

一、体外诊断产品的系统组成

体外诊断产品是以生物技术为出发点，结合机械、光学、电子、信息、软件等技术形成的检测系统，系统通常包括检测仪器或装置、检测试剂、质控品、校准品、分析软件及结果报告等部分，但不同的诊断产品其组成部分会有所不同。检测系统中的试剂具有生物技术特性，仪器则汇集了机、光、电、信息及软件技术等。

随着检测要求的不断提高，将分析前的样本处理系统，包括样本的采集、制备和处理阶段涉及的产品也归到体外诊断产品中。样本处理过程涉及很多耗材、试剂、样本处理装置等产品，可直接影响检测结果的准确性，已引起检验工作者和生产厂家的日益重视。

随着技术的不断发展，除单机检测系统外，出现了多个相同检测系统的连接组合、多个不同检测系统的连接组合，进而形成检测系统流水线，出现了大型检测系统。

（一）体外诊断仪器

体外诊断仪器通常也称检测仪或分析仪，一般由样本处理、检测、信号收集、信息处理和分析等部分组成，涉及多种技术学科。针对不同的检测系统，这些组成部分也会有所不同。检测系统流水线中的样本处理、传输和控制装置也成为仪器系统的重要组成部分。另外，零配件的质量对仪器的质量和检测结果也至关重要，尤其是传感器、微型阀、微型泵、光学器件（光栅、激光器）、加样针、信号接收器等关键元器件。

（二）体外诊断试剂

体外诊断试剂产品是生物技术的体现，是具体检测什么项目、什么指标的出发点。试剂产品通常包括样本处理和制备试剂、检测试剂、校准品、质控品等，不同检测产品包括的试剂也有所不同。

二、体外诊断产品的常见类型

（一）生化诊断产品

1. 生化分析仪

生化分析仪是集光、机、电、软件和生物化学技术于一体的智能光电医用仪器，大致由4个部分组成：进样系统、光学系统、控制系统和数据处理分析系统。进样系统是分析的前提；光学系统是整个仪器的核心；控制系统是分析的保证；数据处理系统是功能的扩展。

生化分析按基本检测原理可以分为：比色法、（免疫）透射比浊法、离子选择性电极法。不同的被测物或检测项目需要使用不同的检测方法。

生化分析仪分为半自动和全自动。半自动生化分析仪是指样本处理和试剂加样后再放入检测仪器上进行检测。全自动生化分析仪则将所有分析过程整合到仪器中一起处理并检测。目前我国临床实验室基本都采用全自动生化分析系统。

全自动生化分析系统按仪器检测样本的速度可分为低速、中速、高速仪器，每小时400测试数以下列为低速；每小时400～800测试数列为中速；每小时超过1000测试数则列为高速。将多台仪器连接起来，可以成为生化流水线检测系统。

2. 生化试剂

生化检测试剂目前有不同的类型，近百种项目。按反应（原理）特点可以分为化学反应、酶反应、抗原抗体反应等不同类型的试剂。

按被测物类别，生化试剂可以分为蛋白质测定、小分子代谢物测定、血清酶测定、无机离子测定、脂类测定、其他类别等试剂。

按临床预期用途，生化试剂可以分为肝功能检测、肾功能检测、糖代谢检测、心血管疾病检测、血脂检测、其他检测等试剂。

试剂通常要求与仪器配套使用，一种试剂只能用在一种仪器上，称为封闭系统；试剂也可以是开放式的，即一台仪器可以与不同试剂厂家生产的试剂盒配套使用，同样同一试剂产品可与不同仪器配套使用。

另外，还有采用干式化学检测技术的平台，主要是将样本直接加到已经固化特殊结构试剂的载体上，利用样本中的水分将固化于载体上的试剂溶解，然后再与样本产生化学反应。这类系统通常为封闭系统。

随着生化技术的不断发展，包括仪器检测能力的提高和试剂开发技术的提升，一些在其他检测平台上（如免疫、质谱等）的检测项目也会在生化检测平台上实现，这样可以不断扩大生化检测能力和检测项目。

3.质谱分析

质谱分析系统是生化检测系统的一个新成员，质谱分析系统不仅在生化领域使用，还在免疫、分子诊断、微生物等领域得到广泛应用。质谱分析系统是将样本分子经过离子化后，利用其不同质荷比（m/z）的离子在静电场或磁场中受到的作用力不同而改变运动方向，使其彼此在空间上分离，最后通过收集和检测这些离子得到质谱图谱并进行分析。

质谱仪有不同的分类方式及标准。按使用的质量分析器类型可分为磁质谱仪、四级杆质谱仪、离子质谱仪、飞行时间质谱仪、傅里叶变频质谱仪等。按应用范围可分为放射性核素质谱仪、无机质谱仪、有机质谱仪。按分辨本领可分为：高分辨质谱仪、中分辨质谱仪、低分辨质谱仪。按工作原理可分为静态质谱仪和动态质谱仪。

用质谱仪做检测的优点是高灵敏度、高特异性、单次分析的快速性、检测信息的丰富性，以及对复杂生物基质分析的高耐受性。在新生儿筛查、低浓度激素检测、药物浓度检测、微量元素检测等方面具有显著优势。

（二）免疫诊断产品

免疫诊断技术有多种分类标准，其中最常用的是根据是否标记分为标记免疫检测和非标记免疫检测两大类。标记免疫检测有酶联免疫、放射免疫、荧光标记、固相膜免疫、化学发光和乳胶颗粒偶联抗体等技术。标记免疫技术已经成为免疫诊断的主流，化学发光技术又占标记免疫检测系统 80% 左右的份额。非标记免疫检测主要为乳胶颗粒增强比浊法，这部分项目已经在生化平台上不断开发和使用。

目前，化学发光检测系统全面进入全自动系统时代，单机仪器检测速度每小时100测试数以下为低速；每小时100～300测试数为中速；每小时超过300测试数为高速。通过多台高速单机的连接又可以组成免疫检测流水线系统。

化学发光检测系统可分为：①酶促化学发光免疫分析。常用的酶包括辣过氧化物酶（HRP）和碱性磷酸酶（ALP）。相应的发光剂采用鲁米诺或其衍生物AMPPD。②直接化学发光免疫分析。采用吖啶酯或异鲁米诺为发光剂，这类发光剂不需要酶的催化作用，即可在一定条件下发光。③电化学发光免疫技术，即用电致化学发光与电化学手段相结合，采用三联吡啶钌三丙氨为发光剂。

化学发光检测试剂通常都与检测分析平台相配套，形成封闭系统，这是由反应原理和检测系统特点所决定的。

酶联免疫分析系统是用酶标记并利用酶催化底物进行抗原抗体反应的平台，包括酶标仪和酶免试剂。其仪器和试剂都是开放性的，即酶标仪可以配不同酶免试剂，酶免试剂可以用在不同酶标仪上。

放射免疫分析是用同位素标记的与未标记的抗原同抗体发生竞争性反应的分析方法。放射免疫分析由于灵敏度高、特异性强、精密度高，并且可测定小分子量和大分子量物质，因而早期在临床检验中应用广泛。放射免疫试剂一般包括标记抗原、抗血清抗体、标准品、分离试剂等。同时也有专门的放射免疫分析仪。放射免疫分析由于放射性污染问题、交叉反应、试剂半衰期短等问题，在临床常规检验使用中受到限制，很多项目已经转到免疫分析平台进行检测。

荧光标记免疫技术是用荧光素作为标记物进行抗原抗体反应的平台，包括时间分辨荧光免疫分析系统、荧光偏振免疫分析系统，并形成配套检测试剂。

化学发光与荧光物质发光的根本区别在于形成激发态分子的激发能的原理不同。化学发光是化学反应过程中所产生的能使分子激发产生的发射光；荧光是发光物质吸收了激发光后使分子激发产生发射光。化学发光是试剂自身发光，而荧光是用光源照射后再发光。化学发光比荧光免疫干扰小，灵敏度更高，特异性更强，线性范围更宽。

固相膜免疫技术平台是在酶联免疫、荧光免疫、胶体金技术和固相膜基础上发展起来的免疫检测技术。包括胶体金层析、荧光免疫层析、斑点渗滤、斑点酶免吸附、免疫印迹等检测平台，这类技术一般不需要大型复杂仪器，只需相应的检测试剂和装置。

流式细胞检测系统是利用流式细胞术对血液、体液、组织中有形成分等的生物、物理、化学特性进行计数和定量分析，并可以对特定细胞群体加以分选的细胞参量分析平台。流式细胞检测系统是集激光、紫外光等多光源，结合各类抗体、荧光染料、标记技术、计算机及软件为一体的高通量、多参数分析及分选系统。各类抗体试剂可以达到上千种。

自身免疫检测系统包括仪器和试剂。仪器主要是荧光免疫仪、化学发光仪、生化仪等。试剂主要是抗原抗体类的。根据不同的检测方法，形成相应的检测仪器和相应的自身免疫检测试剂的系统。

过敏原检测系统包括仪器、试剂及试纸条。仪器中有免疫印迹仪、荧光检测仪、化学发光仪等，试剂有酶免试剂类、发光试剂类、纸条类等。不同的检测方法形成了相应的仪器和配套试剂的系统。随着微阵列和芯片技术的应用，可以开发出一次能检测上百种过敏原的产品。

免疫检测产品现已有数百个项目，但随着基础医学研究的不断拓展，新的标志物不断被发现，新的免疫检测项目会不断涌现。

（三）分子诊断产品

1. 聚合酶链式反应（PCR）产品

聚合酶链式反应（PCR）系统包括仪器和试剂，仪器中有核酸提取仪、扩增检测仪（PCR仪）。现在又出现了全自动PCR仪器，将提取和扩增组合在一起。目前主流的PCR仪器是实时荧光PCR仪，数字PCR仪是新发展的一代产品。

核酸提取仪是应用配套的核酸提取试剂来自动完成样本核酸提取工作的仪器。核酸提取仪一般分为小型自动提取仪、自动核酸工作站。小型自动提取仪处理样本不多，但比较灵活；自动核酸工作站可以一次处理单一类大标本量（至少96个，可以扩展到几百个）。例如，大量新冠核酸检测通过这样的全自动核酸提取工作站，可以大大提高样本制备的效率和效果。

根据提取方法的不同，核酸提取仪可分为离心柱法核酸提取仪和磁珠法核酸提取仪。而相应的核酸提取试剂也分为离心柱法试剂和磁珠法试剂。离心柱法核酸提取仪所用的提取试剂一般都与相应提取仪配套，是相对封闭的提取系统；磁珠法核酸提取仪所用的提取试剂为开放式，可以用不同的磁珠法提取试剂，而且操作简便。

目前主流的 PCR 仪器是实时荧光 PCR 仪,包括扩增和检测两个部分。它是通过精准的温度控制,在短时间内高效进行 PCR 酶反应;在反应体系中加入有荧光染料或荧光标记的特异性探针,对实验过程中产生的荧光信号进行实时检测;然后利用得到的扩增曲线和标准曲线对样本进行定性或定量分析。

PCR 仪根据检测通道数量可以分为单通道、双通道、四通道、六通道。一个通道可以进行一种荧光检测,目前最多可以进行 6 种荧光检测。根据仪器一次检测样本数量的不同,可以有不同的样本通量,目前单机最高通量是 96 孔。全自动 PCR 系统的推出,将样本提取和扩增检测各环节连接起来,实现全自动一体化。并且 PCR 流水线系统也已成功上市,这类全自动和高通量系统将会在大样本量检测中发挥重要作用。2020 年疫情中进行的大量的新冠核酸检测,这类系统就起到了关键作用,也为不同项目可以同时检测发挥了独特优势。

PCR 试剂包括扩增和检测试剂,主要是由 taq 酶、dNTP(四种碱基)、引物、缓冲液组成,再加上阳性对照品和阴性质控品。定量检测时,还要加入参考品。

数字 PCR 是一种全新的对核酸进行定性和定量分析的技术。通过液滴或其他形式的稀释,将核酸模板进行稀释,然后分配到数以万计的独立反应单元(液滴或反应孔)上,使每个单元只有单个模板分子经核酸 PCR 扩增,然后用统计分析直接计数目标阳性反应空位/分子而不再依赖任何校准物或外标。这样可以直接定量检测极低拷贝的待检靶分子数目,将实时荧光 PCR 仪的指数模拟信号转换成线性的数字信号,理论上可实现绝对定量检测。数字 PCR 系统包括样本提取(制备)、液滴生成、扩增检测、阅读分析等环节。各环节有相应的设备及试剂耗材,随着技术的进一步发展,将这些环节连成一体,就成为全自动数字 PCR 系统。

目前,已经获得国家药监局批准的 PCR 检测试剂有 30 多种,但 PCR 技术的应用仍在不断拓展,针对新发现的病原体和标志物,可以不断开发出新的检测试剂,如新冠核酸检测试剂。

2. 基因芯片

基因芯片系统包括基因芯片、核酸提取仪、分子杂交仪、芯片扫描仪及结果分析软件。目前逐步发展成将这些流程集成在一起的全自动芯片工作站。

基因芯片是把已知的序列探针集成在同一个基片上,经过标记的若干靶核苷酸序列与芯片特定位点上的探针杂交,通过检测杂交信号,对生物细胞或组织中的基因信息进行分析。

根据芯片制备的不同方式，基因芯片可以分为3种：膜质聚合物芯片、玻璃芯片、微球芯片。①膜质聚合物芯片，是将固定在聚合物基片表面上的核酸探针和cDNA片段等，通过标记的靶基因与其进行杂交并检测。②玻璃芯片，是用点样法固定在玻璃基片上的DNA探针阵列，通过与荧光标记的靶基因杂交进行检测。③微球芯片，是用微球做载体，将上面的DNA探针与标记的靶基因杂交并进行检测。

核酸提取仪与通常PCR检测使用的提取仪是同类的。

分子杂交仪是将标记的样本与芯片上的靶基因进行杂交的设备，按自动化程度可分为普通杂交仪、半自动杂交仪、全自动杂交仪。

芯片扫描及阅读仪是在芯片杂交反应后，对各反应点的光学信号图像进行读取和分析，进而获得有关生物信息。

随着技术的发展，全自动芯片工作站将这些流程全部集成到一个系统平台上，将大大优化整个检测流程、缩短相应检测时间、提高检测准确性。

3. 原位杂交

原位杂交是利用核酸分子单链之间有互补的碱基序列，将特定标记的探针与组织、细胞或染色体上待测的DNA或RNA互补配对，结合成专一的核酸杂交分子，然后通过一定的检测手段将待测的核酸在组织、细胞或染色体上的位置显示出来。根据探针标记种类不同，可分为荧光原位杂交（FISH）和显色原位杂交（CISH）。

原位杂交产品有试剂，包括样本制备、探针、底物等。仪器主要是原位杂交仪和用于观察的显微镜。

原位杂交在检测染色体数目或结构异常、基因扩增、基因缺失、基因重排及基因融合等方面具有独特的优势。

4. 基因测序

基因测序系统是对具有遗传信息的核苷酸排列顺序进行检测和判断的产品。产品系统包括测序仪器、试剂、分析软件等。

随着测序技术的发展，目前测序仪器已经发展到第四代。第一代测序仪是在英国剑桥大学Sanger教授发明的双脱氧核苷酸末端终止法（链终止法），和美国哈佛大学Gilbert教授发明的化学降解法（链降解法）的基础上，于1977年开发的。第二代测序仪又称高通量测序系统，是通过 DNA 片段化构建 DNA 文库，文库与载体交联进行扩增，在载体面上进行测序反应，可以一次性对几十万甚至几百万条 DNA 分子进行测序。这类测序仪在 21 世纪第一个十年里开发成功并上市，也是目前使用最广泛的测序仪。第三代测序仪通常又称为单分子测序仪，第四代测序仪又称为单分子纳米孔测序仪，这两类测序仪测序过程无须进行 PCR 扩增，流程得到简化、测序时间更快，可以直接检测 RNA 序列和甲基化的 DNA 序列，理论上可以测定无限长度的核酸序列。

测序系统中试剂通常包括样本制备试剂（提取试剂）、测序文库制备试剂、测序反应试剂等。

测序系统中的数据分析软件是系统的重要组成部分，它直接影响测序结果的解读和应用。它是对测序中得到的各类数据进行分类、整理，根据不同的应用场景进行分析和解读，形成有价值的测序分析报告。除了一些通用的分析软件外，也出现不少专用的分析应用软件，使得测序系统应用不断得到推广。

（四）血液体液诊断产品

这类系统主要分为三大产品线，分别为血液分析产品、尿液分析产品、凝血分析产品。

1. 血液分析产品

血液分析产品通常称为血细胞分析系统，包括仪器和试剂。

血细胞分析系统主要是检测红细胞、白细胞、血小板、血红蛋白和白细胞分类等数量。根据白细胞分类数可分为三分类血细胞仪和五分类血细胞仪。根据进样方式又分为手动进样和自动进样（免开盖）。目前又发展了血细胞分析流水线，即采用自动进样方式，将几台血细胞分析仪连在一起，这样可大大提高样本处理和分析能力。随着技术的不断发展，为减轻人工镜检的工作量和减少差错率，又发展了自动染色推片、自动阅片处理系统，并且与血细胞分析仪连成一体，实现了全面血细胞分析自动化。

血细胞分析仪的试剂包括稀释液、溶血剂、清洗液等，还有质控品和校准品，五分类血细胞分析仪还加入了鞘液。随着临床需求的增多和技术的不断发展，又推出了诸如网织红细胞、幼粒细胞、超敏 C 反应蛋白等计数和分析项目的试剂，增加了血细胞分析系统的检测项目。

2. 尿液分析产品

尿液分析产品是指对尿液样本进行理学、干化学及有形成分进行检测的系统，包括尿液分析仪和试剂及纸条。仪器分为半自动和全自动干化学尿液分析仪、半自动和全自动尿液有形成分分析仪，将这两类全自动仪器联机可以组成尿液分析系统流水线。

干化学尿液分析是用光学检测装置对尿试纸条上的纸条块进行检测，不同颜色的纸条块代表不同的检测指标及项目。尿液有形成分分析是通过图像数字等处理技术对尿液的有形成分进行分析，取代了原来的镜检检查分析，提高了准确率和效率。尿液有形成分分析技术可分为流式技术、流动式数字影像拍摄技术、静止式数字影像拍摄技术等。

干化学尿液分析所用的试剂通常称为尿试纸条，在一根纸条上设置代表不同检测项目的不同颜色的纸块，检测项目从几个到十几个不等。

尿液有形成分分析试剂根据其使用不同技术有不同的试剂类型，通常包括稀释液、染色液、鞘液、保养液、调焦液、清洗液等，还有相应的质控品和标准品。

3. 凝血分析产品

凝血分析系统又称血液凝固分析系统，是用光电方法对血液的凝血、抗凝、纤维蛋白溶解等指标进行检测。根据不同的检测方法可以分为比浊法、磁珠法、底物显色法。系统包括仪器和检测试剂等。

仪器又分半自动和全自动，从单通道、双通道到四通道检测，最高检测速度已经可达每小时500测试数。目前也在发展全自动流水线分析系统。

凝血分析试剂有凝血、抗凝、凝血因子、特殊项目等十几种，还有相应的质控品和标准品。

4. 其他血液体液分析产品

还有一些血液和体液细分领域的产品，血液分析中包括血液流变仪、血小板聚集及功能分析仪、血沉仪、血栓弹力图仪、血型定型仪等；体液分析中包括精子分析仪、粪便处理及分析仪、白带分析仪、宫颈细胞分析仪等。这些仪器通常都有各自相应的配套试剂，它们在各自细分检测领域里有很多临床诊断价值。

（五）即时检验（POCT）产品

即时检验（POCT）产品是指在采样现场进行即刻检测并在短时间内（几分钟到一小时内）当场可以获得检测结果的检测系统。包括相应的检测设备及装置、试剂或试纸条等。

即时检验可以由不同的技术平台形成，包括免疫层析、干化学、生物传感器、生物芯片、化学发光免疫、微流控、近红外光谱、分子诊断等技术。以这些不同的技术平台开发出相应的检测设备和试剂。POCT 仪器一般为小型、便携式、手持式等。可以采用实验室检测的方式，做到样本随到随测；也可以采用临床科室、诊所及个人自测的方式。现在发展的 POCT 仪器还可以通过数据及信息传输与相应的系统连接和联网，进而可以通过线上提供相关检测结果和分析报告。在实验室使用的 POCT 系统随着检测项目和样本数量的增加，目前也发展出了即时检验流水线系统。

即时检验系统根据不同的方法和技术、检测项目，配套有不同的检测试剂或纸条，目前已经有上百种不同的检测试剂和纸条在应用。POCT 的试剂通常以单人份检测为主，可以是单人份单项目，也可以是单人份多项目。胶体金方法和免疫层析方法的检测纸条可以用肉眼来直接观察检测结果，不需要专门的检测设备。新冠肺炎疫情中推出的个人自测用新冠抗原检测试剂是一个很好的应用场景。

（六）微生物诊断产品

微生物诊断是对引起感染性疾病的致病病原体进行鉴定和检测，然后再进行相应的药敏实验分析，进而为患者选择最合适的治疗药物和方法。通常由 3 个部分组成，包括微生物培养、微生物鉴定、微生物药敏分析。

病原微生物培养是微生物诊断的首要环节。可培养的微生物中，对体液标本可以用微生物样本接种仪加相应的培养基进行培养；对血液标本则可用血培养仪加专门的培养瓶进行培养。培养基属于耗材类产品，由人工方法配制而成。培养基按用途可分为基础培养基、增菌培养基、选择性培养基、鉴别培养基、厌氧培养基等。全自动血培养系统是直接将血液样本接种到培养瓶中，在一定条件下进行孵育培养，进而发现和识别细菌或其他可培养分离的微生物。它由专门的血培养仪器和血培养瓶组成。

微生物鉴定是通过生化、免疫或分子等不同方法,将已经得到的阳性样本或直接将样本进行检测分类,以确定样本的细菌具体属和种。若采用生化方法,就需要用专门的细菌鉴定仪器和相应试剂板条来进行鉴定检测,并且与已经建立的细菌库进行比对然后做确认和鉴别。对于不能培养的病原体,如真菌和一些特别菌种等则可以用免疫学抗原抗体方法进行直接鉴定,进而需要相应的专门试剂和检测设备。用飞行质谱方法进行细菌鉴定则更快速和直接,可以在专门的质谱仪上进行鉴定,可在几分钟完成,并且不需要专门试剂,目前使用较多的是飞行时间质谱仪(MALDI-TOF-MS)。PCR技术也在微生物鉴定检测中得到一些使用,主要是针对已知范围内的病原体进行直接检测确认,但每次检测的种类有限(一般在几个到几十个),需要相应的专门试剂。测序技术和仪器在病原体检测中包括细菌鉴定中也开始使用,使用测序技术无须对样本进行培养分离,直接对样本进行测序鉴别;但病原体鉴定的准确性很大程度上取决于分析的参考数据库范围和完整性,还有临床样本的复杂性,微生物测序的质量评估和质量控制体系还在建立中。

微生物药敏分析是将已经培养出来的样本放到药物敏感性折点设定的药敏板上,通过光电比浊、氧化还原反应等不同方法对结果进行判读,最后得到相应的对药物的敏感和耐药结果。药敏检测系统需要相应的专家系统(软件系统)进行分析和解释,以便帮助临床医生正确解读药物敏感结果,进而准确地使用适当的抗生素药物。药敏检测系统通常由检测仪、试剂板条、分析软件等组成。

此外,药敏纸片也被WHO推荐为定性药敏试验方法,抗生素药物的选择比较快速、灵活,且成本低。鉴定纸片通常操作简便、灵活性强。

由于微生物诊断中前处理环节工作量大、花费时间长、手工环节多,这些对后续所有检测准确性影响大。因此,开发出了微生物样本处理系统,为样本前处理自动化提供了工具,也开发出微生物样本处理的流水线工作站。

(七) 病理诊断产品

病理诊断是对脱落或抽取的细胞及组织用试剂进行处理或反应,然后再用设备来判断病变的性质及情况,主要是形态学观察,进而研究疾病的发生原因、发病机制、患病机体的形态结构、功能代谢改变和疾病转化等。病理诊断方法可以分为组织病理(细胞组织形态结构)、细胞病理(细胞水平)、免疫组化病理(蛋白水平)、分子病理(核酸水平)。

前 3 项病理诊断通常先进行样本处理和制备，包括制片、染色等，然后通过显微镜进行判读、分析并报告。

组织病理产品主要是试剂，包括福尔马林、乙醇、苏木素、伊红等；还有设备，如脱水机和显微镜。

细胞病理产品主要是液基细胞制片仪和相应试剂，配套试剂包括缓冲液、染色液、提取液、稀释液、细胞保存液等，种类较多。

免疫组化病理产品主要包括试剂：抗原抗体试剂（一抗、二抗）、检测试剂、染色液等；还有染色制片仪。在使用的抗体试剂中，一抗试剂有几百种，二抗试剂则需几种。

分子病理产品包括核酸提取仪、杂交仪、PCR 仪、基因芯片仪和测序仪，以及相应配套的试剂。

由于病理诊断通常依赖于显微镜的镜检观察，对人员技术要求很高，并且人工长期观察显微镜，也会导致观察误差、效率降低。因此，就需要发展数字病理，即通过 AI 图像软件系统对镜检片进行分析处理，实现辅助诊断。有了这个 AI 分析系统后还可以实现远程会诊。这样就可以大大提高效率、节省时间、减少人为差错。但对于有异议的镜检图片还需要资深的病理师进行复核和确认。

第三节　体外诊断产品的应用

一、体外诊断产品的应用范围

体外诊断产品作为临床诊疗的一个重要手段和工具，几乎覆盖了临床各个科室，也包括了在疾控管理、健康体检、家用健康管理、非临床等领域的使用。

体外诊断产品可以对临床诊疗提供重要信息，根据有关指标的检测并结合临床症状可以对疾病进行诊断和确诊；根据相应的检测结果为制定治疗方案和不断调整治疗方案提供依据和参考。

体外诊断产品可以对重疾预后进行监测，一些癌症患者、心脑血管疾病患者手术及治疗后需要长期进行监测观察，以使疾病能不断得到控制、对人体能不断进行调理。

体外诊断产品可以对慢病进行持续监测管理,针对一些慢病,如糖尿病、高血脂、痛风、肾病、贫血、肝病等,可以进行日常检测,包括可以在家里进行自测。这样可以不断跟踪疾病变化、治疗情况和调理效果。

体外诊断产品可以对身体日常健康状况进行监测,起到预测预警、未病先防的作用。既可以定期到医疗机构的体检中心进行体检,也可以在家里定期对一些指标进行检测。

体外诊断产品可以给优生优育检测带来积极作用,可以在孕前提前检测有关指标,以安排健康受孕;可以在孕中检测有关指标,以判定胎儿的健康情况;可以在新生儿出生时进行有关检测,以判断一些新生儿缺陷,做到提前干预。

体外诊断产品可以为公共卫生领域防控提供监测手段,对突发疾病、传染病进行快速诊断;对一些季节性流行病进行监测监控;对一些公共场所及环境可能出现的病原体进行检测;对慢病管理和社区家庭健康管理提出监测意见及建议;对有关专业职业人员进行定期健康检测等。

同时,体外诊断产品还可广泛应用于非临床领域,包括经济类动物、宠物、水产、植物、环境、检验检疫等,这些领域的应用产品还在不断地开发和推出。

二、体外诊断产品应用

(一)生化诊断产品

身体的任何生理反应过程都有生化反应的参与,因此生化检测在各种疾病诊断和治疗中一直有重要价值。生化检测主要是测定血清、血浆或其他体液的各种生化指标,包括肝脏功能、肾脏功能、血脂、心肌功能、离子、糖代谢、免疫功能、风湿疾病、胰腺疾病、感染炎症、贫血及其他指标,每个大类中都有多项指标。目前,临床开展的生化检测项目有100多项,这些指标在辅助诊断、疗效监测、健康检查、药物滥用检测等方面都有重要价值。

根据临床指南、路径、共识及相关需要,可以进行单个生化指标检测,也可以进行多项指标组合检测来做诊断。

生化检测可以在实验室集中进行检测,普遍使用全自动生化检测系统、甚至流水线检测系统,这样可以增加样本检测量和扩大检测项目数量,提高速度和效率。门诊、急诊检测,则需要快速及时、当场出检测报告,POCT产品和干式生化系统为此提供了很好手段。基层医疗机构则对全自动生化系统和POCT产品都有很好需求，随着政府对基层医疗的重视和加强，常见病和慢病逐步在基层医疗机构就诊，生化类检测在基层医疗机构会不断开展和扩展。随着家用生化检测系统的推出，个人及家庭自己进行生化检测也在不断普及，如血糖、血脂、尿酸、贫血等项目可以普遍在家庭开展自测，为慢病管理和日常健康监测提供很好的手段。

随着技术的发展，包括仪器技术的发展、试剂研发能力的提高，一些原来只能在免疫平台、质谱及其他平台上开展的检测项目也可能逐步在生化平台上进行检测，进而可以在生化平台上拓展更多新的检测项目。质谱技术的应用又推出一系列检测项目，如用 LC-MS/MS 质谱仪，进行新生儿遗传疾病的筛查、治疗药物监测、激素水平测定等。

（二）免疫诊断产品

免疫诊断产品是目前临床诊断中检测量最大的，约占1/3。涉及的检测项目包括：传染病、肿瘤标志物、甲状腺功能、激素类、优生优育、糖尿病高血压等慢性病、心脏标志物、贫血、自身免疫、过敏原、药物浓度监测、炎症因子及其他。每类都有几个到几十个，甚至上百个检测项目不等，在免疫平台上的临床检测项目总计已经有几百项，几乎涉及各个临床科室，并且还在不断开发和推出新的检测指标。虽然检测指标众多，但肿瘤、甲状腺功能、激素、传染病等项目目前占据了70%~80%的免疫检测量的份额。

免疫检测根据临床指南及需要，经常需要做一些组合项目检测以便做出准确判断。如一种肿瘤往往需要几个肿瘤标志物来组合检测，最终还要根据影像学、病理、临床症状等一起来判断；过敏原检测需要组合项目来最后判定；传染病中的乙肝检测一般要同时检测乙肝五项指标；心肌功能中检查心肌损伤同样需要几个指标连起来检测和观察。免疫检测指标还在不断开发，有的是全新独立的项目，有的是在现有组合项目中再增加一项或两项。

流式细胞术的检测项目有上千种，目前主要应用于：①表型分析，包括淋巴细胞表型检测、HLA-B27检测、阵发性睡眠性血红蛋白尿CD55/CD59检测、白血病淋巴瘤免疫分型及微小残留病灶检测、CD34干细胞计数等。②DNA含量分析，包括细胞循环周期分析、细胞凋亡检测。③其他，如CD64粒细胞百分比、血小板相关检测、过敏反应检测、习惯性流产抗体检测、HLA配型等。

自身免疫类检测可分为系统性自身免疫性疾病检测和各种组织器官特异性自身免疫性疾病检测。系统性自身免疫性疾病检测目前已经开发出来的检测试剂有几十项。各种组织器官特异性自身免疫性疾病检测又更细分和细化，如肝病、神经系统疾病、内分泌疾病、皮肤病、肾脏疾病、胃肠疾病、血液疾病、不孕不育等。每一类疾病都有一系列检测指标，并且还在不断新开发出相应的自身免疫检测指标。同时，其他组织或器官的自身免疫性疾病的检测也会不断推出。因此，自身免疫类检测是这些年发展特别快的细分领域，相信还会不断有新指标开发上市。

过敏原检测是检测 IgE 抗体介导的 I 型速发型变态反应，过敏原有成千上万种，任何对人体而言的异种蛋白均可能是人体的过敏原，包括食物、动物、植物、环境、空气杂质等。预先和及时知道并判定对哪类物质过敏，可以让人们预先或及时做好预防和处理，减少或降低对人体的损害。目前，已经开发出来的过敏原检测项目有几百种，相信以后还会有新的过敏原检测指标被开发出来。

（三）分子诊断产品

分子诊断产品的临床应用领域目前主要在：病原体检测、遗传性疾病检测、肿瘤检测、药物基因学检测等。对疾病的预测、初诊、分型确定、药物使用选择、疗效评价及治疗监测都带来重要价值和意义。

病原体检测包括：乙型肝炎病毒检测（HBV）、丙型肝炎病毒检测及分型（HCV）、人类免疫缺陷病毒（HIV）、性传播疾病（STD）、结核病（TB）、新型冠状病毒、人乳头瘤病毒（HPV）、呼吸道疾病等，血源性传染病核酸筛查也属于这类检测。这次的新冠核酸检测在新冠肺炎抗疫中发挥了极其重要的作用，成为新冠肺炎病例确诊的一个重要依据。疾病控制中心经常需要监控各类细菌和病毒，病原体筛查就会起到快速检测的作用。以后若出现或发现新的病原体，都可以开发出相应的检测试剂进行检测和诊断。

遗传性疾病检测包括遗传病基因携带者筛查、遗传易感性筛查、产前筛查、新生儿筛查。遗传疾病基因携带者筛查是对先天带有家族遗传疾病基因的检测，如色盲、白化病、蚕豆病、先天性心脏病等。遗传易感性筛查用于有显性遗传病家族史的个体，可以预测患某种疾病的风险，如家族性乳腺癌患者、糖尿病、高血压等。产前筛查是检测受孕胎儿是否存在疾病基因或者染色体异常，如唐氏综合征、13-三体综合征、18-三体综合征、单基因遗传疾病等。新生儿筛查是对刚出生的婴儿进行的高危家族遗传病病史的项目检测，如耳聋基因、地中海贫血、血友病、罕见病等。

肿瘤检测包括肿瘤的早期筛查、肿瘤的辅助诊断、肿瘤药物筛选、肿瘤疗效和预后判断。肿瘤的早期筛查是对肿瘤形成初期进行检测，如通过高危型人乳头状瘤病毒检测（hrHPV）作为宫颈癌的初筛方法、DNA 甲基化检测早期肠癌等。肿瘤的早期筛查是分子诊断的热门领域，随着技术的不断成熟，会不断开发出肿瘤的早期筛查产品，或将出现广谱肿瘤检测指标。肿瘤的靶向药物越来越多，如何选择这些药物就需要对一些突变点位做检测，然后判断是否可以使用这些靶向药物。在监测疗效和预后判断方面，包括游离循环肿瘤细胞（CTC）检测、循环肿瘤 DNA（ctDNA）检测、外泌体及循环 RNA 检测、微小残留病变检测等，都在不断探索应用价值和意义。

药物基因学检测是利用基因变异对表型的影响、利用基因分型信息预测药物的疗效，属于个性化用药基因检测类。目前成熟的有心血管系统疾病用药，包括高血压、动脉粥样硬化、冠心病、脑卒中等；乙肝治疗的药物选择，并且在治疗一段时间后还需要再检测一下是否产生变异、是否需要更换药物且再选择针对性的药物；结核耐药的检测等。随着慢病管理的深入开展，通过基因检测进行个体化用药指导是个关键环节，这样针对性的用药既可以提高疗效、减少患者痛苦，又可以降低不必要的医疗开支。

（四）血液体液诊断产品

这里分别从血液分析系统、尿液分析系统、凝血分析系统来介绍各自的应用。

血液分析系统可以对血液常规指标如红细胞、白细胞、白细胞分类、血红蛋白、血小板等进行计数和定量分析，这些都是疾病筛查、诊断、疗效监测的基本指标和参数。现有的应用中，还扩展了更多检测指标，如网织红细胞、幼稚细胞、有核红细胞等，为血液系统疾病诊断提供依据。在血常规检测基础上增加 C 反应蛋白（CRP）检测进行联检，以判断炎症及感染情况。

尿液分析系统是对尿液的理学、化学、有形成分进行检查和检测。可以对泌尿生殖系统疾病、肾脏疾病及代谢性疾病的诊断和鉴别诊断有重要临床价值，对全身各系统疾病诊断和治疗判断都有重要意义；可以对泌尿系统疾病进行诊断和疗效观察，如炎症、结核、结石、肿瘤等；可以对糖尿病、胰腺炎、黄疸等检测及诊断；可以对产科及妇科的疾病进行监测和诊断，如妊娠、绒毛膜癌、葡萄胎等。

凝血分析系统是进行血栓与止血的实验室检测，可为血栓性和出血性疾病的诊断、溶栓及抗凝治疗的检测与疗效观察提供有价值的指标。在各类手术前，通常都需要做出凝血检测，以便判断手术中是否会出现出血异常。孕妇在妊娠过程中凝血和纤溶功能均会发生相应改变，为减少产后出血，需筛查血栓栓塞性疾病、弥漫性血管内凝血等发生风险，进而动态进行相应凝血指标检测，预防产中和产后的异常出血。糖尿病、高脂血症、高血压患者进行凝血功能检查，主要是观察患者是否存在血液高凝状况，以检查是否容易形成血栓。有肝脏疾病的患者，凝血检测则可以用于判断肝脏疾病的严重程度。对进行抗凝治疗的患者，通过出血风险的监测，判断是否会引起出血状况。对于心脑血管疾病、心胸外科疾病等领域的诊断与治疗方面，止血与血栓检测都具有重要作用。

（五）即时检验产品

POCT产品涉及多种技术平台，在生化、免疫、血液体液、分子诊断、微生物等领域均获得广泛应用。但由于它的核心是快速、简便、小型，因此主要应用于门急诊、基层医疗机构、社区乡镇保健站、护理机构、各类现场实地检测、救护车、家用自测等。

在临床应用上几乎可以涉及各个临床科室。门急诊发热患者，临床需要尽快（一般30~60分钟）完成检测以协助临床判断出相应的发热原因，是病毒还是细菌，是哪种病毒等，尤其对传染性强的疾病（如新冠病毒），越早筛查出病原体，就可以越快进行治疗和管控。对心肌梗死和脑卒中患者，时间就是生命，早诊断早明确就可以进行针对性的抢救和治疗。在慢病门诊和专家门诊中，能现场当场检测并及时提供检测报告，就可以使医生及时做出判断、制定或调整相应的治疗及用药方案，节省时间，提高诊疗效率。在手术过程和急救治疗中，对一些关键指标能现场实时进行检测并获得准确结果，就可以让临床医生做出及时判断，进行及时处置和应对。

在基层医疗机构、社区乡镇保健站、护理站，可以用POCT产品进行筛查，以初步判断疾病情况，为下一步处置提供参考；对一些慢病进行监测跟踪，而不需频繁去大医院做这些普通检测；还可以对社区乡镇当地人员进行定期健康体检检测。

在救护车上做相应检测，可以及时判断患者的情况，一方面可以当场及时做一些处理；另一方面可以将检测信息实时传输到相应医疗机构，以便医疗机构做好后续救治准备。

疾病控制中心和一些相应检测管理机构，经常需要到现场及野外进行实地检测并且在现场做出判断和处理，POCT产品为他们提供了很好的手段和方法。

家用自测是人们一直广泛期待的，对一些需要每天、每周都要进行检测的项目，如血糖等，能够在家里进行自我检测，将大大提高效率和简便性，为控制疾病提供及时参考。还有很多可以在家里或进行自我检测的项目，如血脂、贫血、尿酸、早早孕、一些传染病、心肌疾病、营养评价（维生素和矿物质）等。家用检测领域还有很多检测项目有待开发和推广。这次新冠抗原自测试剂的推出，为筛查新冠病例起到积极作用，也让大家充分认识到家用自测的价值及意义。

随着互联网的发展和发达，可以通过远程数据传输，将POCT检测的数据及时传输到相应的医疗机构平台，既可以对检测结果的质量进行评价和监控，也可以对检测数据进行解读和提示，让家用自测与相应的医疗机构建立联通，可以对患者进行及时指导。

（六）微生物诊断产品

目前，微生物诊断主要集中在各类致病病原体的检测、各类抗菌药物的药敏检测上。尤其是抗生素药物的选择和使用，要先进行药敏实验，确定哪些抗生素药物有效，然后才能加以使用，否则会造成抗生素滥用，最终会导致细菌耐药，出现超级细菌，进而出现抗生素失效，变得无药可治。

结核菌检测，包括结核分枝杆菌检测，一直是临床的一个难点。作为一种危险的传染病，及早准确检测到这类病菌，可以为防控和治疗提供有效手段。结核病的耐药率不低，及时检测到耐药情况，可以及时调整用药，有效控制结核病情和结核扩散传播。

真菌检测通过检测真菌种类，从而为抗真菌感染提供病原学依据和用药指导。真菌检测是血液科、呼吸科、皮肤病、重症医学科等多个临床科室经常使用的检查手段，真菌感染常见于免疫功能低下的患者，如长期使用激素的患者、化疗后的患者，并且真菌感染不易控制、治疗时间较长。在重症医学领域，真菌导致的死亡率也很高。

支原体、衣原体作为原核微生物致病性很广泛，容易引起泌尿生殖系统、呼吸道系统等疾病，及时准确检测出这类病原体就可以及时进行针对性治疗。

特定的微生物检测，如用于妇科检查的B群链球菌、阴道病多联检测等，可以为这类相应疾病进行准确及时诊断，进而进行有效治疗。

(七) 病理诊断产品

病理诊断产品主要用于判断病变的性质及具体类型、疾病的原因、病变的起源，以指导临床治疗、分析预后。对于肿瘤可以判断肿瘤是良性还是恶性，病理诊断目前仍是肿瘤各种检测方法中最可靠的。病理诊断被誉为诊断的"金标准"，是疾病确认的最终诊断。

组织病理是检查病变细胞和组织的结构和形态变化，以明确炎症的类型、判断其严重性，同时明确炎症组织有没有出现病变。对于肿瘤患者，通过切除一些组织进行组织病理检查，是确诊肿瘤的重要依据。可以诊断或预后分析癌症及多器官疾病的各种病况，还可以用于鉴定细菌、真菌和寄生虫等病原体及重金属等毒素的存在情况。

细胞病理是研究组织碎片、细胞群团、单个细胞的形态和结构，可以涉及全身各系统器官。可以对脱落细胞包括分泌物和排泄物进行检查；可以针吸或小针穿刺对体表和内脏进行细胞学检测。目前，较普遍地用于宫颈细胞检查的液基细胞检测（TCT）方法就是很常用的细胞病理技术，它是检查宫颈的脱落上皮细胞是否有病变，进而提示宫颈癌的风险。细胞病理检查还可为术后需做放疗化疗或胸腹水起病的肿瘤患者的治疗提供诊断依据；还可用于肿瘤治疗后的随诊观察。细胞病理检查可判断某些良性的病变，如在感染性疾病（结核、霉菌等）标本中发现病原菌及有关细胞病理学的改变。

细胞病理和组织病理可以相互补充、互相印证。有些病变无法取到活检标本进行组织病理检查，则通常可以通过细胞病理检查来做确定；而组织病理标本具有细胞病理标本所没有的组织结构，诊断往往更为确定，细胞病理筛查出的病变往往也需要通过组织病理来进一步确诊。

免疫组化是根据抗体和抗原结合的高特异性，将组织或细胞中某种化学物质提取出来，以此作为抗原或半抗原，通过免疫动物后获得特异性抗体，再以此抗体去探测组织或细胞中同类的抗原物质，进而对组织或细胞中未知抗原进行定性、定位或定量研究。免疫组化的主要临床应用包括恶性肿瘤的诊断与鉴别诊断、确定转移性恶性肿瘤的原发部位、对某类肿瘤进行进一步的病理分型、软组织肿瘤的组织学分类、发现微小转移灶、为临床治疗提供方案等。

伴随诊断是免疫组化的一个重要应用领域，通过提供有关患者针对特定治疗药物的治疗反应信息，为患者确定最有效的治疗药物。包括现在进行的各类免疫治疗，如 PD-1、PD-L1、CAR-T 等均可以用免疫组化技术提供伴随诊断，以便选择和确定治疗方案。

分子病理是常规病理和免疫组化的深入与扩展，是从分子层面进行检查和分析。从分子水平阐述基因组、基因、基因转录及调控、细胞周期和信号转录等分子医学基础，主要分析疾病的病理变化的分子机制。分子病理在肿瘤诊断中不断得到推广，如肿瘤早期筛查、早期诊断及辅助诊断、预测药物反应并指导临床用药（如放疗化疗、靶向治疗）、预测预后、肿瘤分子分型等。分子病理是伴随诊断和个性化治疗的一个重要手段，在遗传性疾病诊断与分型、病原体检测等都有广泛应用，成为精准医疗的一个重要基础。

参考文献

[1] 中国生物技术发展中心. 2019年中国医疗器械科技创新发展报告 [M]. 北京：科学技术文献出版社，2020.

[2] 宋海波，王兆强，朱耀毅，等. 中国体外诊断产业发展蓝皮书（2015年·首卷）[M]. 上海：上海科学技术出版社，2016.

[3] 宋海波，戴立忠，邹炳德，等. 中国体外诊断产业发展蓝皮书（2018年卷）[M]. 上海：上海科学技术出版社，2019.

[4] 丛玉隆，黄柏兴，霍子凌. 临床检验装备大全：第2卷 仪器与设备 [M]. 北京：科学出版社，2015.

[5] 丛玉隆，陈文祥，高尚先，等. 临床检验装备大全：第3卷 试剂与耗材 [M]. 北京：科学出版社，2016.

第四章　体外诊断技术发展趋势

第一节　体外诊断关键技术及发展趋势

一、标记免疫类技术

（一）化学发光

化学发光免疫分析含有免疫分析和化学发光分析 2 个系统。免疫分析系统将化学发光物质或酶作为标记物，直接标记在抗原或抗体上，经过抗原与抗体反应形成抗原－抗体免疫复合物。化学发光分析系统是在免疫反应结束后，加入氧化剂或酶的发光底物。化学发光物质经氧化剂的氧化后，形成一个处于激发态的中间体，会发射光子释放能量以回到稳定的基态，发光强度可以利用测量仪器检测，根据发光强度的关系计算被测物的含量（图 4-1）。

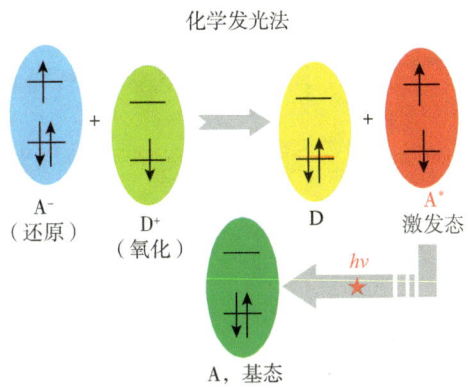

图 4-1　化学发光原理示意[①]

[①] MIAO W J. Electrogenerated chemiluminescence and its biorelated applications[J]. Chemical reviews, 2008, 108（7）: 2506-2553.

1. 化学发光免疫分析分类

化学发光免疫分析的类型主要分为直接化学发光免疫分析、化学发光酶免疫分析和电化学发光免疫分析。

（1）直接化学发光免疫分析

直接化学发光免疫分析常用的化学发光剂为吖啶酯，利用吖啶酯直接标记抗体（抗原），与待测标本中相应的抗原（抗体）发生免疫反应后，在不需要催化剂的情况下分解发光。其特点如下：①反应简单快速，不需要催化剂，在碱性环境中即可进行；②发光迅速、背景噪声低，保证了测定的灵敏度；③吖啶酯直接标记抗原或抗体，结合稳定，不影响标记物的生物活性和理化性质；④吖啶酯发光为瞬间发光，持续时间短，对信号检测仪灵敏度要求较高。

（2）化学发光酶免疫分析

化学发光酶免疫分析（Chemiluminescence Enzyme Immunoassay，CLEIA）是利用参与催化某一化学发光反应的酶，如辣根过氧化物酶（HRP）或碱性磷酸酶（ALP）来标记抗原或抗体，在与待测标本中相应抗体或抗原发生免疫反应后，形成固相包被抗体－待测抗原－酶标记抗体复合物，加入鲁米诺或碱性磷酸酶底物（AMPPD）等发光剂，酶催化和分解底物发光（图4-2）。其特点是：①酶催化鲁米诺、AMPPD等发光剂发出的光稳定，持续时间长，便于记录和测定；②酶标记抗原或抗体结合稳定。

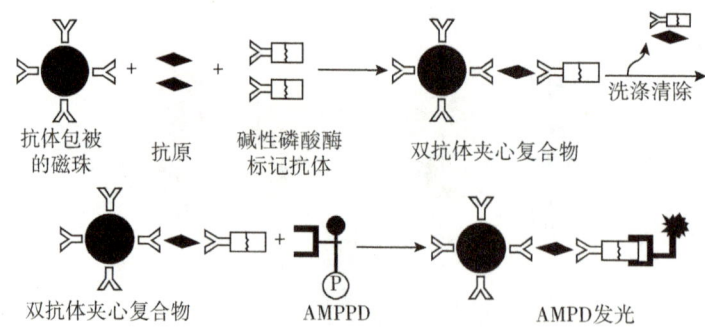

图 4-2 基于 AMPPD 的化学发光酶免疫分析原理示意[①]

（3）电化学发光免疫分析

电化学发光免疫分析（Electrochemiluminescence Immunoassay，ECLIA）是由电

---

① http://www.cnreagent.com/bk/606.html.

化学反应引发，通过一系列化学反应产生激发态发光体进而辐射发光的过程，可通过电化学反应进行调控，且无须外加激发光，具有时空可控性强、背景信号低和灵敏度高等优点（图4-3）。Ru（bpy）32+/TPrA是目前最常见，也是实际免疫分析中最先进的信号转导方法之一。它的电化学发光体系具有水溶性好、化学稳定性强、发光效率高、激发态寿命长、可重复利用、检测灵敏度高、线性范围宽及不受水中溶解氧的干扰等诸多优点。Roche Diagnostics和Meso Scale Discovery等公司开发的电化学发光免疫分析仪已被广泛应用于临床诊断中，包括肿瘤、传染性疾病、心血管疾病等多种疾病的早期诊断。然而电化学发光反应的过程较为复杂，目前对电化学发光反应机制的理解仍不十分清楚。进一步解析电化学发光反应机制对设计新型电化学发光体系，提高发光效率，筛选发光分子和共反应剂，调控发光区域和发展高效免疫分析体系等具有重要意义。

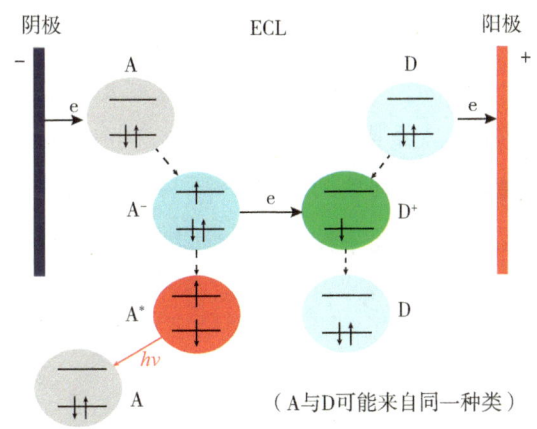

图4-3 电化学发光原理示意[①]

2. 化学发光免疫分析技术的优势

①灵敏度高：灵敏度高是化学发光免疫分析关键的优越性，能够检出放射性免疫分析和酶联免疫分析等方法无法检出的物质，对疾病的早期诊断具有十分重要的意义；②线性动力学范围较宽：发光强度在4～6个量级，与显色酶联免疫分析吸光度（OD值）2.0的范围相比，优势明显；③光信号持续时间长：化学发光免疫分

---

① MIAO W J. Electrogenerated chemiluminescence and its biorelated applications[J]. Chemical reviews, 2008, 108（7）：2506-2553.

析的光信号持续时间可达数小时甚至一天，简化了实验操作及测量流程；④分析方法简便快速：绝大多数分析测定为一步模式仅需加入一种试剂；⑤结果稳定、误差小：样本本身发光，不需要额外光源，避免了外来因素的干扰（光源稳定性、光散射、光波选择器），分析结果稳定可靠；⑥安全性好及使用期长。

在过去的几年里，化学发光分析技术在基础研究和临床应用方面的快速发展表明，该技术是超灵敏生物分子检测和定量的有力工具。基于该技术的高通量、小型化的生物传感器能够以高灵敏度、低检测限、良好的选择性和稳定性进行多路检测，将继续吸引研究界的兴趣。未来化学发光免疫技术继续与生物化学、免疫学、光电子学、人工智能、大数据、云计算等各领域的先进技术的结合将是进一步发展的必然要求，形成智能化的自动化系统，实现检测精密自动化，通过网络化、个性化的智慧信息数据给患者进行个性化的检测分析，达到快速诊断和治疗。

（二）荧光光谱

荧光（Fluorescence）是物质通过吸收紫外或可见光波段的电磁辐射后，受激发的原子或分子从基态跃迁至高能状态后立即发生去激发现象，在去激发过程中释放能量，是一种光致发光的冷发光现象。荧光光谱（Fluorescence Spectra）是描述某种物质的荧光能量与其对应波长的关系图，可分为激发光谱和发射光谱（图4-4）。

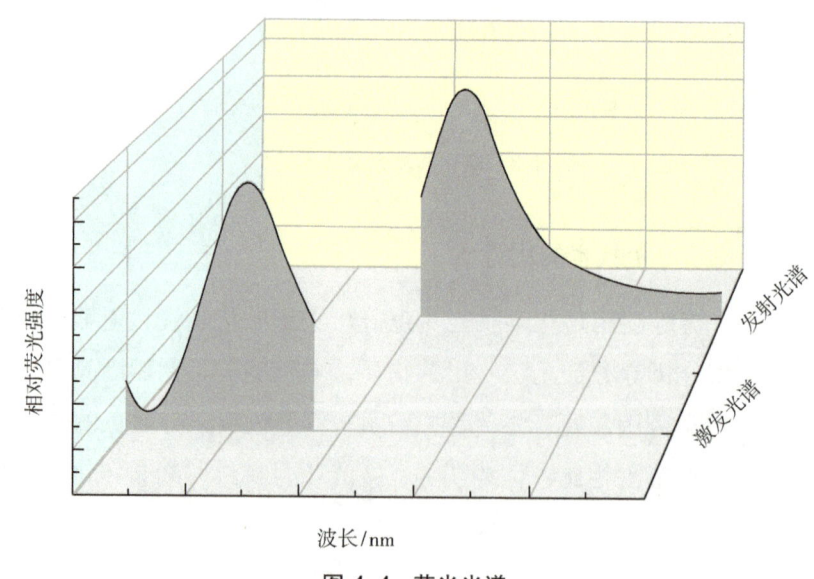

图4-4 荧光光谱

荧光光谱技术在体外诊断方面具有以下优势和特征：

①灵敏度高：荧光分析的最大特点是灵敏度高，通常情况下要比分光光度计的灵敏度高出2~3个数量级；②选择性强：包括激发光谱和发射光谱，在鉴定物质时，通过选择波长可以使分子荧光分析有多种选择；③试样量少和方法简便：由于其检测灵敏度高，所以可以大大减少样品的用量，特别是在微量样品检测时，效果明显；④能提供比较多的物理参数：如激发光谱、发射光谱、荧光强度、量子产率、荧光偏振等参数。这些参数反映了分子的各种特性，并通过它们可以得到被检测分子的更多信息。由于荧光光谱检测具有上述诸多优点，在体外诊断中具有较广泛的应用。人体正常组织与癌变组织由于分化不同，可以根据测定二者的荧光发射光谱进行区分；同时，可以运用光敏（荧光）药物与激光激发相结合的方式使癌变组织发射出不同于正常组织的荧光光谱，以此达到癌变组织诊断的作用。此外，基于荧光光谱的生物传感器具有快速、实时、便携、检测限低、灵敏度高等特性，在诊断各种类型的癌症方面有很大潜力。近年来，基于荧光光谱的核酸、蛋白质、酶、外泌体等许多重要生物分子的超灵敏检测不断涌现，通过联合循环信号放大技术可以进一步提高检测的灵敏度，对疾病诊断和治疗具有重要意义。

具有可识别功能的新型荧光探针的合成，特别是纳米荧光量子点、聚集发光等分析技术的出现，在基因和蛋白质分析过程中发挥了重要作用并显示出进一步的应用潜力。在细胞成像方面，通过观察量子点标记分子与其靶分子相互作用的部位，及其在活细胞内的运行轨迹，可能为信号传递的分子机制提供线索，为阐明细胞生长发育的调控及癌变规律提供直观依据。在分子检测方面，通过追踪量子点标记的探针分子与目标分子的反应，在最佳反应时间进行荧光信号获取，可能为目标分子定量检测提供新方法。量子点技术与芯片技术结合还可能创造高通量分析各种靶分子的技术平台，并对生物医学产生深远影响。

（三）免疫PCR

免疫PCR（Immuno-Polymerase Chain Reaction，IPCR）是利用抗原抗体反应的特异性和PCR扩增反应的极高灵敏性而建立的一种微量抗原检测技术。免疫PCR技术主要由两部分反应过程组成：第一部分是免疫反应过程，即将待检测的抗原包被在固相载体上，然后用封闭剂封闭其非特异性的结合位点后，再加入生物素标记的特异性抗体，经孵育与待测抗原结合后利用链霉亲和素等作为连接分子，将生物素标记的DNA报告分子连接到抗体分子上；第二部分是PCR扩增和电泳，即将未结合的游离生物素化DNA分子洗掉后，加入PCR反应体系来扩增固相化的DNA报告分子，利用琼脂糖凝胶电泳来检测PCR的扩增产物。该技术不仅同时具备了免疫反应的高度特异性和PCR技术的高度灵敏性，而且它将PCR技术的检测范围扩大到了蛋白质水平。

免疫PCR与ELISA反应过程基本类似，不同点在于免疫PCR以一段DNA作为标记物，而ELISA以酶作为标记物（图4-5）。

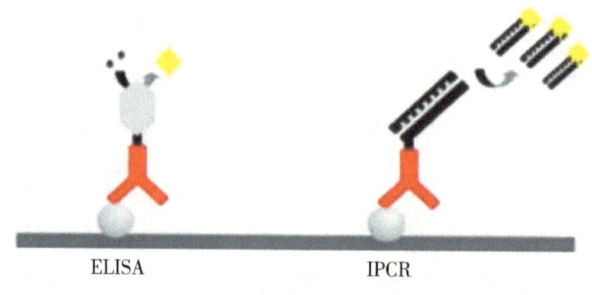

图4-5 免疫PCR与ELISA检测方法对比

免疫PCR技术因其具有高度的灵敏度和特异性等优点，被广泛应用于实验室研究和临床诊断领域。该技术的特点如下：

①高灵敏度：由于免疫PCR技术将免疫反应和PCR技术相融合，因此可利用PCR技术强大的扩增放大能力来检测待测抗原，其灵敏度较其他免疫标记技术大大提高；②高特异性：由于免疫PCR技术是建立在免疫反应的基础之上，因此具有抗原抗体反应的高度特异性。高度特异性的另一体现就是它利用特异性的引物进行PCR扩增DNA报告分子，这样就避免了检测样品中其他核酸分子的扩增；③操作简单：免疫PCR技术不需要特殊的试剂和设备，凡是具有ELISA和PCR技术能力的实验室就可进行此方面的研究；④应用广泛：基于免疫PCR技术具有高度的灵敏性和特异性、操作简单这三大优点，因此特别适合于一些微量抗原的检测，目前已被广泛应用于免疫学研究和临床诊断领域。

免疫PCR技术自创建以来已从一种研究方法转变为一种常规的实验室技术，目前主要用于肿瘤标志物、病原微生物、激素、细胞因子等方面的检测。①肿瘤标志物的检测：一些肿瘤标志物的特异性很强，能够用于肿瘤的早期诊断。②病原微生物的检测：目前已成功地将免疫 PCR 技术应用于病毒抗原、细菌毒素和寄生虫等病原微生物的检测。③激素的检测：该技术可用来检测生长激素、人促甲状腺激素、人绒毛膜促性腺激素等。④细胞因子的检测：目前检测血清中细胞因子的方法多采用放射免疫法和 ELISA 法等。

随着 PCR 产物检测技术的不断改进，免疫 PCR 技术的灵敏度和特异性将会得到进一步提高。在不久的将来，免疫 PCR 技术将会成为一种常规的微量物质检测技术。

二、测序扩增技术

（一）基因测序技术

1. 概述

基因测序是指通过测序系统对生命的遗传信息的基本单元脱氧核糖核酸（DNA）的碱基排列顺序进行测定，从而解读 DNA 的遗传密码。比起传统 PCR 技术，测序技术是目前唯一能读取未知序列的技术，因此，它推动了生命科学和医学的巨大进步，开启了精准医疗的时代。

2. 优势与特征

迄今为止，测序技术已经经历了四代的发展，不但提高了短时间内的测序通量、测序准确性和单条序列的测序读长，而且大幅降低了测序价格。

（1）第一代测序技术（Sanger 测序）

Sanger 测序技术：1977 年，Sanger 提出了双脱氧核苷酸末端终止法，同年 A.M.Maxam 和 W.Gilber 也提出了化学酶解法，两者的提出标志着第一代测序技术的诞生。目前，基于第一代测序技术的测序仪几乎都是采用 Sanger 提出的双脱氧链终止法，因此第一代测序技术也简称 Sanger 测序。其最重要的特征是准确度高和序列长度高于第二代测序，至今仍是测序技术的"金标准"，但其缺点在于测序通量低、获得大量序列的成本高，因此广泛应用于法医鉴定、基因分型、对其他测序平台的结果验证等。

（2）第二代测序技术（高通量基因测序技术）

高通量基因测序技术：基于对大通量低成本运用的需求，发展出了高通量基因测序技术（High-throughput Sequencing），又称为下一代测序（Next Generation Sequencing，NGS）技术，主要包括样本提取、文库构建、模板制备和上机测序等过程，能一次并行对多达几百万条 DNA 分子进行测序，突破性地提高测序的通量和效率，大大降低了成本，使得精准医学可以被大规模应用。2005 年，454 FLX 焦磷酸测序平台（Pyrosequencing by Synthesis）问世，它是全球第一台商业化的二代 DNA 测序仪，标志着第二代测序技术时代的开始。目前，二代测序的主流技术平台有 Illumina 平台、Thermo Fisher 的 Ion Torrent 平台、华大智造的 BGI 平台和真迈生物（GeneMind）。二代测序主要有读长短、通量高、准确度高及单条序列成本低等优点，可以将人类基因组测序成本降低到 1000 美元以内。但其同时也存在一些缺点，如序列读长较短、拼接错误率高、需高覆盖率测序解决拼接等问题。此外，二代测序在建库中需要使用 PCR 扩增，因此有引入一定概率的碱基错配等缺点。目前，二代测序主要应用领域包括基因组测序、转录组测序、表观组学测序、群体测序、扩增子测序、宏基因组测序、重测序、单细胞测序和空间组学测序等。近年来，随着精准医学的发展，二代测序在临床方面也有广泛的应用，如产前及遗传筛查、肿瘤个体化用药、肿瘤早筛及预后和风险筛查、病原体鉴定及耐药等。

（3）第三代测序技术（单分子测序技术）

单分子测序技术：在该领域，Helicos Biosciences 和 PacBio 是主要的技术代表，其中 PacBio 是主流平台技术，其核心是边合成边测序的测序技术。单分子测序技术的主要优点有：①可以实现单分子测序；②超长的测序长度，避免了 PCR 扩增引入的偏好性和突变；③可以测到二代测序难以完成的重复序列区域和长结构区域，与二代测序形成结合互补。但其主要的缺点是单条序列错误率较高和测序成本较高等。目前该技术主要应用于以下几个方面：①用于基因组组装和结构变异的发现，长读长测序更容易进行组装拼接，填补基因组中大片段的缺口，同时也更容易检测出基因组的结构变异（Structural Variation）；②提升基因组特定区域的测序质量和基因注释，可以克服部分序列 GC 含量高或重复序列多等问题，更好地进行基因组详细描绘，从而进行精细的基因注释等研究；③可以直接检测到发生甲基化的核苷酸，因此可以在进行其他测序分析的同时完成 DNA 甲基化的分析。

（4）第四代测序技术（纳米孔测序技术）

纳米孔测序技术：纳米孔测序技术的核心就是通过电场力驱动单链核酸分子穿过纳米尺寸的孔道进行测序。目前，纳米孔包括固态纳米孔和蛋白纳米孔平台。其中，牛津纳米孔技术公司（Oxford Nanopore Technologies，ONT）采用蛋白纳米孔平台技术，即利用核酸分子通过纳米孔时电荷发生的变化引起的电阻膜上电流的变化进行测序。

该技术主要优点是：①超长读长，测序测定的是天然碱基，无须进行酶反应，在现有测序平台中能实现最长的读长；②测序速度快、测序仪器小巧便携、能直接进行 RNA 分子和修饰测序。但目前该技术的准确度仍然低于其他平台，应用领域还有限，而且测序成本较高。若能解决测序通量、质量和成本问题，纳米孔测序技术才能实现大规模应用。纳米孔测序技术主要应用于对满足现场检查和读长有需求的病原体的鉴定及抗生素耐药检测、表观基因组修饰的测序、直接 RNA 及修饰的测定、长的结构变异疾病的检测等。

3. 应用前景

目前，测序技术仍然以经济实惠的二代测序为主要应用平台，其他测序平台以其特有的技术特性作为满足不同检测维度要求的互补，交叉应用从而破解生命体的遗传信息。基因测序技术发展的主要趋势是实现更准确的读取质量、更快的读取速度、更长的单条读长、更简便的操作过程、更便携的仪器平台和更便宜的价格。我国在基因测序技术的应用方面已达到或超过国际水平，但其上游设备和试剂系统仍被国外 Illumina、Thermo Fisher 等公司所主导。在基因测序国产化方面，华大智造、真迈生物等公司正逐渐实现"卡脖子"技术的突破。

（二）聚合酶链式反应技术体系

1. 概述

聚合酶链式反应（Polymerase Chain Reaction，PCR）技术，又称无细胞分子克隆或特异性 DNA 序列体外引物定向酶促扩增技术，是体外酶促扩增 DNA 或 RNA 序列的一种方法。通过高温变性、低温退火、引物延伸的多次循环可将靶基因扩增上万甚至上亿倍。作为一种相对成熟、特异性强、灵敏度高、操作简便、省时的核酸扩增技术，PCR 技术目前已被广泛应用于生命科学、医学检验、公共安全和环境监测等多个领域。

2. 优势与特征

迄今为止，PCR 技术经过三代技术变革，准确度和分析灵敏度不断提高。

（1）第一代 PCR

普通 PCR 利用扩增仪来对靶基因进行扩增，然后采用琼脂糖凝胶电泳对产物进行检测。该方法只能做定性和半定量研究,容易发生非特异性扩增和假阳性结果,且检测耗时长,操作烦琐,因此应用场景有限。

(2) 第二代 PCR

实时荧光定量 PCR(Quantitative Fluorescence Real-Time PCR,qPCR)通过在反应体系中加入荧光染料,检测反应中发出的荧光信号达到阈值时的循环数即循环阈值(Ct)来计算目的核酸序列的含量。在其基础上,进一步分化出突变扩增阻滞系统(ARMS)和高分辨溶解曲线(HRM)等新型技术。qPCR 技术由于操作过程在封闭体系中进行,降低了污染概率,并且可以通过对荧光信号进行监测,从而实现定量检测,因此临床应用最为广泛,已成为 PCR 中的主导技术。它主要的缺点是灵敏度低,低拷贝标本检测不准确;需要标品参照,存在一定误差和非绝对定量问题;当反应体系中有 PCR 抑制物时,检测结果易受干扰。

作为目前应用最成熟、临床应用最广泛的技术平台,qPCR 在感染性疾病、血筛、优生优育和肿瘤伴随诊断领域占主导地位。国内 qPCR 仪器市场大部分被 Life Technologies、Bio-Rad、Roche 等国外公司垄断。国产仪器,如杭州博日、上海宏石等,虽然基本性能达到或接近国际主流水平,但是还需要市场培育。在 qPCR 试剂方面,国内企业具有很强的自主研发能力,圣湘生物、达安基因等都是该领域的龙头企业。qPCR 的发展主要集中在两个方面:一方面是开发"样品进,结果出"的高通量全自动核酸检测系统,代表性产品有罗氏 Cobas 8800、安图 Automolec 1600/3000 和安普利 Anadas 9850 等;另一方面是开发现场快检用分子 POCT 系统,目前 FilmArray、GeneXpert、罗氏 Cobas Liat、雅培、圣湘、万孚等 30 余家公司已经开发出了基于 PCR 原理的新冠分子 POCT 设备,其中圣湘开发的 iPonatic 检测系统,可在 15~45 分钟完成检测,在国际上率先将核酸检测用时进入分钟级。

(3) 第三代 PCR

数字 PCR(Digital PCR,dPCR)通过将一个样本分成几十到几万份,分配到不同的反应单元,每个单元至少包含一个拷贝的目标分子(DNA 模板),在每个反应单元中分别对目标分子进行 PCR 扩增,扩增结束后对各个反应单元的荧光信号进行统计学分析。根据反应单元的不同形式,数字 PCR 可分为微流体式、芯片式和微滴式 3 种系统。数字 PCR 采用终点检测,不依赖于 Ct 值,所以数字 PCR 反应受扩增效率的影响降低,对 PCR 反应抑制物的耐受能力提高,具有很高的准确度和重现性。它主要的缺点是:仪器和试剂相对昂贵;模板质量要求较高,模板量超过微体系量将导致无法定量，过少则定量准确度降低；当存在非特异性扩增时也会产生假阳性。

随着我国老龄化发展趋势和精准医疗需求增长，更高灵敏度的数字PCR在肿瘤伴随诊断、肿瘤早筛、传染病检测、NIPT、药物基因组学等疾病检测上具有明显的优势，市场前景巨大。在这个领域，国外有Bio-Rad、赛默飞、Life Technologies、stilla、凯杰等国际品牌。近年来国内诞生十余家数字PCR研发企业，如新羿生物、锐讯生物、思纳福医疗等，但是大多数企业还处于报证阶段。数字PCR的低成本、高通量、全自动化将是未来发展的主要趋势。

此外，其他常用的PCR技术还包括多重PCR、反向PCR、不对称PCR、反转录PCR、巢式PCR、原位PCR和免疫PCR等。

（三）核酸等温扩增技术

1. 概述

核酸等温扩增技术是利用各种酶、引物、脱氧核苷三磷酸（dNTP）、模板DNA及缓冲液的混合物在同一温度下保持一定时间，让不同的酶与DNA进行反应，从而达到特定DNA片段的扩增。与传统的PCR核酸扩增相比，核酸等温扩增不需要在不同温度之间的转换，只要保持酶反应的最佳温度，只需37 ℃、42 ℃、56 ℃或65 ℃其中任一温度即可完成DNA片段的扩增。与其他的核酸扩增技术相比，核酸等温扩增有快速、高效、特异的优点且不需要专用的设备，所以它一经出现就被许多学者认为是一种有可能与PCR媲美的检测方法。

2. 优势与特征

目前常用的核酸等温扩增技术包括指数扩增反应（EXPAR）、切口酶扩增反应（NEAR）、解旋酶扩增技术（HDA）、环介导等温扩增（LAMP）、置换扩增技术（SDA）、核酸序列扩增技术（NASBA）、单引物等温扩增技术（SPIA）、滚环扩增技术（RCA）、重组酶聚合酶扩增（RPA）、重组酶介导的扩增技术（RAA）、交叉引物扩增技术（CPA）、转录介导的等温扩增技术（TMA）和实时荧光核酸等温扩增检测技术（SAT）等（表4-1）。

表 4-1　常用的基因扩增技术及其特点

名称	发表时间	反应温度	模板类型	产物	酶系统	引物设计	代表公司
NASBA	1991	42℃	DNA/RNA	RNA	AMV 反转录酶，RNase H，T7 RNA 聚合酶	1 对 T7 启动子	BioMerieux
SDA	1992	40℃	DNA/RNA	DNA	限制性内切酶，链置换 DNA 聚合酶	2 对限制酶切位点，半硫代磷酸化碱基	BD
RCA	1995	37℃	DNA/RNA	DNA	phi29 DNA 聚合酶，DNA 连接酶	单引物/双引物，锁环探针（针对线性模板）	Qiagen，GE Healthcare
LAMP	2000	65℃	DNA/RNA	DNA	链置换 DNA 聚合酶	4 条引物	日本荣研生物、博奥生物和百康芯
TMA	2002	42℃	RNA	RNA	MMLV 反转录酶，T7 RNA 聚合酶	2 条引物 T7 启动子	Holgic
NEAR/EXPAR	2003	54~58℃	DNA/RNA	DNA	BstNBI 切口酶，链置换 DNA 聚合酶	1 对切刻内切酶识别序列	Alere（雅培收购）
HDA	2004	65℃	DNA/RNA	DNA	解旋酶，单链结合蛋白，链置换 DNA 聚合酶	1 对	Quidel
RPA	2006	37℃	DNA/RNA	DNA	重组酶（T4 噬菌体），单链结合蛋白，DNA 聚合酶	1 对	TwistDx（雅培收购）
SPIA	2008	55~65℃	DNA	DNA	核酸内切酶，DNA 聚合酶	单引物	Tecan Genomics
CPA	2008	63℃	DNA/RNA	DNA	链置换 DNA 聚合酶	3 条引物/4 条引物	优思达
SAT	2008	42℃	RNA	RNA	MMLV 反转录酶，T7 RNA 聚合酶	1 对 T7 启动子	上海仁度
RAA	2012	37℃	DNA/RNA	DNA	重组酶（细菌、真菌），单链结合蛋白，DNA 聚合酶	1 对	奇天基因

等温扩增技术的主要优点有：①特异性高。例如，环介导等温扩增过程中有 2 对引物确保反应的特异性，而传统 PCR 只有一对引物。②灵敏度高。等温扩增反应过程中不需历经温度反复变化，从而扩增酶能保持更好的活性，有助于反应的发生。③检测时间短。整个反应时间约为 1 小时，比传统 PCR 过程要缩短近 1 小时。④易操作和污染风险低。只需将 DNA 模板加入反应体系即可检测，加样后反应孔封闭，检测完成后无须对产物进行再次操作可避免产物污染的风险。⑤成本低。因为反应过程为恒温，无须扩增仪等变温设备，降低了仪器费用，适合基层医院快速诊断。⑥技术门槛相对较低。整个操作过程中只涉及核酸提取和扩增，而这 2 步操作均可实现自动化操作，因此对人员的技术要求相对降低，有利于技术在基层和临床中的推广。

等温扩增技术的不足，主要体现在以下几个方面：①多重检测设计困难。目前应用最多的是对 1~2 种目标核酸的检测，若要同时检测多种核酸则需加入多对引物，引物自身易相互反应而影响扩增的准确性。②前处理耗时费力。杂质的存在会造成碱基间氢键的损伤，影响引物与靶基因的结合，因此需经富集、提纯等操作来降低蛋白质等杂质的干扰，步骤烦琐，耗时长，还会导致信噪比降低。③易出现非特异性扩增。等温扩增反应在短时间内大量扩增靶标同时对于非靶标序列也进行了快速扩增。

3. 应用前景

随着研究的不断深入，核酸等温扩增技术被广泛应用于生物学研究、临床医学、检验医学、检验检疫、环境监测和食品安全等领域，特别是在致病菌、病毒等传染微生物的检测中脱颖而出，典型的公司有雅培、Quidel、日本荣研、Hologic、Qiagen、GE Healthcare 及我国的仁度和博奥等。

和 PCR 技术相比，等温扩增技术更容易实现核酸纯化、扩增和检测的全自动一体化流程，如 Hologic 公司的 Panther 系统和仁度的 AutoSAT 系统。此外，由于其"简便、快速、精确、低价"的特点，基于等温扩增的分子 POCT 应用场景可以拓展到各基层医疗点等现场，如博奥晶芯开发的基于芯片巢式等温扩增法型全自动核酸分析仪等。

近年来，我国自主研发的重组酶等温扩增技术也逐渐发展起来，如上海仁度的 SAT 技术、优思达的 CPA 技术等。此外，以核酸等温扩增技术为核心，衔接上游样品处理与下游即时检测技术，开发良好的人机接口界面与数据处理算法，搭建集成型便携式诊断平台也是研究的热点，特别是核酸等温扩增技术与最新的基因编辑技术的结合，会将检测诊断技术的靶标精准性与检测速度都提升到更高的水平。

第二节 体外诊断前沿技术

一、循环肿瘤细胞和外泌体技术

（一）循环肿瘤细胞

1. 概述

循环肿瘤细胞（Circulating Tumor Cells，CTCs）泛指存在于外周血中的各类肿瘤细胞，CTCs被认为是一种来源于肿瘤原发灶或转移灶，在特定条件下释放进入外周血液循环的肿瘤细胞。大部分CTCs在进入外周血后会凋亡或被吞噬，少数CTCs能够逃逸并在组织中附着，发展形成转移灶，增加恶性肿瘤患者死亡风险。CTCs在肿瘤发生转移前即可出现，因此，其也被认为是一种转移的前体细胞，是肿瘤获得侵袭性能力的体现之一。

2. 优势与特征

CTCs检测技术主要由2个关键部分组成：CTCs分离富集技术和CTCs鉴定技术。理想的CTCs分离富集技术应能达到高灵敏度、高特异性、分离出的细胞具有完整生理性且能够实现在较短时间内处理大量样品的能力。

CTCs分离富集技术目前主要是基于物理特性和生物特性，前者取决于肿瘤细胞尺寸、密度等物理性质，后者依赖于抗原抗体结合反应。目前，基于物理特性的富集方法有基于密度梯度离心和膜过滤分离肿瘤细胞术等。密度梯度离心是根据肿瘤细胞与白细胞密度的差异来捕获靶细胞，而膜过滤是通过控制孔径大小来分离靶细胞，这种方法虽然操作简单但捕获细胞效率有限。基于生物特性的富集方法中的细胞搜索（Cell Search）系统即是一种基于上皮细胞黏附分子免疫检测的CTCs富集方法，它是美国食品药品监督管理局批准的第一款用于检测CTCs的产品，但该产品目前由于成本高昂且检测过程复杂，检测时间长，纯度不高等原因在临床检测中未被广泛应用。与细胞搜索系统原理类似，基于免疫亲和捕获的微流控芯片近年来也逐渐被开发并应用于临床。免疫亲和捕获法是将特异性抗原包被在已有同源二抗的磁珠上制成免疫磁珠，再与靶细胞上抗原结合形成"靶细胞－抗原抗体－磁珠"复合物，在磁场作用下向一定方向移动，从而富集靶细胞。这种方法的优势在于捕获的CTCs纯度较高且易于实现自动化分离富集程序。

CTCs鉴定技术目前最常用的是免疫荧光染色、反转录聚合酶链反应（Reverse Transcription-PCR，RT-PCR）等。免疫荧光染色是在富集CTCs后，用角蛋白荧光抗体、抗CD45和DAPI等荧光染料对细胞进行染色。其主要优点是在荧光显微镜下即可观察细胞蛋白表型及形态，但该方法不能很好地表征细胞状态。RT-PCR可通过检测外周血中特定的反转录DNA片段来间接检测CTCs。RT-PCR具有灵敏度高、无创、可重复性好等优点，但由于RT-PCR是在基因层面上鉴定CTCs，因此通过该方法鉴定的CTCs不能进行细胞变形性分析和药物反应监测等实验。此外，随着CTCs分析的不断深入，CTCs荧光原位杂交结合纳米过滤技术采用特制纳米膜在不依赖于CTCs标志物的情况下高效分离CTCs，能够实现CTCs分型分析。

3. 应用前景

CTCs比正常血液细胞体积大，核质比高且细胞核不规则，细胞表面表达的生物标志物有一定差异，细胞内可携带有核酸、蛋白质等分子信息。CTCs检测作为一项液体活检技术，具有取样方便、侵入性小、表达信息较为完整、无放射性污染、成本低等优势，是目前最具发展潜力的肿瘤无创诊断和实时疗效检测手段之一。大量研究表明，即使恶性肿瘤患者处于临床早期阶段，CTCs也存在于肿瘤患者的外周血中，这为早期发现肿瘤的复发转移，确定肿瘤分子特征，选择合适的个体化治疗方案及评估疗效等提供了重要的实验室依据。

CTCs作为一种无创的诊疗方法，展现了早于影像学方法来预警恶性肿瘤的潜能，通过结合其他肿瘤生物标志物将有助于监测肿瘤复发转移、判断患者预后。与肿瘤组织样本相比，血液样本更易获取、创伤性小、可反复采集，是临床上常规检测较为理想的标本来源，极大地提高了这一方法的应用价值。随着CTCs检测技术的不断发展，CTCs分析已在乳腺癌、前列腺癌、结直肠癌和卵巢癌等多种恶性肿瘤中得到应用。

成熟度：***

（二）外泌体

1. 概述

外泌体（Exosome）是一类由各种活细胞通过内吞、融合、外排等一系列生物学机制产生，并通过主动分泌方式排出细胞膜外的脂质双分子层膜性囊泡，直径为 30～150 nm。多种细胞在正常及病理状态下均可分泌外泌体，在体内参与免疫应答、细胞迁移、细胞分化等过程，与多种疾病的发生和过程紧密相关。基于外泌体的检测是通过对外泌体的有效分离和内容物的精准分析，评估机体的病理生理状态，为疾病的诊断提供诊断依据。

2. 优势与特征

外泌体主要负责细胞间的物质运输和信息传递，其结构较为稳定、包裹的内容物丰富，特别是含有大量的特异性细胞因子、功能性 mRNA 等生物信息，这些物质与多种疾病的发生发展密切关联。因此，通过针对不同疾病体液样本中外泌体的组学研究，如基因组学和蛋白组学等，获得外泌体及其内容物的分布情况，从而进一步筛选生物标志物应用于疾病的早期诊断。相较于 CTC 和 ctDNA 2 种标志物检测方式，外泌体检测具有样本形式丰富、样本获取方便、外泌体膜上及膜内含物更稳定的优势，因此开展基于外泌体的液体活检，有利于疾病的诊断和动态检测技术的开发。

3. 应用前景

外泌体检测作为一种液体活检的新型诊断方式，在我国恶性肿瘤发病率提升的大背景下需求攀升，市场规模不断扩大，随着技术的提升，行业得到快速发展。虽然外泌体的生物学功能尚不完全清楚，但其在体外诊断领域的技术开发和应用具有广阔的发展前景。

通过分离提取血液或者尿液中外泌体，与测序、质谱分析、荧光定量 PCR、免疫组化、荧光原位杂交和生物芯片等技术的联用，开发外泌体相关新型标志物，为恶性肿瘤等疾病的早期诊断和治疗预后筛选新的高特异性生物标志物，以期应用于疾病的早期筛查和诊断。进一步针对性开发外泌体及内容物的定量检测技术能够更为精准反映疾病发生发展进程，为疾病诊断试剂的开发提供技术支撑，从而尽早地诊断和治疗恶性肿瘤。同时，开发基于外泌体快速分离检测和动态监测装置，能够为突发疾病的 POCT 即时检测诊断、迁延疾病的实时动态监测提供新思路。

成熟度：**

二、谱学技术

（一）质谱技术

1. 概述

液相色谱－串联质谱技术（Liquid Chromatography-Tandem Mass Spectrometry，LC-MS/MS）最早应用于科学研究，20 世纪 90 年代产业化后，首先应用于药物研发，并随着技术的发展在 2000 年前后逐渐应用于小分子代谢产物等生物标志物的临床检验工作。在北美地区，临床质谱更多在第三方独立医学实验室及中心医疗机构中得到应用。而在国内，质谱技术最早应用于药物临床试验及新生儿遗传代谢病的筛查。2007 年前后，国内部分独立医学实验室及一些三甲医院开始开展临床质谱检测项目。虽然中国与北美临床质谱起步时间接近，但由于国内缺少 IVD 注册的质谱设备、缺乏对 LDT（Laboratory Development Test，实验室研发诊断试剂，指尚未获得产品注册，仅在实验室内部研发、验证和使用体外诊断试剂）的政策支持、第三方独立实验室市场占比小、相关收费标准更新滞后、技术人员专业培训不足，且无可持续发展的商业模式等原因，质谱技术在中国临床实验室诊断中的应用发展缓慢。近几年，在行业各界专家的共同推动下，各个质谱厂商陆续向市场上推出一系列获得 IVD 注册的质谱仪器及试剂盒，液相色谱－串联质谱技术在中国临床领域的应用进入了快速发展时期。

LC-MS/MS 是通过质量分析器测定带电粒子质荷比的一种分析技术；MS/MS 是将 2 个质量分析器由碰撞室串接起来的分析设备，即三重四极杆质谱仪。第一级质量分析器筛选出被离子化的样本中特定质荷比的母离子，母离子进入碰撞室，通过碰撞诱导解离的方式形成碎片子离子；第二级质量分析器筛选出特异性强的定量子离子及定性子离子，子离子进入检测器 MRM（多反应离子）监测，最终得到目标分析物的含量。每个母离子/子离子对被称为 1 个"质量通道"，只有具有特定"质量通道"的待测物质，才能进入检测器。因此，LC-MS/MS 具有很好的检测特异性。此外，质谱方法具有同时监测多离子通道的独特优势，可实现待测物质的精准定量检测。

2. 优势与特征

化学发光法虽然可以实现快速和高通量，但是其特异性低，易与自身抗体、特异性抗体发生交叉反应，从而出现假阳性或假阴性；而且不同品牌试剂对目标化合物的捕获效率可能存在差异，不同平台的检测结果可比性差。而液相色谱－串联质谱技术以其样品量小，快速、高灵敏度、高特异性及可以同时检测多种化合物等优点作为小分子检测的"金标准"逐渐被临床检验的专家所关注。不同于生化免疫方法主要依赖抗原抗体的反应，质谱是一种测量离子质荷比（m/z）的分析方法，基于分子结构本身分子离子化的过程来实现直接检测。因为液相质谱可以同时检测多个离子通道从而可以同时检测多个指标及其相关的上下游代谢通路，达到更精准高通量的诊断。人体中生物标志物浓度差异很大，如人体内激素类从 pg/mL 到 μg/mL 不同浓度，普通检测器很难同时满足对这几种化合物在线性范围进行的检测和对其高灵敏度的要求，而质谱的高灵敏度及 6 个数量级的线性范围可以一次进样同时检测低浓度到高浓度的多个指标。

3. 应用前景

近年来 LC-MS/MS 技术凭借其高特异性、高灵敏度及可同时检测多个分析物、多维度疾病诊断的特点，在国际上被广泛应用于新生儿筛查、药物浓度监测、内分泌疾病、代谢慢病、蛋白标志物及急诊药物中毒筛查等 400 多项诊断项目中，国内已开展大约 200 项诊断指标的检测。

（1）新生儿代谢遗传病

人体中不同的内源性生物标志物具有不同的存在形式，甚至大多数时候是由多种形式共存，液相质谱可以同时检测几十个人体中相关的氨基酸、脂肪酸和有机酸等生化物质及其相对应的人体代谢酶作用的代谢产物来诊断新生儿的遗传性代谢异常疾病。

（2）激素及内分泌疾病

人体甾体激素及内分泌源于固醇类的代谢形成不同功能的激素。由于激素具有相似的分子结构及同分异构体，因此传统的免疫方法缺乏特异性，从而引起检测结果和临床症状不匹配。临床液相质谱利用液相的分离及对分子物质直接检测，从而可以精准地定量激素物质的含量。例如，嗜铬细胞瘤诊断的指标主要是儿茶酚胺类物质，其中多巴胺、肾上腺素、去甲肾上腺素间歇性分泌并释放入血，体内半衰期短，离体后化合物不稳定，而游离变肾上腺素是由嗜铬细胞瘤肿瘤细胞内的儿茶酚胺连续产生的，半衰期长，体外稳定性好，对嗜铬细胞瘤和副神经节瘤（PPGL）定性诊断具有良好的敏感性和特异性，液相质谱因其特异性及能同时检测多个指标故而作为嗜铬细胞瘤诊断及小分子生化指标检测的"金标准"。

（3）治疗药物监测

目前，免疫学方法和LC-MS/MS方法是主流的检测手段，从技术来说，通常LC-MS/MS技术相比于免疫学方法，更加准确可靠，特异性也更高，而且LC-MS/MS方法能够同时检测多种化合物且不容易产生相互干扰。而传统的免疫学方法一次检测只能针对一种药物，且可能存在交叉反应，影响检测结果的准确性，因此，目前国内外已越来越多采用LC-MS/MS方法替代免疫学方法开展临床治疗药物监测。临床一般常对如下几类药物进行药物浓度监测：①具有非线性药代动力学特征的药物和药代动力学个体差异大的药物，如双香豆素、保泰松等。②安全范围小、不良反应强、无明确判断指标的药物，如地高辛及免疫抑制剂。③多种药物联合用药，如抗肿瘤药物等。④通过个体差异大的代谢酶代谢的药物，如心血管类药物、精神类药物、抗抑郁药物等。

（4）营养健康

合适的维生素含量引起了营养学家和临床医生的广泛关注，而精准的检测结果可帮助他们准确评估人体维生素营养状态、吸收障碍或毒性水平。例如，对于维生素D，目前体内可检测到的维生素D的代谢物约有40多种，常规检测的是具有单羟基的25-羟基维生素D2和25-羟基维生素D3，其血清浓度水平为ng/mL。但对于肾功能异常的人群，特别是对肾透析患者，进行具有生物活性的微量（pg/mL）双羟基代谢产物1,25-二羟维生素D血清浓度检测才更具有临床意义。LC-MS/MS技术以其样品量小、快速、高灵敏度、高特异性、线性范围宽及可以同时检测多种化合物等优点逐渐被临床检验的专家所关注，在营养健康领域开始得到广泛应用。

（5）创新生物标志物

近年来，液相质谱也广泛应用于蛋白生物标志物，如儿童生长素、阿尔茨海默病的淀粉样蛋白及甲状腺球蛋白等标志物。

成熟度：***

（二）拉曼光谱技术

1. 概述

拉曼光谱（Raman Spectroscopy）是一种散射光谱，它基于激发光与物质分子的非弹性相互作用产生。拉曼位移是分子的固有属性，可以特异性地识别物质的本征信息。

2. 优势与特征

在微生物的体外诊断领域，拉曼光谱技术体现出特有的优势。第一，与荧光标记检测不同，拉曼光谱可以对目标检测物进行非标记检测而无须设计探针或靶标，一张微生物拉曼光谱内包含核酸、蛋白质、碳水化合物、脂质和色素等数十到数百种物质的信息（图4-6），构成了微生物独特的"拉曼指纹图谱"。第二，共聚焦显微拉曼光谱技术可以在微米分辨率对微生物的单细胞进行分析，而且与其他诊断技术相比，其对样品量要求低至微升水平。第三，拉曼光谱是非侵入检测，在条件较好控制下，对微生物样品不产生损伤，不影响样本下游其他分析检测。第四，拉曼光谱可用于广泛种类的样品形态，尤其是水的存在不影响微生物的拉曼光谱，从而满足了体液标本的检测要求。第五，各种拉曼增强技术的出现，使拉曼光谱的体外诊断更加可行。

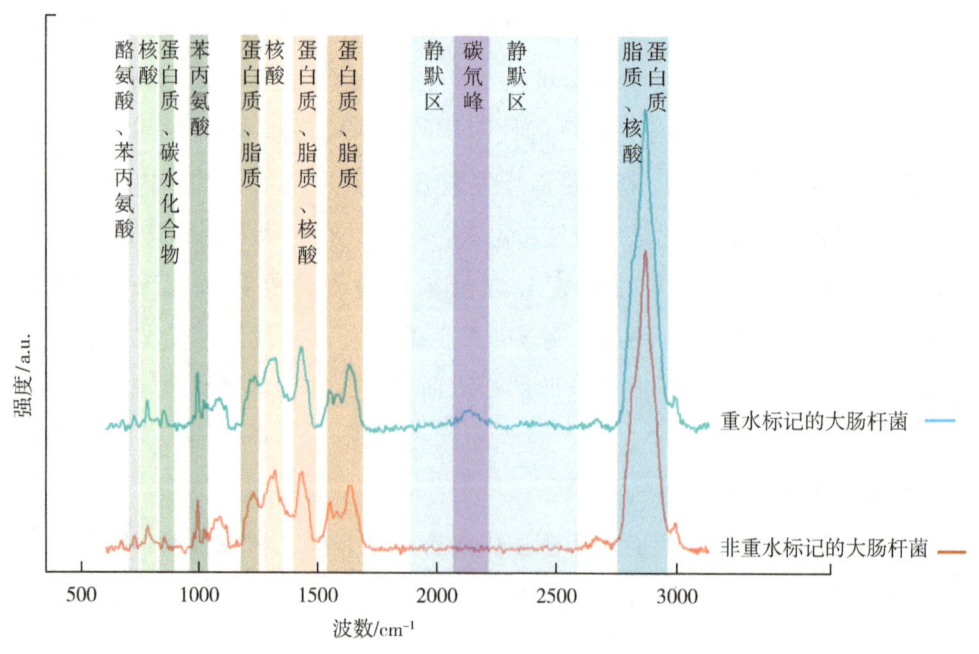

图4-6 大肠杆菌的典型拉曼光谱

3. 应用前景

近年来,国内外研究者围绕拉曼光谱技术在病原微生物诊断领域的应用取得了大量的突破和进展。由于拉曼光谱信息包含了微生物的特征指纹,因此可用于微生物的分类和鉴定。为了跳过革兰氏染色镜检的繁复步骤并且提高革兰氏染色判断的准确率,宋一之等将拉曼光谱采集与机器学习模型结合,在建立一个仅包含8株参考菌株拉曼数据库的基础上,就实现了对数据库外菌株的准确革兰氏分类预测。王敬开等识别了真菌拉曼光谱中的特征标志物,提出采用细胞色素c、肽聚糖和核酸3种物质的光谱信息即可判断未经处理的尿液标本是否有真菌感染,提高了真菌感染的诊断能力。通过逐渐扩大病原菌拉曼光谱数据库的覆盖范围并加强深度学习算法的识别能力,对细菌菌种进行准确鉴定也成为可能。药敏快速判读是拉曼光谱技术在病原微生物诊断中的另一重要应用。宋一之等利用微生物在代谢活性受抑制后其对重水代谢速率降低的原理,通过单细胞拉曼光谱中的重水代谢特征峰,反推抗生素对微生物的抑制作用,由于不需要微生物的增殖,将尿液和血液标本的药敏检测时间分别缩短为3小时和21小时(图4-7)。这一方法已经在国内外多个研究团队中开展了临床验证。

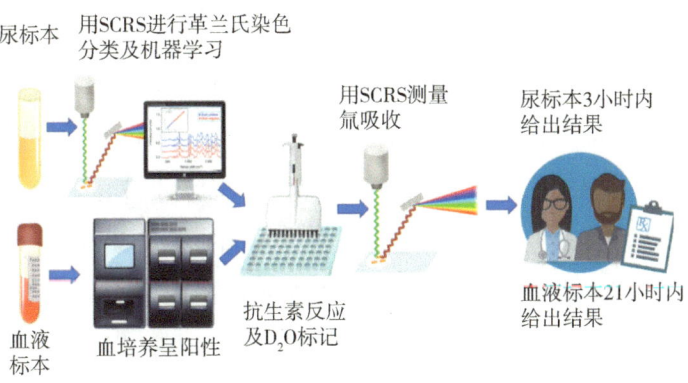

图4-7 单细胞拉曼代谢药敏检测流程

随着高端共焦显微拉曼光谱设备国产化率、性能和智能化水平的提高,微生物标本拉曼光谱分析流程规范化,以及病原微生物物种的标准数据库的建立,广泛应用于微生物临床检测的快速、灵敏、自动化、智能化的拉曼检测技术将为临床感染领域带来变革式的进步。

成熟度:*

(三)太赫兹技术

1. 概述

太赫兹(Tera Hertz,THz)是频率单位之一,即 10^{12} Hz。太赫兹科学(或太赫兹技术)通常指频段在 0.1 THz～10 THz 的电磁波相关技术,包括传统的远红外技术和近年的太赫兹技术(图 4-8)。太赫兹频段的电磁波处于光电过渡区,具有光电二象性,即仅有部分光学特性和电磁波特性可适用,导致大量成熟的光电技术无法适用于太赫兹波,这是目前太赫兹技术的瓶颈。

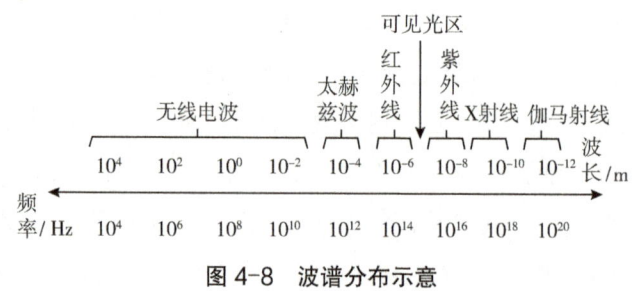

图 4-8 波谱分布示意

2. 优势与特征

利用太赫兹波优于红外线的穿透性和优于无线电波的成像清晰度,诞生较为成熟的太赫兹远场成像技术,也就是传统的远红外技术,使用 0.1 THz～0.5 THz 的太赫兹波。但在生物医学领域,太赫兹波受到大量生物大分子的吸收和谐振影响,目前可靠的人体组织成像穿透深度不足 100 μm,清晰度约为 1 mm。其优势体现在一是可以通过不同组织对太赫兹波吸收度差异区分正常组织与肿瘤组织。二是太赫兹波能量远低于 X 射线,有安全性和无创性优势。

近年的太赫兹近场成像技术,基于生物大分子的自振频率都处于太赫兹频段的特性,通过采集太赫兹波的谐振波谱可以获得丰富的生物信息,是太赫兹波的独有特征。鉴于采集和信号分析对于样本要求高、难度大,目前生物大分子的太赫兹波谱信息库尚存在较大空缺,是目前太赫兹近场检测的核心问题之一。

3. 应用前景

太赫兹远场成像,虽然在安检等领域应用成熟,但是在生物医学领域的应用,仍以浅表肿瘤扫描为主,如皮肤癌检查、肿瘤边界扫描等。目前,以设备轻便化和小型化，以求应用于更多的无创检查和手术判查中，用于组织扫描。

太赫兹近场检测近年发展迅猛，原本波长 30 μm～3 mm 的太赫兹波因为成像衍射极限（1/4 波长）的存在，在传统显微技术中分辨率不足，而纳米探针的出现弥补了这一缺陷，将检测分辨率最高提升到了 20 nm。太赫兹时域光谱近场成像现在广泛应用于医学材料检测，如组织工程学扫描细胞附着情况，医疗材料表面光滑度、材质均匀度和裂缝监测等。

新兴的太赫兹近场波谱检测技术通过去除环境和系统噪音，获取成像目标的谐振波谱，将化学性质特征和空间成像联用，正在尝试应用于病毒和细菌的检测、细胞结构成像等。此外，有基于雪崩固态源产生多频脉冲太赫兹波，利用不同频率的穿透性和聚焦点差异，形成间隔 10～50 nm 的多层成像，探索 z 轴成像。

成熟度：*

（四）多光谱流式细胞技术

1. 概述

流式细胞技术是对单细胞进行定量分析和分选的技术，将样本在毛细管中形成单细胞液滴，再利用抗体和荧光对细胞进行分析和分选。现在的流式细胞技术已发展出成熟的四通道、八通道荧光分析，足以识别和分选各类细胞亚群，并且细胞功能评价更为精确。

2. 优势与特征

多光谱流式细胞技术在细胞定量分析技术中具备最高效、高精度、高通量的优点。随着磁珠、脂粒、乳胶微球等辅助固定剂的发展，配合多样化精细化的抗体和荧光标记，流式细胞技术可以定性和定量的范围越来越广。从细胞膜上受体、胞核抗原、细胞骨架成分，到外泌体、亚细胞结构、突触小体等，均有成熟的抗体标记使用。

临床上利用流式细胞技术，标记免疫标志或肿瘤抗原，对临床样本的免疫细胞、肿瘤细胞筛选和定量，尤其是发现和鉴定样本中稀少细胞（如血液样本中的循环肿瘤细胞等）有极高灵敏度。此外，流式细胞技术能够在活细胞水平清晰明确地定性和定量，分选后活细胞可以培养后用于其他检测。

3. 应用前景

流式细胞技术目前广泛应用于免疫细胞和肿瘤细胞鉴定，尤其是在肿瘤微环境分析和循环肿瘤细胞分选鉴定中有着无可替代的地位。例如，肿瘤组织中分析和分选非转移性肿瘤细胞、转移性肿瘤细胞（CSV+EpCAM+）、肿瘤干细胞（CD133+CD44+）等并进一步进行突变靶标筛查和药物筛选。又如，免疫治疗中常用流式细胞技术分选出特定的 T 细胞（CD3+CD4−CD8+），通过基因工程技术改造后回输治疗。目前，有临床尝试应用于神经疾病，如脑脊液细胞分离鉴定等，对神经系统疾病辅助诊断和评估。在愈发强调个性化诊治的现在，流式细胞技术的精确定性定量分析，是非常重要的个性化诊疗一体技术，也是非常受瞩目的发展趋势。

成熟度：***

（五）荧光光谱技术

1. 概述

利用激发荧光来定性定量分析特定分子的技术在体外诊断领域已经有很长的历史，但是新的荧光技术不断涌现。技术发展包括多方面，检测方式改变如生物膜层干涉技术，染色方式改变如聚集诱导发光荧光探针，荧光染料改变如量子点染料等。

生物膜层干涉（Biolayer Interferometry，BLI）技术是检测干涉光谱的位移变化来检测传感器表面反应的技术，传感器末端光学膜层上由于分子结合或解离形成的膜厚度和密度变化，通过干涉光谱位移值实时监测。聚集诱导发光（Aggregation-Induced Emission，AIE）荧光探针技术是特定条件下，如部分基团与细胞膜表面特定成分结合，抑制探针分子的大共轭平面的旋转，从而减少了其他途径的能量损耗，使探针分子能量以荧光的形式呈现出来。量子点免疫荧光组织化学（Quantum Dots based Immunohistochemistry，QD-IHC）是利用量子点（或称纳米晶）维度在 100 nm 以下会产生明显的量子局限效应即量子阱，利用其不连续电子能级结构可被激发产生荧光，作为荧光标记特异性抗体，检测组织或细胞中抗原性物质的一种技术。

2. 优势与特征

生物膜层干涉技术能够快速、准确、高通量检测特定生物分子，同时可以无损害回收样本，是非常理想的定量分析技术。检测基于分子互作结合，通过抗原抗体反应或蛋白分子结合,可检测多种生物样本,如蛋白、核酸、病毒、细菌等,应用场景广泛。

AIE荧光探针具有典型的聚集发光效应,荧光强度和浓度呈正相关,通常具有较宽的吸收光谱,光敏性较强,可以与多种生物分子共孵育且不改变荧光背景信号等优势。常见的AIE类型非常多样,常见的如pH响应型硫化物、手性AIE铜簇分子、四苯基乙基(TPE)衍生物、AIE–DNA四聚体等,可对pH、温度、溶剂、压力等不同刺激响应。

量子点的物理尺寸和激发荧光存在直接相关性,由于不涉及共轭双键系统,荧光亮度高且持久,可用于长时程活细胞观察。量子点激发光谱宽,可用同一光源激发多种量子点探针,同时量子点发射谱窄,现有成品探针四色检测可做到光谱无重叠。量子点半导体包括碳晶体、硅晶体、镉硒合金、镉碲合金等,再在表面修饰负电荷基团如硫化锌形成外壳,改善光学性质并具有良好的水溶性。

3. 应用前景

生物膜层干涉技术以其高通量特性主要用于病毒抗体筛选,如新冠肺炎病毒或禽流感病毒高亲和力抗体筛选。此外,测量分子间亲和力,应用于肿瘤抗体和补体检测、药物靶向性优化等。生物膜干涉技术特征显著,应用前景明确。

利用AIE荧光探针的环境敏感性响应特征检测特定微环境是其重要应用场景,常见应用包括革兰阳性菌检测鉴定、肿瘤浸润区域快速检查、AD快速早期诊断等。虽然AIE荧光探针有较多优势,但是特异性问题在很大程度上限制了其应用空间,不断出现的各种改良尝试扩大可行范围以提高应用前景。

量子点优势明显,可以替代大部分传统荧光染料连接在二抗或生物素上,在组织化学和细胞学观察上应用广泛。临床上将量子点探针用于肿瘤示踪、神经疾病诊断等,科研应用更为广泛,发展潜力巨大。

成熟度:***

三、多组学技术

（一）基因组学技术

1. 概述

基因组学是通过高通量测序和生物信息学对机体所有基因进行集体表征和定量研究，包含基因组的结构、定位、功能、表达调控机制及进化规律等。随着2000年人类基因组工作草图的绘制完成，基因组学技术成为生物医学领域研究的最重要工具之一。目前，得益于基因组学技术的不断发展，其在遗传性疾病检测、无创DNA产前检测及肿瘤个体化治疗基因检测等方面已得到广泛应用，对于精准医疗的发展具有重要的支撑作用。

2. 优势与特征

基因测序技术的发展主要是基因检测效率、通量和成本的变革，可以分为3个阶段。第一阶段为Sanger测序法，具有检测长度长及高准确性的优势，但测序通量低、耗时长、成本高，因此应用范围有限。第二阶段主要是高通量测序技术，又称二代测序或下一代测序技术，其检测通量高、读长短，大幅降低了测序成本和时间，同时保持了较高的准确性，是目前主流的基因测序技术。第三阶段为单分子测序，主要包括单分子实时测序和纳米孔直接读取测序等，这是未来研究和临床应用发展的主要方向。

单分子实时测序的典型代表为Helicos Biosciences和PacBio平台技术。其中，PacBio是主流平台技术，其核心是边合成边测序的测序技术。单分子测序技术最大的特征是单分子测序和超长的测序长度，避免了PCR扩增引入的偏好性和突变，可以测到二代测序难以完成的重复序列区域和长结构区域，与二代测序形成结合互补。但该技术平台主要的缺点是单条序列错误率较高，以及测序成本较高等。

纳米孔直接读取测序的核心是通过电场力驱动单链核酸分子穿过纳米尺寸的孔道进行测序。其主要特征为超长读长，测序测定的是天然碱基，无须进行酶反应，在现有测序平台中能实现最长的读长；且测序速度快、测序仪器小巧便携、能直接测序RNA分子和修饰。但基于此，其准确度目前仍然低于其他平台，应用领域拓展还不完全，测序成本较高。若能解决测序通量、质量和成本问题，才能实现大规模应用。

3. 应用前景

目前,二代测序已经应用于临床许多领域,如非侵入性产前检查(Non-Invasive Prenatal Test,NIPT)、遗传性致病突变筛查、感染性疾病病原体鉴定、肿瘤用药指导等。三代测序的应用尚处于起步阶段,单分子实时测序技术主要应用在基因组组装和结构变异的发现,如肿瘤、遗传病和罕见病的结构变异分析;提升特定区域的测序质量和基因注释;DNA 甲基化分析等。纳米孔测序技术主要应用在对满足现场检查和读长有需求的病原体的鉴定及抗生素耐药检测、表观基因组修饰的测序、直接 RNA 及修饰的测定、长的结构变异疾病的监测等。

成熟度:**

(二)蛋白质组学

1. 概述

蛋白质组学(Proteomics)是在大规模水平上研究蛋白质的特征,包括蛋白质表达水平、翻译后修饰、转录调控蛋白及其相互作用蛋白之间的联系等,由此获得蛋白质水平上的关于疾病发生、细胞代谢等过程的整体而全面的认识。自 2014 年起,凭借高分辨生物质谱的优异性能,对大量生物样本的整体蛋白质表达谱、修饰谱等进行定性和定量分析,首次构建了人类蛋白质草图,成为蛋白质组学领域的一个里程碑。

2. 优势与特征

蛋白质组学研究在其细分领域有着不同维度的优势。其中,全蛋白质组学可根据蛋白质种类、数量、局部存在的时间、空间上的变化来研究表达于细胞、组织及个体中的全部蛋白质,并从其结构和功能的角度应用各种技术手段综合分析生命活动。磷酸化蛋白质组学研究蛋白质的磷酸化和去磷酸化这一可逆过程,几乎调节着包括细胞信号转导、细胞分化、细胞生长、细胞骨架调控、细胞凋亡、神经活动、肌肉收缩、新陈代谢等生命活动的所有过程。因此,有助于揭示肿瘤发生发展信号转导规律和分子机制的整体探索,也在大规模、系统筛选以磷酸化改变为特征的肿瘤分子标志物上显示出独特的优势。转录因子蛋白质组学则是研究转录因子与 DNA 结合后,在各类生理和病理条件下,DNA 修饰及开放区域发生的动态变化,该项研究对细胞生长、分化、代谢、周期调控和细胞凋亡等生物学过程有着重要作用。

3. 应用前景

全蛋白质组学应用：全蛋白质组学作为连接基因组与临床应用之间的桥梁，为从整体水平研究临床疾病开辟了更广阔的前景。通过全蛋白质组学技术，分析相关疾病患者的体液，建立完整的蛋白质数据库，结合各种生理病理过程，利用与疾病相关的多种生物学标志物，有助于各种疾病的早期发现和治疗。

磷酸化蛋白质组学应用：对疾病发病机制、诊断、生理功能及药物的开发进行整体化系统性的分析，并从中寻找线索、推断可能的病因及诊断靶标；一些新的或可疑的差异磷酸化蛋白质分子一旦经过验证即有望成为肿瘤诊断标志物。

转录因子蛋白质组学应用：尤其在疾病研究中，特定种类的转录因子活性异常与发育失调、炎症和癌症等疾病相关，转录因子可以在分子层面对疾病进行分型，有望成为相关疾病治疗的潜在靶标，以起到对个性化精准治疗研究的积极推进作用。

成熟度：**

（三）飞行时间核酸质谱

1. 概述

基质辅助激光解吸电离飞行时间核酸质谱（MALDI-TOF MS）是一款高精确度、高灵敏度、高样本通量的核酸检测仪，通过对待测样品进行激光解吸电离，并根据质量－电荷比（m/z）分离、检测不同质量的离子，得到精确分析的结果。

2. 优势与特征

飞行时间核酸质谱技术可实现单孔最多60重基因位点同时检测且无须荧光标记，检测下限可达0.1%低频突变；仅需微量样品（推荐10 ng/反应），检测下限可低至0.4 ng，兼容各类样本类型；从DNA到结果输出仅需6～8小时；每天能完成3000例样本检测；全自动分析结果，不受人为因素干扰，单样本检测试剂成本相对较低。

核酸质谱在多基因多位点检测方向具有高特异性、高灵敏度、高时效性、高样本通量、高灵活性，低检测成本、低核酸起始需求、低操作难度的特点，是检测几十到几百个基因性价比最高的中通量基因检测设备。该平台整合了PCR技术的高灵敏度、芯片技术的高通量、质谱技术的高精确度和计算机智能分析的强大功能，为市场提供了一个具有显著成本优势,简易工作流程和高通量的全自动解决方案,是目前兼具"多、快、好、省、灵活"五大特点,非常符合在医院内开展多基因多位点临床检测的平台。

3. 应用前景

飞行时间核酸质谱作为国际公认 SNP、DNA 甲基化分析的黄金标准,特别适合于从疾病发现到大样本 Biomarkers 验证以及商品化试剂盒转化,其应用范围覆盖生物学的各个领域,慢病精准用药、感染精准防控、肿瘤精准治疗、遗传病精准筛查和临床转化医学研究等。①药物基因组学:心血管药物、精神类药物、儿童安全用药等合理用药基因检测。②传染性疾病防控:结核杆菌鉴定与耐药基因检测、宫颈癌筛查、新型冠状病毒与常见呼吸道感染病原体多重检测等。③肿瘤精准防治:甲状腺结节良恶性基因检测,实体瘤突变检测、甲基化分析等。④遗传病筛查:新生儿/携带者筛查、遗传性耳聋基因筛查、地中海贫血基因筛查、脊髓性肌萎缩症基因筛查等出生缺陷三级防控。⑤健康管理领域:肿瘤风险、心血管疾病风险、易栓症基因检测、营养代谢、体重管理、运动、肌肤、烟酒牛奶咖啡代谢能力等易感基因检测。

从预防、感染鉴定、筛查诊断、治疗康复不同阶段临床路径中提供重大出生缺陷防控、感染疾病快速检测与治疗药物指导的一体化基因检测解决方案。国产化核酸质谱技术的突破符合国家弥补高端医疗装备短板的战略,未来将成为国内各大医疗机构的必备检测平台。

成熟度:***

(四)代谢组学

1. 概述

代谢组学(Metabolomics)研究的是基因组学和蛋白质组学下游的生物体整体代谢物的变化。通过对人体内全部的小分子代谢物的测定来分析代谢改变与人体生理病理变化的关系,反映了在生命体中已经发生的过程,因此能够更准确提供生物学的终端信息。临床代谢组学,是指结合临床大样本,采用代谢组学和生物信息学等手段,从整体上描绘内源性代谢小分子集合在疾病扰动下的稳态失衡及药物干预下的转归机制,揭示疾病潜在的诊疗生物标志物和研究可干预的靶标。随着国内外大型队列的健康人群和疾病人群代谢谱图库的建立和对比分析，代谢组学将极大完善现有的临床诊疗格局。

2. 优势与特征

级联放大功能：基因和蛋白表达的细微变化可通过功能代谢酶的催化反应在代谢物上得以放大，从而使检测和分析更加容易。

代谢物的表达调控除了受自身遗传因素（基因）决定外，还受到环境因素、肠道菌群的影响，具有更强的动态性，能够更加直观、灵敏地反映生物体变化。

代谢反应及其终产物在各个物种的生物体系中都是类似的，因此，代谢组学方法学通用性更强（不需要建立单独物种数据库）。

代谢组学的技术不依赖于全基因组测序及大量表达序列数据库，直接对几乎所有样本类型进行检测。目前最常用的 LC-MS 技术具有广泛的代谢物种类覆盖和良好的灵敏度，可检测的常见代谢物种类包括脂类、氨基酸类、核酸类、碳水化合物类、有机酸类、维生素和外源代谢物等。

3. 应用前景

代谢组学在临床诊断上被认为有广阔的发展前景，主要应用在临床诊断标志物发现方面的探索、病因病理机制研究中的应用、临床用药指导及治疗干预后恢复评估等。

临床诊断生物标志物的发现：代谢组学使用的质谱主要有两类，一类是高分辨质谱，用于"全景式"研究非靶向代谢谱，主要用于科研"发现"；另一类是三重四极杆质谱，主要用于精准定量，应用于临床代谢指标的检测。上述两类质谱可配合使用，实现从发现到验证的代谢组学研究。

病因与病理机制的研究：人体内的许多内源性小分子代谢物的水平高低在一定程度上反映了其生化代谢的机能和状态，因而通过代谢组学分析寻找特定疾病引起的代谢通路失调，从发现的代谢物异常处入手助力探索和揭示疾病起因、发病机制，以及新的治疗手段等。

临床生物标志物的应用：目前已进入临床应用的标志物如，葡萄糖、胆固醇、同型半胱氨酸、激素、维生素 D、肌酐、尿酸等均为代谢物。而基于多组学的组合标志物是目前生物标志物研究重要特征趋势，同时采用大分子蛋白质和小分子代谢物组合，会显著提升疾病诊断或评价药物治疗有效性的灵敏度和特异性。

临床用药指导和预后评估的应用：药物的安全使用需要考虑剂量、剂型、用药方法与时间、药物不良反应等，多种药物联合使用还涉及复杂的相互作用风险，因此用药指导在临床治疗中有很重要的意义。相对于指导用药的基因型研究和常规检测，代谢组学可以更准确地监测患者用药后体内整个代谢网络的变化，为医生提供更精细的由药物引起的体内代谢变化状态，为药物治疗监控、药效评价、药物不良反应评估、手术与预后评价、个体化治疗方案定制等提供评判依据。

成熟度：***

（五）甲基化测序

1. 概述

DNA甲基化是表观遗传学研究的重要组成部分。DNA甲基化能引起染色质结构、DNA构象、DNA稳定性及DNA与蛋白质相互作用方式的改变，从而调控基因表达。DNA甲基化的研究对于深入理解基因表达、个体发育，以及疾病的发生、发展机制都具有重要意义，是近年来备受关注的热点之一。甲基化修饰方式多种多样，在真核生物中DNA甲基化主要发生于CpG岛的5-甲基胞嘧啶（5mC）。DNA甲基化测序方法通常需要对待测DNA进行化学或酶学处理以分析DNA的甲基化位点修饰，但近年来，三代测序技术方法也可以直接对甲基化修饰进行测序。

2. 优势与特征

DNA甲基化测序目前已经发展了10余种方法，其中3种最常用的方法是：全基因组甲基化测序（Whole Genome Bisulfite Sequencing，WGBS）、简化甲基化测序（Reduced Representation Bisulfite Sequencing，RRBS）、甲基化DNA免疫共沉淀测序（Methylated DNA Immunoprecipitation Sequencing，MeDIP-Seq）。

全基因组甲基化测序是通过对全基因组DNA进行重亚硫酸盐（Bisulfite）处理，将原基因组中未发生甲基化的C碱基转换成U碱基，而甲基化修饰C碱基将保持不变，从而可识别发生甲基化的CpG位点。该种测序技术适用于绘制单碱基分辨率的全基因组DNA甲基化图谱，但测序费用相对较高。

简化甲基化测序是在Bisulfite处理前，使用MspI酶切对样本进行处理，去除低CG含量DNA片段，从而使用较小的数据量富集到尽可能多地包含CpG位点的

DNA片段。相比于全基因组甲基化测序技术，简化甲基化测序是一种准确、高效且经济的DNA甲基化研究方法，该方法在大规模临床样本的研究中具有广泛的应用前景。

甲基化DNA免疫共沉淀测序是一种采用抗体或甲基化DNA结合蛋白来捕获富集甲基化DNA的技术，这种技术可以发现基因组中高度甲基化的区域，如CpG岛，但不能进行单个碱基水平的分析。与简化甲基化测序相似，适用于大样本量的甲基化研究；但不同的是，甲基化DNA免疫共沉淀测序检测的甲基化图谱不能精确到单个碱基位点。

3. 应用前景

从技术角度，基于三代测序的甲基化直接测定技术、甲基化测序技术向单细胞领域的拓展，以及多组学数据联合分析与挖掘都特别值得关注；从临床应用角度，DNA甲基化信号是良好的肿瘤标志物，近年来甲基化测序被越来越多地应用到包括肿瘤早筛、分诊、治疗选择、微小残留监测、复发检测等临床领域中。

成熟度：***

四、数字化技术

（一）数字PCR技术

1. 概述

数字化分析是将样品分成许多独立单元，每个单元包含不连续数目（0，1，2，3，…）的靶标，通过泊松分布统计分析可以实现单分子/单细胞的精准定量分析。数字化PCR技术（dPCR）作为第三代PCR核酸分析方法，以其绝对定量、高灵敏度、抑制剂耐受的优势，正逐渐在临床分子诊断领域崭露头角。

2. 优势与特征

dPCR检测包含样品分割、核酸扩增、信号检测与分析3个方面。样品分割是dPCR的关键，根据样品分割原理可将dPCR分为芯片式（Chip-based）和液滴式（Droplet）。液滴式dPCR一般通过微流控油包水的形式实现，优势在于宽动态范围（液滴数量多），缺点是液滴稳定性差导致检测准确性受限；芯片式dPCR通过微孔/微腔芯片实现样品物理隔离，检测重现性和稳定性高。dPCR的核酸扩增与传统PCR相似，根据检测芯片的结构选择与之适配的温控模块即可实现核酸扩增。dPCR的信号检测仪器主要有扫描式和成像式。扫描式检测逐个对液滴进行检测分析，主要用于液滴式PCR；成像式检测通过荧光激发与面阵探测器获取所有反应单元的信号，相比于扫描式检测具有效率高、适应性广、成本低的优势。虽然dPCR相比于qPCR具有绝对定量、高灵敏度、高特异性的优势，但是dPCR的临床推广应用尚需技术的迭代完善：①提高检测通量，通过更集成的芯片设计，可对更多样本并行检测；②提高检测靶标数量，通过兼容更多荧光通道和高分辨率熔解曲线功能，可对单样本多个靶标并行检测；③提高检测准确性，开展实时dPCR检测，降低终点法假阳性率；④提高检测自动化程度，减少手动操作，实现"样本进、结果出"的自动化检测流程；⑤降低检测成本。

3. 应用前景

dPCR的应用主要体现在：①液体活检：dPCR可精准定量液体活检标志物（ctDNA、CTC、外泌体）的核酸突变频率；②产前诊断：dPCR可分析母体中极低浓度的胎儿游离DNA；③病原微生物检测：dPCR可提高病原体检测灵敏度，精准定量病毒载量；④肿瘤精准诊断：dPCR通过对稀有突变和拷贝数变异的高灵敏度检测能力支撑肿瘤的精准诊断；⑤用药指导：dPCR可识别罕见耐药基因，指示治疗靶点表达丰度，指导个体化用药。

成熟度：***

（二）数字微流控技术

1. 概述

数字微流控技术（Digital Microfluidics，DMF）是一种新兴的基于介电润湿原理对微电极阵列上的离散液滴进行精准控制的全范围液滴操控技术。其包含两种实验技术，一种是微流控通道液滴技术；另一种是微流控数字液滴技术。微流控通道液滴技术是一种在微通道内对微流体进行编辑和检测的实验技术，可将环境监测等领域中所需要的反应步骤集中在一块非常微小的芯片上，通过通道和电场对液滴进行分选和捕获，可以产生粒径微小且均一的液滴，快速进行检测，具有可以精确进行样本的控制、仅需要少量的试剂、优良的生物相容性、极高反应效率、极低生产成本，以及可以实现自动化等特点，已经广泛应用于基因组的测序、核酸的检测、药物合成与筛选、各类疾病的诊断等领域。微流控数字液滴技术的特征是利用电场来操纵涂有介电材料的电极阵列上的液滴，介电层上方通常涂有疏水性材料，当向电极施加电势时，电荷会在芯片表面与周围介质之间的界面处积聚，这些累积的电荷产生的静电力有助于液滴向激活的电极移动。在微流控数字液滴芯片上的基本的流体操作是控制单个液滴的生成、液滴运输、分配和混合，可以自动进行样品处理，而不需要管或通道。简言之，通过向芯片极板电极上施加电压来改变芯片介质层与其上液滴的固液表面张力，进而控制单个或多组离散液滴的产生、分裂与转移等操作（图4-9）。

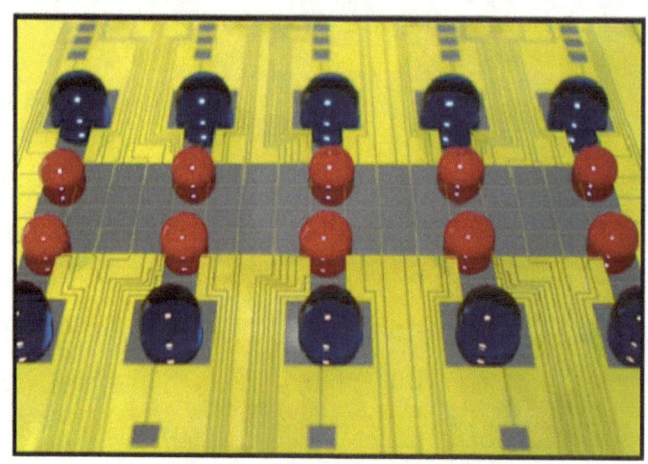

图4-9 数字微流控平台示意

2. 优势与特征

在DMF中，电压信号通过介质结构施加在液滴上，改变液滴在介质表面的润湿能力（接触角），从而产生驱动力完成液滴的复杂操控。因此，该技术具有以下特征：①样品消耗极其微小，液滴大小灵活调控，操控量可从微微升到微升；②基于电信号的程序性控制模式，为全自动液滴操控的实现提供了可能；③控制电路简单，具有小型化、便携化、现场即时监测的特点；④不依赖于微泵、微阀、微混匀器等原件及复杂的流体通道；⑤体系封闭无交叉污染、反应快且传质传热效果好；⑥可控性好，简单操控即可完成分离、混合、提纯等复杂操作。

3. 应用前景

核酸检测与定量：从组织或细胞中提取的核酸是极少量的，传统离心管操作由于黏附作用不仅会造成核酸损失、分析困难，且极易产生气溶胶污染。DMF 不仅具有强大的微量液滴操控能力，而且具有良好封闭性和低黏附的优势，尤其适合核酸检测等痕量或易污染样品的制备和分析。

免疫分析：免疫反应步骤烦琐、费时费力。DMF 不仅可以减少样品和试剂消耗、降低检测成本，而且由于小体积液滴不受动力学扩散限制，可极大提高免疫检测的效率。

细胞或细胞器分析：利用 DMF 微液滴精准控制能力，将单个细胞或细胞器包裹在液滴中，可对单细胞进行酶活性、基因表达等精准分析。

反应条件筛选：由于生成的液滴尺寸均一、体积恒定，适合药物筛选、催化剂筛选等研究。

成熟度：***

（三）等温扩增技术

1. 概述

等温扩增是指在恒定的温度下，通过添加不同活性的酶和各自特异性引物使核酸快速扩增的技术。等温扩增技术对仪器要求简单，在保证较高的灵敏度和特异性基础上，对样品中抑制剂的抗性也较强，扩增时间短，便于实现现场实时监控，非常适用于现场快速检测。但是当前等温扩增技术在灵敏度、特异性和抗干扰度方面仍有明显的不足。

2. 优势与特征

目前，国内外开发很多新型技术和等温扩增技术联用，如 CRISPR 检测技术、信号放大技术、纳米增强技术等。其中 CRISPR 检测技术和等温扩增技术联用备受关注，被《科学》誉为下一代分子诊断技术。

CRISPR/Cas 以在基因编辑领域的应用而出名，在这个过程中，Cas9 蛋白与 crRNA 二元复合物在识别外源靶标核酸后，Cas 效应蛋白通过发挥核酸酶功能将外源靶标核酸进行剪切。近年来，研究发现 Cas12a、Cas13a、Cas14a 等效应蛋白与 crRNA 形成的二元复合物与靶标核酸特异性结合后，除了特异性切割靶标核酸外，还具有强大的附带剪切活性,可不加区分地切割其附近的 dsDNA、ssDNA 或 ssRNA 序列(图 4-10),实现 10^4 倍以上的信号放大。这类 Cas 效应蛋白的附带剪切活性可应用于对核酸的分子诊断,实现高灵敏、高特异性和低成本的分子检测。

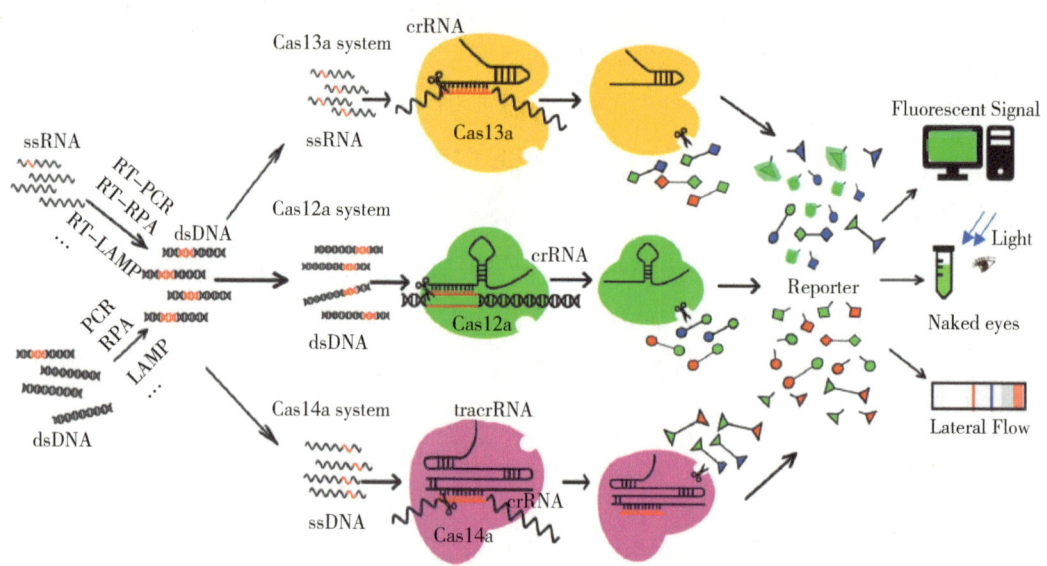

图 4-10 CRISPR/Cas 分子诊断技术原理示意

2017 年,美国麻省理工学院张锋教授团队率先在《科学》发表论文,第一次系统介绍了 CRISPR/Cas 作为分子诊断技术的应用,该方法将恒温扩增技术 RPA 和 Cas13a 系统结合起来,实现了对病原体高特异性、高灵敏度的检测,命名为 Specific High Sensitivity Enzymatic Reporter UnLOCKing(SHERLOCK),其检测灵敏度达到了 attomolar 级,能够识别单个碱基差异。2018 年,该团队对 SHERLOCK 进行改进升级,将 CRISPR/Cas 检测技术与侧向层析相结合,通过肉眼可见的显色情况来判读结果,实现了该方法的多重化、定量化和可视化,命名为 SHERLOCK v2。2018 年 4 月,该团队继续在《科学》发表论文,对 SHERLOCK 的前处理方法进行改良,发明了 Heating Unextracted Diagnostic Samples to Obliterate Nucleases(HUDSON),该方法不经核酸提取纯化,仅需对临床样本进行核酸酶灭活和加热等快速处理,即可用于后续 SHERLOCK 反应,利用 HUDSON+SHERLOCK 技术,在 2 小时内便可肉眼观测到寨卡病毒和登革热病毒的检测及分型结果。

同时,2018 年,美国加州大学伯克利分校的 Jennifer Doudna 团队发现 Cas12a 被激活后可非特异性地剪切、降解单链 DNA，并以此建立了另一个 CRISPR/Cas 分子诊断技术，命名为 DNA Endonuclease-targeted CRISPR Trans Reporter (DETECTR)。DETECTR 被用于 HPV 病毒的快速检测，灵敏度达到了 attomolar 水平，特异性为 ≤ 7 个碱基。由于 Cas12a-crRNA 能够识别单链或双链 DNA，DETECTR 不需要将底物转换成 RNA，省去了反转录步骤，因此，与 SHERLOCK 相比，DETECTR 的操作更加简便。2018 年 10 月，该团队在《科学》发表论文，报道了另一个新的 Cas 蛋白——Cas14，该蛋白分子量更小，识别的靶标为单链 DNA，激活后除了剪切靶 ssDNA 外，还非特异性地剪切其他 ssDNA，而且该蛋白不受 PAM 序列的限制，对靶 ssDNA 的特异性识别能力更强，由此开发出的 Cas14-DETECTR 可用于 SNP 检测。

3. 应用前景

美国麻省理工学院张锋团队开发的基因编辑 IVD 产品在 2020 年获得美国 FDA 紧急使用授权。在中国，杭州众测（CRISPR 免疫层析法）和上海伯杰（恒温 CRISPR 法）也先后在 2020 年和 2021 年获得 NMPA 注册证。总之，CRISPR 应用到 IVD 是一个划时代的发现，截至 2021 年，Cas12、Cas13 及 Cas14，都将等温扩增技术的检测提升到了更灵敏、更特异、更高效、更便捷的水平。因此，等温扩增技术与基因编辑技术的结合在未来能够被更加广泛地应用于病原微生物的快速检测、SNP 检测、肿瘤筛选、抗生素抗性筛选等领域中，发挥核酸等温扩增技术最大的优势。

成熟度：*

五、人工智能与智慧大数据

人工智能医学与智慧大数据产业是人工智能技术应用的一个分支领域，在机器学习、神经网络、智能影像识别及精密控制方面有了飞速发展，结合疾病发生发展的高通量、多维度组学数据，包括基因组、转录组、表观遗传组、蛋白组和代谢组等生物信息，揭示诱发疾病危险因素和找到反映疾病发展不同阶段的特异性生物标志物，能够全面解析疾病的发生发展过程，最终实现疾病的精准评估、预测和干预。新一代的体外诊断技术以疾病的特征性标志物为依托，以医学大数据和生物医学大数据为工具，采用机器学习、生物信息挖掘等方式进行人群的疾病风险建模、评估和预测，并通过人工智能技术，为疾病的诊断和个人全生命周期动态监测提供精准的健康服务。人工智能与智慧大数据研究以人工智能装备研发、智能辅助诊断技术开发、智慧预警系统平台搭建为主流发展方向，从而服务于疾病早期诊断和治疗监控。

（一）人工智能装备

1. 概述

人工智能装备指可直接穿在身上、整合到衣服或用品上，甚至附着或植入人体，通过以硬件为基础的数据交互、以软件为支持的人工智能、以云端交互来实现强大功能的智能装备（图4-11）。随着人工智能技术的融入，其智能移动性及人机交互性显著改善了目前传统体外诊断领域存在的操作复杂、人员要求高等缺陷。人工智能设备可有效采集数据，并最终传输到移动终端和网络云端，再加上无线通信技术的多样化发展使得智能装备更具智能性和移动性。

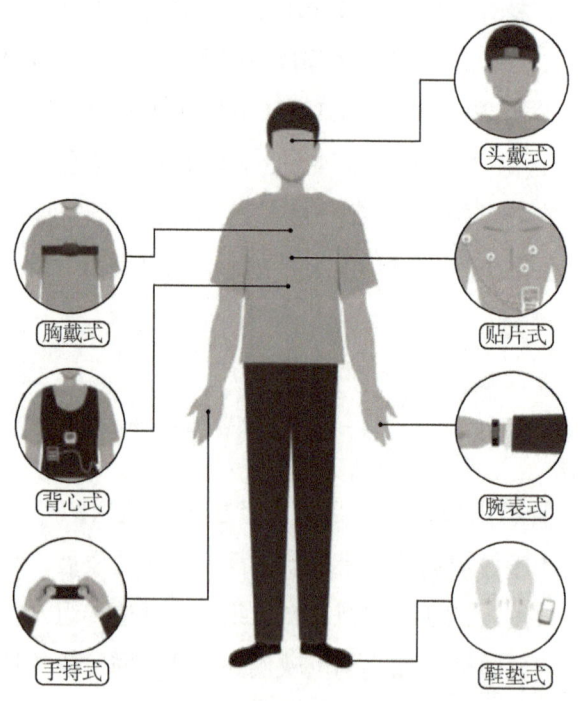

图4-11　不同形式的可穿戴人工智能设备

2. 优势与特征

其主要有以下三大优势：①提高医疗水平。人工智能装备在体外诊断领域的应用，可以全面提升医疗诊断水平，尤其是在医疗资源匮乏的地区。对于医生来说，人工智能可显著降低医务工作人员的工作负荷，提升医疗效率，很多流水线的诊断过程都可以借助人工智能设备来完成。②提高医疗能力。目前，体外诊断领域的整体水平仍存在一些不足，尤其是在应对大规模疫情时，如新冠肺炎疫情。借助人工智能设备，能够更有效地防范和应对公共卫生突发事件。③降低医疗成本。目前整体医疗费用较高。借助人工智能设备，不仅可以提高医疗系统的医疗能力、加强医疗资源共享，还可以在一定程度上降低医疗成本，为患者提供优质、高效、安全的医疗服务。

3. 应用前景

近年来，人工智能在大型一体化设备及可穿戴装备领域发展迅速，各大公司已研发了系列高度集成的人工智能装备（图 4-12）。例如，全自动核酸测序仪只需将样本放入仪器即可自动完成检测及数据分析；可穿戴连续血糖监测设备可实时监测用户皮下组织液的血糖及变异程度，通过人工智能分析，提供胰岛素注射剂量、系统参数自适应调整和预测血糖水平等功能；系列人工智能手表可通过在线软件实现心电图、脉率、心电血压等指标的监测功能。随着人工智能算法、生物传感器、智能芯片三大核心技术实现跨越式升级，人工智能在体外诊断领域的应用正逐步迈入2.0 时代，监测系统更具规模，产品与应用软件间的交互、融合也变得更为丰富，基于人工智能装备的智慧医疗已逐渐成为未来的主要发展方向。

成熟度：*

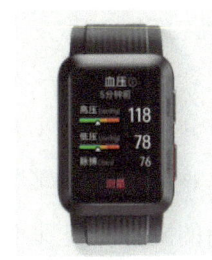
可穿戴智能手表监测血压

可穿戴智能手表监测心率

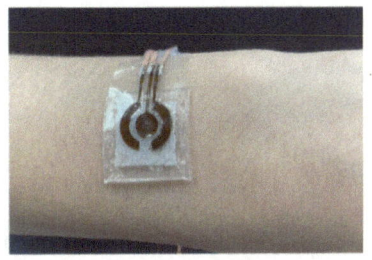
可穿戴智能酶式传感器监测血糖

图 4-12　可穿戴智能设备用于血压、心率、血糖等指标监测

（二）智能辅助诊断

1. 概述

医疗任务的复杂化极大地限制了人工诊断技术的发展，智能辅助诊断系统应运而生。智能辅助诊断是指使用人工智能技术为医生进行辅助的医疗诊断，主要包括相关疾病信息的获取、各种假设的推理及最终治疗方案的选择。自20世纪50年代以来，基于人工智能的辅助诊断系统逐渐应用于医疗诊断中，贝叶斯网络首次用Pearl的形式在计算机上进行医学处理，极大地促进了人工智能诊断的发展（图4-13）。

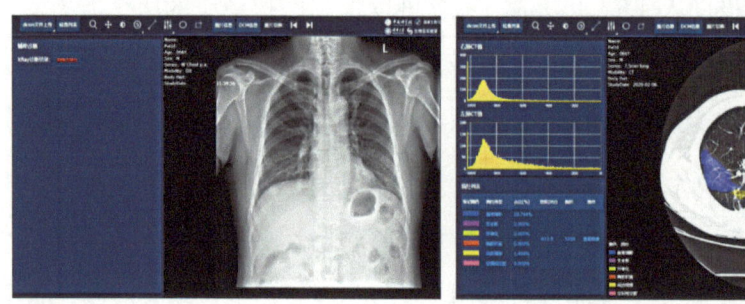

(a) X-Ray 胸片　　　　　　　(b) CT 影像

图4-13　人工智能诊断系统用于X-Ray胸片、CT影像结果的识别

2. 优势与特征

如今，人工智能不仅可以对特殊患者进行模拟诊断，还可以处理部分诊断过程中出现的问题。相较于传统辅助诊断模式，智能辅助诊断具有以下特点：①判断更加准确。人眼往往难以识别出检查结果中的细微差别，而人工智能可通过大量案例学习，发现潜在的规律。斯坦福大学的研究者表明，他们开发的机器学习算法得到了比医生更高的肺部癌变识别准确率。国内上海交通大学与浙江大学联合开发的阿尔法医生也取得了95%的正确率，比医生判断的准确率还要高约2%。②人工智能可以大批量、快速地处理检查数据。只要计算能力充足，人工智能便可以一次性处理大量数据。更重要的是，人工智能并不会感到疲劳，可以24小时工作。③人工智能可以处理的数据类型更加丰富。由于病症的种类繁多，医生难以做到全部精通。相反，人工智能的高效性与大数据容量使其能够学习识别不同的病症、处理不同的数据种类。④人工智能可以与患者的"大数据"相结合。人工智能可以不局限于患者的检查数据，而是结合其病史、遗传背景、家族病史等其他可数据化信息。它甚

至可以结合患者的饮食结构、生活作息等数据到模型当中,对病情进行更精确、更个性化的判断与预测。例如,IBM研发的沃森诊疗机器人不仅可以快速读懂医疗影像,还能根据电子病例数据库进行分析诊断。此外沃森诊疗机器人还可以通过与患者进行对话来获得其症状、日常习惯等信息。

3. 应用前景

智能影像诊断是人工智能在体外诊断领域中应用较热门的场景之一。一方面,经过图像识别技术对医学图像进行辨认和剖析,快速发现病灶,并将其与正常组织细胞分开,提高影像诊断效率;另一方面,构建深度学习模型,通过对大量的图像和诊断信息进行深入挖掘且不断训练优化,提高模型的诊断能力,可显著降低对复杂疾病的误诊率。然而,语音识别和语义理解相比影像诊断发展略微缓慢,归因于其技术的复杂性及数据结构多样性。因此,继续开发新算法成为未来智能辅助诊断系统的主要发展方向之一,以实现对不同语言进行识别与解读。

成熟度:*

(三)智慧预警系统

1. 概述

智慧预警系统是基于疾病防控的实时捕获和数据智能化分析,通过多防控、监测信息系统无缝连接,开发重大疾病监控预警分析系统,针对疾病发展趋势,尤其是危害公共安全的传染性事件,确定公共卫生突发事件,从而指导疾病的预防和控制的交互操作信息系统(图4-14)。

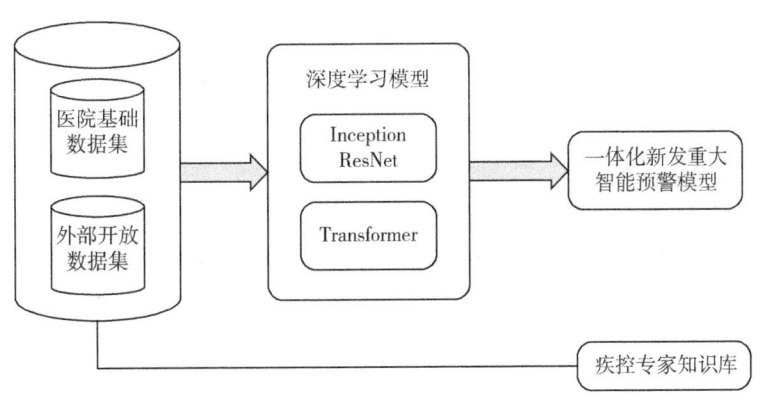

图4-14 深度学习算法训练预警分类模型

2. 优势与特征

智慧预警系统的开发和应用具有以下优势：①整合分析大数据。系统的构建能够融合多中心多源异构数据，建立数据管理网络，构建标准化健康档案，可实时异地远程调取疾病动态信息。②快速警报公共卫生突发事件。针对危害公共卫生安全的突发事件，应用人工智能和大数据分析，明确风险因素并建立预警模型，搭建公共卫生安全事件预警平台，用于公共卫生突发事件的早期预警防控。③阐述疾病的诱发危险因素。针对疾病的发生、传播和转归模式，解析疾病发生机制，有利于动态监测疾病全过程，从而实现疾病动态评估、跟踪随访和干预指导。

3. 应用前景

智慧预警系统开发过程中会引入多种医学理念，推动新兴生物技术、生物化学为主导的新技术、多学科交叉融合，以多因素介导下的疾病-防治互作的视角研究疾病指纹图谱、检测新技术、疾病发生机理与通路途径的调控机制，为实现精准疾病防控提供坚实的基础。通过提高特征性标志物图谱筛选效能和特异性标志物检测准确性，全面、深入挖掘不同来源临床数据信息，实现疾病动态评估、监测预警、跟踪随访、干预指导，提高疾病防控的可及性、精准化和智能化，为实现健康中国行动目标提供有力保证。因此，该领域研究和智能系统的开发对驱动该领域的前沿基础、应用基础与体外诊断产业技术系统研究与科技成果转化非常重要，具有十分广阔的应用前景。

成熟度：*

参考文献

[1] 韩佩珍. 化学发光免疫分析 [J]. 国外医学（放射医学核医学分册），2000（5）：196-201.

[2] WU J M. Electrogenerated Chemiluminescence and Its Biorelated Applications [J]. Chemical reviews, 2008, 108 (7)：2506-2553.

[3] 庞彬彬，孙海鹰，徐云根. 化学发光试剂的研究新进展 [J]. 化学试剂，2017, 39 (9)：942-948.

[4] 肖勤，林金明. 化学发光免疫分析方法的应用研究进展 [J]. 分析化学，2015, 43 (6)：929-938.

[5] KAUR B, KUMAR S, KAUSHIK B K.Recent advancements in optical biosensors for cancer detection [J]. Biosens and bioelectron, 2022, 197：113805.

[6] QU H, FAN C, CHEN M, et al.Recent advances of fluorescent biosensors based on cyclic signal amplification technology in biomedical detection [J]. J Nanobiotechnology, 2021, 19（1）：403.

[7] 荧光和化学发光分析发展前景 [EB/OL]. [2021-11-23]. https：//www.antpedia.com/news/99/n-2647499.html.

[8] 荧光光谱检测技术 [EB/OL]. [2020-02-13]. https：//www.docin.com/p-2307860307.html.

[9] MALOU N, RAOULT D.Immuno-PCR：a promising ultrasensitive diagnostic method to detect antigens and antibodies [J]. Trends in microbiology, 2011, 19（6）：295-302.

[10] RUZICKA V, et al.Immuno-PCR with a commercially available avidin system [J]. Science, 1993, 260：260-261.

[11] COOPER A, WILLIAMS N L, MORRIS J L, et al.ELISA and immuno-polymerase chain reaction assays for the sensitive detection of melioidosis [J]. Diagnostic microbiology & infectious disease, 2013, 75（2）：135-138.

[12] VELEV O D, PREVO B G, BHATT K H.On-chip manipulation of free droplets [J]. Nature, 2003, 426（6966）：515-516.

[13] MOU L, HONG H, XU X, et al.Digital Hybridization human papillomavirus assay with attomolar sensitivity without amplification [J]. ACS nano, 2021, 15：13077-13084.

[14] HOSNY A, PARMAR C, QUACKENBUSH J, et al.Artificial intelligence in radiology [J]. Nature reviews cancer, 2018, 18（8）：500-510.

[15] TOPOL E J.High-performance medicine：the convergence of human and artificial intelligence [J]. Nature medicine, 2019, 25（1）：44-56.

第五章　体外诊断产业链条

第一节　体外诊断试剂原材料及仪器元器件

一、体外诊断试剂原材料及仪器元器件概述

（一）体外诊断试剂原材料

体外诊断试剂的主要原材料可根据其在体外诊断试剂中发挥的作用进行分类，包括核心反应体系，如诊断酶、辅酶、抗原、抗体等；信号体系，如胶体金、酶底物系统、荧光/发光物质等；反应载体，如 NC 膜、酶标板、磁珠、微球等；反应环境体系是由各种生物活性材料和精细化学原料组成，包括牛血清白蛋白、阻断剂、缓冲盐等。

（二）体外诊断仪器元器件

体外诊断仪器设备主要由液路系统、光学系统、气器系统、机械结构、电控系统等系统构成。其中，液路系统的主要功能是完成化学反应过程，涉及柱塞泵、无阀柱塞泵、加样针、电磁阀、鞘流池、精密移液器等核心元器件；光学系统的主要功能是完成信号的采集和分析，主要元器件包括单光子计数模块、激光器、凹面平像场光栅等；气器系统包括脱气膜、气泵等相关元器件；机械结构包括进样系统、高精密齿轮、限位器等；电控系统包括 CPU、传感器、传动系统等。

（三）市场基本情况

2021 年体外诊断试剂原材料市场规模估计超过 125 亿元，其中抗原抗体占比约 44%，酶、辅酶、底物占比约 28%，探针引物等占比约 14%，磁珠、微球、NC 膜等其他原材料占比约 14%（图 5-1）。体外诊断仪器关键零部件总体市场规模超过 180 亿元。相较体外诊断中游市场规模，体外诊断原材料市场较小，但其对整个试剂和仪器的开发起到关键性作用，对产业具有重要的战略意义。体外诊断原材料是一个

竞争激烈的领域，当前国内市场由欧美和日本等占据主导地位，在关键原材料方面进口品牌市场份额占比超过 80%。关键原材料的研发属于基础学科，其对生产技术要求高、资源投入大、产品的市场导入期长、行业进入门槛较高。国外品牌由于起步早，在这几个方面都占有先发优势，因此在未来较长一段时间内，进口品牌占据市场主流地位的形势不会改变。

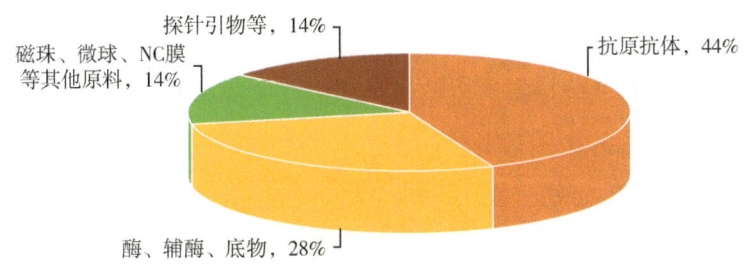

图 5-1　体外诊断试剂原材料各类产品市场规模占比

二、国外体外诊断核心原材料与元器件发展现状

（一）国外体外诊断用酶制剂发展现状

酶（Enzyme）是高效、高选择性、绿色环保的生物催化剂，在体外诊断中有着广泛的用途，是特异性识别待测靶标的核心原材料，对试剂的质量和稳定性有着决定性影响。酶制剂被广泛应用于临床生化、分子诊断、生物传感器、免疫标记、其他（凝血、质谱等）领域（表 5-1）。

表 5-1　酶制剂在体外诊断试剂中的应用

技术平台	代表性酶制剂
临床生化	淀粉酶、过氧化氢酶、肌氨酸氧化酶、肌酸脒基水解酶、肌酐酶、岩藻糖苷酶、半乳糖氧化酶、胆碱氧化酶、果糖基肽氧化酶、酮胺氧化酶、3a- 羟基类固醇脱氢酶等
分子诊断	DNA 聚合酶、反转录酶、UDG 酶、内切酶、T4 DNA 连接酶、Kleonw 片段、TN5 转座酶、蛋白酶 K 等
生物传感器	葡萄糖氧化酶、葡萄糖脱氢酶、细胞色素 C 过氧化物酶、辣根过氧化物酶、醋氨酸酶、超氧化物歧化酶、黄嘌呤氧化酶、微过氧化物酶等
免疫标记	辣根过氧化物酶、碱性磷酸酶、半乳糖苷酶等
其他（凝血、质谱等）	凝血因子 XIII、巴曲酶、胰蛋白酶、V8 蛋白酶（Glu-C）等

生化试剂中的酶及辅酶和底物构成试剂的核心反应体系。例如，肌酐测定试剂盒（肌氨酸氧化酶法）需要肌酐酶、肌酸咪基水解酶、肌氨酸氧化酶和过氧化物酶4种酶。临床检验中酶法生化试剂常用的酶有60余种。酶也是分子诊断试剂最重要的核心原料。荧光定量PCR试剂需要热启动Taq DNA聚合酶和UDG酶；等温扩增及分子POCT技术需要Bst DNA聚合酶、Bsm DNA聚合酶等；RNA病毒分子检测需要反转录酶；二代测序需要T4 DNA连接酶、Kleonw片段、TN5转座酶等，可以说，没有酶制剂就没有分子生物学和分子诊断技术的发展。在生物传感器领域，葡萄糖氧化酶或葡萄糖脱氢酶是家用血糖试纸中的核心原材料。

近年来，高速增长的中国体外诊断核心原料酶市场受到国际原料厂商的高度重视，如Merck、罗氏（Roche）、东洋纺（Toyobo）、ThermoFisher、宝生物（Takara）、Biolabs等国际公司大比例占据我国体外诊断原料酶市场（表5-2）。国外体外诊断核心原料酶具有较为优良的性能、比较稳定的产品质量，尤其是高端诊断核心酶，国外原料供应商基本不对国内厂家提供，这使得我们只能跟在国外的技术脚步后面亦步亦趋，限制了我国体外诊断产品的创新。

表5-2 国内外IVD酶原料部分企业

公司名称	公司简介	IVD酶相关产品
罗氏（Roche）	成立于1896年，总部位于瑞士。全球最大的体外诊断试剂和设备提供商之一、全球主要的体外诊断试剂原材料供应商	涵盖各个细分领域，包括品种齐全的生化试剂酶原料、分子诊断试剂用酶（包括Kapa DNA聚合酶系列）、二代测序产品、免疫标记酶，以及各种辅酶、底物、核苷酸等
新英格兰生物实验室（NEB）	成立于1974年，总部位于美国。分子酶发现和制造的全球领导者，拥有丰富的分子生物学酶产品线，重视基础研究、提供科研和诊断产品和服务	品种齐全的分子工具酶、分子诊断试剂用酶、广泛应用于各种核酸扩增诊断试剂的开发、二代测序的DNA和RNA建库及病毒测序和检测的各种酶制剂和试剂盒
东洋纺（Toyobo）	成立于1882年，总部位于日本。业务涵盖胶片、工业材料、医疗健康和纺织等行业。生物制品业务专注体外诊断用酶、诊断系统及OEM服务	品种齐全的高品质生化试剂酶原料、分子诊断试剂用酶（包括KOD DNA聚合酶系列）、各种辅酶和底物、提供部分生化诊断试剂的OEM服务

续表

公司名称	公司简介	IVD 酶相关产品
宝生物（Takara）	成立于 1925 年，总部位于日本。从事细胞生物学和分子生物学原料与试剂、基因治疗、干细胞、CRO 等多种业务	提供高品质的核酸内切酶、各种 DNA 聚合酶、二代测序酶制剂、单细胞测序的酶制剂及行业金标准的测序配方
诺唯赞生物科技	成立于 2012 年，总部位于中国南京。业务包括酶、抗原、抗体等体外诊断原材料，量子点荧光免疫 POCT 体外诊断试剂、胶乳增强免疫比浊体外诊断试剂	品种比较齐全的分子生物学酶，包括 PCR 聚合酶、DNA 和 RNA 建库试剂、高通量测序文库构建、反转录酶、体外诊断相关试剂和酶原料等
瀚海新酶生物科技	成立于 2015 年，总部位于中国武汉。业务包括生化试剂酶原料及分子诊断酶原料、生物制药用酶、OEM 生产和试剂配方定制服务	品种比较齐全的生化试剂酶原料、辅酶、底物，品种比较齐全的分子诊断试剂酶原料，最大国产蛋白酶 K 提供商，生化试剂定制服务，分子诊断试剂定制服务
翌圣生物	成立于 2014 年，总部位于中国上海。业务包括工具酶原料及抗原抗体研发与生产、定制化原料产品供应	品种比较齐全的分子诊断试剂酶原料，包括 PCR 聚合酶、反转录酶、克隆与突变、内切酶、高通量测序等酶原料和试剂
菲鹏生物	成立于 2001 年，总部位于中国深圳。拥有体外诊断试剂核心原料、试剂解决方案、开放仪器平台三大业务体系	品种比较齐全的荧光定量 PCR 和基因测序酶原料及试剂。产品包括各种热启动聚合酶、常规聚合酶、反转录酶、一步法试剂及测序建库用酶等

酶的基础研究和应用研究方面一直是生命科学研究的热点，体现在以下几个方面。

(1) 新的酶资源的挖掘技术

发达国家长期以来对基础研究重视和支持，早期新酶的发现基本都是在发达国家实现的，包括各种生化酶和分子酶等。例如，Author Kornberg 发现 DNA 聚合酶并证明了 DNA 复制原理，Richard Roberts 发现大量的核酸酶，从而推动分子生物学的发展，Kary Mullis 将热稳定 Taq DNA 聚合酶应用于其发明的 PCR 技术，使得这一革命性技术得到推广应用。近年来，Emmanuelle Charpentier 和 Jennifer Doudna 等发现的基因编辑 CRISPR–Cas 体系有望对分子技术形成革命性的影响，其核心组成即包括一系列的 Cas 酶蛋白。这些科学家也因此先后获得诺贝尔奖。

(2) 酶分子改造技术

野生型酶是物种对自然环境的适应经过亿万年进化而来的，其本身并不一定适合各种工业应用目的和场景，因此酶分子改造是酶产业的一个重要领域。酶分子改造基本有"理性设计"和"非理性设计"两种策略。酶分子改造是蛋白质工程的一个重要组成部分。

早期酶分子改造策略主要是基于酶分子的氨基酸序列和高级结构进行理性设计，通过定点突变和化学修饰等手段对酶分子进行改造，进而获得高活性和高稳定性的工业用酶，但是效率比较低下，难以满足产业需求。近年来发展起来的"酶的定向进化"策略，则是利用非理性设计方法，模拟自然界酶分子进化的过程。通过饱和突变将遗传变异引入酶基因，再设计高通量筛选方法挑选最适合的分子变异体，循环往复多轮之后，获得符合期望的改造酶分子，本质上遵循的依然是达尔文进化论中的变异—选择—进化不断循环的这个核心模式，实质上将自然界万亿年才能完成的进化过程在实验室内短期内就得以实现。最后通过计算机模拟分析，最终获得超级突变酶分子。酶的定向进化发明者 Frances Arnold 因此获得 2018 年诺贝尔奖。

大量的工程酶成为相关领域的主流产品。在分子诊断领域，经过分子改造的各种热启动 DNA 聚合酶。例如，罗氏的 KAPA 聚合酶系列、东洋纺的 KOD 聚合酶系列及宝生物的 Titanium Taq 聚合酶系列等在扩增保真度、扩增效率、对复杂样本的适应性、多重扩增及长片段扩增等方面都远超野生酶。

(3) 原料质量控制及试剂配方开发技术

原料酶质量控制及试剂配方开发技术是将酶推广到市场的关键环节，只有建立起一套完整、严密的酶质量控制体系，才有可能全面地反映酶的基本性能和应用功能，进而指导酶的分子改造和酶的蛋白质制备工艺，使酶的功能达到最优水平；也只有严密的酶质量控制工艺，才能够保证酶的批量生产质量能够达到合格的标准。以 DNA 聚合酶为例，完整的质量控制指标包括比活力、5-3 外切酶活力、延伸速度、蛋白纯度、蛋白浓度、DNA 内切酶活性残留、DNA 外切酶活性残留、RNA 酶残留、切口酶残留、宿主核酸残留、宿主蛋白残留、微生物负载、封闭效率、激活效率、出峰时间、灵敏度、线性范围、反应荧光强度、基线稳定性、模板特异性、抗抑制性、长期稳定性、加速稳定性、冻融稳定性等 40 多项指标，因此，建立并优化一整套完善的质量体系，是保证核心酶质量过硬的关键因素。国外核心酶企业经过几十年积累，已经建立一整套完善的质控体系和质检标准。

试剂配方工艺是使核心酶适配于客户应用场景的重要环节，不同基因、不同工艺生产出来的核心酶都需要不同的试剂配方来使之更好地发挥作用，而研究盐离子、表面活性剂、离子强度、增强剂等对诊断酶及检测试剂的性能的影响，优化各组分配比使试剂盒性能达到最优，需要深入的理论研究和大量的配方性能探索，通常需要花费大量的人力物力，因此只有做好试剂配方的适配，才有可能让客户接受核心酶。

(4) 规模化生产制造技术

体外诊断酶具有精细化程度高、质量标准高、单价高、总需求量不大的特点，一般百升级、吨级发酵纯化规模能够产生千万人份乃至几十亿人份的批产量核心酶，但是要求酶的性能和批间差都达到十分均一可控的水平（通常要求关键性能的 CV 在 5% 以内）。国外东洋纺、罗氏、NEB 等公司经过二三十年的产业化探索和积累，逐渐形成了一套标准的菌种保藏、发酵、纯化工艺，再加上有些大公司将药物生产的 GMP 标准引入体外诊断核心酶的生产控制，能够稳定产出性能优良的原料酶，在蛋白纯度、蛋白收率、杂酶残留、酶功能等方面都能够严格保证批次间的一致性，从而确保下游试剂盒的性能稳定，得到了国内外试剂盒生产客户的认可。

(二) 国外体外诊断用抗原与抗体行业发展现状

抗原与抗体是免疫诊断试剂中最核心的原料。基于抗原抗体的结合原理可以实现对众多种抗原（或抗体）的检测，使得免疫诊断试剂在临床上的广泛应用成为现实。作为免疫诊断试剂的核心原料，抗原抗体决定了体外诊断试剂各项性能水平，如灵敏度、特异性、稳定性等关键性能。

近年来生命科学和生物技术的发展，发现和鉴定了大量的新型抗原，同时抗体发现、改造和制备技术的发展、进步使得市场上有了大量的抗体可供选择，应用于科学研究和产业发展。例如，抗体目录网站（https：//www.citeab.com）就从各种抗体产品目录和科研文献中收录了超过 570 万种不同的商业化抗体。多样化的免疫检测平台技术推动了抗原抗体的应用，使得免疫诊断的应用进入各种疾病领域。从最早的免疫扩散、免疫沉淀，到免疫比浊、酶联免疫、化学发光、胶体金、免疫荧光、流式细胞、免疫组化等，抗原抗体被广泛应用于肿瘤、心血管、内分泌、自身免疫、感染等各类疾病标志物的检测，助力疾病的诊断、筛查和预防（表 5-3）。

表 5-3　抗原抗体原料在体外诊断中的应用

分类		主要应用
抗原	天然抗原 重组抗原 多肽抗原	抗体制备 自身免疫疾病中自身抗体检测 过敏性疾病特异性抗体检测 感染病原体抗体检测 质控品制备
	小分子抗原 （半抗原）	抗体制备 小分子药物检测 毒品检测 小分子激素检测 质控品制备
抗体	多克隆抗体 单克隆抗体 重组抗体	适应于各种免疫诊断试剂的开发，包括免疫比浊、酶联免疫、化学发光、胶体金、免疫荧光、流式细胞、免疫组化等技术平台；应用领域包括肿瘤、心血管、内分泌、自身免疫、感染等各类疾病标志物的检测

近年来，国外抗原抗体领域的研究发展主要体现在以下几个方面。

（1）新的抗原生物标志物的研究

早期的生物学研究是从一个或数个基因或蛋白质展开的，这种研究模式效率低下。随着人类全基因组测序的完成，现在可以利用系统生物学模式，综合应用生物信息学、蛋白组学、生物芯片、质谱等技术，系统性地研究各种蛋白质。例如，通过全基因组蛋白表达和高通量筛选鉴定，研究新的生物标志物在疾病诊断治疗的临床意义，已经逐步应用于癌症、红斑狼疮、帕金森等重大疾病的诊治。

（2）用重组蛋白质替代天然抗原

在临床实践中天然抗原往往优于重组抗原，因为天然抗原与临床样本中的抗原具有相似的结构，与抗体适配性高，检出样本中目标抗体更高效。但是天然抗原存在来源有限、产品不稳定、批间差大等问题。通过对蛋白结构包括表位的详细分析和序列设计，选择最优的表达系统，则能使得重组抗原在结构和活性上更接近天然抗原，同时提高抗原的表达量和分离纯化效率，适应 IVD 发展对诊断用抗原不断增加的需求。

(3) 研发多种抗体

近年来,从抗体的发现,到抗体的分子改造,再到抗体的生产制备,抗体技术得到了飞速的发展。从最初的抗血清多克隆抗体,到后续开发成功的单克隆抗体、兔单克隆抗体、纳米抗体、抗体库、重组抗体、单个 B 细胞抗体制备,抗体技术的多样化极大地促进了免疫诊断的发展。例如,单个 B 细胞抗体技术是近年来发展的一种新型高效的抗体筛选方法。由于每个 B 细胞只产生一种特异性抗体,因此每个 B 细胞只含有一对重链和轻链,抗原采用高通量单个 B 细胞测序技术直接从 B 细胞中扩增抗体基因获得单克隆抗体。这种技术具有速度快、高通量的特点,尤其适合紧急情况下抗体的开发。例如,在新冠肺炎疫情下,该技术成功应用于开发 COVID-19 病毒中和抗体。

纳米抗体是近年来的研究热点,在临床诊断和生物制药领域具有广泛的应用潜力。研究发现,羊驼抗体结构与传统抗体的结构不一样,其只有两条重链而没有轻链,而且重链的可变区只有一个结构域,因此,羊驼抗体的可变区部分被称为单域抗体(Single-domain Antibody),由于单域抗体分子量只有 15 KD,是传统双链抗体的 1/10,体积小,因此也被称为纳米抗体(Nanobody)。纳米抗体由于结构小,可以与抗原的一些隐蔽表位结合,而常规的抗体由于体积大,产生的空间位阻导致无法检测到这类抗原。纳米抗体也具有很好的抗热性,不易失活,相对传统抗体在保存运输方面也是一个很大的实际优势。由于分子量小,纳米抗体在进行改造和修饰等方面也相对简单,重组蛋白表达和生产也更容易(表 5-4)。

表 5-4 纳米抗体与传统抗体性能比较

纳米抗体	传统抗体
稳定性好、高温下保持活性	容易失活,需要低温保存
体积小、容易检测到隐蔽抗原表位	体积大、抗原结合空间位阻大
制备简单、成本低	制备复杂、成本高
改造容易、满足特定应用需求	改造技术要求高

总体来说,国外抗原抗体原料企业起步较早,研发投入较大、品种比较齐全、质量比较稳定,近年来也出现了通过收购做大做强的趋势。

国外抗原抗体原料供应商主要有 Medix Biochemica、Meridian Biosciences、BBI Solutions、海肽生物(HyTest)、Roche 等。Medix Biochemica、Meridian Biosciences、

BBI Solutions 和海肽生物（HyTest）都是全球领先的专业抗原抗体原料提供商。Medix Biochemica 和 Meridian Biosciences 产品涵盖大部分的疾病领域，Meridian Biosciences 诊断试剂原料优势产品包括传染性疾病、ToRch 天然抗原等。BBI Solutions 在自身免疫方面具有优势产品线。海肽生物（HyTest）诊断原料优势产品主要包括心肌标志物（如心肌标志物、肌钙蛋白 I、肌钙蛋白 T）检测试剂等领域的抗原抗体原料。Roche 的诊断原料优势产品主要包括分子诊断、生化诊断，免疫诊断包括肿瘤和传染性疾病等抗原抗体（表 5-5）。

表 5-5　部分国内外诊断试剂抗原抗体原料提供商

厂家	简介	主要产品
BBI Solutions	全球免疫诊断试剂独立提供商，主要业务包括诊断试剂原料和检测试剂盒	自身抗原：感染病原体、自身免疫、过敏等抗原；抗体：感染、激素、心肌、自身免疫和炎症、癌症、糖尿病和肾病、动物感染检测用抗体
Medix Biochemica	产品线诊断试剂原料供应商。主要业务包括诊断试剂原料和检测试剂盒	涵盖大部分疾病领域，提供超过 2000 多种抗体、近 1000 种抗原、200 多种小分子，提供超过 100 种生化酶
Meridian Biosciences	生命科学产品与服务提供商。主要业务：研发、生产、销售诊断系统和试剂；研发和销售抗原抗体原料和部分分子检测（PCR）原料制剂	提供超过 3000 种的抗原抗体，涵盖 325 种以上的感染病原体、癌症、心血管、代谢、自身免疫等疾病领域
海肽生物（HyTest）	体外诊断行业单克隆抗体和抗原生产商	心肌标志物抗原抗体全球领先，以及肿瘤、内分泌、生殖、炎症、代谢、凝血、传染病等众多领域的抗原抗体原料
菲鹏生物	体外诊断平台型企业，为全球体外诊断企业提供 IVD 试剂核心原料、试剂解决方案和开放式仪器平台	覆盖肿瘤、传染病、心肌、优生优育、糖尿病、内分泌等领域，肿瘤标志物和传染病抗原抗体是优势产品
金斯瑞生物	全球生命科学服务和产品提供商。业务涵盖基础生命科学研究和早期药物发现服务，包括试剂服务、生物药和抗原抗体等目录产品	提供上百种免疫诊断抗体原料，涵盖感染与炎症、心肌、癌症、骨代谢、糖代谢和肾病、优生优育、阿尔茨海默病、传染性疾病、免疫组化等疾病。提供部分抗原
杭州华葵金配生物	专业从事体外诊断试剂核心原料研发与生产，并为客户提供专业产品服务。提供用于诊断试剂开发及科学研究的单克隆抗体、重组蛋白、天然蛋白	免疫诊断原料比较齐全，包括新冠病毒检测、炎症检测、传染病诊断、心血管疾病诊断、癌症检测、人体机能检测（肾脏、甲状腺、肝纤、激素）、血液筛查领域的抗原抗体

(三)国外体外诊断磁珠和微球原材料发展现状

磁珠和微球在体外诊断行业中具有举足轻重的地位,已经成为体外诊断行业中免疫诊断试剂的主要反应载体/标记。同时磁珠和微球也在检测样本处理过程的提取、纯化、富集中发挥着重要的作用(表5-6)。

表5-6 磁珠和微球的不同应用场景

作为载体的磁珠和微球	样本提取/纯化/富集用磁珠
侧流层析微球 胶乳增强免疫比浊微球 化学发光磁珠 悬浮芯片编码微球 单分子免疫检测微球 均相化学发光微球	核酸提取磁珠 测序建库用核酸纯化/筛选磁珠 细胞分选/富集磁珠 外泌体分离/富集磁珠

1. 作为反应载体/标记的磁珠和微球

化学发光用磁珠的技术壁垒很高,在全球市场上仅有ThermoFisher、JSR、Merck、GE、Agilent几家公司可以提供稳定的量产产品,并几乎占据了目前化学发光用磁珠90%以上的市场。影响化学发光磁珠的关键性能指标包括粒径、磁含量、分散性、化学稳定性、表面非特异性吸附等(表5-7)。

表5-7 不同磁珠性能指标与对应诊断试剂优点

磁珠技术指标	对应诊断试剂的优点
粒径高度均一、可控	检测结果重复性好
磁含量高、磁响应速度快	提高检测速度、适用于高通量检测
分散性好、沉降速度慢	反应效率高、适用于自动进样的全自动仪器
化学性质稳定	试剂的稳定性、重复性好、货架有效期长
表面非特异性吸附低、功能基团密度稳定可控	检测信噪比高、灵敏度高、批间性能稳定

侧流层析是一种将免疫标记技术和层析技术结合的检测技术,在POCT细分领域具有重要的地位和极高的普及率,已被广泛地应用于家庭自测和实验室急诊检测中。随着免疫技术的快速发展,提高检测灵敏度、定量检测及多重联检是目前侧向层析技术发展的3个热点方向,特别是提高检测灵敏度更是排在首位。例如,日本TAMAGAWA

公司推出了一种内部同时掺杂发光 Eu 配合物和磁颗粒的双功能微球 FF Eu beads。金磁纳米颗粒和表面增强拉曼颗粒也被应用于侧流层析，用于进一步提高检测灵敏度。

基于编码微球的悬浮阵列技术具有快速反应动力学、待测项目组合的高度灵活性和出色的多重分析能力，已成为可应用于临床常规检测的最有前景的多重检测平台技术。编码微球是悬浮阵列技术的核心，主要是利用具有唯一编码特征的微球作为反应单元来鉴别特定的靶标分子，以流式细胞术或荧光成像作为信号采集手段，实现单反应、多指标检测，目前已被广泛应用于核酸、蛋白质等生物分子的多指标检测。编码微球技术目前以 Luminex 公司为代表，在全球悬浮芯片市场居主导地位。

近年来，单分子免疫检测技术凭借超高的灵敏度（比化学发光提升约 10^3 倍）正逐步走进人们的视野，在新标志物的发现、微量样本的检测、神经退行性疾病的血液检测、肿瘤早筛和预后等领域具有独特优势。目前最具代表性的两大技术平台，Quanterix 的 Simoa 和 Merck 的 Erenna 平台均采用微球作为反应的载体。

均相化学放光技术起源于 Ullman 等人在 1994 年提出的发光氧通道免疫分析（LOCI）技术，后被 Perkin Elmer 开发成 AlphaScreen 和 AlphaLISA 平台。该技术由两种掺杂特殊有机小分子的聚苯乙烯乳胶球组成：一种是供体球（DB），内部掺杂光敏剂酞菁分子；另一种掺杂可接受单线态氧能量的二甲噻吩衍生物及 Eu 配合物。待测分子存在的情况下，抗体包被的 DB 和 AB 球通过形成免疫复合物而紧密接近。在这种状态下，DB 被 680 nm 激光激发产生单线态氧，触发邻近 AB 中的一系列化学反应，从而产生 615 nm 的化学发光发射。而在没有待测分子的情况下，因为 DB 和 AB 距离相对较远，不会发生化学发光。因此，LOCI 平台不需要像传统免疫分析那样涉及复杂的试剂加载和洗涤步骤，是一种均相、简便、高效的定量免疫检测方法。

2. 样本提取/纯化/富集用磁珠

对于基因组测序，磁珠在文库构建过程中扮演着重要的角色，包括 DNA 片段筛选及纯化，因此对测序数据的质量至关重要。目前的主流方案为基于固相可逆固定化（Solid–Phase Reversible Immobilization，SPRI）技术的磁珠纯化方法，由贝克曼公司首次基于 SPRI 技术开发 AMPure XP Beads 并迅速占领市场。

对于转录组测序，磁珠主要用于真核生物总 RNA 中的 mRNA 富集，以及 cDNA 的 PCR 产物纯化。Illumina 于 2018 年开发了一种新型的基于磁珠的建库方案——On–Bead Tagmentation。利用表面偶联转座体的磁珠（Bead–Linked Transposome，

BLT）整合了 DNA 提取、片段化、文库制备和文库归一化步骤，整个文库制备时间缩短至只需 2.5 小时。

作为第三代测序的代表，PacBio 公司针对其基于零模光波导（ZMW）技术的单分子测序平台，开发了一种新型的建库方案。该方案在 bell 文库结合含有 5' 端 Poly（A）的通用引物、SA，进一步提升单分子测序的数据质量。

此外，基于磁珠的细胞、外泌体的分选、富集技术也是目前生物医疗领域的研究热点，但是技术水平有待进一步提高。

（四）国外体外诊断设备关键元器件发展现状

体外诊断仪器的核心元器件涉及光学激发与检测部件、液体传送和控制部件等多个方面，其中光学部件主要包括单光子计数模块、凹面平像场光栅、激光器；液体传送和控制部件主要涉及加样针、柱塞泵、无阀柱塞泵、电磁阀、鞘流池及精密移液器（图 5-2）。

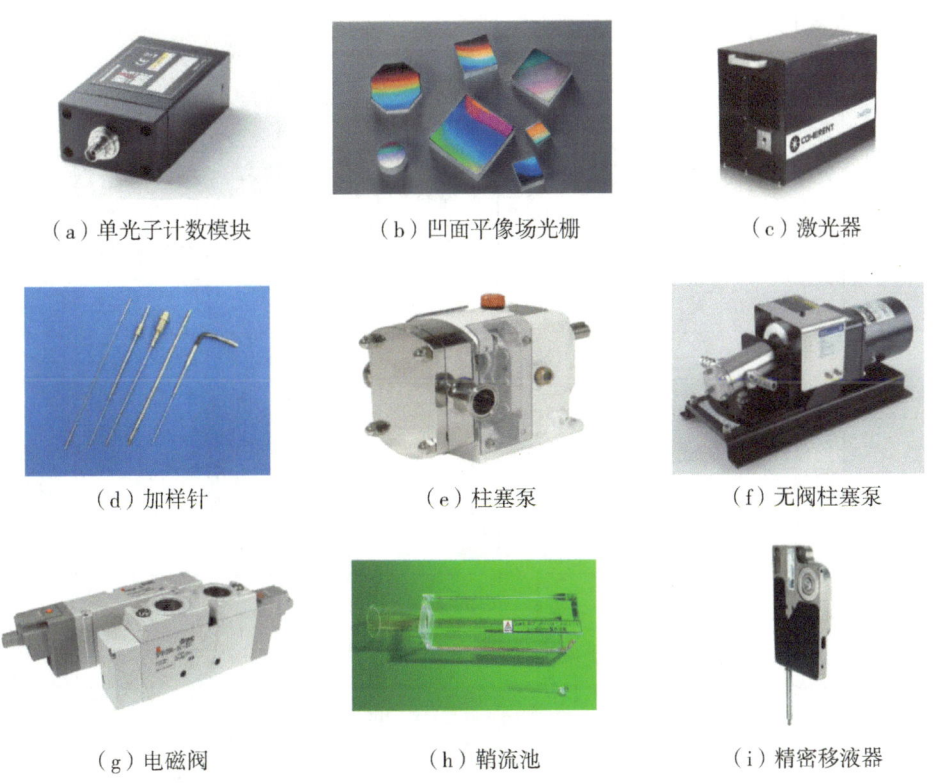

(a) 单光子计数模块　　(b) 凹面平像场光栅　　(c) 激光器

(d) 加样针　　(e) 柱塞泵　　(f) 无阀柱塞泵

(g) 电磁阀　　(h) 鞘流池　　(i) 精密移液器

图 5-2　体外诊断仪器的核心元器件典型进口产品实物示例

尽管目前国内体外诊断核心元器件的市场规模已达数十亿元，但是仍未摆脱严重依赖进口的局面（表5-8）。

表 5-8 体外诊断急需核心元器件发展情况

元器件名称	应用领域	国外代表厂商	国内代表厂商	国内产品市场占有情况
单光子计数模块	化学发光仪器核心部件，用于对化学试剂所产生的微弱光子进行计数	日本滨松公司（Hamamatsu）	深圳市新产业生物医学工程股份有限公司 深圳迈瑞生物医疗电子股份有限公司	基本被国外厂商垄断
凹面平像场光栅	高端全自动生化分析仪的关键部件，用于后分光单色光的产生	日本岛津公司（Shimadzu）	长春市奥赛科技发展有限公司	国产未应用于生化分析
激光器	流式细胞仪、流式颗粒荧光分析仪、数字PCR、高端五分类血液分析仪的核心部件，用于产生稳定且光斑窄细的光源	美国相干激光公司（Coherent）	维林光电（苏州）有限公司	获得部分国内厂商使用
加样针	高端全自动生化分析仪、全自动化学发光免疫分析仪的关键部件，用于精准吸取微量样品加入到反应杯中	日本伊藤制作所（Ito Corporation） 高砂香料工业株式会社（TAKASAGO） Unimed S.A.（瑞士公司）	深圳市万臣科技有限公司 深圳中科康森瑞特科技发展有限公司 深圳市恒永达科技股份有限公司	还未在国产高端仪器中得到应用
柱塞泵	全自动生化仪、全自动化学发光免疫分析仪的关键部件。用于精准吸取样品和试剂	美国艺达思集团（IDEX）	深圳垦拓流体控制有限公司 深圳市恒永达科技股份有限公司 东莞聚瑞电气技术有限公司	部分在国内的高端仪器中得到使用
无阀柱塞泵	全自动化学发光仪的关键部件，主要用于将激发底物泵入反应杯	日本易威奇公司（IWAKI） 美国FMI公司（Foundation Mechanics Inc）	深圳市恒永达科技股份有限公司 东莞信浓马达有限公司	处于试用阶段，还未大量使用

续表

元器件名称	应用领域	国外代表厂商	国内代表厂商	国内产品市场占有情况
电磁阀	全自动生化分析仪、全自动化学发光免疫分析仪、五分类血液分析仪的关键部件,用于液流的切换和通断	德国宝帝公司（Burkert）日本SMC公司（SMC Corporation）	中航电测仪器股份有限公司 深圳垦拓流体控制有限公司	在国内体外诊断公司的产品中得到批量应用
鞘流池	全自动五分类血液细胞分析仪、流式细胞仪、流式颗粒荧光分析仪的关键部件,主要用于产生鞘流和检测区域	德国豪玛公司（Hellma GmbH）JapanCell Co., Ltd.（日本公司）	福州高意科技有限公司 福州荣德光电科技有限公司	一般只应用在低端的仪器中
精密移液器	全自动化学发光免疫分析仪、分子诊断样本分杯及前处理等关键部件,主要用于液体的精确转移和分液。	瑞士帝肯集团公司（TECAN）瑞士哈美顿博纳图斯股份公司（Hamilton）	深圳垦拓流体控制有限公司 深圳市大肯科技有限公司	在国内体外诊断公司产品中有应用

单光子计数模块用于对化学发光试剂所产生的微弱光子进行计数,是化学发光免疫分析的关键部件,目前国内市场年销售量约1万只,基本被日本滨松公司（Hamamatsu）所垄断。凹面平像场光栅用于后分光单色光的产生,是高端全自动生化分析仪的核心关键零件。目前日本岛津公司（Shimadzu）的凹面平像场光栅应用在多家企业的国产高端全自动生化分析仪。激光器用于产生稳定且光斑窄细的光源,以便对检测对象进行照射或激发,从而形成检测信号,是流式细胞仪、流式颗粒荧光分析仪、数字PCR、高端五分类血液分析仪的关键部件。目前高端流式细胞仪等仪器多采用美国相干激光公司（Coherent）的激光器。加样针用于吸取微量样品（最低1 uL）到反应杯中,是高端全自动生化分析仪和全自动化学发光免疫分析仪的重要零件。目前国产高端生化分析仪和化学发光分析仪的加样针全部依赖进口,加样针的进口供应商主要有日本伊藤制作所（Ito Corporation）、高砂香料工业株式会社（TAKASAGO）和Unimed S.A.（瑞士公司）等。柱塞泵是全自动生化分析仪、全自动化学发光免疫分析仪等体外诊断仪器的关键部件,主要用于吸取样品和试剂。目前国内高端体外诊断产品都选用美国艺达思集团（IDEX）的柱塞泵。无

阀柱塞泵是全自动化学发光免疫分析仪的关键部件，主要用于将激发底物泵入反应杯。无阀柱塞泵的厂商主要是日本易威奇公司（IWAKI）和美国FMI公司（Foundation Mechanics Inc）。电磁阀主要用于液流的切换和通断，是全自动生化分析仪、全自动化学发光免疫分析仪、五分类血液分析仪的关键部件，其性能好坏直接影响整机性能。目前高端产品的电磁阀主要还是进口品牌，主要有德国宝帝公司（Burkert）和日本SMC公司（SMC Corporation）。鞘流池是全自动五分类血液细胞分析仪、流式细胞仪、流式颗粒荧光分析仪的关键部件，主要用于产生鞘流和检测区域。目前主要依赖德国豪玛公司（Hellma GmbH）、JapanCell Co., Ltd.（日本公司）等进口供应。定量移液器基于空气置换式原理，配备一次性移液吸头，因活塞与样本、试剂之间存在空气柱而不直接接触，具有样本或试剂适用范围广、避免样本间交叉污染等特点，尤其在新冠病毒核酸检测涉及的样本分杯、样本前处理等仪器或系统中得到应用。目前，国内进口高精度自动定量移液器以瑞士帝肯公司（TECAN）、瑞士哈美顿公司（Hamilton）为主。

随着"光学超材料"（Metamaterial）、"光学超表面"（Metasurface）、量子光学等学科的快速发展，未来高端光学元器件不再局限于传统的几何光学原理，光学材料结构参数将实现智能化设计；光学传导和检测将沿着高度一体化和大面积阵元方向发展，尺寸精度、仿形精度、表面质量等方面的加工要求将达到纳米或亚微米量级；此外，半导体、薄膜技术、信息技术的发展将增加智能手机等移动设备集成光学元器件的可能性。

针对未来体外诊断领域对于精准液体转移、分配等功能的迫切需求，未来国产液体传送或控制部件将沿着小型化、精密化、智能化、数字化的方向发展。小型化方面，涉及驱动、传动及传感功能单元小型化，有助于实现部件阵列排布和集成，特别适用于大规模病原体筛查等应用场景；精密化方面，为节约样本或试剂用量、提高通量与效率，移液量要求控制在 5 μL 以下甚至 1 μL 的体积，且需解决低移液量下精度和准确度偏大的问题；智能化方面，代表着部件需具备更多的功能，包括动态过程实时监测、液位跟随、液体体积自动补偿等；数字化方面，新型的液体传送和控制部件的性能指标将形成动态数据库，解决样本或试剂因物理特征、反应体积变化等引起的多场景兼容性的问题。

三、国内体外诊断核心原材料与元器件发展现状

(一)国内体外诊断用酶发展现状

近年来,国内体外诊断用酶制剂研发呈急起直追的态势。

1. 新的酶资源的挖掘技术

近年来,我国在新的酶资源挖掘方面取得了一定的进展。极端自然环境下酶基因资源的挖掘是发现新酶的重要途径。部分微生物能在高温和高压的深海、大陆和洋底深部,以及盐碱湖、极地和永久冻土、荒漠、酸性矿山废水等极端环境中生存和繁衍,被称为极端微生物,为了适应环境,极端微生物往往进化出了独特的代谢途径。充分挖掘极端微生物的生物多样性,可以获得一些具有独特优势的、新的酶基因。近年来,中国"蛟龙探海"工程、"大洋计划"项目等科技专项的实施,使得科学家能够从深海等环境中获得极端微生物样本,并通过高通量测序技术对样本进行基因分析。科学家们通过对深海微生物的研究,发现了一批具备新代谢途径的细菌和古菌,通过对这些极端微生物的代谢途径、进化过程及生态系统的研究,为新的酶基因挖掘奠定了坚实的基础。随着中国在基础研究方面的投入逐年加大,加上大批高学术水平海外留学人才的回归,国内在酶基因资源挖掘领域的研究已经接近国际先进水平,假以时日,国内必将进入发现全新的诊断用酶并实现产业化的发展阶段。

2. 酶分子改造技术

近年来,国内的科研单位和酶原料企业也纷纷建立酶改造技术平台,技术能力已经接近国际先进水平。例如,上海交通大学研发了结构-功能辅助的酶高效定向进化技术,开展目标酶分子定向进化,结合酶家族进化分析、超高通量筛选及人工智能等技术,快速提升目标酶的关键性能。现有双通道微液滴超高通量酶筛选系统(图5-3),将细胞悬液稀释到一定浓度后连同底物、细胞裂解液一同制备w/o微液滴,收集到的w/o微液滴在芯片外进行孵育,进行酶反应。反应后的微液滴重新注射进入检测/分选芯片中,在分隔油相的作用下分散成单个微液滴进入芯片的核心部位——检测/分选区域被检测,并根据荧光信号的强度进行分选,筛选通量高达每秒1500个微液滴。该设备可以对双通道荧光进行同时检测、数据实时处理及筛选,能够实现复杂酶性质的高效筛选,筛选通量相比于传统方法提升1000倍以上。该团队部分改造酶分子已经实现产业化转化。

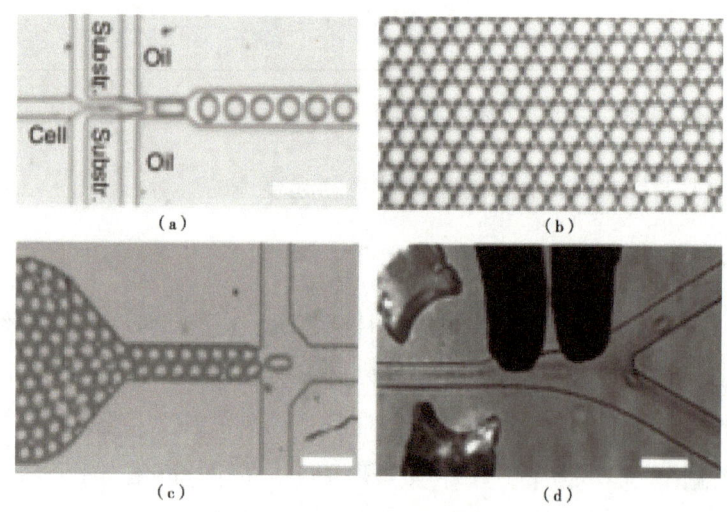

图 5-3　高通量酶基因筛选技术

3. 原料质量控制及试剂配方开发技术

国内酶制剂企业起步晚，再加上缺少一套统一的行业标准，使得在核心酶质控体系上标准比较混乱，而且不够完善，难以辨别自产产品与标杆产品的真正质量差别，导致质量无法提升，甚至有的低质量的产品进入市场后产生不良的客户反应，直接损害了国产品牌的客户信誉度。另外，质控技术的局限也导致了对酶性能评价的不准确，制约酶的批次稳定性的保障。例如，对于 DNA 聚合酶的活性测定，一直是沿用传统的放射性方法，但这种方法的操作具有极大的局限性，国内企业极少具备这种放射性检测资质，大部分企业只能靠其他间接的方法来估算比活力，极大影响了产品性能和批间差。总的来说，在质量控制体系方法方面，我国目前相比于国外还有较大差距。

试剂配方工艺是使核心酶适配于客户应用场景的重要环节，不同基因、不同工艺生产出来的核心酶都需要不同的试剂配方来使之更好地发挥作用，而研究盐离子、表面活性剂、离子强度、增强剂等对诊断酶及检测试剂的性能的影响，优化各组分配比使试剂盒性能达到最优，需要深入的理论研究和大量的配方性能探索，通常需要花费大量的人力物力，因此，只有做好试剂配方的适配，才有可能让客户接受核心酶。目前国内的核心酶企业也开始注重试剂配方的适配，将自产核心酶进行应用体系适配，最大限度地发挥酶的作用，在一些检测领域取得了较好的效果。例如，诺唯赞等将自产的反转录酶和热启动 Taq 酶做成新冠检测的 RT-qPCR 试剂，在新冠肺炎疫情期间给很多试剂盒生产商提供服务，是实际配方适配成功的一个典型案例。但应该看到,目前在高端试剂配方技术方面仍有欠缺,需要进一步加大研发投入。

4. 规模化生产制造技术

国内的核心酶生产企业普遍存在产业化经验积累不足的问题,酶蛋白发酵纯化的工艺不够标准化,再加上缺少一套严密的质检工艺对核心酶进行质量监控,导致产品批间差大,严重影响了下游试剂盒的性能,致使国内试剂盒生产客户谈国产而色变,批间质量的不稳定成为国产酶被诟病的缺点之一。所幸这种情况目前正在被国内酶原料供应商逐渐意识到并重视起来,逐渐开始注重建立标准化的生产流程,在这种努力下,国产少数产品也逐渐开始达到国外标杆产品的水平。例如,武汉瀚海新酶在新冠肺炎疫情期间,面临全国性乃至世界范围的蛋白酶 K 缺货的危机,用短短 3 个月就建立了一套 25 吨级的蛋白酶 K 标准化生产流水线,月产蛋白酶 K 百公斤以上,极大缓解了对该产品的渴求,由于采用了标准化的生产质控工艺,瀚海自产的蛋白酶 K 在比活力、纯度、杂质残留等各重要性能指标都达到甚至超过了国际巨头公司的蛋白酶 K 质量标准。但我们也要清醒地看到,核心酶标准化生产工艺在国内仍属刚起步,需要投入更多的资源和时间来达到国际标准,可谓任重而道远。

(二)国内体外诊断用抗原与抗体行业发展现状

国内体外诊断试剂核心原料企业起步较晚。例如,最早的企业菲鹏生物也就 20 年左右的历史,最近更是有不少新的企业加入这个领域。总体市场集中度低,核心原料产品销售收入超过 1 亿元的企业仅 10 家左右。国内的体外诊断试剂抗原抗体原料领先企业包括菲鹏生物、金斯瑞生物、华葵金配生物科技、安图生物等,其中,安图生物的原料以自用为主;菲鹏生物专业对外提供诊断原料,产品覆盖欧、美、日等 30 多个国家和地区,是国内行业领导者。总体来讲,国产抗原抗体在品种、种类和产品质量方面还是落后于国外品牌,尤其缺乏具有自主知识产权的产品。国内体外诊断抗原抗体原料产业的健康稳定发展,需要从多方面加强研发投入,包括新指标的发现、抗原抗体分子的工程化改造,以及规模生产和质量管理等几个方面,逐步缩短与国际知名品牌的差距。

(三)国内体外诊断磁珠和微球原材料发展现状

化学发光用磁珠对于产品整体性能、存储稳定性、批间一致性等要求更高,几家国际巨头占据了国内90%以上的市场，国产产品难以突破。

悬浮芯片编码微球方面，国内多家企业对悬浮芯片技术进行了国产替代和二次创新。中翰盛泰通过独特的主客体结构荧光编码策略避免了不同染料分子的相互影响，形成了系列具有自主知识产权的创新荧光编码制备策略；东方生物采用量子点纳米颗粒为编码元素的编码微球。此外，深圳为公、北京旷博、湖北新纵科等企业也纷纷实现了编码微球的自主生产。除了编码微球材料本身，其检测方法学也在更新迭代，以上海交通大学研究团队开发的 multi-LOCI 技术为例，将编码微球和均相化学发光微球共组装，首次实现免洗的悬浮芯片多重检测。

国内企业也开发了新型的基于磁珠微球的单分子检测技术。苏州宇测生物开发了一种不需要单分子隔离的单分子检测平台，同样采用磁珠作为反应载体；深圳光与生物采用一种高浓度稀土掺杂的超亮上转换发光纳米微球作为标记物，达到了超高检测灵敏度。

（四）国内体外诊断设备关键元器件发展现状

尽管目前国内体外诊断核心元器件的市场规模已达数十亿元，但是仍未摆脱严重依赖进口的局面。随着世界贸易格局的变动，体外诊断元器件正加速国产替代进程。

国内以深圳新产业生物医学工程有限公司、深圳迈瑞生物医疗电子股份公司为代表，通过采购光电倍增管，自主研发外围电路构建单光子计数模块。长春市奥赛科技开发有限公司具备开发凹面平像场光栅的能力。国内厂家已经实现高性能激光器的生产。例如，苏州维林光电有限公司等，在部分国内厂家装机使用。深圳万臣科技、深圳中科康森瑞特、深圳市恒永达科技研发生产加样针，其中2021年深圳市恒永达科技宣称解决了采样针内壁抛光问题，目前还没有在国产高端仪器中得到应用。近几年，深圳垦拓、深圳恒永达、东莞聚瑞公司都研发并量产出性能不错的柱塞泵，并在一些国内知名体外诊断公司的一些产品中得到应用。深圳市恒永达科技、东莞信浓公司研发出的无阀柱塞泵推向市场并在一些产品中应用，但尚未形成大批量的销售。近年来，中航电测、深圳垦拓研发并量产的电磁阀在很多国内体外诊断公司的产品中得到批量应用。目前国内有光学器件加工公司相继投入流动室的产品研发当中，其中已经实现量产的有福州高意科技、福州荣德光电科技等。由于流动室的制造工艺包括从石英玻璃毛坯到成品几十道工序，多数关键工艺依赖技工操作熟练度，因此制造过程中容易出现过程稳定性差，不良率较高，目前国产产品的精度达不到进口流动室的指标，一般只使用在低端产品，还未使用到要求较高的中高端产品上。深圳垦拓、深圳市大肯科技等陆续开展了全自动定量移液器的研发，但是移液精度和准确度 CV 值、微量移液（≤ 5 μL）、使用寿命等关键性能指标有待提升。

体外诊断元器件不仅遵循技术本身的发展规律，未来的发展也要着重考虑供应链和产业链的问题。我国"十四五"规划明确提出"分行业做好供应链战略设计和精准施策，形成具有更强创新力、更高附加值、更安全可靠的产业链供应链""优化区域产业链布局，引导产业链关键环节留在国内"，这为未来体外诊断领域元器件的发展指明了宏观的方向。

四、体外诊断原材料与元器件发展前景与展望

随着我国体外诊断试剂原料与仪器元器件行业的高速发展，金融资本对该领域给予高度关注。根据公开数据统计，2019 年体外诊断原材料企业仅有少量天使投资关注；2020 年体外诊断原材料企业共融资超过 25 亿元；2021 年根据不完全统计数据，非上市体外诊断原材料与元器件企业融资金额超过 13 亿元，涉及领域包括生化、分子诊断酶原料、引物探针合成、磁珠微球等。截至 2022 年 5 月，至少有 4 家体外诊断原料相关企业成功 IPO，融资约 40 亿元。金融资本的资金输入，对于上游原材料与元器件创新性研发与规模化生产、质量管理体系的健全，都将起到积极的推动作用，也将加快国内体外诊断原材料与元器件追赶世界先进水平的步伐。

体外诊断用酶领域，虽然新冠肺炎疫情带来的海量需求，推动国内酶原料生产企业进入发展快车道，但国产酶制剂与进口品牌相比，在质量上仍然有提升的空间，市场占有率提升过程步履艰难。因此，持续加大技术投入、用蛋白质/酶工程等生物技术，实现对酶催化活性、热稳定性、立体选择性、底物特异性等多种性能的优化，建立高效合规的生产和质量体系保障产品性能和稳定性，缩小与国际品牌的品质差距，是目前国内企业尤其是头部企业短中期发展的一个主要方向。

国内体外诊断抗原抗体原材料行业的发展，需要在新指标的发现、抗原抗体分子的工程化改造，以及规模生产和质量管理等几个方面加强研发投入。一是加强产学研合作，将原创性成果转化为产品，获得新的生物标志物；二是要加强抗原抗体

的深入研究，如通过基因工程、蛋白质生物信息技术及人工智能，对特定的抗体蛋白进行深入研究，总结共性问题，并根据不同抗体的基因结构和性质设计生产工艺和优化保存条件并持续改进，才能为体外诊断试剂的发展提供高质量的抗体，赶超进口产品，实现高端体外诊断用抗体的进口替代；三是提升诊断用抗体的生产规模化制备及质量控制技术；四是在诊断用抗体的纯化、保存及抗体的稳定性研发方面还需更大的投入。

微球磁珠领域我们也取得长足进步，部分产品与国际品牌同时广泛应用于体外诊断试剂的研发与生产体系中。但是海外品牌的技术优势也相当明显，在产品适应性、产品批量生产与质量控制方面，有很多值得国内企业学习借鉴的地方。我们需要在产品应用端投入更多的注意力，通过更广泛的产品应用测试，提升适应性，从而在应用领域追赶进口品牌的步伐。

诊断仪器元器件领域，我们的短板也比较明显，在高端元器件，如高端芯片、精密加样机构、光电元器件方面与进口品牌存在较大差距，而这些领域需要长期持续性的研发投入，在基础原理、制造工艺、材料制备等方面同时进步，才有可能赶超世界先进水平。

综合分析，无论是外部还是内部，我国体外诊断原材料与元器件产业是机遇与挑战并存。我们认为在该行业总体向好的趋势下，还需要做好以下工作。

一是充分发挥产业协同作用。体外诊断试剂原材料与元器件行业涉及的领域与技术平台众多，单一公司甚至单一技术平台都难实现产品线的全覆盖。只有会同领域企业的优势互补，同时与产业链中下游生产的协同合作，才能将体外诊断原材料与元器件行业的产业力量发挥出来。

二是落实产学研用资的多方位合作模式，提高创新转化成功率。例如，建立没有院墙的开放包容的研发机构，一方面让高校、研究机构的专家学者了解产业发展现状与市场需求，明确基础研究方向；另一方面也更有利于企业对科研成果实现转化，产品能及时在医院、疾控中心等终端用户进行评测，再加上金融资本的增持，才能提高创新转化成功率，追赶世界原材料的最高水平。

三是推动体外诊断试剂原材料行业走出国门、走向世界。在新冠肺炎疫情的防控中，国内体外诊断产业为中国和世界做出了巨大的贡献。国内体外诊断试剂原材料与元器件企业目前主要市场份额还是在国内，海外市场规模是国内体外诊断市场规模的数倍。随着国内体外诊断产品走向海外，保证国内体外诊断生产企业原料与元器件供应安全是体外诊断试剂原材料企业的责任。同时随着体外诊断试剂原材料企业研发水平与产品品质的提升，进入海外体外诊断生产企业的供应链也是重要的发展方向。

我们相信，只要整个行业沿着共同发展、协同进步的方向前进，假以时日，我国体外诊断原材料与元器件行业终会成为世界体外诊断领域一支重要的支柱力量！

第二节　体外诊断生产制造与质量控制

一、体外诊断生产制造与质量控制的管理规范及现状

（一）国内管理规范及现状

1. 国内体外诊断生产制造与质量控制的管理规范

目前，我国除用于血源筛查的体外诊断试剂及采用放射性核素标记的体外诊断试剂归属药品管理外，其他体外诊断试剂和仪器均归属医疗器械（国家有明确界定的除外）。

国内体外诊断的产业发展，最早可追溯至20世纪70年代末，当时国内大多数IVD产品都处于实验室研制阶段，从2001年中国加入世界贸易组织（WTO）开始，国内体外诊断行业高速发展，成长出了一大批优秀的企业。但当时一些国产试剂的质量与国外一些大型厂家生产的试剂质量还有不小的差距。为了规范体外诊断行业的发展，国内监管部门陆续出台了一系列的监管政策（表5-9）。工业和信息化部在2015年11月17日发布的《产业关键共性技术发展指南（2015年）》中，将如何提高试剂的精确度和质量稳定性列为需要大力发展的产业共性技术之一。同年，国家食品药品监督管理总局发布实施的《医疗器械生产质量管理规范附录体外诊断试剂》规定了体外诊断试剂生产质量管理的特殊要求。除了国务院行政主管部门出台的一系列法规外，地方行政管理部门根据总的原则也出台了地方医疗器械管理办法。例如，为增强北京市医疗器械监管人员对医疗器械生产关键环节的认知和把握，指导全市医疗器械监管人员开展监督检查工作，2017年北京市食品药品监督管理局发布了《体外诊断试剂生产质量体系检查要点指南（2017年修订版）》。

表 5-9 体外诊断生产制造与质量控制现行法规

法规文件	发布时间	主要内容
《医疗器械监督管理条例》（国务院令第 739 号）	2021 年 3 月 18 日	医疗器械监督管理
《医疗器械生产监督管理办法》（国家市场监督管理总局令第 53 号）	2022 年 3 月 10 日	医疗器械生产监督管理，规范生产活动
《医疗器械生产质量管理规范附录体外诊断试剂》（国家食品药品监督管理总局 2015 年第 103 号）	2015 年 7 月 10 日	体外诊断试剂生产质量管理
《医疗器械生产质量管理规范体外诊断试剂现场检查指导原则》（国家食品药品监督管理总局 2015 年第 218 号）	2015 年 10 月 10 日	体外诊断试剂现场检查指导原则
《体外诊断试剂生产质量体系检查要点指南（2017 年修订版）》（北京市食品药品监督管理局）	2017 年 11 月 7 日	体外诊断试剂生产质量体系检查要点
《免于进行临床试验的体外诊断试剂临床评价资料基本要求（试行）》（国家食品药品监督管理总局 2017 年第 179 号）	2017 年 11 月 3 日	免临床试验的体外诊断试剂临床评价资料要求
《体外诊断试剂注册与备案管理办法》（国家市场监督管理总局令第 48 号）	2021 年 8 月 26 日	体外诊断试剂注册与备案管理
《体外诊断试剂分类规则》（国家药品监督管理局 2021 年第 129 号）	2021 年 10 月 27 日	体外诊断试剂分类

2. 国内体外诊断生产制造与质量控制现状

国际标准化组织 ISO 发布 ISO 13485: 2016，对医疗器械生产企业的质量管理体系提出了专用要求，我国原国家食品药品监督管理总局及时将该标准转化为《医疗器械质量管理体系用于法规的要求》（YY/T 0287—2017）。随着技术的发展，体外诊断试剂的生产、管理模式正在发生改变。例如，以高通量测序（NGS）为代表的现代分子生物学技术的突飞猛进，正在对传统的医学检验产生影响，包括对试剂生产与质量控制都有更高的要求。企业为提高产能，部分实现生产制造数字化与智能化，提高运营效率，降低制造成本。

我国对医疗器械实行严格分类管理政策，不同的医疗器械类别有不同的质量管理要求，根据国家药监局披露的医疗器械许可备案相关信息，截至 2022 年 2 月 28 日，国内企业医疗器械生产备案证有 17 429 个，许可证有 14 826 个。《医疗器械生产质量管理规范体外诊断试剂现场检查指导原则》总共 11 个章节，分别从机构与人员、厂房与设施、设备、文件管理、设计开发、采购、生产管理、质量控制、销售和售后服务、不合格产品控制，以及不良事件控制、分析和改进对体外诊断试剂注册、生产许可（含延续或变更）进行现场检查。

目前，国内体外诊断试剂生产问题主要集中在生产管理和质量控制两个方面。根据对上海市96家次体外诊断试剂生产企业现场体系核查情况，包括36家次许可核查、42家次二类注册核查和18家次三类注册核查，结果如下：在二类/三类注册体系核查及许可事项核查中，设计开发、厂房与设施和设备章节中的不合格项较少，不合格项主要集中在生产管理和质量控制中，生产管理和质量控制环节相对其他环节而言更容易出现质量管理体系失控。另外，在此次三类新产品注册体系核查中，开具的不合格项数量要少于二类注册和许可核查。可能原因是三类新产品注册企业的平台较高，研发实力较强，人员素质普遍较好，因此企业的质量管理体系整体运行更可控可靠。

（二）国外管理规范及现状

1. 美国体外诊断生产制造与质量控制的管理规范

（1）监管要求

美国联邦法规21 CFR中820部分规定了现行生产质量管理规范（CGMP）的要求。该法规规定了所有人用成品医疗器械在设计、生产、包装、标签、储存、安装和维修中使用的方法、设施和控制措施，旨在确保成品器械安全、有效，并在其他方面符合《联邦食品、药品和化妆品法案》。此外，21 CFR 820部分也确定了适用于成品医疗器械制造商的基本要求。从法规要求而言，美国FDA从质量体系要求、设计控制、文件控制、采购控制、标识和可追溯性、生产和过程控制、验收活动、不合格产品控制、纠正和预防措施、标签和包装控制、搬运、储存、经销和安装，以及记录和维修方面具体提出对于医疗器械生产企业质量体系的一系列要求。

从顶层设计上来说，制造商应建立和维护一个适合设计或制造特定医疗器械的且符合法规要求的质量体系。例如，21 CFR 820.20管理职责中要求应涵盖明确的质量方针，有效的组织结构，适当的职责、权限和相互关系，充分的资源，清晰的管理者代表，并规定时间间隔和适当的频率来审评质量体系的适用性和有效性，制定质量计划和质量体系程序等相关必要的质量体系要求。

美国FDA特别通过820.22质量审核这一章节，着重阐释了各制造商应建立质量审核程序并实施此类审核,以确保质量体系符合既定质量体系要求并确定质量体系的有效性。质量审核应由与被审核事项无直接责任关系的个人进行,必要时,应采取纠正措施,包括对缺陷事项进行重新审核。应编写每次质量审核及重新审核的结果报告,并由负责受审核事项的管理者进行评审。质量审核和重新审核的日期与结果应予以记录。

(2)企业实践

1)质量管理在企业的地位和作用

质量对于每个人都很重要,质量体系的要求不仅限于某些部门或业务单位,也不仅限于与产品直接接触的人员。事实上,无论员工级别是什么、专业是什么、是否位于工厂,质量均是工作不可或缺的组成部分。作为一名企业员工,可能只参与质量体系的一些方面,而不是参与全部,但每个人的贡献都是互相关联的,只有各个部分全都就位时质量体系才是完整的。此外,质量体系还需要在现在和将来均具有可持续性,只有做到上述两点,企业才可能提供高品质的产品(图5-4)。

图5-4 质量体系的各个组成板块

2）质量管理在企业运营中贯穿始终

客户接受企业提供的产品和服务，同时他们的反馈也会提供宝贵信息，促进企业不断做出改进。当客户要求对某一产品改进时，管理层需要审核该要求，并决定是否重新设计产品，或者对产品做出任何形式的更改。如果答案是肯定的，则需要分配资源，用于设计和开发产品，包括设计确认和验证。在设计转移到制造的过程中，团队进行设备认证及流程、方法验证。在整个开发和验证过程中，企业还需要知晓与质量数据完整性、网络安全等相关的要求，在每一步都需要生成文档记录，证明在开发测试和制造产品过程中遵守了相应的程序。在制造过程中，如果发现不符合事件，则要采取纠正和预防措施。从类似设备和产品的文献等来源收集的性能数据，需要经过审核和监控，以预防潜在的健康和安全问题。在产品分销后，企业通过收集服务记录、客户投诉和产品建议等形式的反馈以确定改进机会。一个成功的企业，其质量管理的目标是从其客户体验中学习，并在问题影响到客户之前识别并预防。

3）识别并落实各国法规要求对质量体系的影响

除了新产品会影响质量体系外，引入新的和修订后的法规，也可能会影响企业的质量体系。作为跨国企业，质量体系中需要包含全球要求和行业标准，如美国联邦法规、欧盟法规、中国法规、新兴市场法规、国际标准化组织标准等。

企业通过以客户为中心的文化，按预期保障产品的安全性、功效和可用性，将所有质量子体系联系起来，可以收集和共享数据综合体系为管理层提供必要的工具和数据，以便对质量体系进行全面审查，为有效执行质量政策和实现目标提供机制。该机制为确定客户需求，并确保客户满意度，每个质量子体系都有关键流程，这些流程是子体系、关键流程内部及两者之间的输入和输出。图5-5具体展示了质量体系及其子体系的内在联系。

特别需要指出的是，风险管理是集成到质量体系中的关键流程，无论是在子体系内还是跨子体系，这表现为在整个质量体系中采用风险管理原则，使用基于风险的决策方法和风险工具。

体外诊断医疗器械法规的范围和尺度非常复杂，遵循该法规对业务而言是不可或缺的。体外诊断医疗器械法规明确要求企业设计开发和销售安全有效、质量可控的产品。作为体外诊断医疗器械生产商，企业需谨记产品关系着人们的生命安全，因此必须遵循现行有效的全球法规和支持企业的质量体系，以确保满足客户、员工等各方相关利益者和监管机构的要求。

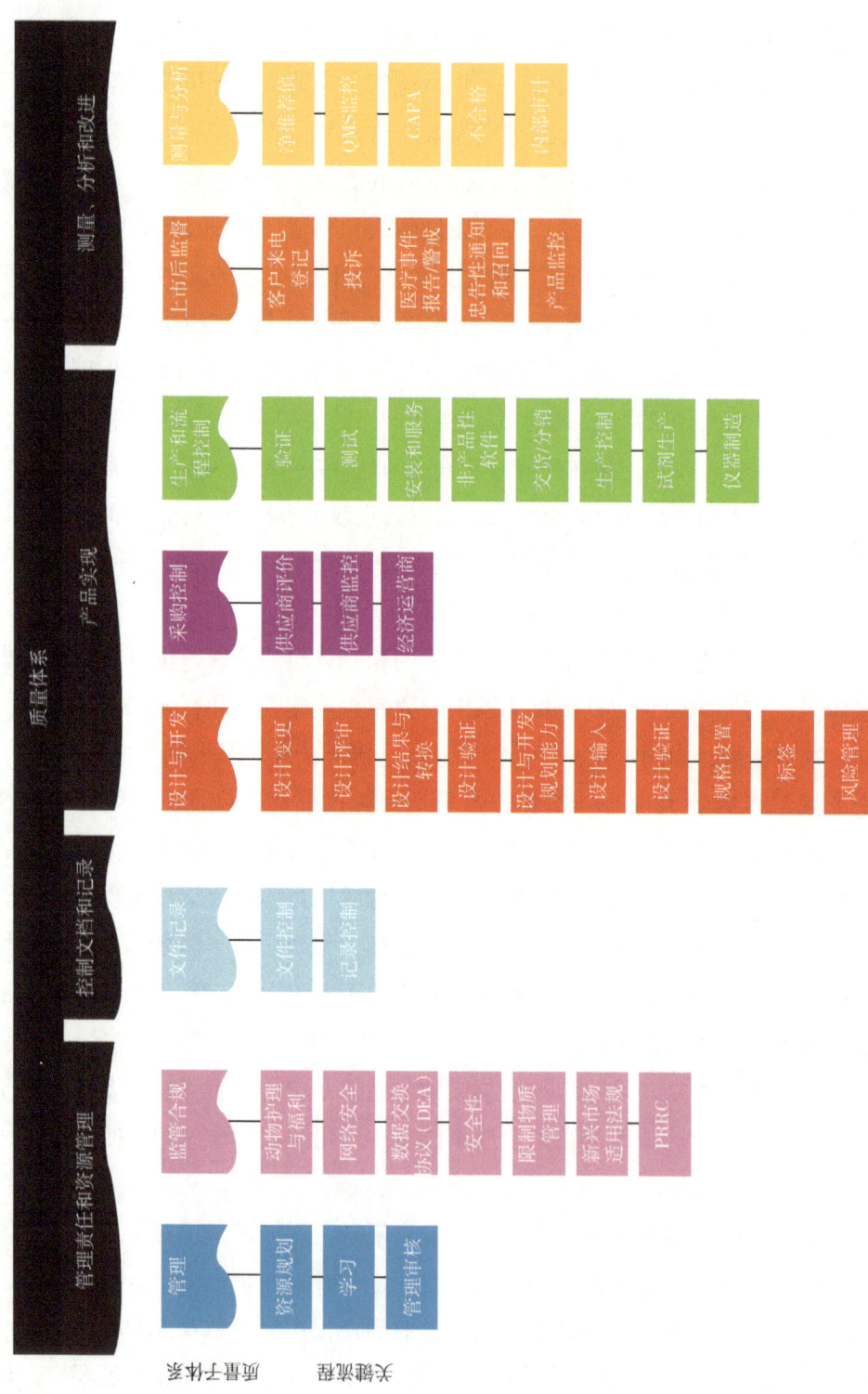

图 5-5 质量体系及其子体系的内在联系

2. 欧盟体外诊断生产制造与质量控制的管理规范

体外诊断产品的生产制造与质量控制按照欧盟第 2017/746 号体外诊断法规（简称"IVDR"）进行监管。IVDR 是一项全面考虑体外诊断医疗器械特点（如不直接与患者接触、快速迭代性等）且以标准为基础的法规，很大程度上与国际协调标准（ISO 13485: 2016）有高度符合性，IVDR 是一种高层级的监管法规，而 ISO 13485: 2016 则长期以来被作为国际公认的医疗器械（包括体外诊断产品）生产、控制和监测的标准。

结合 IVDR 和 ISO 13485: 2016 的关于体外诊断试剂生产制造与质量控制相关条款，可以注意到欧盟的相关法规与中国的相关要求在许多方面是类似的，但仍有些关键规定存在不同。欧盟与中国的重点差异部分，包括生产控制，质量控制、检测和放行，洁净厂房，供应商管理和人员要求。

（1）生产控制

IVDR 对此没有设专门的章节，而是直接引用 ISO 13485: 2016 中的相关规定，并要求符合其质量管理体系的相关要求。总体来说，IVDR 与 ISO 13485: 2016 是一致的，往往从产品本身的特点和质量要求出发，强调基于风险的控制管理模式及生产制造过程的监控和持续改进。以生产过程中的用水要求为例，并不会设置特定的统一要求，而是更关注其是否符合产品的质量控制要求。

（2）质量控制、检测和放行

IVDR 要求制造商确保已制定完善的流程并采取相应的控制措施来验证在放行前产品已达到相关要求及控制任何不合格产品，防止混淆或意外放行不合格产品。要求制定相应的程序用于解决不合格产品问题。因此，制定稳健、完善和标准化的流程控制产品放行，同时确保对要求进行灵活调整，可使生产制造商根据 IVD 产品特征制定相应的方针政策并实施。

（3）洁净厂房

IVDR 除了生产制造商声称的无菌产品外，对于 IVD 产品并没有更高的洁净度要求。IVDR 和 ISO 13485: 2016，没有专门针对洁净厂房的要求，但是都规定了生产非无菌产品的一般洁净度要求，它不同于无菌产品的严格要求，体外诊断医疗器械产品不会与患者直接接触，因此不太可能带来风险。

（4）供应商管理

如果生产制造商获得了 ISO 13485: 2016 认证，则能够证明符合供应商控制规定。因此，可以避免监管机构对所有供应商进行事无巨细的管理。此外，由于制造商建立了质量管理体系，制造商可对原材料的接收和使用进行多次检查，并可在放行最终产品之前识别出不合格材料。IVDR 和 ISO 13485: 2016 都不要求对所有供应商进行现场检查。相反，更依赖于一种基于风险的方法，更关注关键供应商和 ISO 13485: 2016 的认证证书。

（5）人员要求

IVDR 对承担管理职责的人员有较高要求，生产制造商在其组织内应指定至少一名人员负责合规监管，并且这些人员要拥有体外诊断医疗器械领域的专业知识，并要求具备规定中提到的某一项资质。而在生产控制和质量管理等技术方面，与 ISO 13485: 2016 对人员能力的要求一样，IVDR 并不以固定的学历要求作为前提，而是更强调员工应通过适当的培训与专业的监督、指导获得能力的保障。

欧盟体外诊断生产制造与质量控制是以 IVDR 和 ISO 13485: 2016 为基础的，IVDR 为体外诊断医疗器械的生产制造与质量控制提供了高层面、有针对性的监管，也很大程度上需要证实对国际协调标准的符合性。因此，将由独立的第三方公告机构来确认其是否符合 IVDR 和 ISO 13485: 2016 的要求。

ISO 13485: 2016 是长期以来全球公认的体外诊断医疗器械生产和管理标准，因此建议全球主要监管机构继续向该国际协调标准看齐，尽可能缩小差异。这样不仅可确保生产和管理的高标准，更重要的是，无论这些产品产自何处，通过符合该协调标准，可确保患者能够平等、及时地获得符合同一标准的高质量产品，从而加速全球创新产品在中国市场的可及性，推动中国医疗器械的全球布局，促进整个医疗器械行业的蓬勃发展。

3. 日本体外诊断生产制造与质量控制的管理规范

（1）法规要求

在日本，厚生劳动省根据《医药品、医疗器械等质量、有效性及安全性确保等相关法律》（昭和 35 年法律第 145 号），制定了《实施医疗器械或体外诊断药品生产管理或质量管理相关业务体制标准的相关省令》（平成 26 年厚生劳动省令第 94 号，简称"体制省令"）及《医疗器械及体外诊断药品生产管理及质量管理标准的相关省令》（平成 16 年厚生劳动省令第 169 号，简称"QMS 省令"）。医疗器械或体外诊断试剂投入市场时需要遵循上述体制省令及 QMS 省令。

在法规的实际运用方面，企业在申报医疗器械或体外诊断试剂生产销售许可，以及医疗器械生产所需的生产行业许可时，在开展相关业务之前，需要遵从体制省令，配备具有相关能力的人员，正确并顺利开展生产制造与质量控制相关业务，同时，设立统括管理生产制造与质量控制相关业务的部门。另外，运作时需要根据 QMS 省令构建质量体系，开展符合要求的工作。这些制度，从获批行业许可的时间点起算，在每 5 年一次的行业许可更新时，以及在医疗器械或体外诊断试剂的生产销售承认（含认证）取得时，由独立行政法人医药品医疗器械综合机构（PMDA）进行调查。生产销售认证申请时，由获得厚生劳动大臣登录批准的认证机关进行调查。该项调查具体针对生产销售业者或登录生产企业是否有相关体系架构，能遵循 QMS 省令，生产出符合相关质量标准的产品进行现场核查。也存在部分进行书面调查的情况。

另外，此调查从 2022 年 4 月 1 日起，根据《关于 QMS 符合性调查中 MDSAP 报告的利用方法》，开始接受并灵活运用 Medical Device Single Audit Program（MDSAP）（日本、美国、加拿大、澳大利亚及巴西的监管部门参加，5 个国家中任一获认定的符合条件的调查机构出具的 QMS 调查结果在这 5 个国家均被认可的体制）的调查结果。

1）体制省令

医疗器械或体外诊断试剂生产销售中，生产管理及质量管理相关业务所必需的体系受体制省令监管。另外，日本在 2021 年 1 月 29 日发布了《关于〈生产销售业者及生产业者的法令遵守相关指南〉》，强化了医药品医疗器械等法律的法令遵守体系整体监管力度，其中也涵盖了此生产管理或质量管理的内容。

2）QMS 省令

QMS 省令为医疗器械或体外诊断试剂生产管理及质量管理的标准，本标准大致是基于国际标准 ISO 13485: 2016 而制定的。但是，在 ISO 标准的基础上，日本增加了一部分特有的要求事项，如法律上所规定的人员要求（医疗器械等总括生产销售责任人、国内质量业务运行责任人），以及二手品销售相关的要求等，即 QMS 省令的第三章"医疗器械等的生产管理及品质管理相关的追加要求事项"（第 65 条～第 72 条第 3 项）的内容。

经 PMDA 调查，证明已采取相应措施，符合 QMS 省令的生产销售业者、登录制造业者，会发行相应的"业许可书"，另外在医疗器械或体外诊断试剂的承认、认证取得时，同时发行"基准符合证"。并且，日本制定并运用了评价标准，用于参考该项调查具体的评价观点。

(2) 日本的现状

根据 PMDA 2022 年公布的最新数据，2005—2021 年，PMDA 平均每年审查近 953 件（医疗器械 881 件，体外诊断试剂 72 件）的符合性调查，申报至批准所需时间的中位数的历年平均值为 157 天（医疗器械）和 163 天（体外诊断试剂），其中，PMDA 审核时间平均数分别为 69 天和 68 天，约占总体审查时间的 2/5。

二、体外诊断设备生产制造与质量控制

体外诊断设备应具备安全有效的基本特性，相关法规对体外诊断设备的生产制造、质量控制提出了相应的要求。从事体外诊断设备生产，应当具备与生产的产品相适应的生产场地、环境条件、生产设备及专业技术人员；符合产品研制、生产工艺文件规定的要求；能对生产的产品进行质量检验的机构或者专职检验人员及检验设备；保证产品质量的管理制度；与生产的医疗器械相适应的售后服务能力。

（一）生产环境要求

生产环境的主要因素包括温湿度、洁净度、照度、辐射、防静电、振动、电磁干扰等，应结合产品质量要求及相关技术要求采取相应的控制措施。

1. 温湿度

温湿度会影响原材料、半成品、成品的使用寿命及储存性能，应根据产品的技术要求设置合理的温湿度范围。

检验区域：温度 10～30 ℃（或 5～40 ℃），湿度 20%～80%；

生产区域：温度 10～30 ℃（或 5～40 ℃），湿度 20%～80%；

仓储区域：普通区域温度 10～40 ℃，湿度＜93%；电子仓温度 10～30 ℃，湿度 45%～75%。

2. 照度

应提供充足的自然光或者人造光，以保证工作的顺利进行，照明光线的色彩不应对工作产生误导，根据不同区域设置不同的照度。

检验区域：＞500 Lux；

生产区域：＞300 Lux；

仓储区域：> 100 Lux。

3. 防静电

静电的防护对有源类产品一般都是适用的，对于静电防护的基本措施主要是减少静电荷的产生和使静电荷尽快消散。

减少静电荷产生：对接触起电的物料，应尽量选用在带电序列中位置较邻近的，或对产生正负电荷的物料加以适当组合，使最终达到起电最小。在生产工艺的设计上，对有关物料应尽量做到接触面积和压力较小，接触次数较少，运动和分离速度较慢。

应采用金属导体与大地做导通性连接，对金属以外的静电导体及亚导体则应做间接接地。静电导体与大地间的总泄漏电阻值在通常情况下均不应大于 $1 \times 10^6 \Omega$。每组专设的静电接地体的接地电阻值一般不应大于 100Ω。

人体静电的防护：人员需穿戴防静电鞋、服、帽，必要时地面也应采用导电地面，也可以采用安全有效的局部静电防护措施（如腕带），以防止静电危害的发生。还需增加静电释放装置（静电释放球），定期对人体静电进行释放。

（二）特殊过程和关键工序的控制

特殊过程是指通过检验和试验难以准确评估其质量的过程，如灭菌过程、金属铸造过程、注塑过程、产品清洁过程、电路板的焊接过程等。特殊过程的识别应结合产品生产工艺的特点具体来看，对于特殊过程中所涉及的重要工艺参数应进行确认，只有经过确认的参数才能纳入工艺文件中去，操作人员必须严格按照工艺参数进行操作，并予以记录。特殊过程确认流程如图 5-6 所示。

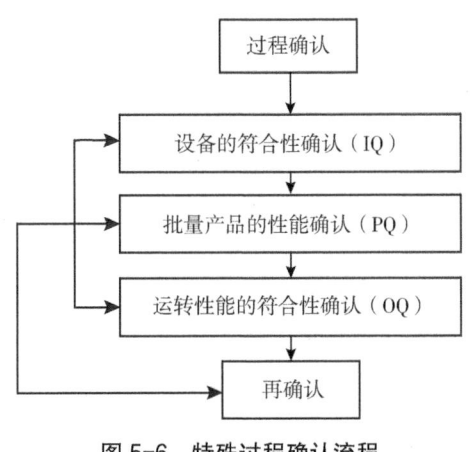

图 5-6　特殊过程确认流程

关键工序是指对产品质量和产品性能起到决定性作用的工序，如干式荧光免疫分析仪的"调试过程"，对于关键工序的控制要求建立详细的作业指导书和设立过程检验点。

（三）质量控制

1. 原材料质量控制

体外诊断设备制造是一个综合性很强的行业，其原材料涉及电子、机械、塑料、五金、包装等，这对于企业人员素质、检验水平和技术积累都有极大考验，既要考虑人工成本，还要考虑控制尺度和深度，如何快速有效地对原材料质量进行控制是许多制造企业最头疼的问题，通常企业要结合自身的发展阶段及投料问题的纠正预防措施不断优化和完善企业标准，有以下几点可供参考。

对于影响产品关键或核心性能指标的原材料，要建立能检测的性能指标；

对于涉及产品安规及 EMC 的原材料，应进行安规及 EMC 指标的检测；

对于影响产品结构的原材料（此类通常是指外发加工），可考虑对尺寸采用必要的工装治具进行管控；

对于一般外观件，可根据客户或企业标准要求进行外观缺陷的目视检验、色差检测及丝印附着力的管控。

2. 生产过程的控制

生产过程主要考虑半成品的检验、首件检验、关键工序、特殊过程及工序的巡回检验，需根据产品生产过程的风险程度选择合适的控制方式。

3. 成品质量的控制

体外诊断设备成品检验应根据产品技术要求逐项落实。实际工作中会发现部分项目其实不具备例行试验的条件，如环境试验、EMC 测试等，可结合自身的情况将产品技术要求转化为成品检验标准，区分型式试验和例行试验，这样的好处是成本可靠、风险可控。

手工记录的方式已经无法满足生产信息应用需求，也促使了部分企业开始提升生产信息电子化的能力，以便于生产信息的查找和追溯，并且衍生出一些专注于提供体外诊断设备生产信息化解决方案的 IT 企业，总之，自动化和电子信息化是当前体外诊断设备制造业的发展趋势。

三、体外诊断试剂生产制造与质量控制

体外诊断试剂的生产过程是体外诊断试剂产业的重要环节，应符合产品工艺设计的要求。不同类型的体外诊断试剂，根据反应的原理不同，从原料、生产过程到质量控制都有各自的要求。体外诊断试剂的生产管理涉及厂房和设施、环境、人员、物料及相适应的质量管理体系。体外诊断试剂生产管理要求与风险控制水平相关。监管部门对不同类型的体外诊断试剂产品有不同的法规要求。

（一）质量管理体系

建立医疗器械质量管理体系是普遍实施的法规要求，是医疗器械质量管理的基本内容要求，是实现医疗器械生产全过程控制、保障医疗器械安全有效的重要手段。

1.质量管理体系的建立

依据相关法规建立质量管理体系，形成文件，加以保持和实施，以确保产品质量满足客户和法规要求，并持续改进质量管理体系的有效性，以达到增强顾客满意度的目的。

企业质量管理体系建立之初，首先要进行策划和准备，对公司内上下员工进行培训，统一思想和工作的方向；同时，指定一名能够胜任的管理者代表，授权他对体系的建立和实施进行全权指挥；对相关的工作进行分工协调，并制定企业的质量方针和质量目标；对企业管理现状进行调查分析，调整组织架构，必要时补充资源。

策划完成后，进行质量管理体系文件的编写工作。按照相关法规和风险管理的要求，质量管理体系文件包括质量手册、程序文件、标准操作规程及相关记录等。企业为便于文件管理，可将体系文件按其内容及作用分为四级：一级文件为质量手册，包括质量方针、质量目标、质量职责等；二级文件为程序文件，包括文件控制程序、记录控制程序、管理评审控制程序、人力资源控制程序等；三级文件为标准类文件，包括管理标准、操作标准等；四级文件为记录类文件，包括批生产记录、批检验记录、质量管理记录等。

体系文件起草完毕后即可进入质量管理体系试运行阶段，文件规定应与实际运作保持一致。试运行阶段要考验体系文件的可操作性、协调性和有效性，并提高相关人员对文件的熟悉度和理解度。

试运行完成后，可对质量管理体系进行内审与管理评审，管理评审后由最高管理者对试运行以来的体系适宜性、充分性和有效性做出评价。适当时，可申请质量管理体系认证。

随着质量管理体系的变化及质量方针、质量目标的变化，应及时更新质量管理体系文件，定期评审，确保有效性、充分性和适宜性。

2. 质量保证

质量保证（Quality Assurance，QA）是质量管理体系的一部分，指企业以提高和保证产品质量为目标，为达到质量要求应提供的保证。质量保证适用于整个产品的生命周期。企业需建立必要的组织机构——质量保证部门，明确其职责和权限，组织及监督执行质量保证体系内的所有活动。通常质量保证的控制要素包括文件控制、记录控制、变更控制、不合格控制、数据统计和分析控制、纠正措施和预防措施、投诉与内部审核等。

文件控制是指企业建立文件控制程序对质量管理体系文件的更改与修订、审批与发布、标识、发放、归档与保管、作废文件的处置、外来文件的管理等过程进行控制。

记录控制是指企业建立记录控制程序，对质量管理体系运行中形成的所有记录的使用、收集、整理、归档进行有效控制。

变更控制是指企业建立变更控制管理标准，对质量管理体系运行中发生的变更（原辅料、质量标准、生产工艺、产品有效期、厂房、设备、仪器等的变更）进行控制。

不合格控制是指企业建立不合格品的控制程序，明确不合格品处置的有关职责和权限，确保不符合产品要求的产品得到识别和控制，以防止其非预期地使用或交付。

数据统计和分析控制是指企业建立数据统计和分析控制程序，确定、收集和分析适当的数据，以证实质量管理体系的适宜性和有效性，如果质量管理体系有效性得到改进，应予评价。

纠正措施和预防措施是指企业制定纠正和预防措施控制程序，采取适宜有效的纠正措施，以消除存在的不合格原因，防止不合格的再发生。纠正和预防措施控制程序是质量保证中的重要程序，其意义在于不仅要纠正单一个体的缺陷或问题，而且要找到缺陷的根本原因，采取主动性预防措施，防止同类缺陷的再次发生，通过此控制程序促使体系持续改进，进行自我完善。

投诉与内部审核，投诉是客户就某产品、服务向企业表达的不满。对待投诉，企业应及时进行调查处理，如发现确实为产品缺陷，应启动 CAPA 系统，分析根本原因，并制定纠正预防措施，改进产品质量，必要时对产品进行召回。内部审核顾名思义是企业定期对体系进行的内部自查，是一种主动的监控行为，通过内审，发现自身的不足，及时进行纠正预防，以促使体系持续改进。

3. 质量控制

质量控制（Quality Control，QC）是质量管理体系的重要部分，质量控制是确保所生产的体外诊断试剂符合预期的用途和各项性能指标。质量控制适用于产品的整个生命周期，主要包括实验室构建、人员、文件体系、原辅料质量控制、半成品质量控制和成品质量控制。

① 实验室构建是指实验室的设计应确保其适用于预定的用途，并能够避免混淆和交叉污染，应有足够的区域用于样品的处置（包括待检、检验及不合格品）、留样和稳定性考察、样品的存放等。质量控制实验室通常应与生产区域分开。生物检定实验室、微生物限度实验室、无菌检查实验室、阳性样本实验室（阳性菌实验室）也应彼此分开或隔离。此外，质量控制实验室应设有专门的区域或房间用于清洗玻璃器皿、取样器具，以及其他用于样品测试的物件。

② 人员是指质量控制实验室人员应当受过适当的教育，并经过专业技术培训，具有基础理论知识和实际操作能力。质量控制实验室人员应当进行培训和考核，培训内容至少包括人员的特定操作及与体外诊断试剂行业相关的 ISO 或 GMP 知识，并及时对培训效果进行评估。

③ 文件体系是指质量控制应建立标准操作规范，文件的起草、修订、发放、存档、销毁应当有专人负责审核和批准。质量控制实验室的所有操作文件应受控管理。

④ 原辅料质量控制是指依据原辅料规定的各项质量指标，包括双方约定的质量要求或供方的企业标准、行业标准及国家标准，运用一定的检验方法和技术，对原辅料进行综合评定。原辅料常规检验项目包括：外观、纯度和分子量、蛋白浓度、效价、功能性实验（一般考查使用该原料的试剂盒的灵敏度、特异性和稳定性等）。

⑤ 半成品质量控制是指依据企业内部的检验规程和产品的技术要求，对半成品进行检验。半成品检验一般使用国家标准品（参考品）或经国家标准品（参考品）标化后的企业参考品。若某类试剂没有国家标准品（参考品），则使用企业参考品，企业参考品的制备应有规范的质量控制程序，以保证产品的安全性、有效性及可控性，其质量应不低于国家药监局已经批准的同类产品的质量。检验指标一般包括阴/阳性参考品的符合率、灵敏度（最低检出量）、精密性等，均应达到相应的质量标准要求。

⑥ 成品质量控制是指产品包装完成后，质检人员根据试剂的批号、实际包装量、抽样申请单的要求进行抽样，抽样量最少是成品检验数量的 3 倍，对于批量大的产品，需分组、分层按比例抽取。同时填写抽样数量和抽样日期，并且由抽样人签名。抽样数量应包括检验用数量和留样数量。质检人员应检查相关原始记录。成品检验时，一般使用国家标准品（参考品）或经国家标准品（参考品）标化后的企业参考品，并达到相应质量要求。若该诊断试剂没有国家标准品（参考品），则使用企业参考品，企业参考品的制备应有规范的质量控制程序，以保证产品的安全性、有效性及可控性，其质量应不低于国家药监局已经批准的同类产品的质量。企业应当建立并实施成品放行程序，明确成品放行条件。

（二）洁净厂房与设备

体外诊断试剂的生产过程应符合产品的工艺设计要求，不同类型的体外诊断试剂根据反应原理不同，从原料、生产过程到质量控制对洁净厂房都有不同的要求。属于医疗器械管理的体外诊断试剂，生产过程要符合《医疗器械生产质量管理规范》的要求。

1. 洁净厂房选址

体外诊断试剂的洁净厂房地址宜选择在大气含尘、含菌浓度低，无有害气体，自然环境好的区域。远离铁路、码头、机场、交通要道，以及散发大量粉尘和有害气体的工厂、贮仓、堆场等空气污染、水质污染、振动或噪声干扰严重的区域。宜靠近与生产规模相适应的原辅料、半成品、成品存放区域，以及质量控制实验室。质量控制区可与生产区位于同一建筑物内，分区设置，亦可位于独立的建筑物里，但需临近生产区。洁净厂房的工艺布局应符合生产工艺流程及空气洁净度等级的要求,并应根据工艺设备安装和维修、管线布置、气流流型及净化空调系统等各种技术措施的要求综合确定。各工艺房间层高应根据工艺需求分别设计。

同时根据《中华人民共和国环境保护法》规定,体外诊断试剂建设项目必须进行环境影响评价,并规定防止污染设施。防止污染的设施必须经主管部门验收合格后,方可投入使用。

2. 洁净厂房的技术要求

体外诊断试剂厂房洁净室内部构造是保证产品生产环境的基础设施。洁净室空气洁净度级别如表5-10所示。洁净室的内表面:应当光滑平整、无裂缝、接口严密、无颗粒物脱落,要避免积尘,便于清洁,必要时应当进行消毒。洁净室的墙面:一般采用框架结构、轻质墙体填充材料,在进行墙体的选材时应当要充分考虑墙体的耐腐蚀性。洁净室地面:应平整、耐磨、不发尘、可抵抗酸碱液的侵蚀,且材料本身无污染,不易集聚静电,避免眩光,不开裂,二次施工简便,地面可无接缝加工;潮湿地区垫层应有防潮构造。洁净室门窗:应采用双层玻璃固定窗,有良好的气密性,门窗材料不能使用木质材料;门要与内墙面平齐,靠洁净室一侧不宜设窗台;洁净室内的密闭门应向空气洁净度高的方向开启,并加设闭门器,无窗洁净室的密闭门上宜设观察窗;洁净室门窗、墙壁、顶棚、地面的构造和施工缝隙,均应采取可靠的密封措施。照明和地漏:洁净室应根据生产的要求提供足够的照明,主要工作室的照度应不低于300 Lux;洁净区内应选用外部造型简单、不易积尘、便于擦拭、易于消毒杀菌的照明灯具,灯具宜明装,不得悬吊;洁净室内的水池、地漏应安装防止倒灌的装置,避免对环境和物料造成污染,100级的洁净室内不得设置地漏。

表 5-10 洁净室空气洁净度级别

洁净度级别	尘粒最大允许数/m³		微生物最大允许数	
	≥ 0.5 μm	≥ 5 μm	浮游菌/m³	沉降菌/皿
100 级	3500	0	5	1
10 000 级	350 000	2000	100	3
100 000 级	3 500 000	20 000	500	10

3. 空气净化设施

《医疗器械生产质量管理规范》中将采暖通风与空气调节系统称为空调净化系统，是洁净厂房的一个关键的系统。通常情况下，空气一般经由组合式空调机组的高效过滤器过滤再向洁净室内送入，组合式空调机组一般由新风、回风混合段、初效段、表冷段、风机段、加热段、中效段、加湿段等组成。空调系统的设计选型应当考虑洁净室的温度和相对湿度要与产品生产工艺要求相适应；空气洁净度级别不同的洁净室之间的静压差应当大于 5 Pa，洁净室与室外大气的静压差应大于 10 Pa；产尘操作间应当保持相对负压或采取有效措施，防止粉尘扩散，避免交叉污染；生产激素类、操作有致病性病原体或芽孢菌制品的，应当使用单独的空气净化系统，并与相邻区域保持负压，排出的空气不能循环使用。为了避免净化系统的污染，在进行空调系统设计时还应当考虑净化系统的消毒，目前一般的消毒方法为过氧化氢法或臭氧法，空调系统工作示意如图 5-7 所示。

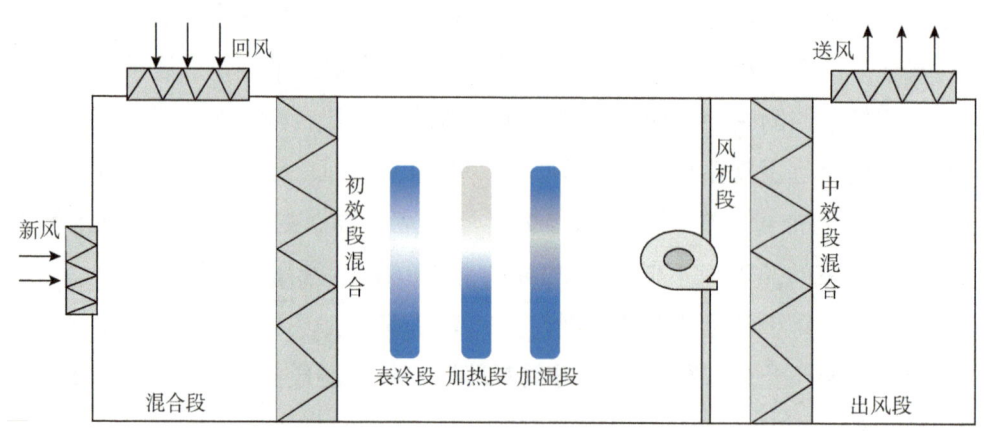

图 5-7　空调系统工作示意

4. 工艺用水设施

水是体外诊断试剂生产过程中必不可少的一种媒介，工艺用水是医疗器械产品实现过程中使用或接触的水的总称，工艺用水主要用于：可作为产品的组成成分；可用于试剂的配制；可用于零部件、半成品或外协件、成品、包装材料的清洁；可用于产品的检验；可用于洁净环境的清洁；可用于洁净室内直接接触产品的工装、工位器具、设施设备的清洁；可用于洁净室内工作服及人员的清洁等。

目前国内体外诊断试剂使用的工艺用水一般为纯化水，采用反渗透+EDI法进行制备，纯化水制备系统由支架、机械部件和控制系统组成。工艺流程包括原水箱、预处理多介质过滤器、活性炭过滤器、双联软化器、中间水箱、一级RO反渗透、EDI、储罐和分配系统。活性炭过滤器、RO膜、EDI和分配系统均采用巴氏消毒。纯化水工艺流程如图5-8所示。

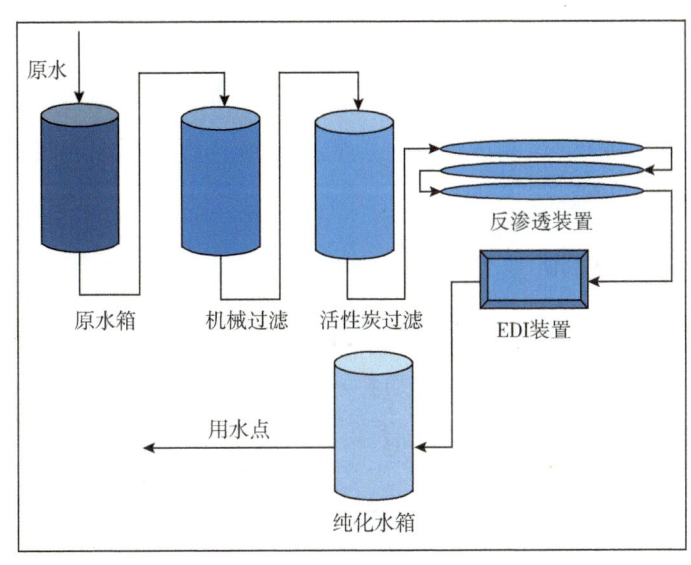

图5-8 纯化水工艺流程示意

在进行水处理设备及其输送系统的设计、安装、运行和维护中应确保工艺用水符合《中华人民共和国药典》或《体外诊断试剂用纯化水》（YY/T 1244—2014）的标准，制备过程中要对一级反渗透、二级反渗透及EDI后的电导率、pH值进行在线监测，同时对总回水的总有机碳（TOC）进行监测（在线监测和离线监测）。工艺用水管路应当以单向循环的模式进行分配处理，要避免死角的产生。为了避免纯化水的污染，设计时还要考虑对纯化水的制备系统及分配系统进行定期的消毒。

医疗器械生产企业应当制定风险防控措施，按照有关技术标准的规定，确保所用工艺用水的用途合理、质量符合产品生产工艺要求。

5. 诊断试剂对洁净厂房特殊技术要求

除对生产环境有净化要求的产品应当满足《体外诊断试剂生产实施细则》的通用要求外，企业应当明确工艺所需的空气净化级别，进入洁净区的空气必须净化。

阴阳性血清、质粒、血液制品的处理操作应当在万级洁净环境中进行，与相邻区域保持相对负压，并符合防护规定。酶联免疫试剂、化学发光免疫试剂、分子生物学试剂、胶体金快速诊断试剂、细胞培养基、校准品、质控品、酶类、抗原、抗体等组分的生产应在10万级以上洁净环境中进行。无菌物料的分装必须在局部百级洁净环境中进行。普通化学类试剂的生产应在洁净环境中进行。

（三）生产工艺

对于体外诊断试剂的生产，企业应具备相应的专业技术人员、仪器设备及适宜的生产环境，体外诊断试剂生产过程主要包括配制、组装等工艺过程，不同类型的试剂，生产过程各有区别。

1. 临床生物化学试剂的生产

临床生物化学试剂的生产包括各种工作溶液的配制、分装及包装等步骤，并通过产品的半成品检验和成品检验两个质控过程来保证其质量符合规定，生产工艺流程如图5-9所示。

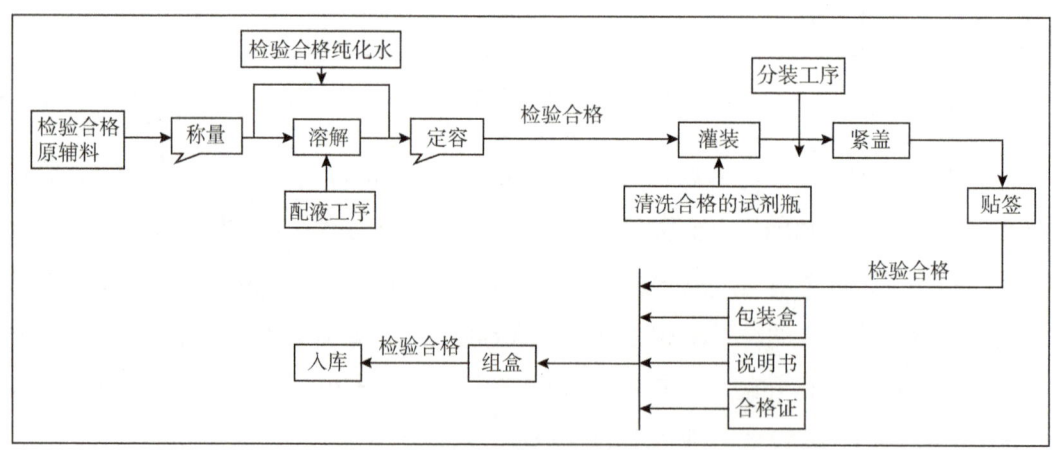

图5-9 临床生物化学试剂生产工艺流程示意

2. 酶联免疫法试剂的生产

酶联免疫法试剂的生产包括各种工作溶液的配制、包被酶标反应板、分装及包装等步骤，并通过产品的半成品检验和成品检验两个质控过程来保证其质量符合规定，工艺流程如图5-10所示。

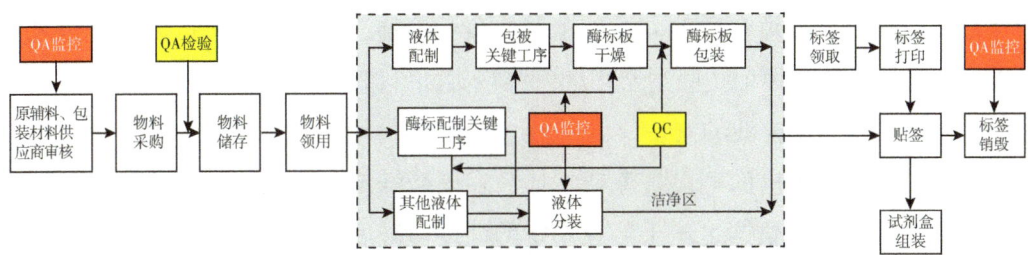

图 5-10 酶联免疫法试剂生产工艺流程示意

（1）工作溶液的配制

酶联免疫法试剂所用的工作溶液一般包括：包被液、封闭液、阴性阳性对照、样品稀释液、洗涤液、酶结合物或酶稀释液、底物或底物缓冲液、终止液等。各种工作溶液在配制过程中应严格按质量标准中的配方进行配制，充分混匀确保液体中的各种成分均匀，同时进行相应的质量检验，达到质量标准后，方可使用或分装。对于定量检测试剂，其标准品（或校准品）溶液应具有计量溯源性。

（2）包被酶标反应板

选择经检验合格的包被原料（如抗原、抗体等），经一定的方法确定最佳包被浓度和酶结合物工作浓度，按照诊断试剂的生产规程，配制包被缓冲液、封闭液，经检验合格后，包被酶标反应板，干燥后，已包被的酶标反应板用铝箔纸封闭（内置干燥剂），保存于 2~8 ℃。

（3）分装及包装

样品稀释液、洗涤液、酶结合物或酶稀释液、底物或底物缓冲液等溶液应严格按照质量标准中的量进行过滤后再分装，分装量的误差应小于 5%。

3. 金标类检测试剂的生产

本类试剂的生产包括胶体金及胶体金标记抗原或抗体的制备，胶体金标记的包被，检测线及质控线的制备，胶体金标记物、包被抗原或抗体等浓度确定，各种工作溶液的配制等步骤，并通过产品的半成品检验和成品检验两个质控过程来保证其质量符合规定，工艺流程如图 5-11 所示。

（1）胶体金标记物的制备

采用枸橼酸三钠还原法或其他方法制备胶体金，胶体金颗粒大小应符合规定，胶体金标记物在 510~560 nm 波长处应有最大吸收值，置 2~8 ℃ 保存，应在规定的保存期内使用。采用合适的方法确定胶体金标记物、包被抗原或抗体工作浓度，将工作浓度的胶体金标记物吸附于玻璃纤维或聚酯纤维膜上。

（2）检测线及质控线的制备

取已确定使用浓度的相关抗原或抗体，在硝酸纤维素膜上制备检测线，应用同样方法制备质控线，根据生产工艺在规定的温度、湿度条件下干燥，置规定的湿度（通过验证方法确定相对湿度要求）条件下存放。

（3）贴膜、切割、装袋

贴膜、切割及装袋应在具有相应湿度（通过验证方法确定相对湿度要求）条件下操作，切割的膜条应有宽度要求。

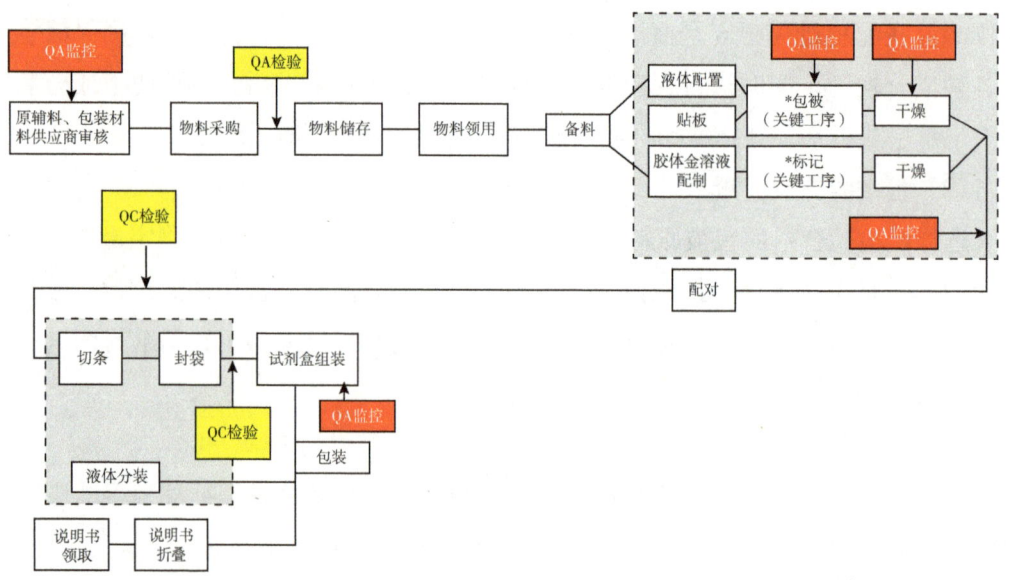

图 5-11　金标类检测试剂生产工艺流程示意

4. 发光免疫类检测试剂的生产

发光免疫类检测试剂的生产包括包被反应板、标记物制备、各种溶液的配制、冻干、分包装等步骤，并通过产品的半成品检验和成品检验两个质控过程来保证其质量符合规定，工艺流程如图5-12所示。

（1）固相载体的制备

准备经检验合格的包被板，配制包被缓冲液，包被液按工艺要求加入包被板。包被完成后，抽去孔内包被液，用洗板工作液洗板后加入封闭液。封闭后的反应板按工艺的要求进行干燥。将干燥后的反应板用铝箔袋密封包装,内放干燥剂。

(2) 酶结合物的制备

采用常规过碘酸钠-乙二醇法将相关的抗体(或抗原)标记辣根过氧化物酶(或其他酶),酶标记后的抗体(或抗原)应加入适当的保护剂保存于低温。将酶结合物用酶稀释液稀释到不同的浓度,用已制备好的反应板进行滴配。测定系列标准品及相应的质控品,确定使体系达到最优的酶结合物工作浓度。按工艺要求分装酶结合物工作液。

(3) 校准品、阴/阳性对照或质控品的制备

校准品、阴/阳性对照或质控品的配制应具有量值溯源性,可参照国家标准品、世界卫生组织标准品或其他级别的标准物质进行配制。按工艺要求分装校准品、阴/阳性对照或质控品。

(4) 化学发光底物的制备

分别按氧化剂和发光剂的配方在底物缓冲液中加入相应的氧化剂和发光剂。按工艺要求分装化学发光底物(氧化剂和发光剂)。

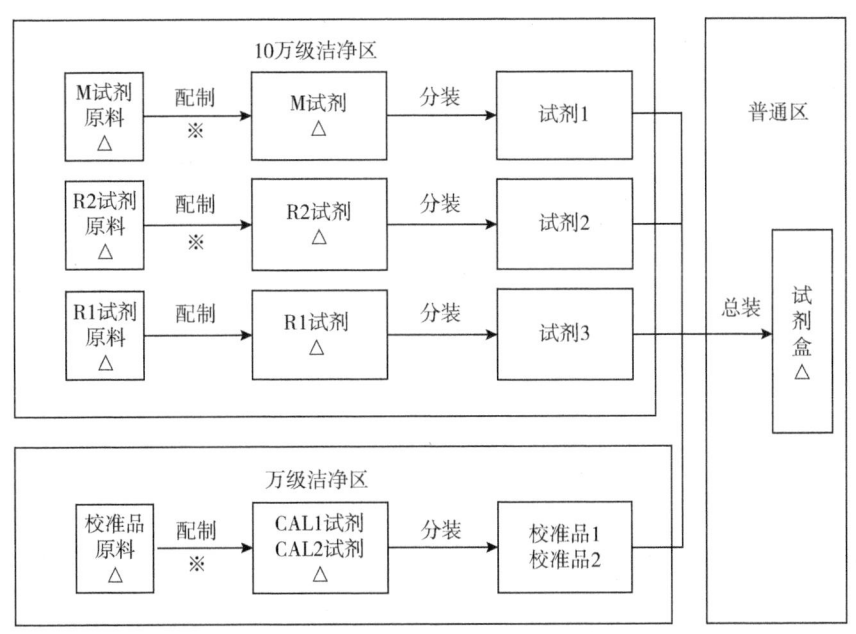

图 5-12 发光免疫类检测试剂生产工艺流程示意

(注:※ 表示关键工序;△表示质检)

5. 核酸扩增法检测试剂的生产

核酸扩增法检测试剂的生产包括配制工作液、半成品检定、分装和包装等步骤。配制工作液的各种原材料及其配比应符合要求，原材料应混合均匀，配制过程中应对 pH、电导率等关键参数进行有效控制，生产工艺流程如图 5-13 所示。

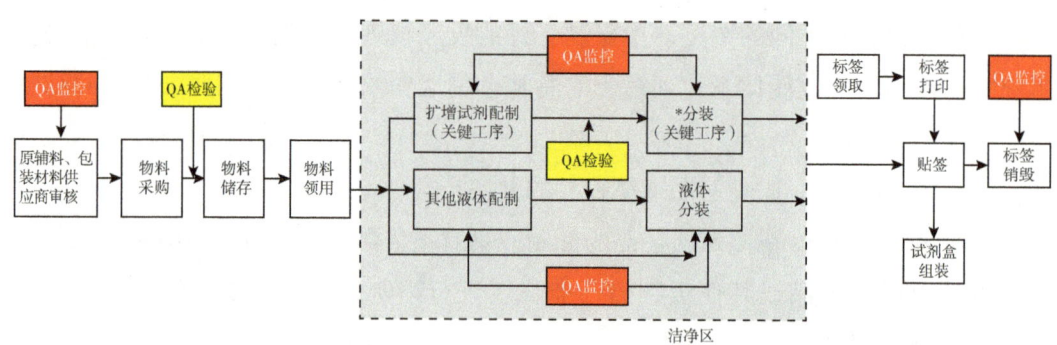

图 5-13　核酸扩增法检测试剂生产工艺流程示意

（四）发展趋势与展望

自改革开放以来，我国体外诊断产品历经产品引进阶段、自主生产阶段、快速发展阶段。纵观全球制造业的发展历程，起步于 18 世纪末，20 世纪 70 年代已步入电子信息时代，而我国体外诊断行业那时才刚刚开始发展，所以相比传统制造业而言，我国体外诊断行业仍有很大提升空间。

全球制造业发展的 4 个阶段如图 5-14 所示。

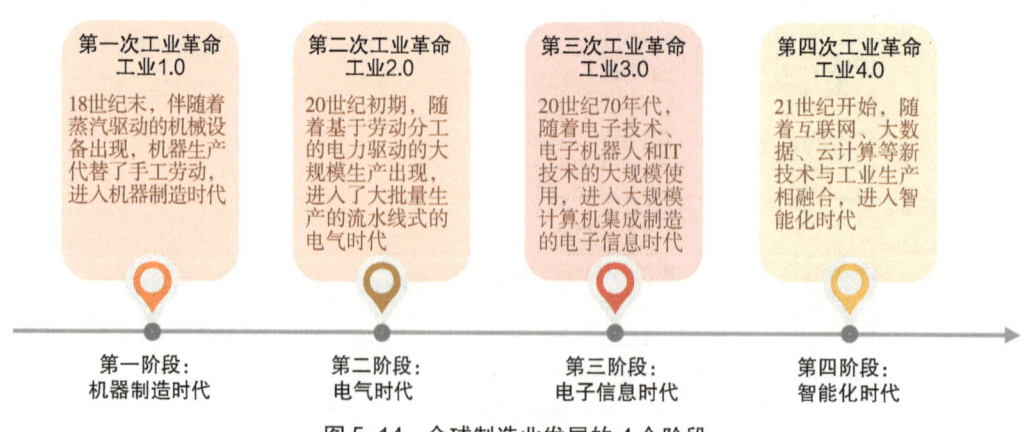

图 5-14　全球制造业发展的 4 个阶段

目前，从全球视角来看，体外诊断行业的发展还是以美国、欧洲、日本等经济发达国家和地区为主导，基本呈平稳增长的趋势，国内外资企业仍占据了很大的市场份额，其生产和销售的产品也以售后服务完善、故障率低、性能指标稳定等优势获得较高的市场认可。但是近几年来，随着我国政府逐渐加大对生物医药行业的支持力度，全国各地各种生物医药园区如雨后春笋般涌现，国内体外诊断行业也呈现集群化发展，技术水平有了长足进步，此外，在政策制定、管理方面也越来越规范化。但目前在行业快速发展的进程中也存在着一些问题。

1. **市场容量小导致缺少规模效益**

体外诊断行业比传统行业市场规模小。例如，2020 年体外诊断行业市场规模 900 亿元，而家电行业市场规模则达 7347 亿元，是体外诊断行业的 8 倍多。

由于市场规模较小，市场个性化强，原材料很难大批量采购和加工，造成在供应商管控及议价方面失去话语权，材料成本居高不下。由于不能大批量生产，所以企业无法投入自动化生产设备。

2. **人才短缺**

体外诊断行业是一个综合性、应用性较强，多学科发展的行业，由于行业起步晚，人才储备本身就不足，而随着全球新冠肺炎疫情的不断冲击，许多业内企业得到了空前机遇，迅速发展壮大，人才需求量猛增，大型企业不惜重金抢人，目前行业整体面临人才匮乏的现象。

3. **核心原材料依赖于进口**

随着世界经济形势越发严峻，加之疫情影响，半导体行业产能出现萎缩，产生了核心原材料供应难、成本高、周期长等问题。例如，常用的恩智浦（NXP）IC 芯片从 2019 年到 2021 年价格上涨了 10 倍以上，货期长达 52 周。国产半导体近些年虽有发展，但仍无法满足市场需求。

纵观国内体外诊断行业，绝大部分的制造商处于工业 1.0～2.0 阶段。近些年国内机器人技术逐渐成熟，图像识别、边缘计算等 IT 技术的进步，以及人力成本的增加，推动了国内制造业向着自动化生产阶段发展，在这个过程中，体外诊断行业开始引入半自动化的生产设备以提升生产效率和降低生产成本。因医疗器械的特殊性，需要实现产品生产过程和原材料的可追溯性，这促使了部分企业开始提升生产信息化能力，并且衍生出一些专注于提供体外诊断生产信息化解决方案的 IT 企业。

第三节　体外诊断产品注册与备案

一、体外诊断产品注册与备案的法规

《医疗器械监督管理条例》自颁布起，曾于 2014 年（国务院令第 650 号）做了全面修订，2017 年（国务院令第 680 号）进行部分修改，2021 年 6 月 1 日正式施行了新《医疗器械监督管理条例》（国务院令第 739 号），为落实审评审批制度改革要求，建立更加科学的监督管理制度，加强医疗器械注册管理，国家陆续出台了注册与备案和分类法规，从鼓励创新发展、强化主体责任、完善监管要求、提高监管科学性、充实监管手段、提高监管效率等方面，进一步优化体外诊断产品的注册与备案管理办法，为监管和实施提供了有力遵循。

（一）体外诊断试剂分类法规

与《医疗器械分类规则》不同，此前我国并未将体外诊断试剂分类规则作为单独的文件发布，而是将内容写入了《体外诊断试剂注册管理办法》（国家食品药品监督管理总局令 2014 年第 5 号，简称"5 号令"）中。此后，分别在《关于过敏原类、流式细胞仪配套用、免疫组化和原位杂交类体外诊断试剂产品属性及类别调整的通告》（2017 年第 226 号，简称"226 号通告"）和《国家药监局关于调整〈6840 体外诊断试剂分类子目录（2013 版）〉部分内容的公告》（2020 年第 112 号）中对相关分类予以调整。

为满足体外诊断试剂分类规则的变化与发展需要，形成了独立的《体外诊断试剂分类规则》（2021 年第 129 号，简称《规则》），并于 2021 年 10 月 29 日施行。《规则》的颁布将过去体外诊断试剂分类相关的法规统一规范，成为目前的分类管理规则。主要变化有如下几点。

① 第 4 条参考国际医疗器械监管机构论坛（International Medical Device Regulators Forum，IMDRF）分类原则，新增产品风险程度的主要影响因素，从产品预期用途、适应证、预期使用环境、使用者的专业知识、检验结果信息对医学诊断和治疗的影响

程度，以及检验结果对个人和/或公共健康的影响等因素，对管理类别进行判定。

② 第5条基于我国监管实践和参考IMDRF分类原则，明确了体外诊断试剂类别判定总体原则，强调从风险程度对体外诊断试剂由低到高按照第一类、第二类、第三类进行管理。

③ 第6条、第7条在5号令的基础上，参考IMDRF分类原则和近年来的工作实际，明确了体外诊断试剂分类判定的具体规则和特殊规定。与5号令相比，《规则》修改内容包括：

第一，根据《关于实施第一类医疗器械备案有关事项的通知》（食药监办械管〔2014〕174号，简称"174号文"），明确仅用于细胞增殖培养，不具备对细胞的选择、诱导、分化功能，且培养的细胞用于体外诊断的细胞培养基作为第一类体外诊断试剂。

第二，根据174号文及分类工作实际，修改了样本处理用产品的举例，增加了核酸提取试剂作为第一类体外诊断试剂。

第三，根据226号通告和分类工作实际，明确"反应体系通用试剂，如缓冲液、底物液、增强液等"作为第一类体外诊断试剂。

第四，新增"用于细胞增殖培养，对细胞具有选择、诱导、分化功能，且培养的细胞用于体外诊断的细胞培养基"作为第二类体外诊断试剂。

第五，根据226号通告，明确用于变态反应（过敏原）检测的试剂作为第二类体外诊断试剂。

第六，为更好地指导伴随诊断等新产品的分类，明确伴随诊断用试剂作为第三类体外诊断试剂，并参考IMDRF、欧盟和FDA相关文件，新增伴随诊断用试剂的描述说明。

第七，参考IMDRF分类原则和欧盟分类相关文件，将5号令中"与肿瘤标志物检测相关的试剂"修改为"与肿瘤筛查、诊断、辅助诊断、分期等相关的试剂"。

第八，根据226号通告和分类工作实际，明确对于具有明确诊断价值的流式细胞仪用抗体试剂、免疫组化用抗体试剂和原位杂交用探针试剂，流式细胞仪用淋巴细胞亚群分析试剂盒，依据其临床预期用途，根据《规则》第6条规定分别按照第二类或第三类体外诊断试剂管理；仅为专业医生提供辅助诊断信息的流式细胞仪用单一抗体试剂、免疫组化用单一抗体试剂和原位杂交用单一探针试剂，以及流式细胞仪用同型对照抗体试剂，按照第一类体外诊断试剂管理。

第九，新增"第六条所列第一类体外诊断试剂中的样本处理用产品，如为非通用产品，或参与反应并影响检验结果，应当与相应检测试剂的管理类别一致。"

④ 第8条、第9条明确体外诊断试剂分类目录制定、调整和新研制产品类别确认等。

（二）体外诊断试剂注册与备案法规

《体外诊断试剂注册管理办法》经2017年修订后，细化了注册管理类别和注册流程，新增了临床试验、质量管理体系考核、注册变更流程和时限及产品备案流程等内容。同时，为加强体外诊断试剂产品注册工作的监督和指导，进一步提高注册审查质量，2017—2021年共制定了88项有关的技术审查指导原则，体外诊断产品的监管制度进一步科学规范。

《体外诊断试剂注册与备案管理办法》（国家市场监督管理总局令2021年第48号，简称《办法》）于2021年10月1日正式施行。主要内容有以下几点。

1. 分级分类管理，鼓励创新，促进临床急需产品上市

该《办法》管理的，是按照医疗器械管理的体外诊断试剂；按照药品管理，用于血源筛查的体外诊断试剂、采用放射性核素标记的体外诊断试剂，以及仅用于科研的诊断试剂，都不在《办法》的管理范围之内。

《办法》对临床急需体外诊断试剂实行优先审批，对创新体外诊断试剂实行特别审批，简化了境外上市证明文件，对于未在境外上市的创新体外诊断试剂，按照创新产品注册程序审批，不再需要提交境外上市证明文件，鼓励创新产品尽快在我国上市。

2. 临床评价，明确免临床产品注册及备案的情形及要求

《办法》明确了产品临床评价中需要进行临床试验及免于临床试验的要求，免于临床试验的体外诊断试剂应遵循临床评价指导原则。与《医疗器械注册与备案管理办法》不同的是，对于免于进行临床试验的体外诊断试剂，也应当通过对符合预期用途的临床样本进行同品种方法学比对的方式，证明产品的安全性、有效性，提交临床评价资料。对于供消费者自行使用的体外诊断试剂，还应进行无医学背景的消费者对产品说明书认知能力的评价。

《办法》结合体外诊断试剂产品的特点，明确申请注册或进行备案时应提交非临床研究证据，并对非临床研究的相关内容进行了细化。

3. 注册体系核查，要求申请人建立与产品研制、生产有关的质量管理体系，并保持有效运行

《办法》新增"注册体系核查"部分，强化医疗器械注册人、备案人主体责任，加强体外诊断试剂全生命周期质量管理，明确了延伸检查要求，完善风险控制，规定了申请人应在申请注册时提交与产品研制、生产有关的质量管理体系资料，并在核查过程中对设计开发过程的记录，以及检验用产品和临床试验产品生产过程的相关记录进行重点核查，充分体现了质量管理体系核查在注册过程中的重要性。

4. 新增特殊注册程序，明确创新产品注册程序、优先注册程序、应急注册程序的适用范围

《办法》增设"特殊注册程序"部分，与《医疗器械注册与备案管理办法》的特殊注册程序一致，包括创新产品注册程序、优先注册程序、应急注册程序。细化了各类特殊注册程序的要求，为企业在产品注册方面提供政策便利。

创新产品注册程序适用于在中国拥有或受让取得产品核心技术发明专利权或其使用权，且申请注册时间在专利授权5年内的体外诊断试剂，或者核心技术发明专利的申请已由国务院专利行政部门公开，并由国家知识产权局专利检索咨询中心出具检索报告，具备新颖性和创造性的体外诊断试剂。同时，适用于前期研究数据完整、可溯源，且具有基本定型产品，或者主要工作原理或作用机理为国内首创的具有显著临床应用价值的体外诊断试剂。

优先注册程序适用于诊断罕见病、恶性肿瘤，且具有明显临床优势，诊断老年人特有和多发疾病且目前尚无有效诊断手段，专用于儿童且具有明显临床优势，或者临床急需且在我国尚无同品种产品获准注册的体外诊断试剂，以及列入国家科技重大专项或国家重点研发计划的体外诊断试剂等。

应急注册程序适用于突发公共卫生事件应急所需且在我国境内尚无同类产品上市，或者虽在我国境内已有同类产品上市但产品供应不能满足突发公共卫生事件应急处理需要的体外诊断试剂。

5. 检验报告要求

《办法》强调了注册检验中有适用的国家标准品的，应当使用国家标准品对试剂进行检验。规定了注册人、备案人既可以使用有资质的医疗器械检验机构出具的检验报告，也可以使用企业的自检报告，不论采用何种检验形式，产品的检验报告实质还是注册检验。对于提交自检报告的，企业除了需要具备自检条件，还需要具备自检能力，监督管理部门要对申请人、备案人或者是受托机构研制过程中的检验能力、检验结果等进行重点核查。

6. 注册及变更、延续注册

对附条件批准的体外诊断试剂，医疗器械注册证中载明了有效期、上市后需要继续完成的研究工作及完成时限等相关事项，逾期未完成的，应注销注册证。对正在开展临床试验的用于诊断严重危及生命且尚无有效诊断手段的疾病的体外诊断试剂，可开展拓展性临床试验，其安全性数据可以用于体外诊断试剂注册申请。

《办法》规定，变更注册的变更范围包括注册证及其附件载明内容，发生变更时，按照《办法》第 78 条的 3 种情形来进行变更申请。已注册的第二类、第三类体外诊断试剂，产品的核心技术原理等发生实质性改变，或者发生其他重大改变、对产品安全有效性产生重大影响，实质上构成新的产品的，应当按照注册申请的规定办理。

对于延续注册，延续注册的批准时间在原注册证有效期内的，延续注册的注册证有效期起始日为原注册证到期日次日；批准时间不在原注册证有效期内的，延续注册的注册证有效期起始日为批准延续注册的日期。企业在规定的时间内提交了延续注册申请，而药品监督管理部门在注册证有效期届满前未做决定的，视为准予延续。

7. 监督管理，落实各级监管部门的监管责任，建立责任约谈制度

《办法》明确了各注册程序的工作时限，实施唯一标识制度。实施科学、高效的审评审批程序，落实注册备案管理各环节责任，着力提高体外诊断试剂注册备案工作效率。

8. 明确 LDT（实验室研发诊断试剂，指尚未获得产品注册，仅在实验室内部研发、验证和使用体外诊断试剂）法规框架

针对临床上采用实验室自建方法开展检测的需求和潜在风险，在《医疗器械监督管理条例》提出 LDT 后，《办法》在第 123 条中再次明确了对国内尚无同品种产品上市的体外诊断试剂，符合条件的医疗机构根据单位的临床需要可以自行研制，在执业医师指导下在单位内使用，相关管理规定将另行制定。该条款是诊断试剂注册管理的重要变革，随着后续细则的逐步清晰，LDT 低监管的红利即将消失，科学监管将成为下一个时代的主旋律。

9. 注册人制度要求

在医疗器械注册人制度下，注册人、备案人可以自行生产医疗器械，也可以委托符合相关规定、具备相应条件的企业生产医疗器械。为了巩固医疗器械注册人制度改革成果，强化注册人、备案人主体责任落实，在《办法》对应的注册申报资料中明确要求，委托境内外其他企业生产的，应当提供受托企业资格文件、委托合同和质量协议。

另外，为切实加强医疗器械注册人跨区域委托生产监管，夯实注册人医疗器械全生命周期质量管理责任，加强监管部门协同配合，2022年4月发布了《关于加强医疗器械跨区域委托生产协同监管工作的意见》（药监综械管〔2022〕21号），医疗器械生产组织形式更加多样。

（三）体外诊断产品注册的特别审批政策

1. 医疗器械创新审批

我国积极鼓励创新，在2014年颁发了《创新医疗器械特别审批程序（试行）》（食药监械管〔2014〕13号），对具有我国知识产权、处于国际领先水平、具有显著临床应用价值的创新医疗器械，和对国家科技重大专项、重点研发计划支持，以及由国家临床医学研究中心开展临床试验并经认可的产品进行推动，鼓励研发和创新，促进推广和应用。4年后，《创新医疗器械特别审查程序》（2018年第83号）发布，明确了创新器械适用类别，细化了相关程序和审查要求，限定了创新产品注册申请时间，规定了终止程序的情形。同时，在2014年的《体外诊断试剂注册管理办法》中也提出，创新医疗器械在注册时样品可委外生产；在2021年施行的《体外诊断试剂注册与备案管理办法》中鼓励创新医疗器械发展，明确提出部分医疗器械产品可免于临床评价。

如今，国内超20个省（区、市）还为二类创新医疗器械设立了特别审批通道，在研发补贴、审评时间、优先检测、临床研究与应用、引进生产、招标采购等各个方面予以政策支持，在强化医疗器械全生命周期监管的同时，从顶层设计、政策制度、服务举措等方面全力推动医疗器械、体外诊断试剂创新，促进产业高质量发展。

2. 医疗器械应急审批

2009年，《医疗器械应急审批程序》（国食药监械〔2009〕565号）发布，对在我国境内尚无同类产品上市，或虽已有同类产品上市但供应不能满足突发公共卫生事件应急处理需要的产品予以应急审批。在应对新冠肺炎疫情过程中，我国紧急开辟了药品、医疗器械应急审批的绿色通道，在专家组审核和专业技术评估等程序确认后，将提出申请的企业纳入应急审批，采取提前介入、技术审评、注册检验、体系核查与生产许可同步开展的方式，在确保安全和有效的基础上，加快审评审批工作。2021年12月发布了新版的《医疗器械应急审批程序》（2021年第157号），规范并细化了应急审批工作程序，新增了对应急审批时限和退出机制的要求，明确了省级药监部门在审批工作中的职能，充分吸收了新冠肺炎疫情发生以来应急审批的工作经验，以"统一指挥、早期介入、随到随审、科学审批"的原则加快应急审批。

3. 医疗器械优先审批

为进一步深化医疗器械审评审批改革，保障医疗器械临床使用需求，我国基于创新审批和应急审批程序，对治疗罕见病、恶性肿瘤、老年病，专用于儿童，临床急需，以及列入国家科技重大专项或重点研发计划等的产品，设置发布了《医疗器械优先审批程序》（2016年第168号）。

3项审批程序的区别在于：应急审批是为应对突发公共卫生事件，在规定时限内快速完成医疗器械注册审批的程序；创新审批是针对具有核心技术发明专利、国际领先、国内首创、具有显著临床应用价值等的医疗器械，采取早期介入、专人负责、加强沟通、优先办理的原则予以支持；而优先审批申报产品经过优先审批认定后，可直接转入审评审批，按照接收时间单独排序优先进行技术审评。申请人可以根据产品具体情况选择适合的程序进行申请，已进入应急审批、创新审批程序的项目，不执行优先审批程序。

二、体外诊断产品评估与审批

（一）体外诊断产品性能评估

全国医用临床检验实验室和体外诊断系统标准化技术委员会（SAC/TC136）发布了一系列相关医疗器械行业标准（表5-11），国家卫生健康委也发布了一些相关卫生行业标准（表5-12）。国家标准和行业标准在参考美国临床和实验室标准协会（CLSI）标准的前提下，做了一定的修改，使用上更贴近国内的使用环境。

表 5-11 SAC/TC136 性能评价标准

序号	标准号	标准名称	发布日期	实施日期
1	YY/T 1441—2016	《体外诊断医疗器械性能评估通用要求》	2016年1月26日	2017年1月1日
2	YY/T 1579—2018	《体外诊断医疗器械 体外诊断试剂稳定性评价》	2018年2月24日	2019年3月1日
3	YY/T 1789.1—2021	《体外诊断检验系统 性能评价方法 第1部分：精密度》	2021年9月6日	2023年3月1日
4	YY/T 1789.2—2021	《体外诊断检验系统 性能评价方法 第2部分：正确度》	2021年12月6日	2023年5月1日
5	YY/T 1789.3—2022	《体外诊断检验系统 性能评价方法 第3部分：检出限与定量限》	2022年7月1日	2024年1月1日
6	YY/T 1789.4—2022	《体外诊断检验系统 性能评价方法 第4部分：线性区间与可报告区间》	2022年7月1日	2024年1月1日
7	YY/T 1789.5	《体外诊断检验系统 性能评价方法 第5部分：分析特异性》	待发布	—
8	YY/T 1789.6	《体外诊断检验系统 性能评价方法 第6部分：定性试剂的精密度、诊断灵敏度和特异性》	待发布	—

表 5-12 国家卫生健康委发布的临床检验性能评价标准

序号	标准号	标准名	发布时间	实施时间
1	WS/T 505—2017	《定性测定性能评价指南》	2017年9月6日	2018年3月1日
2	WS/T 514—2017	《临床检验方法检出能力的确立和验证》	2017年1月15日	2017年7月1日
3	WS/T 492—2016	《临床检验定量测定项目精密度与正确度性能验证》	2016年7月7日	2016年12月15日
4	WS/T 409—2013	《临床检测方法总分析误差的确定》	2013年6月3日	2013年12月1日
5	WST 416—2013	《干扰实验指南》	2013年7月16日	2013年12月1日
6	WST 420—2013	《临床实验室对商品定量试剂盒分析性能的验证》	2013年7月16日	2013年12月1日
7	WS/T 408—2012	《临床化学设备线性评价指南》	2012年12月25日	2013年8月1日
8	WS/T 407—2012	《医疗机构内定量检验结果的可比性验证指南》	2012年12月25日	2013年8月1日
9	WS/T 356—2011	《基质效应与互通性评估指南》	2011年12月14日	2012年6月1日
10	WS/T 402—2012	《临床实验室检验项目参考区间的制定》	2012年12月24日	2013年8月1日

国内外对医疗器械产品的基本要求是安全有效,根据产品性质,即定性或定量,选择相应性能指标;根据实验目的,即验证或性能建立,选择适当评价方案。预期在国内进行产品注册的,按照相应国标行标,拟定产品技术要求;寻求海外上市的国内企业可以参考 CLSI EP 等相关标准进行性能评价。

(二)体外诊断产品检验

1. 体外诊断产品检验政策变化

2021年2月9日,新修订的《医疗器械监督管理条例》(国务院令第739号)发布,新条例旨在保证医疗器械安全和有效,保障人体健康和生命安全,同时促进医疗器械产业发展。和旧版相比,新条例体现出新、优、全、严四大特点。增加新制度、新机制、新方式,着力提升治理水平;落实"放管服"改革要求,优化了注册程序、提高了注册效率;改变既往"重审批轻监管"现象,细化完善医疗器械质量安全全生命周期的责任;进一步加大对违法违规行为的惩戒力度(表5-13)。这些新特点也体现在体外诊断产品检验政策中。

新条例新增了"注册人"这一身份。在"医疗器械产品注册与备案"部分,产品检验报告仍是医疗器械备案或注册时必须提交的资料,但和旧版不同,新条例规定第二类、第三类医疗器械的产品检验报告,除由有资质的医疗器械检验机构出具外,只要符合药品监督管理部门的要求,可以是医疗器械注册申请人、备案人的自检报告,这为企业提供了更多的选择性。新条例明确医疗器械检验机构资质认定工作按照国家有关规定实行统一管理;经国务院认证认可监督管理部门会同国务院药品监督管理部门认定的检验机构,方可对医疗器械实施检验(《医疗器械监督管理条例》第75条)。

表5-13 新旧条例医疗器械产品检验政策比较

2014版	2021版
第一类医疗器械产品备案,产品检验报告可以是备案人的自检报告(第10条) 第二类、第三类医疗器械产品注册申请资料中的产品检验报告应当是医疗器械检验机构出具的检验报告(第11条)	产品检验报告应当符合国务院药品监督管理部门的要求,可以是医疗器械注册申请人、备案人的自检报告,也可以是委托有资质的医疗器械检验机构出具的检验报告(第14条)
医疗器械注册申请人、备案人应当对所提交资料的真实性负责(第9条)	医疗器械注册申请人、备案人应当确保提交的资料合法、真实、准确、完整和可追溯(第14条)

第五章
体外诊断产业链条

为配合新条例实施，国家市场监管总局相继也发布新版《医疗器械注册与备案管理办法》（国家市场监督管理总局令第 47 号）和《体外诊断试剂注册与备案管理办法》（国家市场监督管理总局令第 48 号），对体外诊断产品的具体检验要求做出了规定。新旧管理办法对编制产品技术要求的规定近似，产品技术要求主要包括产品成品的可进行客观判定的功能性、安全性指标和检测方法。产品申请注册或者进行备案，应当按照产品技术要求进行检验，并提交检验报告，产品应当符合经注册或者备案的技术要求。管理办法中进一步落实了新条例中对自检报告的认可。主要变化是在第三类体外诊断试剂检验的要求。新管理办法要求应当提供 3 个不同生产批次产品的检验报告，取消了旧管理办法中"连续 3 个生产批次"的要求，更多地考虑了企业的实际生产情况。新管理办法维持了使用中国食品药品检定研究院组织研制的国家标准品进行产品检验的要求，但强调了国家标准品对相应产品的适用性；试剂延续注册时，如有新的国家标准品发布实施，试剂检验结果应符合要求（表 5-14）。

表 5-14　新旧管理办法体外诊断试剂检验政策比较

《体外诊断试剂注册管理办法》（2014）	《体外诊断试剂注册与备案管理办法》（2021）
第四章　产品技术要求和注册检验	第三章　体外诊断试剂注册 第一节　产品研制
第二十二条　申请人或者备案人应当在原材料质量和生产工艺稳定的前提下，根据产品研制、临床评价等结果，依据国家标准、行业标准及有关文献资料，拟订产品技术要求。 产品技术要求主要包括体外诊断试剂成品的性能指标和检验方法，其中性能指标是指可进行客观判定的成品的功能性、安全性指标以及与质量控制相关的其他指标。 第三类体外诊断试剂的产品技术要求中应当以附录形式明确主要原材料、生产工艺及半成品要求。 第一类体外诊断试剂的产品技术要求由备案人办理备案时提交食品药品监督管理部门。第二类、第三类体外诊断试剂的产品技术要求由食品药品监督管理部门在批准注册时予以核准。 在中国上市的体外诊断试剂应当符合经注册核准或者备案的产品技术要求	第二十七条　申请人、备案人应当编制申请注册或者进行备案体外诊断试剂的产品技术要求。 产品技术要求主要包括体外诊断试剂成品的可进行客观判定的功能性、安全性指标和检测方法。 第三类体外诊断试剂的产品技术要求中应当以附录形式明确主要原材料以及生产工艺要求。 体外诊断试剂应当符合经注册或者备案的产品技术要求

续表

《体外诊断试剂注册管理办法》(2014)	《体外诊断试剂注册与备案管理办法》(2021)
第四章　产品技术要求和注册检验	第三章　体外诊断试剂注册 第一节　产品研制
第二十三条　申请第二类、第三类体外诊断试剂注册，应当进行注册检验；第三类产品应当进行连续3个生产批次样品的注册检验。医疗器械检验机构应当依据产品技术要求对相关产品进行检验。 注册检验样品的生产应当符合医疗器械质量管理体系的相关要求，注册检验合格的方可进行临床试验或者申请注册。 办理第一类体外诊断试剂备案的，备案人可以提交产品自检报告。	第三十一条　申请注册或者进行备案，应当按照产品技术要求进行检验，并提交检验报告。检验合格的，方可开展临床试验或者申请注册、进行备案。 第三十三条　申请注册或者进行备案提交的检验报告可以是申请人、备案人的自检报告，也可以是委托有资质的医疗器械检验机构出具的检验报告。第三类体外诊断试剂应当提供3个不同生产批次产品的检验报告。
第二十四条　申请注册检验，申请人应当向检验机构提供注册检验所需要的有关技术资料、注册检验用样品、产品技术要求及标准品或者参考品。境内申请人的注册检验用样品由食品药品监督管理部门抽取。	—
第二十五条　有国家标准品、参考品的产品应当使用国家标准品、参考品进行注册检验。中国食品药品检定研究院负责组织国家标准品、参考品的制备和标定工作。	第三十四条　对于有适用的国家标准品的，应当使用国家标准品对试剂进行检验。中国食品药品检定研究院负责组织国家标准品的制备和标定工作。
第二十六条　医疗器械检验机构应当具有医疗器械检验资质、在其承检范围内进行检验，并对申请人提交的产品技术要求进行预评价。预评价意见随注册检验报告一同出具给申请人。 尚未列入医疗器械检验机构承检范围的产品，由相应的注册审批部门指定有能力的检验机构进行检验。	—
第二十七条　同一注册申请包括不同包装规格时，可以只进行一种包装规格产品的注册检验。	第三十二条　同一注册申请包括不同包装规格时，可以只进行一种包装规格产品的检验，检验用产品应当能够代表申请注册或者进行备案产品的安全性和有效性，其生产应当符合医疗器械生产质量管理规范的相关要求。

新管理办法规定，针对提交自检报告的注册申请人，药品监督管理部门开展质量管理体系核查时，应当对申请人、备案人或者受托机构研制过程中的检验能力、检验结果等进行重点核查。

为进一步落实新条例和新管理办法对产品自检的要求，加强医疗器械（含体外诊断试剂）注册管理，规范注册申请人注册自检工作，确保医疗器械注册检验工作有序开展，国家药监局随即组织制定、发布了《医疗器械注册自检管理规定》（2021年第126号），从自检能力要求、自检报告要求、委托检验要求、申报资料要求、现场检查要求、责任要求等6个方面做出了详细规定。在自检能力方面，要求开展自检的注册申请人具备相应能力，并将自检工作纳入医疗器械质量管理体系，配备与产品检验要求相适应的检验设备设施，具有相应质检部门或专职检验人员，严格检验过程控制，确保检验结果真实、准确、完整和可追溯，并对自检报告负主体责任。

从上述新条例、新管理办法及管理规定的要求可知，新条例中的体外诊断产品检验，依检验形式可以分为全项目自检、部分项目自检＋部分项目委托检验、全项目委托检验3种情形。对于全项目自检和部分项目自检＋部分项目委托检验的情形，检验工作应当按照《医疗器械注册自检管理规定》的要求开展，申请注册或者进行备案时应当按照《医疗器械注册自检管理规定》"四、申报资料要求"提交。对于全项目委托检验的情形，检验工作应当参考《医疗器械注册自检管理规定》"三、委托检验要求"开展。所有相关资料的文件格式应当符合《关于公布医疗器械注册申报资料要求和批准证明文件格式的公告》（2021年第121号）、《关于公布体外诊断试剂注册申报资料要求和批准证明文件格式的公告》（2021年第122号）的要求。

2. 产品检验的发展趋势

正如2021年《医疗器械监督管理条例》修订的初衷，新条例强化了医疗器械日常监管，要求监管部门加强对医疗器械注册人、备案人、生产经营企业和使用单位生产、经营、使用的医疗器械的抽查检验。对已上市产品的监督抽验将是今后监管部门对体外诊断产品进行质量监管的重要方式。

抽查检验委托有资质的医疗器械检验机构进行。新条例对抽查结果有异议后的复检工作做了更细致的规定：当事人可在收到检验结论之日起7个工作日内向实施抽样检验的部门或者其上一级药监部门提出复检申请，由受理复检申请的部门在国家药监局公布的复检机构名录中随机确定复检机构进行复检，复检机构与初检机构不得为同一机构；相关检验项目只有一家有资质的检验机构的，复检时应当变更承办部门或者人员（《医疗器械监督管理条例》第75条）。

从质量评价的角度看，溯源链清晰、具备良好互换性的、与临床样本基质一致的标准物质将在产品检验中有着越来越迫切的需求。各制造商及第三方检验相关的实验室的对能力验证（室间比对）工作的参与也将是日常管理中必须进行的事项。这些都将是后续产品检验工作发展的技术基础。

（三）体外诊断产品临床评价

1. 体外诊断试剂产品的临床试验与临床评价法规变化

（1）体外诊断试剂产品的临床试验

为指导体外诊断试剂临床试验工作，我国制定了《体外诊断试剂临床研究技术指导原则（国食药监械〔2007〕240号）》（简称"240号文"），后经两次更新，形成了《体外诊断试剂临床试验技术指导原则》（2021年第72号）（简称《指导原则》）。

早期的指导原则着重描述如何开展临床试验，在当时起到了有效的指导作用并支持了大量传统体外诊断试剂产品上市，随着我国体外诊断试剂行业的快速发展，产品逐渐呈现多样性、创新性，新版《指导原则》不仅对体外诊断试剂临床试验的基本原则进行了明确，还对其质量管理提出要求，从临床试验设计的源头出发，指导临床试验申办者和研究者选择适当的设计类型、对比方法、评价指标和统计方法，合理、科学、规范地实施临床试验。具体变化有以下几种。

① 将体外诊断试剂临床试验入组样本最低规定例数的要求改为"经合理的统计学方法计算样本量"，以确定样本量估算方法和考虑因素，有效避免过去因"固定样本量"带来的样本过多或不足的情况，用最适宜的最小负担样本量充分证明产品的临床性能。

② 提出在临床试验全过程从"偏倚控制"视角看待设计、实施与统计总结等环节，确保临床试验入组人群最大限度地贴近预期适用人群。

③ 强调对比方法的可比性与适宜性，明确了"与已上市同类产品""临床参考标准""参考方法"等3种对比方法的适用条件，提出应根据具体情况科学合理地选择一种或多种对比方法。

④ 充分考虑临床试验不同样本类型在临床性能、适用人群、适应证、参考区间等方面存在的差异，对于性能完全无差异的样本，允许统一纳入汇总分析。

新版《指导原则》帮助临床试验设计者建立正确的研究思路、设计合理的临床试验，充分体现了法规制定的精细化和科学性。

(2) 免于临床试验的体外诊断试剂临床评价

国家药品监督管理局先后制定并发布了《免于进行临床试验的体外诊断试剂临床评价资料基本要求（试行）》(2017年第179号)、《免于临床试验的体外诊断试剂临床评价技术指导原则》(2021年第74号)（简称《临床评价指导原则》），以配合不断更新的《免于进行临床试验的体外诊断试剂目录》的使用。

新版《临床评价指导原则》明确了免于临床试验的体外诊断试剂临床评价的基本原则，提出申报产品可与境内已上市产品进行比对，以证明实质等同；或采用将待评价试剂与参考测量程序/诊断准确度标准进行比较研究的方式，以考察待评价试剂与参考测量程序/诊断准确度标准的符合率/一致性。如通过临床评价无法证明待评价试剂与境内已上市产品实质等同，或与参考测量程序/诊断准确度标准检测结果具有良好的一致性，则需通过临床试验的方式对申报试剂进行评价。

同时，申请人应采用最终定型的试剂进行临床评价，进行临床评价之前应确定产品的基本性能，如样本类型、特异性、精密度、检出限和/或定量限、测量区间、阳性判断值、参考区间等，以便为待评价试剂进行临床评价提供依据。此外，《临床评价指导原则》还从对比试剂的选择、试验地点、试验人员、试验样本、试验方法等方面细化了具体要求，指出报告应包括待评价试剂与对比试剂和参考测量程序/诊断准确度标准的描述性比对分析及比对性能数据。

《临床评价指导原则》不仅对免于临床试验的体外诊断试剂临床评价提供技术指导，也为技术审评提供了监管依据。

(3) 医疗器械临床试验质量管理规范

2016年，国家食品药品监督管理总局会同国家卫生和计划生育委员会发布了《医疗器械临床试验质量管理规范》（国家食品药品监督管理总局 中华人民共和国国家卫生和计划生育委员会令第25号）。该规范的实施，确立了医疗器械临床试验的准则，对加强医疗器械临床试验管理、维护受试者权益起到了积极的作用。

随着医疗器械审评审批制度改革不断深入，医疗器械临床试验机构由资质认定改为备案管理等多项改革政策相继出台，为配合新修订的《医疗器械监督管理条例》《医疗器械注册与备案管理办法》《体外诊断试剂注册与备案管理办法》的实施，积极转化适用国际医疗器械监管协调文件，国家药品监督管理局对2016年发布的《医疗器械临床试验质量管理规范》进行了修改和补充，并于2022年3月31日发布了新版《医疗器械临床试验质量管理规范》（简称《规范》），以适应当前医疗器械临床试验监管工作的需求。

新版《规范》重点修订内容如下。

① 调整整体框架。将 2016 年发布的规范中的临床试验前准备、受试者权益保障、试验用医疗器械管理等内容划归到临床试验各参与方职责章节中。突出了申办者主体责任，强化了医疗器械临床试验机构要求，强调了研究者职责。

② 将体外诊断试剂纳入《规范》管理。为了适应体外诊断试剂产业和监管需求，本次修订将体外诊断试剂临床试验质量管理要求纳入《规范》中。

③ 调整安全性信息报告流程。《规范》对安全性信息报告流程进行了优化调整。一是改"双报告"为"单报告"。由申办者向所在地省级药品监督管理部门、医疗器械临床试验机构所在地省级药品监督管理部门和卫生健康管理部门报告。二是将报告范围确定为与试验医疗器械相关的严重不良事件。三是死亡或者危及生命的报告时限为申办者获知后的 7 日内，非死亡或者非危及生命及其他严重安全性风险报告时限为申办者获知后的 15 日内。

④ 简化优化相关要求。《规范》结合产业需求和监管实际，切实解决当前反映较为集中的问题。删除了"医疗器械临床试验应当在两个或者两个以上医疗器械临床试验机构中进行"的要求。取消了检验报告 1 年有效期的要求，有利于临床试验的顺利开展。

⑤ 体现最新国际监管制度要求。《规范》借鉴国际医疗器械监管者论坛（IMDRF）的监管协调文件相关内容，如吸收 IMDRF MDCE WG/N57 FINAL：2019《临床试验》内容，引入在不同国家或者地区开展的多区域临床试验的概念，有利于全球创新产品同步在中国开展医疗器械临床试验。修订过程中，充分参考了 ISO 14155: 2020《医疗器械临床试验质量管理规范》和 ISO 20916: 2019《体外诊断医疗器械 – 使用人体样本进行临床性能研究 – 良好研究质量管理规范》的相关内容，在多处体现了国际标准最新版本内容。

同时，为配合《规范》的实施，进一步指导临床试验开展，国家药品监督管理局还制定了《医疗器械临床试验方案范本》《医疗器械临床试验报告范本》《体外诊断试剂临床试验方案范本》《体外诊断试剂临床试验报告范本》《医疗器械/体外诊断试剂临床试验严重不良事件报告表范本》《医疗器械/体外诊断试剂临床试验基本文件目录》6 个文件，与《规范》同步实施。

2. 体外诊断产品临床评价机构数据分析

医疗器械临床试验机构备案,是指医疗器械临床试验机构按照《医疗器械临床试验机构条件和备案管理办法》规定的条件和要求,将机构概况、专业技术水平、组织管理能力、伦理审查能力等信息提交食品药品监督管理部门进行存档、备查的过程。

2017年11月24日,为深入推进医疗器械审评审批制度改革,鼓励更多具有优质资源的医疗机构参与医疗器械临床试验,强化申办者责任,规范医疗器械临床试验过程,国家食品药品监督管理总局制定了《医疗器械临床试验机构条件和备案管理办法》,明确了医疗机构备案应当具备的条件等相关要求。医疗器械临床试验机构备案是一项持续性工作,符合条件的单位可以继续按照要求和程序规定进行备案。经过近年来的备案工作,医疗器械临床试验机构备案单位数量不断增加,机构专业划分详细准确,切实扩大了医疗器械临床试验资源,解决了临床试验机构不足问题,积极推动了医疗器械上市进程。

截至2022年9月,全国已有31个省(区、市)的1112个机构完成了临床试验医疗器械机构备案工作,其中,包含检验科的机构数量为836个,各省(区、市)分布情况如图5-15所示。

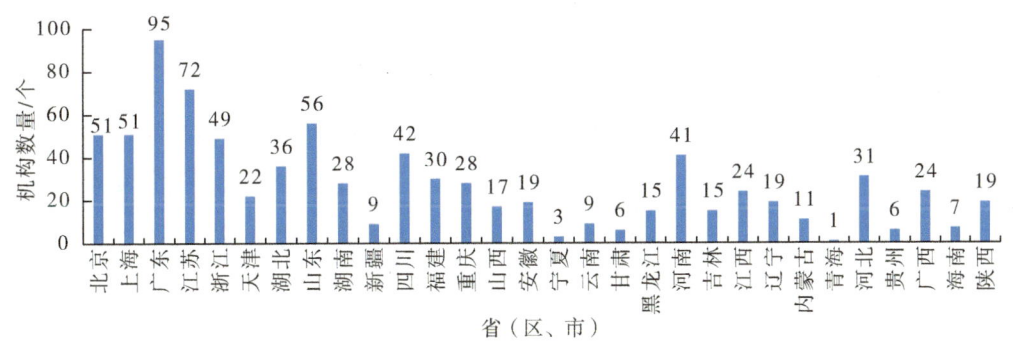

图5-15 各省(区、市)包含检验科的临床试验医疗器械机构数量

医学检验科又包括临床体液、血液专业,临床微生物学专业,临床化学检验专业,临床免疫、血清学专业,临床细胞分子遗传学专业,其他这六大专业,加上病理科,涉及检验的专业共有7项。全国医学检验科与病理科的专业数量为3389项,各省(区、市)分布情况如图5-16所示。

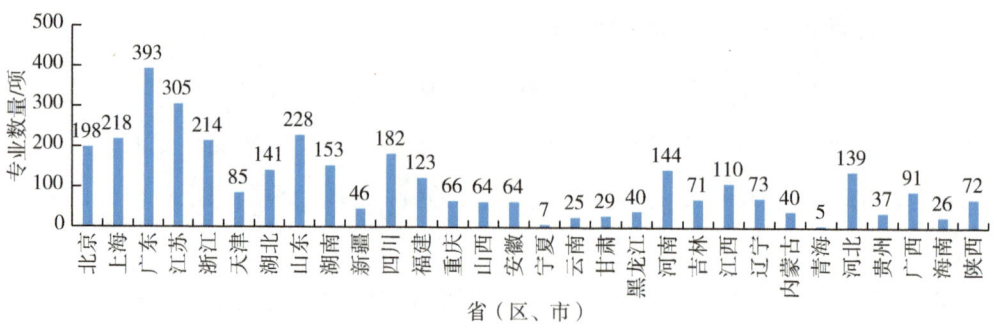

图 5-16 各省（区、市）医学检验科与病理科的专业数量

全国各检验科专业数量分布如图 5-17 所示。

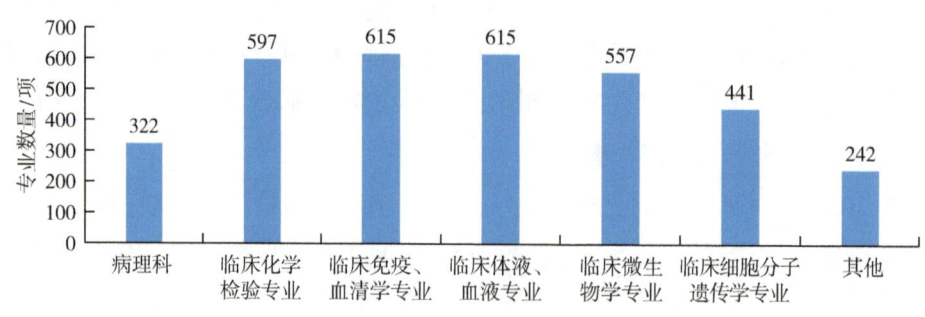

图 5-17 全国医学检验科专业数量分布

（四）体外诊断试剂注册审批数据分析

随着医学的发展，体外诊断试剂的品种、功能及适用范围也在不断扩展，社会关注度日益提升。按照国际对医疗器械的定义，除血筛诊断试剂外，体外诊断试剂属于医疗器械，本书主要对第三类体外诊断产品近 5 年的注册审批情况进行统计分析。

1. 三类医疗器械（含 IVD）审批整体情况（均为注册审批）

2017—2021 年，在国家药监局注册的境内、进口及港澳台三类医疗器械（含 IVD）数量分别为 2017 年 6100 项、2018 年 3536 项、2019 年 5717 项、2020 年 6412 项、2021 年 7665 项，近 5 年境内外共注册三类医疗器械 29 430 项。其中，医疗器械（不含 IVD）共 21 387 项，占 73%，IVD 共 8043 项，占 27%（图 5-18）。

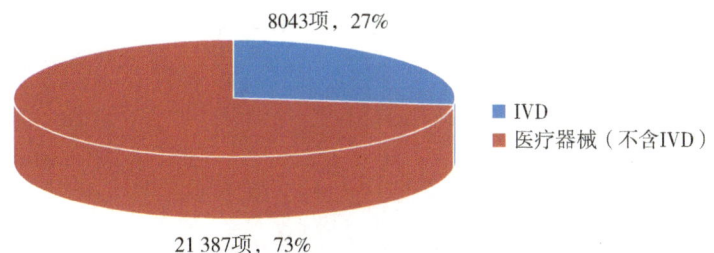

图 5-18 2017—2021 年境内外三类医疗器械（不含 IVD）、IVD 占比（含首次、延续、变更）

在 2021 年的 7665 项产品注册中，医疗器械（不含 IVD）为 5712 项，占 75%；IVD 为 1953 项，占 25%，较 2020 年的 1755 项增长约 11.28%（图 5-19）。

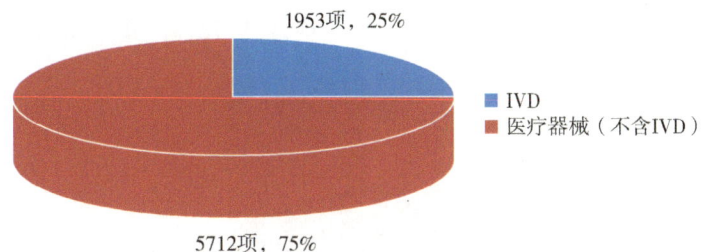

图 5-19 2021 年境内外三类医疗器械（不含 IVD）、IVD 占比（含首次、延续、变更）

从近 5 年 8043 项 IVD 注册来看，境内外三类 IVD 注册数分别为 2017 年 1948 项、2018 年 890 项、2019 年 1497 项、2020 年 1755 项、2021 年 1953 项。因医疗器械临床监管法规调整等原因，2018 年 IVD 注册数有所减少，此后注册数呈逐年回升趋势（图 5-20）。

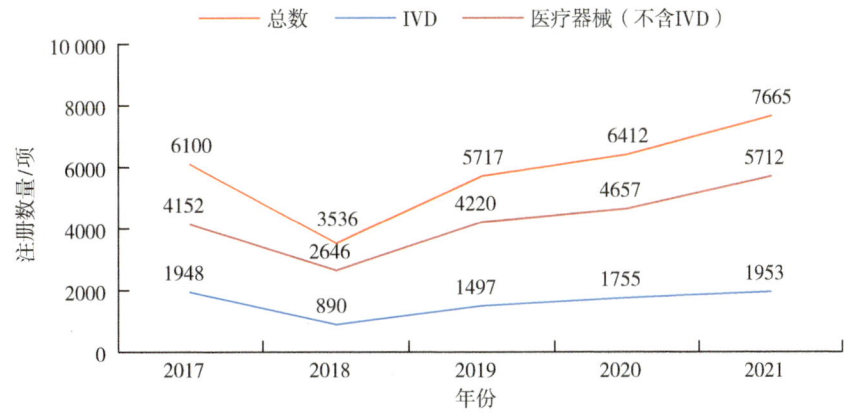

图 5-20 2017—2021 年境内外三类医疗器械（不含 IVD）、IVD（含首次、延续、变更）注册情况

从近 5 年 IVD 地域划分来看，境内三类 IVD 注册 5884 项，占 73%，进口及港澳台 IVD 注册 2159 项，占 27%（图 5-21）。

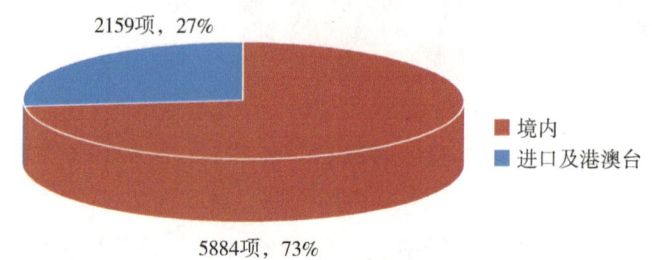

图 5-21　2017—2021 年境内外三类 IVD 占比（含首次、延续、变更）

其中，2021 年境内三类 IVD 注册 1517 项，占 78%，进口及港澳台 IVD 注册 436 项，占 22%（图 5-22）。

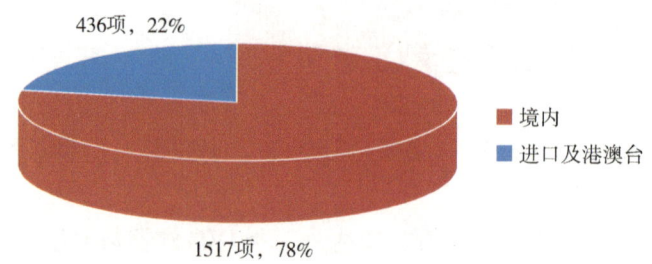

图 5-22　2021 年境内外三类 IVD 占比（含首次、延续、变更）

2. 三类 IVD 产品首次注册情况

（1）三类 IVD 试剂（不含仪器、软件等）首次注册情况

在 2017—2021 年 1654 项境内、进口及港澳台三类 IVD 产品注册中，包含试剂、仪器、软件等类别。其中，试剂类注册共 1520 项，该类逐年注册数分别为 2017 年 414 项、2018 年 185 项、2019 年 369 项、2020 年 316 项、2021 年 236 项，近 5 年注册数整体有所减少（图 5-23）。

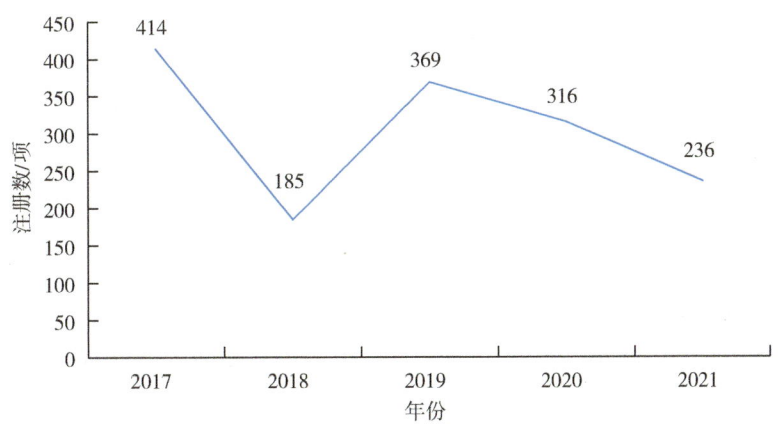

图 5-23　2017—2021 年境内外三类 IVD 试剂（不含仪器、软件等）注册情况

(2) 境内三类 IVD 试剂（不含仪器、软件等）首次注册情况

从 2017—2021 年境内三类试剂类（不含仪器、软件等）注册数来看，2017 年注册 360 项、2018 年注册 160 项、2019 年注册 338 项、2020 年注册 299 项、2021 年注册 209 项（图 5-24）。

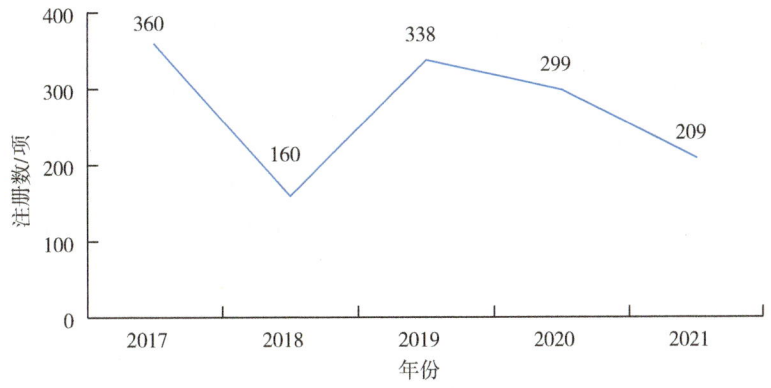

图 5-24　2017—2021 年境内三类 IVD 试剂（不含仪器、软件等）注册情况

(3) 进口三类 IVD 试剂（不含仪器、软件等）首次注册情况

2017—2021 年，进口及港澳台三类 IVD 试剂（不含仪器、软件等）注册共 154 项。2017 年注册数量最多，为 54 项，2018 年注册 25 项，2019 年注册 31 项，2020 年注册数量最少，为 17 项，2021 年注册 27 项（图 5-25）。

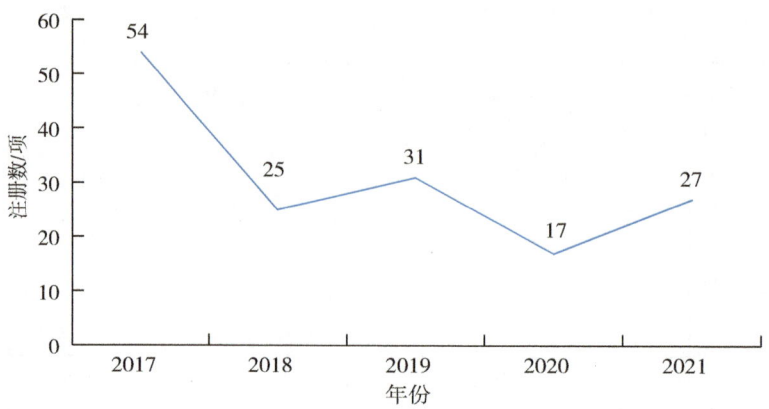

图 5-25　2017—2021 年进口及港澳台三类 IVD 试剂（不含仪器、软件等）注册情况

3. 体外诊断试剂产品特别审批分析

（1）体外诊断产品创新特别审批

2014 年 5 月 14 日，国家食品药品监督管理总局医疗器械技术审评中心公示了第一批通过创新特别审批的医疗器械，截至 2021 年 12 月 31 日，共发布了 357 件通过创新器械审批程序的产品，其中，体外诊断试剂及仪器的数量为 51 件。

自 2014 年创新特别审批试行以来，创新 IVD 产品逐年上升；2017 年，创新 IVD 产品数量达到最高峰，共有 15 件产品通过特别审查；2018 年 12 月 1 日，正式实施的《创新医疗器械特别审查程序》对医疗器械的"创新"提出了更加严格的要求；2019 年是修订后新规开始实施的第一年，创新医疗器械审批数量出现了下降，无一 IVD 产品通过创新审批。此后，我国创新 IVD 产品数量又开始呈现逐年上升态势（图 5-26）。

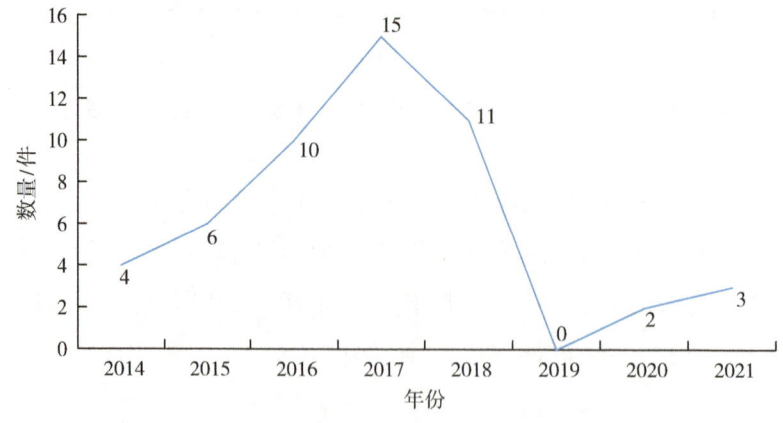

图 5-26　各年通过创新特别审批的体外诊断产品数量趋势

从获批上市的体外诊断产品数量来看，创新IVD产品数量同样在2017年达到最高峰，共有8件产品获批上市。自2019年至今，还未有创新IVD产品成功上市（图5-27）。

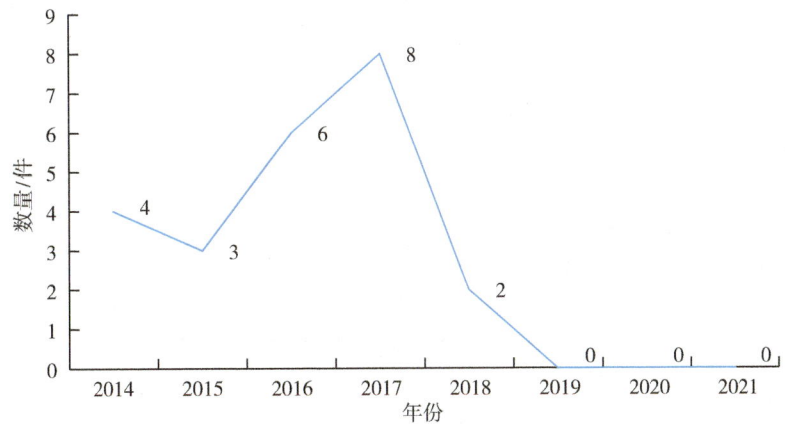

图5-27　各年获批上市的体外诊断产品数量趋势

从产品类别来看，在这些体外诊断产品中，试剂的数量为42件，占总数量的82%；仪器的数量为9件，占总数量的18%（图5-28）。

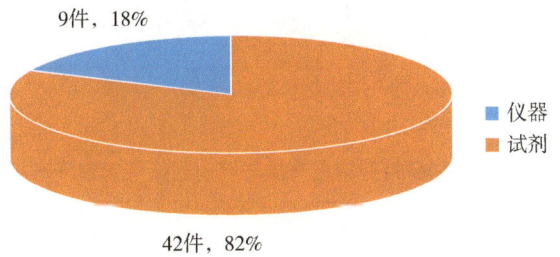

图5-28　试剂类产品数量与仪器类产品数量对比

从企业地区分布来看，北京、江苏均已有10件体外诊断产品通过了创新特别审批，从数量上占有绝对优势（图5-29）。

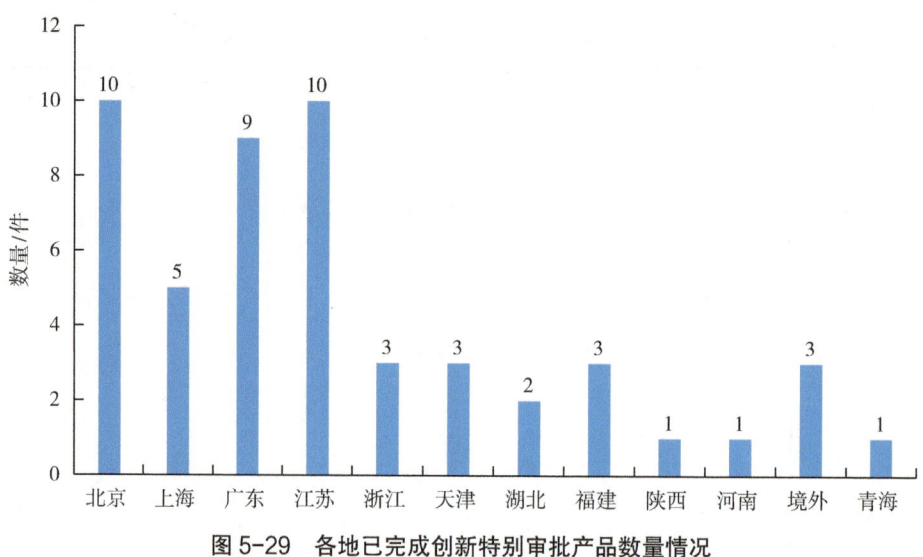

图 5-29　各地已完成创新特别审批产品数量情况

其中,境外进口产品申请创新特别审批的数量为 3 件,占总数量的 6%,如图 5-30 所示。

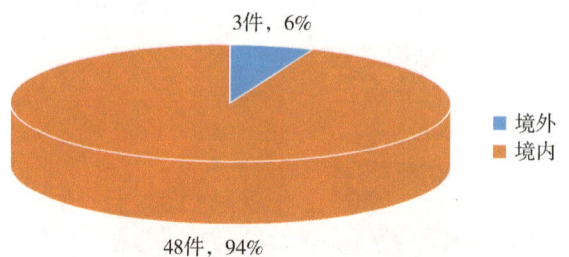

图 5-30　境外进口创新特别审批产品与境内创新特别审批产品数量对比

(2)体外诊断产品应急审批

2015 年国务院发布了《关于改革药品医疗器械审评审批制度的意见》(国发〔2015〕44 号),2016 年国务院办公厅发布了《深化医药卫生体制改革 2016 年重点工作任务》(国办发〔2016〕26 号),进一步明确鼓励医疗器械研究和创制,对临床急需医疗器械、儿童、老年人等特殊人群及罕见病用医疗器械设置审评审批专门通道。

第五章
体外诊断产业链条

2020 年伊始，由新型冠状病毒肺炎疫情暴发，根据党中央的统一部署安排，国家药监局启动医疗器械应急审批程序。器审中心于 1 月 20 日成立体外诊断产品应急审批工作组、医疗器械产品应急审批工作组，器审中心领导亲临一线指挥，各审评部、临床部与审评综合部门抽调精干力量，全力以赴开展疫情防控所需医疗器械产品的应急审评工作。截至 2021 年年底，共批准 108 件新冠肺炎疫情防控医疗器械产品，其中涉及体外诊断的产品包括：新冠检测试剂 68 件、新冠体外诊断设备仪器 10 件、核酸分析软件 2 件，数量与占比情况如图 5-31 所示。体外诊断类产品总数占疫情防控所需医疗器械产品的 74%。

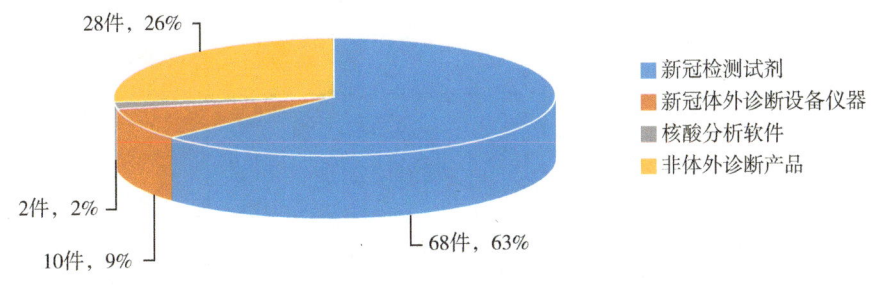

图 5-31 新冠体外诊断产品应急审批情况分布

（3）体外诊断产品优先审批

为进一步深化医疗器械审评审批改革，保障医疗器械临床使用需求，在目前已实施的《创新医疗器械特别审批程序》和应对突发公共卫生事件的《医疗器械应急审批程序》的基础上，有必要对治疗罕见病、恶性肿瘤、老年病、儿童专用、临床急需及列入国家科技重大专项或重点研发计划等情形的医疗器械，制定医疗器械优先审批程序，设置优先审批通道。

截至 2021 年年底，共有 55 件产品通过优先审批，其中，体外诊断产品共 24 件，历年通过优先审批的产品汇总如表 5-15 所示。

表 5-15　2017—2021 年通过优先审批体外诊断产品

公示时间	产品名称	产品类型	申请人	企业所在地	通过理由
2021 年 7 月 15—22 日	人 PDGFRA 基因 D842V 突变检测试剂盒（PCR-荧光探针法）	IVD	北京泛生子基因科技有限公司	北京	临床急需，且在我国尚无同品种产品获准注册的医疗器械
2021 年 6 月 22—29 日	胚胎植入前染色体非整倍体检测试剂盒（半导体测序法）	IVD	序康医疗科技（苏州）有限公司	江苏	该产品属于列入国家重点研发计划的医疗器械
2021 年 3 月 16—23 日	乙型肝炎病毒核糖核酸（HBV RNA）定量检测试剂盒（PCR-荧光探针法）	IVD	圣湘生物科技股份有限公司	湖南	该产品属于列入国家科技重大专项的医疗器械
2020 年 11 月 26 日至 12 月 3 日	乙型肝炎病毒（HBV）核酸定量检测试剂盒（PCR-荧光法）	IVD	苏州天隆生物科技有限公司	江苏	该产品属于列入国家科技重大专项的医疗器械
2020 年 9 月 22—28 日	全自动医用 PCR 分析系统	有源	厦门致善生物科技股份有限公司	福建	该产品属于列入国家科技重大专项的医疗器械
2020 年 5 月 9—15 日	胎儿染色体非整倍体（T21、T18、T13）检测试剂盒（半导体测序法）	IVD	东莞博奥木华基因科技有限公司	广东	该产品属于列入国家重点研发计划的医疗器械
2019 年 11 月 26 日至 12 月 3 日	人类免疫缺陷病毒 I 型（HIV-1）总核酸检测试剂盒(PCR-荧光探针法)	IVD	广州海力特生物科技有限公司	广东	该产品属于列入国家科技重大专项的医疗器械
2019 年 6 月 28 日至 7 月 5 日	非衍生化多种新生儿遗传代谢病筛查试剂盒（串联质谱法）	IVD	苏州新波生物技术有限公司	江苏	该产品属于诊断罕见病，且具有明显临床优势的医疗器械
2019 年 6 月 24 日至 7 月 1 日	乙型肝炎病毒 pgRNA（HBV-pgRNA）测定试剂盒(PCR-荧光探针法)	IVD	北京热景生物技术股份有限公司	北京	该产品属于列入国家科技重大专项的医疗器械
2019 年 6 月 13—20 日	呼吸道病原菌核酸检测试剂盒（恒温扩增芯片法）	IVD	百康芯（天津）生物科技有限公司	天津	该产品属于列入国家科技重大专项的医疗器械
2019 年 5 月 27 日至 6 月 3 日	结核分枝杆菌复合群核酸检测试剂盒（恒温扩增-实时荧光法）	IVD	杭州优思达生物技术有限公司	浙江	该产品属于列入国家科技重大专项的医疗器械

续表

公示时间	产品名称	产品类型	申请人	企业所在地	通过理由
2019年4月28日至5月6日	结核分枝杆菌特异性细胞免疫反应检测试剂盒（酶联免疫法）	IVD	广州市雷德生物科技有限公司	广东	该产品属于列入国家科技重大专项的医疗器械
2019年4月10—16日	乙型肝炎病毒核酸测定试剂盒（RNA捕获探针法）	IVD	上海仁度生物科技有限公司	上海	该产品属于列入国家科技重大专项的医疗器械
2019年2月28日至3月7日	遗传性耳聋基因检测试剂盒（联合探针锚定聚合测序法）	IVD	华大生物科技（武汉）有限公司	湖北	该产品诊断罕见病，且具有明显临床优势
2019年1月29日至2月3日	PD-L1检测试剂盒（免疫组织化学法）	IVD	Dako North America, Inc.	境外	该产品属于临床急需，且在我国尚无同品种产品获准注册的医疗器械
2018年11月21—28日	抗PD-L1（SP142）兔单克隆抗体试剂（免疫组织化学法）	IVD	Roche Diagnostics GmbH	海外	诊断或者治疗恶性肿瘤，且具有明显临床优势；临床急需，且在我国尚无同品种产品获准注册的医疗器械
2018年10月30日至11月6日	甲型/乙型流感及呼吸道合胞病毒核酸联合检测试剂盒（实时荧光PCR法）	IVD	Cepheid	海外	该产品属于临床急需，且在我国尚无同品种产品获准注册的医疗器械
2018年9月29日至10月11日	PD-L1检测试剂盒（免疫组织化学法）	IVD	Dako North America, Inc.	海外	该产品属于临床急需，且在我国尚无同品种产品获准注册的医疗器械
2018年4月27日至5月4日	水通道蛋白4抗体测定试剂盒（酶联免疫法）	IVD	天津阿斯尔生物科技有限公司	天津	诊断或者治疗罕见病，且具有明显临床优势
2018年2月8—13日	结核分枝杆菌复合群核酸检测试剂盒（恒温扩增荧光法）	IVD	广州迪澳生物科技有限公司	广东	该产品属于列入国家科技重大专项的医疗器械
2018年2月8—13日	结核分枝杆菌特异性细胞因子检测试剂盒（酶联免疫法）	IVD	广州迪澳医疗科技有限公司	广东	该产品属于列入国家科技重大专项的医疗器械

续表

公示时间	产品名称	产品类型	申请人	企业所在地	通过理由
2017年8月25—31日	风疹病毒IgG抗体检测试剂（荧光免疫层析法）	IVD	广州万孚生物技术股份有限公司	广东	该产品属于列入国家重点研发计划的医疗器械
	麻疹病毒IgG抗体检测试剂（荧光免疫层析法）	IVD	广州万孚生物技术股份有限公司	广东	该产品属于列入国家重点研发计划的医疗器械
2017年8月15—21日	基因测序仪	有源	武汉华大智造科技有限公司	湖北	该产品属于列入国家重点研发计划的医疗器械

通过审批的产品历年变化趋势如图5-32所示。通过数量在2019年达到最高峰，随后呈现下降趋势。

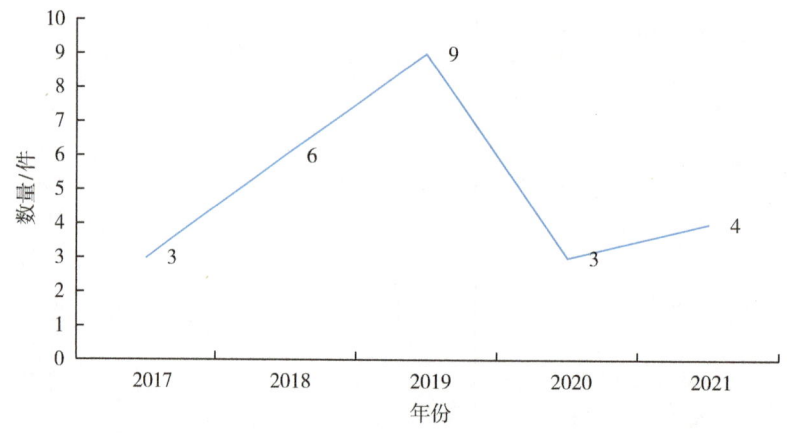

图5-32 各年通过优先审批的体外诊断产品数量趋势

25件体外诊断产品中，体外诊断试剂23件，体外诊断仪器2件，占比情况如图5-33所示。

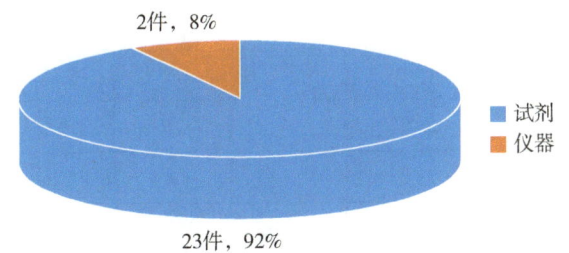

图 5-33 优先审批试剂类产品数量与仪器类产品数量对比

4. 体外诊断试剂注册分析

（1）三类体外诊断试剂注册分类分析

2017—2021 年，境内外三类 IVD 产品注册 1654 件，含境内注册 1472 件，进口及港澳台注册 182 件。其中，除去仪器、软件、质控品、标准品等，纯试剂类产品的数量为 1361 件。将全部三类试剂按产品种类划分，可分为免疫诊断、病理诊断、分子诊断、血液诊断、生化诊断五大类；按方法学划分，可分为酶联免疫、胶体金、乳胶比浊、荧光免疫层析、时间分辨荧光、化学发光、免疫层析、质谱、免疫组化、核酸扩增、分子杂交、基因芯片、基因测序、血细胞分析、流式细胞术、酶法十六小类，详情如表 5-16 所示。

表 5-16 境内外三类 IVD 注册产品情况

		2021 年	2020 年	2019 年	2018 年	2017 年	总数/件
免疫诊断	酶联免疫	6	4	18	4	30	62
	胶体金	13	24	15	14	50	116
	乳胶比浊	4	7	3	1	11	26
	荧光免疫层析	3	9	7	14	9	42
	时间分辨荧光	0	0	3	5	18	26
	化学发光	92	152	168	34	94	540
	免疫层析	0	1	0	2	1	4
病理诊断	质谱	0	0	1	0	1	2
	免疫组化	3	3	6	7	5	24

续表

		2021年	2020年	2019年	2018年	2017年	总数/件
分子诊断	核酸扩增	57	67	79	51	64	318
	分子杂交	2	3	4	2	2	13
	基因芯片	2	0	1	1	8	12
	基因测序	5	9	5	4	3	26
血液诊断	血细胞分析	6	7	9	23	16	61
	流式细胞术	5	4	3	5	42	59
生化诊断	酶法	3	12	5	7	3	30

从五大种类的数量来看，2017—2021年注册的三类试剂产品中，含免疫诊断816件、病理诊断26件、分子诊断369件、血液诊断120件、生化诊断30件，近5年逐年变化趋势如图5-34所示。

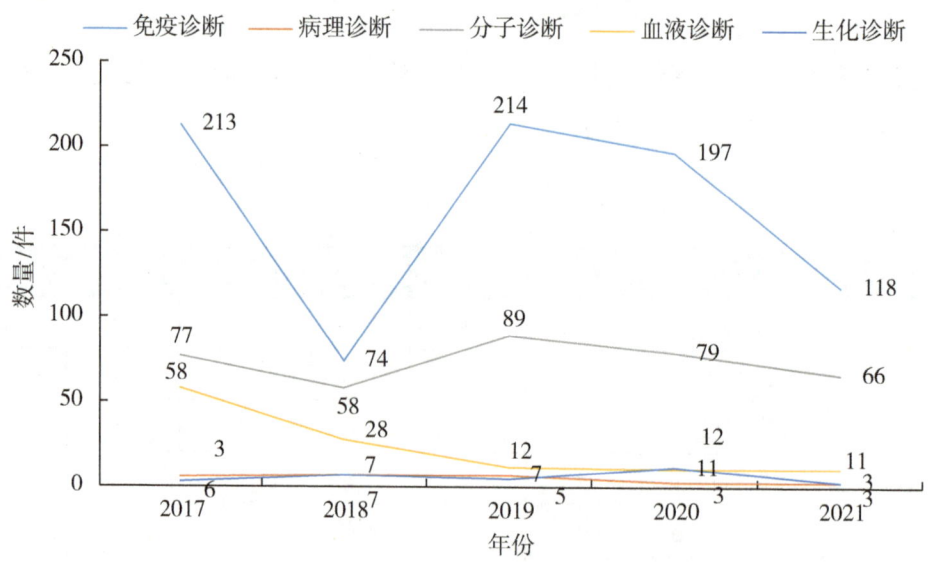

图5-34　2017—2021年三类试剂分类趋势

(2) 三类体外诊断试剂各方法学分类分析

免疫诊断（酶联免疫、胶体金、乳胶比浊、荧光免疫层析、时间分辨荧光、化学发光、免疫层析）、病理诊断（质谱、免疫组化）、分子诊断（核酸扩增、分子杂交、基因芯片、基因测序）、血液诊断（血细胞分析、流式细胞术）、生化诊断（酶法）五大类别各自包含方法学，2017—2021 年数量趋势分别如图 5-35 至图 5-39 所示。

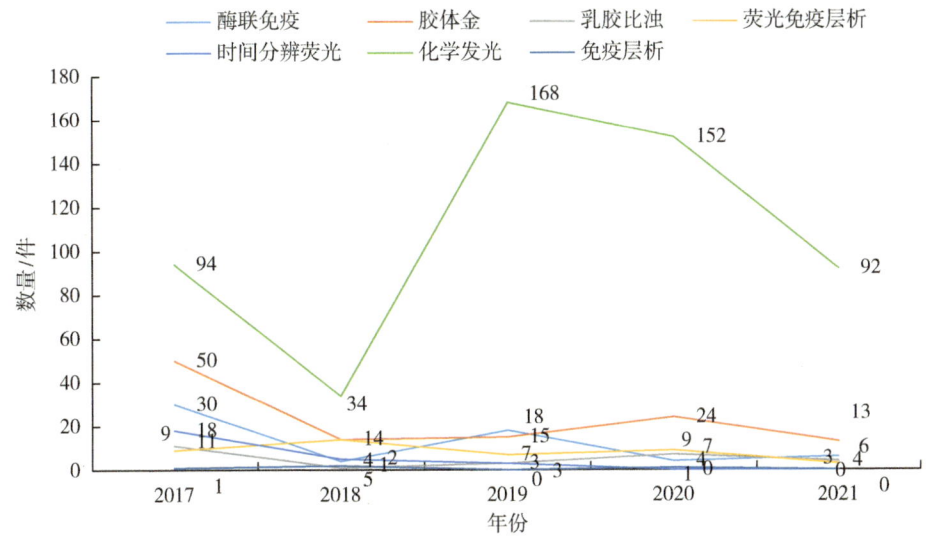

图 5-35　2017—2021 年三类免疫诊断试剂方法学分类趋势

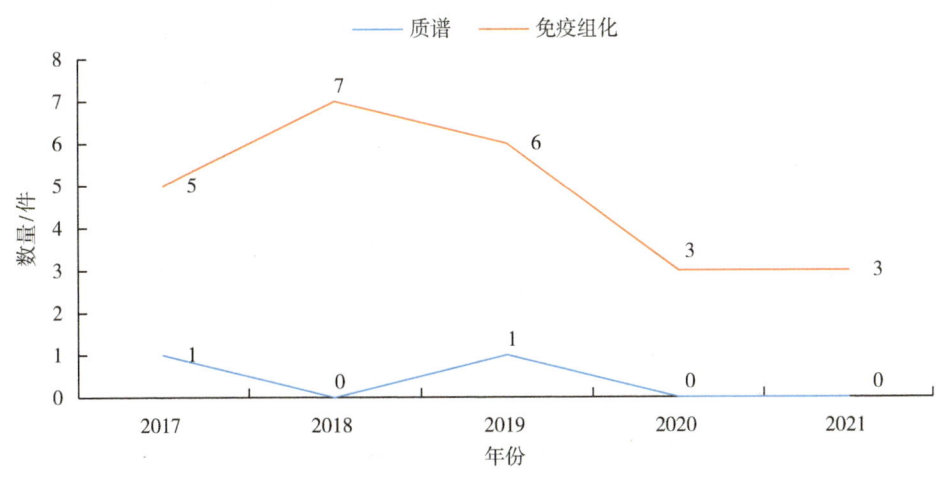

图 5-36　2017—2021 年三类病理诊断试剂方法学分类趋势

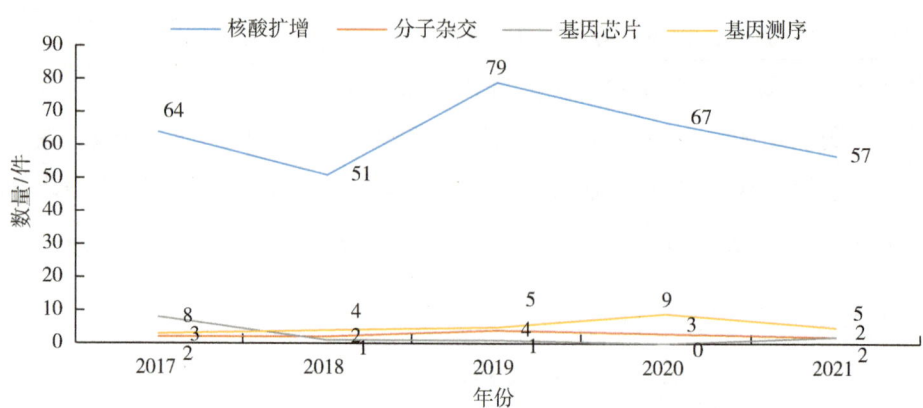

图 5-37　2017—2021 年三类分子诊断试剂方法学分类趋势

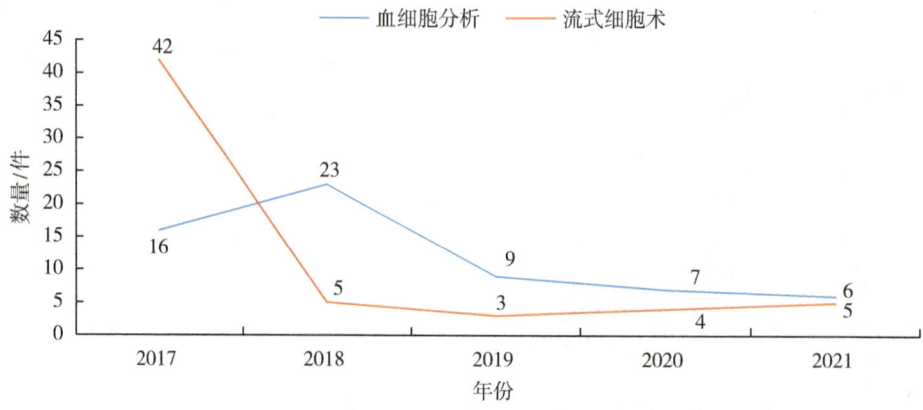

图 5-38　2017—2021 年三类血液诊断试剂方法学分类趋势

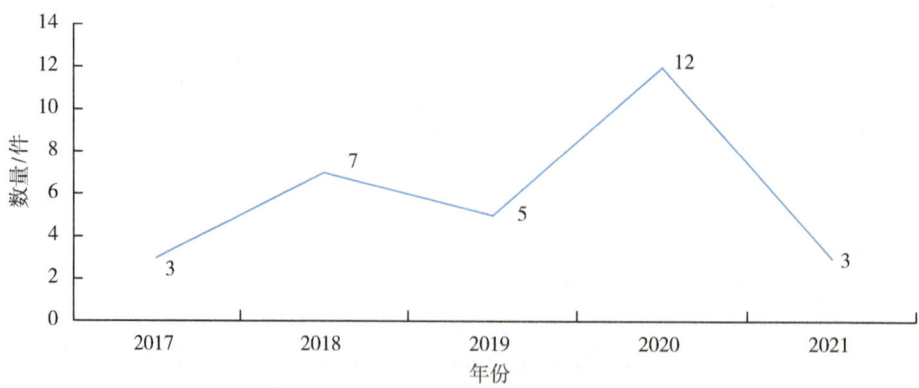

图 5-39　2017—2021 年三类生化诊断试剂方法学分类趋势

第五章 体外诊断产业链条

从五大类型试剂的注册数量占比来看，免疫诊断、分子诊断和血液诊断的数量占据前三，分别为60%、27%和9%，其中，免疫诊断的数量远高于其他四类。中国的免疫诊断试剂、生化诊断试剂是最主要的两大体外诊断试剂市场，而生化诊断试剂大多为二类试剂，在三类试剂的统计中占比较小（图5-40）。

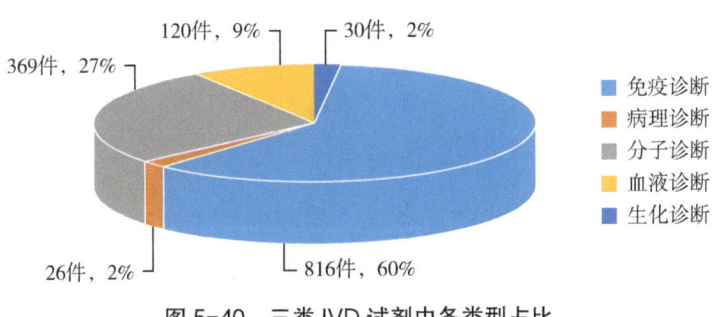

图 5-40　三类 IVD 试剂中各类型占比

从按16个方法学分类的试剂注册数量占比来看（图5-41），化学发光、核酸扩增的占比遥遥领先，高达40%和23%。免疫诊断历经放射免疫、酶联免疫、免疫胶体金、化学发光、电化学发光等多个阶段，而化学发光凭借其灵敏度高、特异性好、自动化程度高、精密度好、准确率高等优势，快速实现了对酶联免疫等方法学的替代。分子诊断在我国起步较晚但增速快，其中核酸扩增类，尤其是PCR类产品发展非常迅速，为分子诊断的主流技术之一，前景良好。

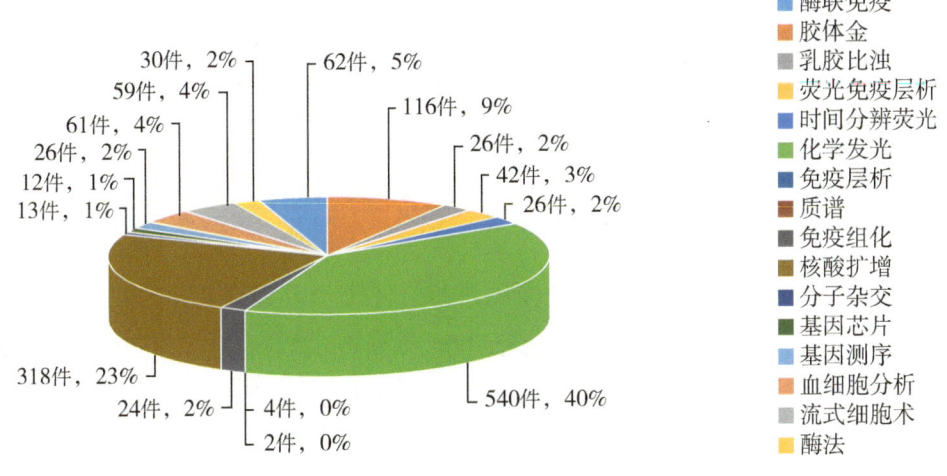

图 5-41　三类 IVD 试剂中各方法学占比

第四节 体外诊断市场渠道

一、体外诊断渠道现状

（一）生产企业、渠道商、终端客户的现状

1. 生产企业

经过多年的发展，目前国内体外诊断（IVD）品牌在常规检测产品（血细胞分析、生化、免疫、化学发光等）中的市场份额、检测项目丰富度、检测质量及售后服务能力均已达到甚至某些性能指标超越了进口品牌，在高端技术应用方面（如自免、分子诊断、NGS 等）发展也非常迅猛，同时也涌现了一批明星企业。

国产 IVD 品牌相对于进口品牌起步较晚，在 20 世纪 70 年代末国内 IVD 起步时，进口品牌就早已经历了几十年技术及品牌的沉淀，因此尽管其在价格上定位较高，但由于其在检测技术的先进性、检测指标的丰富度、检测结果的重复性等方面较国产品牌具有明显优势，国内绝大多数的头部医院及经济实力较强的医院都会优先选择进口品牌产品。目前，活跃在市场上的国产企业在初创期多为进口品牌的区域代理，通过产品代理业务积累了原始资本和客户资源，同时培养了自己的人才队伍，此后便开始创立品牌，逐步摆脱对进口品牌的依赖。国产品牌创立初期，因存在技术和研发人才的短板，自主创新能力不足，多以跟随进口产品为主，而且以三大常规及生化检测等低技术门槛的设备及试剂为主，由于产品品质及品牌的弱势，导致主要的应用市场也只能聚焦在二级及二级以下医院，因此国内 IVD 初期的市场格局是：行业大部分市场份额及头部医院被进口品牌占据，国产品牌主要用户集中于二级及二级以下医院，且同质化竞争严重，价格竞争激烈，生存环境恶劣。

近 10 年，随着国内整体医疗市场的迅猛发展，国内生产企业在人才、技术、资金等各方面都获得了丰厚的积累和长足的进步，使整个 IVD 的产业也相应进入了一个良性循环，生产企业愿意将更多的资源投入到新产品的研发、技术的突破、产品的性能迭代、产品力的提升、品牌的建设、人才队伍的专业化培养等方面。经过多年品质及品牌的打磨，在某些产品领域已开始逐步实现国产品牌的替代，之前"卡脖子"的项目和技术占比在逐步减少。例如，以迈瑞为代表的国产厂商在血细胞分

析、生化、发光等领域不断取得突破，技术和品牌在国内外也持续得到认可，这标志着国产品牌赶超进口品牌的时代已经到来。

当然，我们同时也应该清醒地看到如今在分子、质谱等高端领域与进口产品的差距仍然很明显，进口产品在头部三级医院的占有率仍然居高不下。随着国际环境的变化及国产产品品质的不断提升迭代，同时在国内政策的加持下，提高国产产品市份额的呼声越来越高，并且已在各地区逐步形成政策进行落地实施，国产品牌在国内市场全面赶超进口品牌已经进入可预见且不可逆阶段。日趋缩小的市场份额已经让以罗氏、雅培、西门子、贝克曼为代表的进口品牌渠道商清醒地认识到，昔日进口品牌得天独厚的优势已经严重弱化甚至消失。以血细胞分析仪市场为例，几十年来绝大部分的市场份额被进口品牌占据，尤其以日本的Sysmex（希森美康）为主，2021年，深圳迈瑞自主研发生产的血细胞分析仪在国内的市场占有率已经超过希森美康。化学发光领域长期被进口品牌垄断，但随着安图、新产业、迈克、迈瑞等一批企业的成长，二级及二级以下医院基本实现了国产品牌全覆盖，三级医院的装机也逐年大幅递增。

虽然目前在常规检测领域我们已经具备与进口品牌同台竞争的实力，但在一些高端技术领域，尤其具有很强的技术壁垒的领域，我们与进口品牌的差距仍然显而易见。未来，需要我们国内企业进一步加大对于新产品的研发、新技术的突破，同时也需要国内能够涌现出一批具备高精尖研发技术能力的上游原料企业，其可以为IVD生产企业源源不断输送性能比肩甚至超越进口的关键原料，同时又可以明显降低企业的生产成本。例如，以诺唯赞、义翘神州、纳微生物为代表的国内生物原料生产研发企业持续在为国内大多数的IVD生产企业提供先进的酶、蛋白质、抗原、抗体、微球等系列核心原料，助力国内IVD生产企业持续、良性、高效的发展。

2. 渠道商

产品流通企业，俗称"经销商、代理商"。国内产品的流通企业基本采用多级代理商的模式进行产品销售及市场拓展，整体市场可依据企业性质及规模划分为以下几类。

短期利益型：这种类型主要存在于早期较粗犷的渠道模式之下，目前已不适应当前的市场竞争态势，所以近几年快速萎缩。这种类型的渠道商以盈利为核心目标，追求"短平快"，因此渠道管理缺失、混乱。因对渠道的筛选规则不同、区域政策差异、利益分配不清晰、渠道管控力度参差不齐，出现了同厂家、同区域产品在经销政策上出现差异的情况，从而导致合作伙伴水平差异较大，规模大小不一，区域布局凌乱，渠道管控缺失。近年，随着市场的成熟度提升，渠道结构优化，加上国家医改的深入推进，追求短期利益的模式已很难适应当下的市场需求，逐步被淘汰。

长期发展型：这是当下市场的主流模式。经过多年的行业发展，终端用户、渠道体系、人才结构均发生很大的变化，市场已经从无序走向有序，也从"短期利益关系"逐步走向"长期合作伙伴关系"。生产企业希望可以寻找到与自己企业价值观相匹配的核心渠道商，对渠道商的人员队伍、部门配置、市场资源等均有相应的要求。同时，优质渠道商也希望可以选择具备长期发展能力的厂家合作，这样可以有助于自身业务的平稳长期发展及人才队伍的构建。生产企业和渠道商会依据各区域市场格局、竞争态势、用户需求的差异化，制定相应的市场策略。共同制定包括技术研发、产品设计生产、学术科研、营销团队及售后服务的全覆盖市场策略。市场策略制定后，厂家和渠道商进行流程确立和组织分工，厂家主要以产品服务、技术指导、售后服务为主，渠道商主要以商务渠道为主。厂家提供全面的培训及支持体系，协助各级渠道商在各自区域深耕细作，高效、精准地将产品推介给终端用户，提升客户认可度和合作黏性，从而使地区产品长期具有高占有率和客户满意度。

集中采购平台：近年随着国家对医药行业集采力度的加大，以药品、高耗为代表的政府带量采购模式被各级政府采用。在此背景下，未来以政府牵头的带量集约化采购将逐步成为市场主流，从而促使各生产企业对渠道体系的重新塑建。生产企业对渠道商的选择从原先单一考虑终端服务能力向寻求与大型医药配送平台商（国药、上药、华润、九州通等）合作转移。相信在目前国内医疗器械唯一标识 UDI 码、全国统一价格的倡导下，未来整体市场的统一化、标准化、规范化将进一步完善，生产企业与大型医药配送平台的合作将更加深入。

3. 终端客户

长期以来，国内 IVD 行业在常规检测产品上处于"供远大于求"的格局，作为终端用户的医疗机构一直处于强势交易地位，医疗机构在品牌选择、议价、服务要求等方面具备很强的选择权。在医疗机构用户中，各地区三级综合性医院/标杆医院因其在区域内的学术地位和技术示范效应,均是各厂家竞相追逐的核心用户。地区标杆医院因其自身是地区医疗综合服务能力的塔尖,对产品性能、技术层次、服务能力等选择要求均很高,同时标杆医院的诊疗量相对较大,对检测设备也提出了高通量、高水平、高质量、高标准的要求。因此,为了获取地区标杆医院的认可,很多厂商对地区标杆医院的合作渠道商也提出了更高的要求,要求渠道商除具备相应的商务能力外,须同时具备销售、配送、售后服务等综合服务能力。但在近些年政府带量采购持续推进的背景下,价格谈判已从单一医院转到区域集约化带量采购,定价权也相应从医院终端转向对应的政府部门。

(二)渠道价值的走向

随着国内优秀厂家逐渐崭露头角,终端医院对产品的可选择性越来越丰富,渠道间的竞争态势也愈演愈烈。近年,由于疫情及国际形势的变化,各行业都不可避免地遭受冲击,国内原本竞争白热化的 IVD 行业也正经历着一场大浪淘沙的大洗礼。厂家面临渠道商的生存诉求,渠道商面临医院的降本诉求,同时大量医药及耗材领域的经销商与从业人员不断选择加入 IVD 行业赛道,因此建立具备长期可持续发展的渠道合作体系,对所有的生产企业尤为重要。对于 IVD 渠道商来说,守住客户就能生存,"唇亡齿寒"的关系将厂商和渠道商再次紧密联系在一起,但经销商作为本地化服务商,面临税收、采购、降价、商务、人力等诸多经营难题,同时又有第三方独立实验室、区域检验中心、分级诊疗、供应链管理 SPD 等大型项目的介入,议价权也逐步从渠道商手上转移到医院或医保集采单位,普通经销商的生存空间越来越狭窄。医药流通巨头正在通过 SPD 项目加快进入 IVD 配送领域,传统渠道商面临的生存压力越来越大,而且随着产品的丰富、学术的发展,需求也日趋高端,因此想要在如此激烈的竞争中存活下来,就必须要有创新的业务模式或不断迭代的创新产品,学术型 IVD 服务才是经销商冲出重围的利器,所以大批的传统经销商只能被新一代学术型渠道商替代。

国内 IVD 行业经过几十年的快速发展,经历了从手工、半自动、全自动到全自动流水线的迭代历程,行业发展初期出现的产品丰富度低、渠道体系不健全、市场信息相对封闭等情况在政府的政策支持与监管下,同时在企业的努力及持续改进下已完全改观。国内渠道营销目前已经历了 3 个标志性阶段:1.0 时代,商务客情营销;2.0 时代,商务客情与产品专业服务相结合;3.0 时代,更需要专业型、学术型的服务合作关系。因此，现如今各厂商会更专业地去看待客户需求，同时也会要求经销商必须配备专业化的市场队伍，承接厂家的技术、学术、应用的职能，销售队伍也应该和厂家保持一致的目标与联动，这样才能打造自身的核心竞争能力并得到终端用户的认可。因此，厂家的思维在逐步改变着渠道商的思维，让渠道变得更加理性和专业，转而渠道商也才能靠硬实力拿到好的产品代理权。通过这样的筛选循环和竞争，厂商及渠道商之间会得到深层次的相互促进和提升，最终会沉淀出一批优秀的强大的企业及渠道商来促进国内 IVD 行业的良性发展。

二、体外诊断渠道发展趋势

（一）产品的同质化竞争严重

国内 IVD 生产企业起步较晚，常规检测设备及试剂技术门槛相对较低，但 IVD 整体市场扩张迅速，2020 年近 900 亿元的体外诊断试剂市场就有近 1400 个厂家，国内低端 IVD 企业只能进行低水平的复制，导致整体行业创新力不足。从近几年的各大展会上可以明显感觉到，大到流水线，小到 POCT，产品从技术到外观都显雷同。究其原因，无非以下几点。

竞争白热化：分级诊疗、基层扶持等政策，都为 IVD 打开了新的机会窗口，广大原先未被满足的需求得到释放，一推一吸，扎入 IVD 行业的企业和人才爆发式增长，市场的高预期让整个 IVD 市场很快进入白热化竞争阶段。

代工模式：代工企业获得了足够的生存空间，结果就导致市场上五花八门的仪器设备、检测试剂的功能、性能及外观同质化严重。

人才流动：行业火热增加了人员的流动性，但是流动人员带着自己的思维定式大大影响了新公司的定位及发展。研发人员为了更快出成绩，只能在最有把握的方面投入资源，以获得高绩效的评定结果，所以选择了走捷径的方式，即快速复制之前的研发经验进行产品开发。营销人员为了更快出业绩，选择申请特殊政策、切换竞品代理商等短期手段，以便带来短期效益。最终带来的后果必然就是产品和渠道的同质化竞争。

资本推手：近些年，非 IVD 行业的资本不断涌入 IVD 市场，大大推动了行业的快速发展，带来了市场的繁荣，也确实成就了很多的优秀上市企业，但对于不少被投资的公司来说，投资方给出的时间期限、资金回笼压力，迫使公司不得不采取短平快的战略，因此在资金充裕的情况下，也孵化出了很多同质化严重的公司。

随着国家医改的逐步深入，企业、资本及个人对IVD赛道的认知都越来越清醒，进而资源和政策都会向着有研发创新能力、有市场敏感度、有专业深度的企业及渠道倾斜，"创新驱动"将会引领整个IVD产业链的发展，未来"得研发者得天下"，真正具备核心研发能力和产品服务能力的企业会成为最终的引领者。

（二）生产企业的渠道合作与选择

在日益激烈的市场竞争中，企业建立并管理好其营销渠道已经成为长期立足的关键，企业能否高效管理其营销渠道决定着企业的战略高度，因此渠道在增强竞争力方面越来越受到企业的重视。随着市场竞争愈演愈烈，企业及终端用户对渠道的要求也日益提高，所以市场营销渠道也逐渐暴露出很多问题，如渠道结构不合理、渠道和生产企业合作持续性及黏性低、渠道运营成本高等。其中，生产企业与主流渠道商的合作持续性及黏性尤为关键，因为对于厂家来说稍有不慎就很可能培养了一个强大的竞争对手。生产企业与主流渠道商的合作持续性及黏性低的原因主要由以下因素导致。

渠道商运营压力较大：内部不断攀升的运营成本，外部不断下调的市场价格，导致渠道商的生存压力较大。市场竞争导致渠道优先选择"先活下来"，从而直接影响渠道商选择产品的决策。

渠道商管理缺失：国内企业由于起步晚，渠道商管理经验不足，导致渠道层级设置不合理，多重渠道间存在冲突，对渠道成员缺少适当的激励机制，权、责、利划分不清晰，导致经销商对企业的渠道管理缺乏信心。

企业创新能力不足：企业品牌影响力小，企业研发能力缺失或较弱，新品推出及产品升级迭代慢，无法及时满足市场及客户的需求。

渠道被竞品围猎：区域资源背景较强的渠道无疑是各家品牌争相合作的目标，面对厂家眼花缭乱的合作政策，"选择困难"也让渠道商困惑不已。

近几年，大多数渠道商已清醒地认识到产业及市场的危机，主动抛弃原先固化的经营思维，积极寻求与研发创新实力强的企业合作。这样的发展趋势会给国内的IVD业态带来前所未有的新鲜活力，有利于促进厂商及渠道商深度、规范的合作及市场的健康稳步发展。

（三）未来渠道发展趋势

1. 进口替代引发的渠道整合

同我国其他行业一样，IVD 国产产品从无到有，在残酷激烈的竞争中学会了生存和进步，逐渐缩小了与国际先进水平的差距，甚至部分明星企业在技术上已经达到了国际先进水平。随着国内企业自身技术、工艺及研发能力的不断提升，我国 IVD 行业一直在努力推进实现进口替代。另外，进口品牌价格昂贵，对医保支付及医院的采购都形成了巨大压力，进口替代也势在必行。为鼓励国产医疗设备发展、优化资源配置并降低检查费用，国家政策频出，鼓励优先采购国产设备。从当前招标采购趋势来看，未来我国有望逐步弱化国产与进口的区别，依据我国国情在性能、质量的基础上，还会注重产品的性价比，不会再盲目跟风一味追求进口高端产品。因此，随着国产医疗器械厂商逐步加大研发投入，不断突破技术壁垒，当产品性能和质量与外资品牌不存在本质差异时，中高端国产产品有望凭借其更高的性价比和更优的招标采购政策进一步扩大市场份额，使国产医疗器械增速及占比稳步提升，最终将国产品牌真正做强做大。

近几年，国际环境复杂多变，叠加新冠肺炎疫情的影响，使降本控费成为整个医疗终端市场的主旋律，同时随着国产产品的不断优化创新，进口产品也面临前所未有的挑战，国产产品凭借主场优势及高性价比在国内得到越来越多高端用户的认可，也大大加快了国产替代的步伐。随之而来的必然是进口渠道与进口代理产品的剥离，转而投向产品服务能力较强的国产厂商。进口厂商在国内多采用全国总代理及全省总代理的经销模式，尽管管理体系相对成熟完善，但是对整个销售网络和底层代理层级的把控还是相对粗犷的。而且很多国内厂商之前就是代理进口产品，后通过模仿与创新创立了自己的品牌（美康、安图、迈克等），成为原先代理品牌的竞争对手。在渠道层面，原先进口产品的代理商转向选择国产品牌也成为一种趋势。

从整个行业来看，无论是国产还是进口，随着市场竞争的日益激烈和行业法律法规的调整，行业整合是大势所趋。行业内实力较强、规模较大的渠道商利用自身资源优势和服务优势，努力提高自身组织化水平，实现规模化、集约化经营；而规模较小、服务能力较弱的渠道商将逐步通过兼并重组、转型等方式退出市场，从而提高我国 IVD 流通行业的集中度（如国药控股、润达医疗、九州通、华润等大型医药配送平台）。

2. SPD、集采、医联体对渠道的影响

在政策趋紧和收费下降的双重压力下，政府和医院对体外诊断流通环节的改革势在必行。医院打破常规与新兴渠道或整合后渠道的合作意愿越来越强烈，同时行政监管也在压缩流通环节，减少流通层级，大大加快了渠道整合的节奏，因此很多传统代理商或主动或被动退出及被整合。对传统渠道的影响主要体现在以下几个方面。

发展瓶颈越来越明显：医院对渠道商的多元化服务要求越来越高，传统渠道商基于现有的服务能力及有限的产品资源很难将业务扩大。

政策压力越来越大：SPD、DRG、集采、带量采购、医联体等政策密集出台，压缩流通环节和医疗反腐，分散的渠道供应链无法满足医院"节省管理资源"的诉求，单一渠道获取订单越来越难。

降价压力越来越大：一系列IVD政策的出台，目的都是为了压缩产品流通层级，降低医保支出，让利于民众。受影响最大的无疑是中间流通渠道，导致渠道商的生存压力越来越大。

议价能力越来越弱：单一的渠道商由于采购量小而对厂商的依赖度较高，导致议价能力偏弱，更难获取产品利润。

显然，"单打独斗"的传统渠道已经不适应当前的市场竞争，降低收益预期"抱团取暖"才是长远发展的通路。对于厂商来说，通过原料端的自产或采用性价比高的国产原料以降低生产成本，以及加大产品的研发及攻坚力度以提升产品力来助力渠道商获得合理的利润空间和强有力的市场优势，是能够从容应对当前及未来市场及政策变化的一个关键、重要命题。

3. 渠道走向学术型营销

国际品牌：国际品牌发展较早，处于行业前沿，具备高品质、高议价能力，客户层级较高，品牌认知度高，新项目、新产品推陈出新的速度较快，获取学术资源也比较容易，学术营销对业务推动的效果比较明显，因此也一直比较注重学术营销。随着近些年的进口替代愈演愈烈，客户层级也被迫逐步下沉，物价的不断下调导致产品毛利不断下降，国内产品注册门槛不断提高，进口产品研发更新的动力不足,学术营销的投入逐年下降,同时由于成本控制及新冠肺炎疫情影响,学术营销的模式多从线下转为线上,学术推广的过程容易脱节流于形式,效果也大不如前。

国内品牌:国内IVD产业起步较晚,初期在技术及工艺上主要以跟随进口品牌为主,在性能上与进口品牌差距较大,客户的认知度和接受度较低,很多厂商只能通过商务营销切入部分市场来获得用户的真实体验,从而得到改进、提升产品性能的机会,但多以中低端用户为主,所以学术资源也比较匮乏。国内IVD经过多年市场竞争的洗礼和沉淀,上游原料端、中游产品端都涌现了一批优秀的上市企业,它们引领国产品牌的技术不断突破提高,市场对国产产品的接受度也越来越高,客户层级也逐步上移至三级医院,因此学术营销变得越发重要。

同时,用户及厂商也对渠道提出了更高的要求,原有的经销商模式已经不能适应当前市场发展的需求,需要更专业、更学术、覆盖面更广的营销渠道。所以,国内厂商和渠道商也一直在不断学习和打造适合自己产品特色的专家团队,引入先进的管理流程,不断优化产品的输出、推广和服务流程来缩小与进口产品之间的差距,这个积极变化为国内IVD产品的国际化、规范化打下了坚实的基础,相信不久的将来会有更多的国内IVD企业跻身国际舞台,展现中国创造的魅力。

近几年,原料厂商也在不断加大研发投入,突破进口原料的技术壁垒,为国内IVD厂商提供物美价廉的原料替代,同时原料厂商凭借原料自产的成本优势向下游产品端延伸,而产品厂商也在产品工艺和生产流程上不断突破自己,同时凭借优质成熟的产品工艺向上游原料端延伸,甚至出现了原料与产品厂商的直接融合,大家都在积极打造各自产业链闭环,以期获得牢固、优质、可控的产品品质及市场。

(四)海外销售渠道现状概述

1. 海外渠道现状

国际检验龙头企业罗氏、雅培、西门子、丹纳赫体外诊断业务的国际化布局多始于20世纪90年代末期,除北美、欧洲部分发达国家采用直销模式外,其余大部分地区或国家都是采用代理模式来销售其体外诊断产品。以直销模式为例,各国际龙头品牌会在直销国家建立分公司,组建自有销售团队、临床团队、售后团队及各类职能部门来支撑直销业务;对于分销国家,则搭建起一支较为成熟的代理商队伍来支持其本地业务,本地代理商从售前到售后为各品牌在当地提供一站式的终端客户对接方案，同时承接厂家转嫁而来的回款风险及商务风险。在大多数分销国家，国际品牌也会在当地建立分公司，与直销国家不同，分销国家的分公司主要行使支持当地代理商业务及培训推广的职能。值得一提的是，国际龙头品牌在少数直销国家的营收规模要远大于在其分销国家的营收规模。

2. 中国体外诊断品牌海外销售渠道发展历程

以迈瑞、万孚、新产业为例，中国体外诊断品牌的国际化进程多始于2005年前后。进军海外市场初期，中国品牌绝大多数采用分销模式，其目标也非常明确：抓住欧美品牌并不重视的中低端市场，从发展中国家、欠发达国家地区开始全球化进程，通过高性价比的产品在中低端市场占据一定的市场份额，为其进一步国际化布局打下了较为坚实的基础，同时实现了海外营收零的突破。当品牌知名度、产品力有了一定积累后，中国品牌开始进军北美、欧洲等发达国家市场，探索直销+分销的经营模式，通过发达国家的成熟市场，不断打磨产品，提升品牌影响力，进一步夯实中国品牌的全球化战略布局。与此同时，中国品牌的海外渠道商也在完成由商务型向专业型、学术型的蜕变，以在其所属国家协助品牌行使第二厂家的职能。

3. 全球新冠肺炎疫情下中国企业的战略

（1）新冠肺炎疫情期间，中国企业海外业务概述

往前推10年，在国际大型医疗器械展会中鲜有中国IVD企业的身影，近几年，越来越多的中国IVD企业开始在国际市场崭露头角，在最近一届德国杜塞尔多夫Medica展会及迪拜Medlab展会中，浮现出一批中国IVD企业新秀，如圣湘、诺唯赞、热景生物、锦瑞等。自2020年新冠肺炎疫情暴发以来，国际市场对于新冠病毒检测产品需求激增，这些中国IVD企业都把握住了机遇，并趁势打开了国际市场的大门，实现了业绩飞跃式的增长，从刚刚过去的2021年来看，尽管受疫情持续影响，国内体外诊断行业表现依然强势，多数中国IVD企业利润较2020年同期仍有明显增长，东方生物2021年净利润预计可达47.2亿～51.2亿元，同比增长185%；热景生物预计净利润同比增长超16倍，明德生物、九安医疗等净利润预计或将翻倍。

比短期业绩增长带来的利润更令人欣喜的是，通过近两年海外市场的摸索，不少企业探索出一套可持续发展的海外业务模式，以诺唯赞为例，两年的新冠病毒检

测产品"出海",让其建立起一套成熟的海外销售渠道管理体系,代理商的选、育、去、留,对于代理商管理的全流程化体系搭建,再加上海外市场准入的经验复制、国际化团队建设,都为其在海外全球化战略布局奠定了坚实的基础。

(2)我们仍然是世界工厂

得益于强有力的防控体系,在全球新冠肺炎大流行期间,中国社会有序运行,供应链完善,出口通道畅通无阻,中国IVD企业成为本轮全球新冠病毒检测供应链中的中流砥柱,中国作为世界工厂的价值再度凸显。随着新冠病毒疫苗、新冠病毒特效药的相继问世,新冠病毒检测市场的需求明显放缓,中国IVD品牌能否在后疫情时代战略性调整新冠病毒检测相关产品结构与供应链策略,积极回归常规业务及投资布局新风口市场,如因新冠病毒自测打开的居家检测市场,是未来中国IVD企业能否迎来更加繁荣局面的关键所在。

除了履行世界工厂的职能外,中国IVD企业还需要积极参与生物安全全球治理,同国际社会携手应对日益严峻的生物安全挑战,如近期在欧美流行的不明原因肝炎及猴痘病毒,加强生物安全政策制定、风险评估、应急响应、信息共享、能力建设等方面的双多边合作交流。紧跟中国"一带一路"步伐,同合作国家建立高效共赢的国际药品、医疗器械研发合作模式,共同构建人类卫生健康共同体,加快推动我国体外诊断产品实现国际化,为世界贡献中国智慧,提供中国方案。

(五)后疫情时代发展简思

总体来看,全球体外诊断市场发展极不均衡。北美、西欧等经济发达地区占据超六成的市场,并且近半数的市场份额被罗氏、雅培、西门子、丹纳赫四大巨头包揽。我国作为体外诊断行业的新兴市场,在新冠肺炎疫情的大背景下,"新冠病毒检测产品"造就了一批公司。但后疫情时代是否有新产品进行延续,能够在POCT、免疫、分子等领域继续突破,还需国内企业自身加强产品研发和国际市场的验证。

参考文献

[1] ALFALEH M A, ALSAAB H O, MAHMOUD A B, et al. Phage display derived monoclonal antibodies: from bench to bedside [J]. Frontiers in immunology, 2020, 11: 1986–2017.

[2] ARNOLD F H. Innovation by evolution: bringing new chemistry to life (Nobel lecture) [J]. Angew andte chemie, 2019, 58 (41): 14420-14426.

[3] ARNOLD F H. The nature of chemical innovation: new enzymes by evolution [J]. Q Rev Biophys, 2015, 48 (4): 404-410.

[4] BEAUDET L, RODRIGUEZ-SUAREZ R, VENNE M H, et al. AlphaLISA immunoassays: the no-wash alternative to ELISAs for research and drug discovery [J]. Nature methods, 2008, 5 (12): an8-an9.

[5] CAO Y, SU B, GUO X, et al. Potent neutralizing antibodies against SARS-CoV-2 identified by high-throughput single-cell sequencing of convalescent patients' B cells [J]. Cell, 2020, 182 (1): 73-84.

[6] CAPECCHI R, PUXEDDU I, PRATESI F, et al. New biomarkers in SLE: from bench to bedside [J]. Rheumatology (Oxford), 2020, 59 (Suppl5): 12-18.

[7] POLISSIDIS A, PETROPOULOU-VATHI L, NAKOS-BIMPOS M, et al. The future of targeted gene-based treatment strategies and biomarkers in Parkinson's disease [J]. Biomolecules, 2020, 10 (6): 912-944.

[8] POSNER J, BARRINGTON P, BRIER T, et al. Monoclonal antibodies: past, present and future [J]. Handbook of experimental pharmacology, 2019, 260: 81-141.

[9] CLSI. Evaluation of precision of quantitative measurement procedures, 3rd edition: EP05-A3[S]. Wayne, PA: Clinical and Laboratory Standards Institute, 2014.

[10] CLSI. Evaluation of linearity of quantitative measurement procedures, 2nd edition: EP06-Ed2[S]. Wayne, PA: Clinical and Laboratory Standards Institute, 2020.

[11] CLSI. Measurement procedure comparison and bias estimation using patient samples, 3rd edition: EP09c-3rd[S]. Wayne, PA: Clinical and Laboratory Standards Institute, 2018.

[12] CLSI. Evaluation of detection capability for clinical laboratory measurement procedures, 2nd edition: EP17-A2[S]. Wayne, PA: Clinical and Laboratory Standards Institute, 2012.

[13] CLSI. User verification of precision and estimation of bias, 3rd edition: EP15-A3[S]. Wayne, PA: Clinical and Laboratory Standards Institute, 2014.

[14] STUCKI A, VALLAPURACKAL J, WARD T R, et al. Droplet microfluidics and directed evolution of enzymes: an intertwined journey [J]. Angew Chem Int Ed Engl, 2021, 60 (46): 24368-24387.

[15] TAN Y, ZHANG Y, HAN Y, et al. Directed evolution of an $\alpha 1, 3-$ fucosyltransferase using a single-cell ultrahigh-throughput screening method [J]. Science advances, 2019, 5: eaaw8451.

第六章 体外诊断市场及其发展趋势

第一节 国内市场

一、市场规模分析

根据行业相关数据统计和测算,2021年,中国体外诊断市场规模突破1000亿元大关,达到1070亿元(图6-1),2016—2021年的年均增长率高达14.7%。据南方医药经济研究所预测,2021年,中国医疗器械行业营业收入达到11 560亿元,体外诊断营收规模占比约为医疗器械行业的1/10,是医疗器械行业营收规模占比最高的子领域。

图6-1 2016—2021年中国体外诊断产业市场规模及增速

(资料来源:历年上市IVD企业财报及行业相关数据,南方医药经济研究所整理)

（一）上市企业发展情况

截至 2021 年，我国医疗器械上市企业共计 145 家，其中，主营业务收入涉及体外诊断领域的企业共计 54 家，在 2020 年之前上市的企业有 36 家（表 6-1），如华大基因、万泰生物、新产业、东方生物等。国内的医疗器械企业迈瑞医疗和丽珠集团的主要营收虽然并非来自 IVD 板块，但其 IVD 板块的营收体量也较大。

表 6-1　2020 年之前上市主营体外诊断企业

序号	证券代码	企业简称	省（区、市）	城市
1	000710.SZ	贝瑞基因	四川	成都
2	002022.SZ	科华生物	上海	上海
3	002030.SZ	达安基因	广东	广州
4	08247.HK	中生北控	北京	北京
5	300009.SZ	安科生物	安徽	合肥
6	300244.SZ	迪安诊断	浙江	杭州
7	300289.SZ	利德曼	北京	北京
8	300298.SZ	三诺生物	湖南	长沙
9	300318.SZ	博晖创新	北京	北京
10	300396.SZ	迪瑞医疗	吉林	长春
11	300406.SZ	九强生物	北京	北京
12	300439.SZ	美康生物	浙江	宁波
13	300463.SZ	迈克生物	四川	成都
14	300482.SZ	万孚生物	广东	广州
15	603658.SH	安图生物	河南	郑州
16	300639.SZ	凯普生物	广东	潮州
17	300642.SZ	透景生命	上海	上海
18	300676.SZ	华大基因	广东	深圳
19	603387.SH	基蛋生物	江苏	南京
20	300685.SZ	艾德生物	福建	厦门
21	603882.SH	金域医学	广东	广州

续表

序号	证券代码	企业简称	省（区、市）	城市
22	002932.SZ	明德生物	湖北	武汉
23	688068.SH	热景生物	北京	北京
24	688389.SH	普门科技	广东	深圳
25	688399.SH	硕世生物	江苏	泰州
26	ANPC.O	安派科	浙江	丽水
27	688298.SH	东方生物	浙江	湖州
28	603392.SH	万泰生物	北京	北京
29	300832.SZ	新产业	广东	深圳
30	BNR.O	燃石医学	广东	广州
31	GTH.O	泛生子	北京	北京
32	688338.SH	赛科希德	北京	北京
33	300869.SZ	康泰医学	河北	秦皇岛
34	688393.SH	安必平	广东	广州
35	688289.SH	圣湘生物	湖南	长沙
36	603108.SH	润达医疗	上海	上海

资料来源：东方财富 Choice。

2021年，体外诊断行业迎来上市潮，当年至少有18家企业上市，产业链上下游各个环节和各个细分赛道基本上都拥有至少一家上市企业（表6-2）。

表6-2　2021年新上市主营体外诊断企业

序号	证券代码	企业简称	上市时间	省（区、市）	城市
1	688656.SH	浩欧博	2021年1月12日	江苏	苏州
2	688317.SH	之江生物	2021年1月15日	上海	上海
3	02170.HK	贝康医疗－B	2021年2月8日	江苏	苏州
4	06606.HK	诺辉健康－B	2021年2月18日	浙江	杭州
5	688606.SH	奥泰生物	2021年3月24日	浙江	杭州
6	688468.SH	科美诊断	2021年4月8日	北京	北京

续表

序号	证券代码	企业简称	上市时间	省（区、市）	城市
7	688315.SH	诺禾致源	2021年4月12日	北京	北京
8	688767.SH	博拓生物	2021年4月28日	浙江	杭州
9	688217.SH	睿昂基因	2021年5月14日	上海	上海
10	688575.SH	亚辉龙	2021年5月14日	广东	深圳
11	688067.SH	爱威科技	2021年6月16日	湖南	长沙
12	688690.SH	纳微科技	2021年6月23日	江苏	苏州
13	301060.SZ	兰卫医学	2021年9月13日	上海	上海
14	688622.SH	禾信仪器	2021年9月13日	广东	广州
15	301080.SZ	百普赛斯	2021年10月18日	北京	北京
16	02235.HK	微泰医疗	2021年10月19日	浙江	杭州
17	688105.SH	诺唯赞	2021年11月15日	江苏	南京
18	688075.SH	安旭生物	2021年11月18日	浙江	杭州

资料来源：东方财富Choice。

2021年，54家体外诊断上市企业总营收达1361.63亿元，相比2020年体外诊断上市企业总营收增长了56.26%；2021年，54家体外诊断上市企业的净利润（净利润指A股上市企业的扣非净利润，港股、美股不披露，为扣非前净利润）为291.52亿元，同比增长83.06%。结合过往几年的数据来看，体外诊断上市企业的营收情况整体呈现逐年增长的趋势（表6-3，图6-2）。

表6-3 2016—2021年中国体外诊断上市企业总体营收情况

年份	累计上市企业数量/家	总营收/亿元	平均营收/亿元	平均利润/亿元
2016	15	161.60	10.77	1.55
2017	21	289.05	13.76	1.66
2018	22	368.83	16.77	1.96
2019	25	434.59	17.38	1.60
2020	36	871.38	24.21	4.42
2021	54	1361.63	25.22	5.40

资料来源：东方财富Choice。

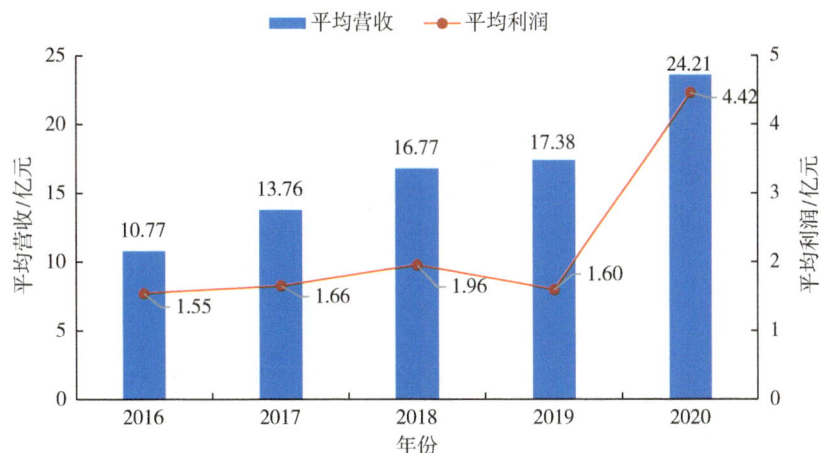

图 6-2　2016—2020 年中国体外诊断上市企业平均营收和平均利润

（资料来源：东方财富 Choice，南方医药经济研究所整理）

（二）生产企业情况

1. 生产企业数量

2017—2021 年，我国生产体外诊断产品的企业数量稳步增长，其中，可生产第一类体外诊断产品的企业数量增量最多、增幅最大，年均增长率为 29.4%；可生产第二类体外诊断产品的企业数量稳步增长，年均增长率为 9.0%；可生产第三类体外诊断产品的企业数量增幅最小，年均增长率仅为 3.2%（图 6-3）。

图 6-3　2017—2021 年我国各类体外诊断企业数量（存量）

（资料来源：国家药监局公开数据，南方医药经济研究所整理）

2. 三类生产企业分布

我国三类体外诊断生产企业分布较为集中,主要分布在江苏、广东、北京、浙江、上海等经济较为发达的地区。其中,江浙沪地区最为集中,根据国家药监局公开数据统计,2021年,江浙沪地区第三类体外诊断企业数量已占据全国近39%的比例。

二、产品注册情况

(一)国产注册数据

2017—2021年,第一、第二、第三类体外诊断产品注册数量总和的存量稳定增加,其中,第一类体外诊断产品的数量增长迅速,年均增长率高达51.37%(图6-4);2021年,受新冠肺炎疫情影响及疫情防控相关体外诊断试剂产品审批数量减少等原因,第三类体外诊断产品注册数量略有减少(图6-5)。

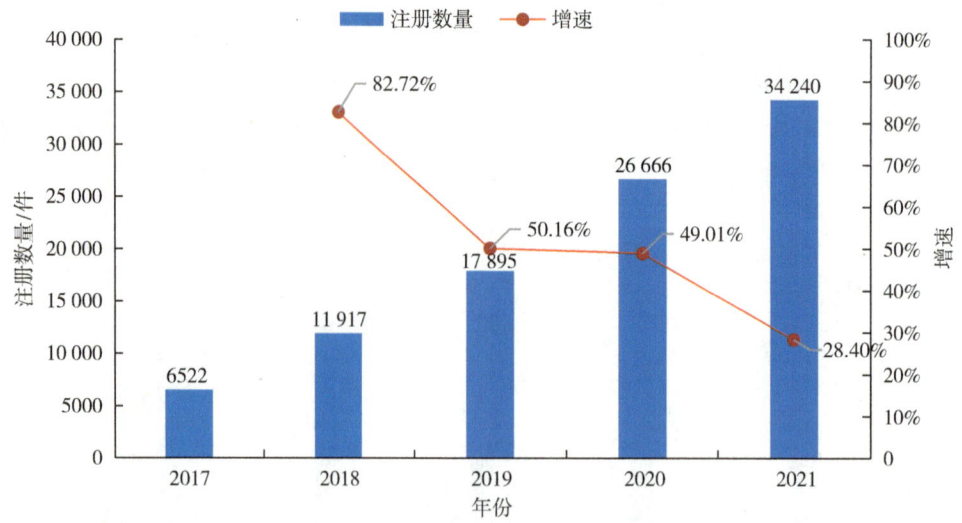

图6-4 2017—2021年我国体外诊断国产第一类产品注册数量(存量)

(资料来源:国家药监局公开数据,南方医药经济研究所整理)

第六章 体外诊断市场及其发展趋势

图 6-5 2017—2021 年我国体外诊断国产第二、第三类产品注册数量（存量）

（资料来源：国家药监局公开数据，南方医药经济研究所整理）

2021年，我国体外诊断产品注册数量最多的前10个省（区、市）中，广东省以13 935件蝉联第一，江苏省和北京市分别以9033件和7072件居第2名和第3名。湖南省注册数量同比增长超87%，成为增幅最高的省份（表6-4）。

表 6-4 我国各省（区、市）体外诊断产品注册数量（存量）前 10 位

2020 年		2021 年	
省（区、市）	注册数量/件	省（区、市）	注册数量/件
广东	11 124	广东	13 935
江苏	7544	江苏	9033
北京	6403	北京	7072
浙江	6089	浙江	6914
上海	4499	上海	5213
湖北	3466	湖南	4493
山东	3341	湖北	4249
湖南	2398	山东	3657
福建	2117	福建	2337
河南	1948	河南	2159

资料来源：国家药监局公开数据。

我国生产企业的体外诊断产品注册数量逐年增加,2021 年,万孚生物以累计 540 件注册数量蝉联第一,安必平、赛诺特生物分别以 525 件、487 件居第 2 位和第 3 位(表 6-5)。

表 6-5 我国各生产企业体外诊断产品注册数量(存量)前 10 位

2020 年		2021 年	
企业名称	注册数量/件	企业名称	注册数量/件
广州万孚生物技术股份有限公司	510	广州万孚生物技术股份有限公司	540
广州安必平医药科技股份有限公司	507	广州安必平医药科技股份有限公司	525
河南赛诺特生物技术有限公司	460	河南赛诺特生物技术有限公司	487
无锡傲锐东源生物科技有限公司	446	苏州百道医疗科技有限公司	471
深圳迈瑞生物医疗电子股份有限公司	436	深圳迈瑞生物医疗电子股份有限公司	470
苏州百道医疗科技有限公司	432	无锡傲锐东源生物科技有限公司	466
迈克生物股份有限公司	405	迈克生物股份有限公司	434
基因科技(上海)股份有限公司	386	百盛(广州)生物制品有限公司	419
百盛(广州)生物制品有限公司	380	广州达泰生物工程技术有限公司	401
郑州安图生物工程股份有限公司	369	基因科技(上海)股份有限公司	399

资料来源:国家药监局公开数据。

(二)进口注册数据

自新冠肺炎疫情以来,我国进口第二、第三类体外诊断产品注册数量(含港澳台)开始下滑,截至 2021 年,我国进口第二、第三类体外诊断产品注册数量为 4802 件,同比减少 18.69%(图 6-6)。

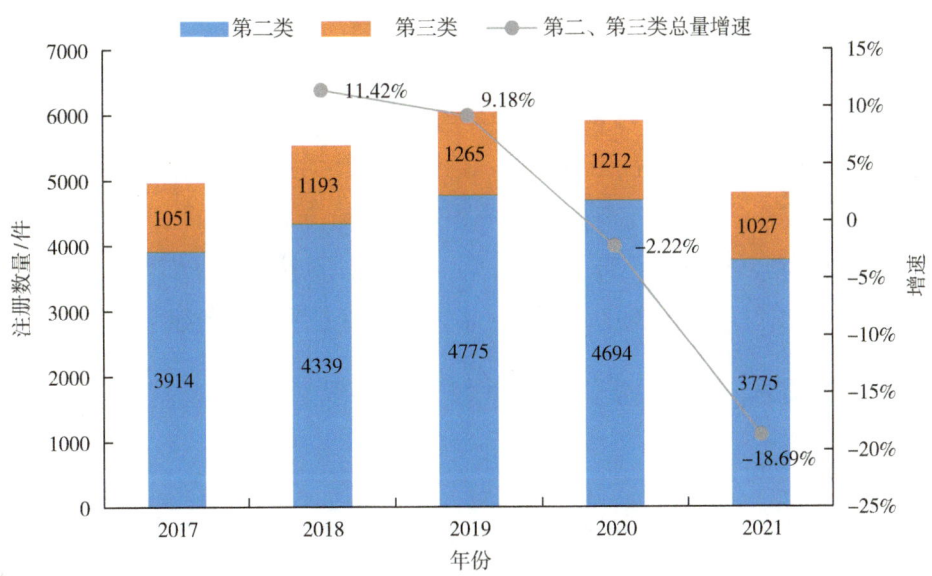

图 6-6　2017—2021 年我国进口第二、第三类体外诊断产品注册数量（存量，含港澳台）

（资料来源：国家药监局公开数据，南方医药经济研究所整理）

截至 2021 年，我国进口第二、第三类体外诊断产品注册数量最多的企业是罗氏诊断公司，注册数量 442 件，占比 9.20%（表 6-6）。

表 6-6　2021 年我国进口第二、第三类体外诊断产品注册数量（存量）前 10 位的企业

序号	企业名称	注册数量/件	占比
1	罗氏诊断公司	442	9.20%
2	美国西门子医学诊断股份有限公司	332	6.91%
3	贝克曼库尔特（美国）股份有限公司	260	5.41%
4	英国西门子医学诊断产品有限公司	138	2.87%
5	英国朗道实验诊断有限公司	127	2.64%
6	德国西门子医学诊断产品有限公司	111	2.31%
7	欧蒙医学实验诊断股份公司	107	2.23%
8	奥森多临床诊断（美国）股份有限公司	106	2.21%
9	雅培德国有限合伙企业	105	2.19%
10	德国德赛诊断系统有限公司	102	2.12%

资料来源：国家药监局公开数据。

三、进出口贸易

2017—2021 年，我国体外诊断产品进出口规模保持增长，但进口额大于出口额，进口依赖性相对较高。在进口方面，美国、德国为主要的进口来源地，上海、北京、广东、江苏、辽宁是主要的进口省市。在出口方面，美国、中国香港、德国为主要的出口市场，广东、江苏、浙江、上海、北京为主要的出口省市。目前，我国体外诊断产品出口增速大于进口增速，未来进出口差距将不断缩小。

（一）进口贸易

1. 进口规模分析

2017—2021 年，我国体外诊断产品进口规模逐年增加（图 6-7），其中体外诊断试剂上游原材料进口增长明显，38210000 [制成的供微生物（包括病毒及类似品）生长或维持用培养基]、30021500（免疫制品）年均增长率最高，分别为 29.28%、24.69%。

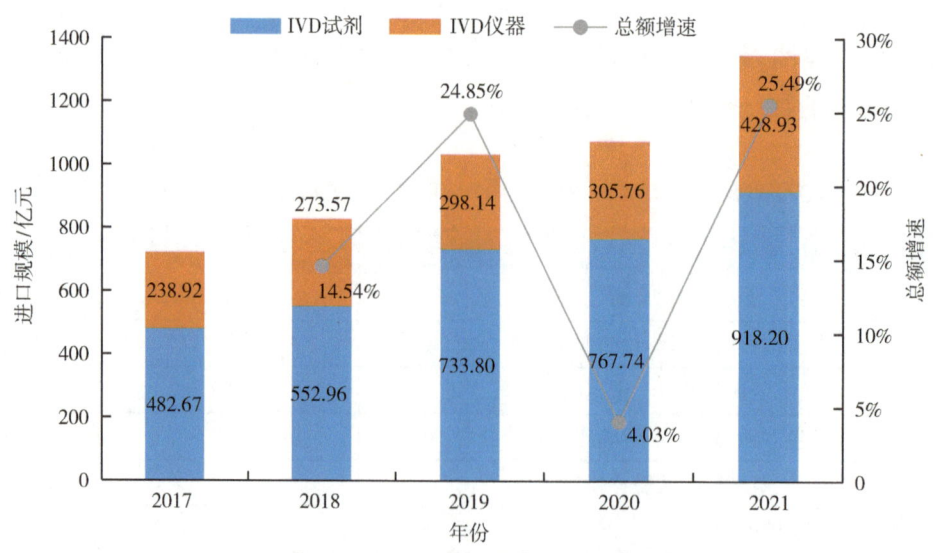

图 6-7　2017—2021 年我国体外诊断产品进口规模及增速

（资料来源：中国海关总署公开数据，众成数科整理）

2. 主要进口市场

2021 年，我国体外诊断产品主要进口的国家为美国、德国和瑞士（表 6-7），主要进口地区为北上广地区，三地合计贡献了 83.78% 的进口份额（表 6-8）。

表6-7 2021年我国体外诊断产品主要进口市场规模与占比情况

序号	国家/地区	进口额/亿元	占比
1	美国	345.92	25.68%
2	德国	296.22	21.99%
3	瑞士	128.68	9.55%
4	爱尔兰	124.36	9.23%
5	日本	114.09	8.47%
6	新加坡	63.10	4.68%
7	法国	36.12	2.68%
8	英国	35.66	2.65%
9	奥地利	27.35	2.03%
10	瑞典	25.34	1.88%

资料来源：中国海关总署公开数据，众成数科整理。

表6-8 2021年我国体外诊断产品主要进口省（区、市）市场规模与占比情况

序号	省（区、市）	进口额/亿元	占比
1	上海	752.70	55.87%
2	北京	269.14	19.98%
3	广东	106.88	7.93%
4	江苏	58.89	4.37%
5	安徽	21.01	1.56%
6	浙江	19.13	1.42%
7	天津	18.23	1.35%
8	山东	16.28	1.21%
9	福建	13.83	1.03%
10	辽宁	11.37	0.84%

资料来源：中国海关总署公开数据，众成数科整理。

（二）出口贸易

1. 出口规模分析

2017—2019年，我国体外诊断产品出口稳定增长，年均增长率超过22%；2020年，新冠肺炎疫情暴发，体外诊断试剂出口额364.78亿元，同比增长超800%；

2021 年，随着新冠肺炎疫情的反复变异和加剧，体外诊断试剂出口额继续增长至 863.81 亿元。在相关检测试剂出口的带动下，2021 年我国体外诊断产品出口额达 1092.96 亿元，同比增长 88.57%（图 6-8）。

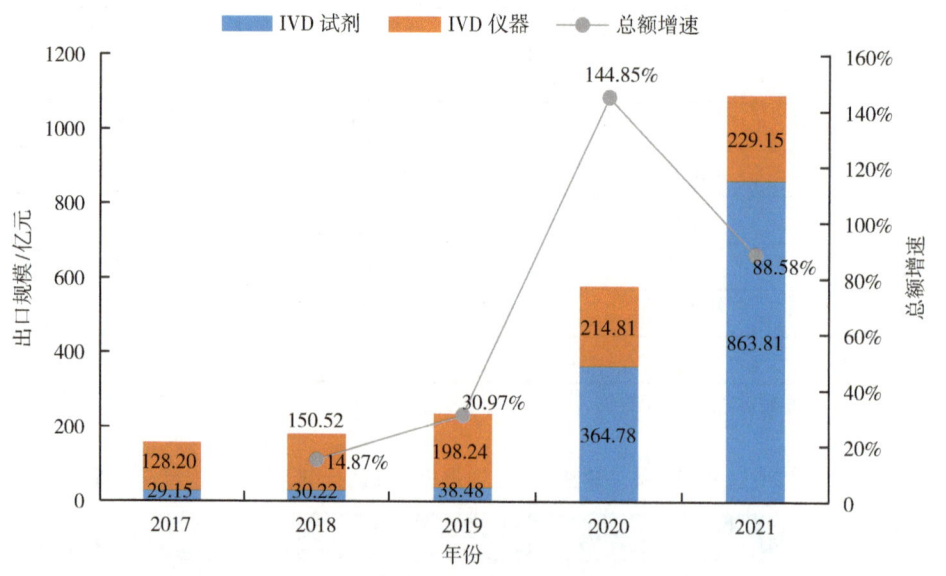

图 6-8　2017—2021 年我国体外诊断产品出口规模及增速

（资料来源：中国海关总署公开数据，众成数科整理）

2. 主要出口市场

在新冠肺炎疫情之前，我国体外诊断产品出口以分析检测仪器为主。从出口地区来看，亚洲是我国最大的出口市场，2019 年出口额达 127.36 亿元，占比超 50%，欧美的市场份额有所下降，合计占比约 40%。新冠肺炎疫情暴发后，我国体外诊断产品出口以检测试剂为主，欧洲成为我国最大的出口市场。2021 年，我国出口欧洲的体外诊断产品金额达 711.19 亿元，同比增长 240%（表 6-9）。从出口国家来看，德国、英国分别以 258.29 亿元、215.38 亿元位列 2021 年我国体外诊断产品出口额的第 1 位、第 2 位，超越了美国（表 6-10）。从出口省（区、市）来看，东南沿海地区成为检测试剂出口主力军，浙江省 2021 年出口额超 318 亿元，居第 1 位，福建省、广东省紧随其后，其中，福建省同比增长 333%，居增幅榜首（表 6-11）。

表6-9 2021年我国体外诊断产品主要出口市场规模与占比情况（出口地区）

序号	地区	出口额/亿元	占比
1	欧洲	711.19	65.07%
2	亚洲	216.79	19.83%
3	北美洲	109.13	9.98%
4	南美洲	26.05	2.38%
5	非洲	22.02	2.01%

表6-10 2021年我国体外诊断产品主要出口市场规模与占比情况（出口国家/地区）

序号	国家/地区	出口额/亿元	占比
1	德国	258.29	23.63%
2	英国	215.38	19.71%
3	美国	89.36	8.18%
4	奥地利	52.47	4.80%
5	中国香港	38.56	3.53%
6	法国	29.82	2.73%
7	荷兰	26.35	2.41%
8	印度尼西亚	23.75	2.17%
9	泰国	17.56	1.61%
10	比利时	17.52	1.60%

表6-11 2021年我国体外诊断产品主要出口省（区、市）市场规模与占比情况

序号	省（区、市）	出口额/亿元	占比
1	浙江	318.63	29.15%
2	福建	204.33	18.69%
3	广东	141.34	12.93%
4	北京	107.70	9.85%
5	江苏	85.80	7.85%
6	上海	63.04	5.77%
7	山东	37.05	3.39%
8	湖北	22.25	2.04%
9	天津	22.12	2.02%
10	湖南	18.34	1.68%

资料来源：中国海关总署公开数据，众成数科整理。

3. 主要出口企业

已披露数据显示，2021年我国体外诊断上市企业共出口体外诊断产品336.22亿元，以基于免疫诊断技术的POCT为主，分子诊断的出口占比略有下降（表6-12）。

表6-12 中国体外诊断上市企业出口额及占比

证券代码	证券名称	出口额/亿元			出口占比			主要检测方法
		2019年	2020年	2021年	2019年	2020年	2021年	
002030.SZ	达安基因	0.01	7.70	—	0.08%	15.16%	—	分子诊断
688298.SH	东方生物	3.43	30.88	100.90	94.75%	94.87%	99.22%	POCT（免疫）
688068.SH	热景生物	0.04	3.16	50.63	1.86%	61.66%	94.31%	POCT（免疫）
300676.SZ	华大基因	4.64	55.96	38.82	16.61%	66.72%	57.37%	分子诊断
688606.SH	奥泰生物	2.37	11.34	18.54	98.67%	99.91%	98.96%	POCT（免疫、分子）
300482.SZ	万孚生物	4.29	12.63	17.67	26.66%	51.95%	52.59%	POCT（免疫）
688767.SH	博拓生物	1.73	8.15	17.63	84.59%	95.21%	96.97%	POCT（免疫）
688289.SH	圣湘生物	0.18	24.25	17.07	7.14%	62.50%	37.81%	分子诊断
002022.SZ	科华生物	2.22	8.51	10.11	9.19%	20.49%	23.69%	分子、生化、免疫
300639.SZ	凯普生物	0.27	1.80	8.09	3.69%	13.29%	30.26%	分子诊断

资料来源：众成数科。

四、主要细分领域市场

国内体外诊断市场目前仍然是高度集中的态势，国际五大体外诊断生产企业罗氏、雅培、丹纳赫、西门子、希森美康处于第一梯队，2019年占国内IVD市场份额约40%。国内IVD生产企业由于基础较为薄弱，在技术门槛相对较低的血常规、生化、酶联免疫和分子PCR市场占有较大份额，在免疫化学发光、凝血、分子POCT、分子高通量测序领域占比仍然较小。

目前，国内企业竞争格局分散，大多市场份额极少，但在市场排名相对靠前的企业中，迈瑞医疗、达安基因、安图生物、亚辉龙、圣湘生物等企业已经完成了由中低端市场向中高端市场的进军,开始进入大量三级医院,产品在中高端市场的占比稳步提高。可以说,中国体外诊断行业已经基本实现了低端产品的进口替代,正在向高技术、高质量、高精密度的方向发展。

(一)血常规和凝血检测市场

血常规和凝血同属于检验领域的临检板块,但在国内的发展差异极大。血常规检测是临床体外诊断开展最为广泛、检测量最大的项目,能为临床诊疗提供基础的患者状态信息,检测项目收费相对较低,但不可或缺。凝血功能检测常见于外科手术、血栓与止血,以及复杂疾病伴随的检测需求,检测量相对小,但对临床诊疗决策有较大的参考价值。

血常规和凝血在体外诊断市场的占比分别约为5.5%和5.8%,其中血常规市场相对成熟,国内代表厂家迈瑞医疗和进口厂家希森美康平分秋色,占据了约80%的市场份额。在凝血板块,进口品牌希森美康、沃芬、思塔高依然占据着70%以上的市场份额。

(二)免疫诊断市场

免疫诊断已经是目前体外诊断市场份额最大的板块,2016年,免疫诊断在整个体外诊断市场份额占比约为30%,且在2016—2019年稳步提升。化学发光法是目前免疫诊断技术及国内免疫诊断的主要发展方向。化学发光产品在我国大多数三甲医院已基本得到了普及,但在广大的基层医院,酶联免疫产品仍然占据主导地位。

在市场份额方面,罗氏、雅培、贝克曼、西门子等品牌优势明显,2016年进口品牌占据了超过80%的市场份额,经过近5年的发展,国产产品的市场份额逐步提升到30%以上。在基层医疗单位及二级医院已经开始大范围使用国产产品,在部分三甲医院也能看到如迈瑞、新产业、安图、亚辉龙等优秀国产化学发光设备的身影。在增长速度方面,国内企业达到了年均增长率29.4%,高于跨国企业19.3%的年均增长率。但在免疫诊断领域较高端的发光免疫板块,跨国企业的市场份额超过了80%。

国内免疫诊断领域以化学发光免疫诊断技术为主,其中甲状腺功能激素、肿瘤标志物、性激素和传染病类检测占到了国内免疫诊断市场的80%以上。在甲状腺功能检测、肿瘤标志物检测和性激素检测方面,市场仍以外资企业为主导,其中，国内企业在肿瘤标志物CA242、CA50等特殊项目上已有所建树，在皮质醇、促肾上腺皮质激素等项目上也取得一定的突破，市场份额已达到15%～20%。在传染病项目中，化学发光平台的市场份额外资企业和国内企业相差不大，雅培和安图均占有整体市场的20%左右，此外，迈瑞和迈克在市场上也占据了6%～9%的份额。

（三）生化诊断市场

从近10年的发展趋势看，生化诊断市场由于技术相对成熟，规模化、集中化发展趋势明显，随着生化设备、试剂的国产化和价格逐年降低，在体外诊断市场的份额逐年下降。市场细分中占比前三的分别为免疫诊断、生化诊断、分子诊断。其中，生化诊断产品生产厂家较多，产品同质化严重。参考国际上对封闭配套系统的认可，国内厂家应不断完善生化诊断仪器的整体设计、生产工艺及轨道功能等，推动仪器与试剂协同发展。

因生化检测系统的兼容性较高，国产生化试剂已经完成了进口替代的工作，全国大量三甲医院都在使用国产生化试剂。在生化市场份额方面，迈瑞医疗、贝克曼、罗氏诊断的市场份额占比均超过10%，属于第一梯队；第二梯度的美康生物、迈克生物、九强生物等企业也为国内医疗单位提供了大量的产品可供选择，促进了行业的良好发展。

在生化设备方面，目前国际品牌还有一定的优势，但随着如迈瑞医疗、迪瑞生物等国产企业的大型仪器进入市场，国际品牌的绝对优势正在逐渐缩小，相信未来5～10年，生化设备领域也能完成进口替代工作，部分国内品牌的生化仪器、试剂的市场份额也将超越国际品牌。

（四）分子诊断市场

分子诊断是当今体外诊断行业最热门的投资领域，如肿瘤早筛、伴随诊断、分子POCT、基因芯片、遗传病、药物基因组学、病原体核酸诊断、宏基因组测序等分子诊断细分领域。分子诊断市场在2020年之前尚未成熟，随着新冠肺炎疫情的暴发，由于核酸检测是新冠肺炎确诊的首要标准，国内的分子诊断产业得到了高速发展，市场份额从2016年的不足7%增长到2021年的近20%，不仅经受住了疫情的考验，也为抗疫工作提供了核酸检测的支持和保障。随着"精准诊疗"概念的普及，在国家各项利好政策的推动下,分子诊断行业发展迅速。2019年,市场规模增长率高达26.3%(图6-9)。

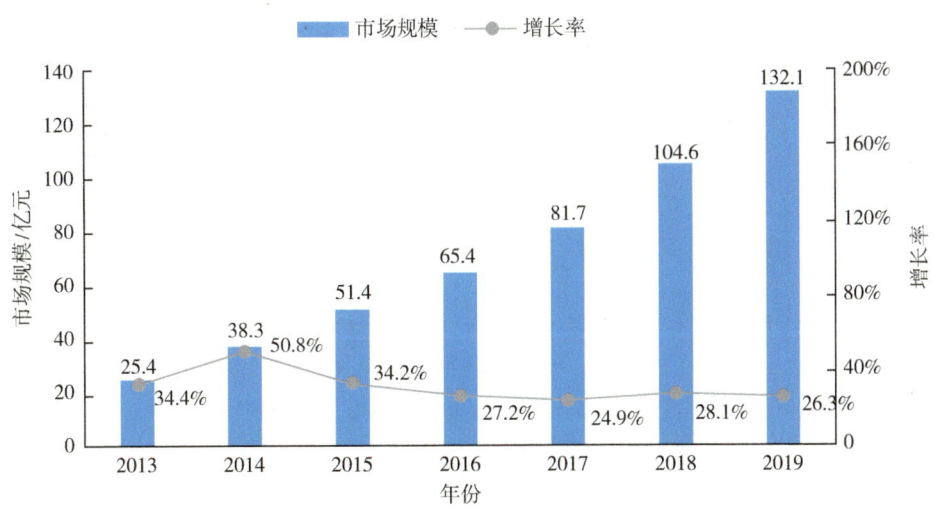

图6-9 2013—2019年中国分子诊断市场规模

(资料来源:火石创造)

根据《2021—2025年中国核酸检测市场调研与前景预测专题报告》中统计的2018年、2019年、2020年中国政府采购网关于核酸提取仪的中标信息,对核酸提取仪采购增量、采购单位、中标品牌、中标型号及金额进行分析得知,除了医疗机构,还有农业机构、高校、科研院所等单位采购了大量核酸提取设备,综合来看国内品牌占比达到了71%,国外品牌占比为29%。因此,在核酸提取仪这个市场上,国产产品基本占据了优势地位,或主要得益于其低廉的成本。

PCR技术由于操作简便、灵敏度高、特异性强,成为各分子诊断技术中增长最快的细分领域,根据《2021—2025年中国核酸检测市场调研与前景预测专题报告》可知,2020年中国PCR市场规模当时预测高达88.8亿元(图6-10)。而根据各分子诊断上市企业财报可知,中国临床场景下的PCR产品市场规模由2015年的约24亿元增至2020年的约150亿元,年均增长率为44.3%。

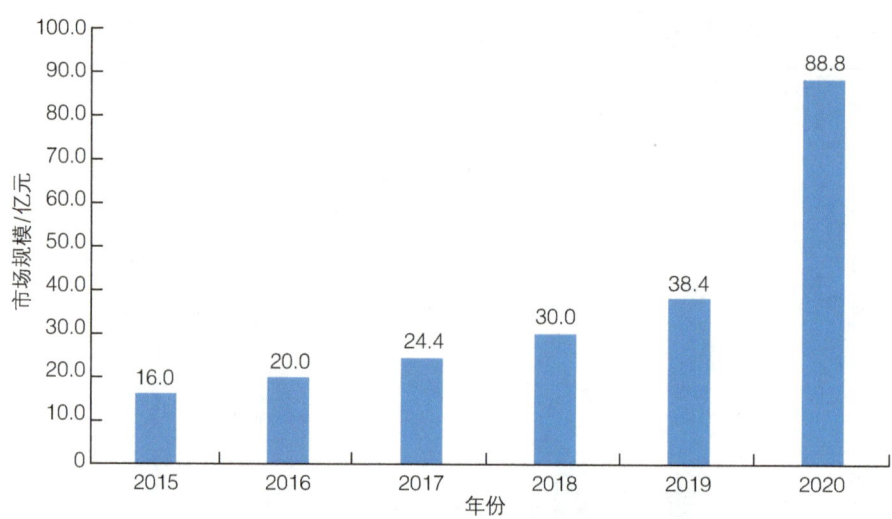

图 6-10　2015—2020 年中国 PCR 市场规模

（资料来源：《2021—2025 年中国核酸检测市场调研与前景预测专题报告》）

五、市场营销分析

体外诊断产品与药品不同，大多通过渠道进行分销，厂家根据代理商的规模大小，通过授权设立一级代理、二级代理等差异化的代理权，进行渠道分销。仪器与试剂捆绑销售成为国内体外诊断企业的主流销售模式。捆绑销售主要指企业通过经销商向终端医疗机构提供检测仪器，从而带动后续试剂销售。企业往往向经销商提供仪器，并约定经销商在一定期限内（一般为 5 年）向企业回购试剂的金额。仪器占有率提升可以带动试剂销量增长，并降低经销商和医院的采购成本，实现多方共赢。样本量较大的医院，代理商常常通过投放来实现，即以很低的价格或者零投放的方式免费提供仪器，行业内一般 1～2 年可以通过试剂收回仪器成本。中低端医院由于其样本量无法支持仪器免费的成本，仪器和试剂都通过直接销售来完成。

目前，国内体外诊断产品经销商规模较小，导致其代理的产品种类有限，医院检验科需要通过多个经销商来配置所需的仪器和试剂，造成采购价格较高、采购效率低下的现状。而政府集采和区域平台集中供应可实现双赢。一方面，医院通过大规模采购和整体打包的方式，以量换价，可有效降低采购成本；另一方面，通过与医院签订独家采购合同，供应商可以锁定医院检验科未来几年所有体外诊断产品的独家供应权，从而保证了稳固可靠的收益。

集中供应和综合服务成为渠道商发展的重要模式。在医改取消药品加成、医保控费和集中采购的大环境下，降低成本和提高效率成为医院的迫切需求，尤其是集中采购促使医院向一家或者较少的几家大型生产厂家或平台商购买体外诊断产品，因此，集成供应和综合服务模式在这种趋势中应运而生，从成本和效率两个方面满足医院需求，获得快速发展。

综合服务提升渠道商客户黏性。单纯做渠道经销商，由于行业壁垒不高，很难占据绝对市场份额。体外诊断产品多属于高附加值产品，对于仪器的安装、调试、维修有较高的技术要求，试剂由于有保质期的限制，对冷链运输存储和库存管理的要求也较高，从而形成了技术和资金壁垒。而医院实验室的功能设计、标准化检验流程认证也不是单纯的经销商可以解决的，因此，能够满足客户配套增值服务需求的渠道商才能获得更大的客户黏性。

随着体外诊断对精确度的要求越来越高，部分领域仪器和试剂配套使用的专业性的加强，以及企业获取更大利润空间的驱动，体外诊断仪器与试剂形成封闭式系统将成为未来发展趋势，而仪器与试剂的捆绑销售也将被强化。政府集采＋区域平台集中供应＋综合服务，可满足医院降本增效的需求。

六、国内市场趋势

2020年9月，国家发展改革委等四部门发布《关于扩大战略性新兴产业投资 培育壮大新增长点增长极的指导意见》，提出要加快生物产业创新发展步伐，其中包括加快推动创新体外诊断与检测试剂落实落地。2021年3月，《中华人民共和国国民经济和社会发展第十四个五年规划和2035年远景目标纲要》提出，要构建强大公共卫生体系，强化慢性病预防、早期筛查和综合干预，为体外诊断产业发展带来了新机遇。2022年2月，《中共中央 国务院关于做好2022年全面推进乡村振兴重点工作的意见》提出，要深入推进紧密型县域医疗卫生共同体建设，加快提升基层医疗卫生服务能力，推动构建分级诊疗、合理诊治和有序就医新秩序，政策的提出将带动基层医院医疗设备、试剂需求量及诊疗量的大幅增加，对能提供实验室整体解决方案的相关体外诊断企业形成利好。

新冠肺炎疫情以来，中国体外诊断企业争分夺秒开发出新冠病毒检测产品，以"黑马"的姿态迅速站上风口，在经济上获得极大收益的同时，也引发了国民对于体外诊断产业的高度关注。各方投资者对于体外诊断领域的投资热情被彻底点燃，从一二级市场的交易情况来看，2020 年 IVD 在资本市场疯狂吸金，私募融资和 IPO 并驾齐驱，均开创历史新高。

（一）继续领跑医疗器械行业发展

我国体外诊断产业呈现高速增长的态势，根据行业相关数据统计和测算，2021 年中国体外诊断市场规模突破 1000 亿元大关，2016—2021 年的年均增长率高达 14.7%。据南方医药经济研究所预测，2021 年，我国医疗器械行业营业收入达到 11 560 亿元，体外诊断细分领域营收规模占比约为 1/10，是医疗器械行业营收规模占比最高的子领域，未来将继续领跑医疗器械行业。

在全球市场规模上，Evaluate MedTech 预测，2017—2024 年，整个体外诊断市场将以 6.1% 的年均增长率达到接近 800 亿美元的全球市场总额，体外诊断成为全球最大的医疗器械细分领域。从全球分布情况来看，发达国家体外诊断市场持续发展动力呈现放缓态势，而中国、印度、巴西等新兴经济体体外诊断市场将迎来快速发展。

（二）产业结构加快调整

新冠肺炎疫情的突如其来，使得体外诊断（IVD）的重要性逐步凸显，新冠病毒检测业务的增长，使得一批 IVD 企业集聚了大量资金，加快了 IVD 行业渗透、并购整合的步伐。上市企业利用资本市场的融资优势和杠杆作用，扩大企业知名度，强化对产业链的控制，纵向上突破上游原料供应调整、规划下游医学诊断服务，横向上向生化、免疫、分子诊断等其他细分领域迈进，通过企业间的合作及对企业的兼并重组，形成规模效应优势和竞争优势。

随着国内新冠肺炎疫情的控制和缓解，IVD 行业也迎来了新的发展格局。为提升大规模开展新冠病毒检测的能力，各省份陆续探索开展试剂集采、价格调控的新模式，从而带动了体外诊断试剂的价格改革。在医保控费、分级诊疗等政策的推动下，成本低、效率高的体外诊断产品对基层医疗卫生机构将更具吸引力。除了常规检测业务的复苏之外，许多企业也在不断寻找新的增长点，如传染病检测、癌症早筛、新生儿疾病筛查等。基因测序作为分子诊断最前沿的技术，被称为决定未来经济的十二大颠覆技术之一，也将是国内外优质企业争夺的主战场。

LDT 模式面向的是国内尚无同品种产品上市的体外诊断试剂，在一定程度上对技术、设备和人员专业素质要求较高,可能促进更多新的检测技术和检测项目的研发和应用,有助于临床诊疗水平的快速发展,提高患者生命和健康质量,从而促进医学检验未来的发展。最新修订的《医疗器械监督管理条例》搭建了 LDT 的框架,提出 LDT 的具体管理办法由国务院药品监督管理部门会同国务院卫生主管部门制定,对 LDI 模式有一定的利好趋势,但具体细则仍有待落实。

(三)细分领域创新发展

未来行业新生代生产企业和中小经销商的出路并不是与平台化巨头竞争,而是找到体外诊断行业每个细分领域适合自己纵向深入发展的方向。充分抓住细分领域市场的创新机遇,不断加强产品竞争壁垒。

1. 分子诊断领域

分子诊断领域技术创新的基石无疑是 PCR 和基因测序。未来随着创新药研发的不断推进和落地,基因测序行业将呈现爆发式发展。此外,分子 POCT、核酸检测流水线是未来行业创新的方向,前者专注于感染性疾病的便捷、高效诊断,后者是感染性疾病诊断的流水线式发展。

2. 生化免疫流水线领域

近两年,国内很多上市企业都在积极推进生化免疫流水线布局,未来随着国产企业创新研发的不断投入及资本的进一步加码,高端流水线市场将逐步被撕开缺口。而这背后的重要因素是流水线的核心配件进行全球性整合,并不是全部由国内企业自研。

3. 质谱与流式细胞术领域

国内在质谱与流式细胞术这两个细分领域起步晚、发展较慢。欧美发达国家已广泛开展质谱临床化学检验项目,包括新生儿遗传代谢病筛查、激素及其代谢物检测、治疗药物监测、维生素 D 检测和微量元素检测等。2004—2020 年,我国陆续涌现出几十家临床质谱创新企业,由于收费目录准入、试剂注册准入、方法学标准化、实验室条件、人才缺乏等因素制约,目前国内发展受到影响,随着这类制约条件的不断完善,质谱行业将进入发展的快车道。

而流式细胞术是一个强大的细胞分析和分选工具,可以对单个细胞或其他微生物粒进行快速定量分析和分选,在血液学、免疫、肿瘤、移植等领域有广泛的应用场景。流式细胞术在临床上的市场导入期刚刚完成，放量在即。再加上细胞治疗的迅猛发展，过程中对于细胞检测、评价和评估的需求，有望进一步扩大流式细胞检测的应用场景。

（四）IVD企业开始全球化发展

随着国内新冠病毒检测市场毛利率的下降及产品同质化现象的加剧，国内体外诊断市场竞争白热化趋势越发明显，而国外仍有广阔的市场机会等待挖掘。因此，推动新冠病毒检测产品出口、大力拓展海外市场成为IVD企业的市场增长点。新冠肺炎疫情暴发以来，专注于体外诊断试剂产品出口的企业，其营业收入都有了很大提升；出口额排名靠前的企业，其出口占营收的比重均超过50%。2021年，受新冠病毒变异影响，国外新冠肺炎疫情严峻，对新冠病毒检测试剂的需求大幅增加，根据海关总署的数据，按照主要诊断试剂的HS编码（38220010、30021500、38220090）来看，上半年我国诊断试剂产品出口额达513.06亿元，同比增长258%，实现了大幅增长。

新冠肺炎疫情加速了国内IVD企业拓展海外市场的进度，经过新冠肺炎疫情，我国IVD行业比以往有了更多的资源和信心去扩展更大更广阔的市场。未来，国际化发展将是不可阻挡的势头。国内IVD企业应该抓住这次机遇，持续扩大海外市场，实现国际市场的高质量开拓，深度参与全球供应链，推动体外诊断产业国际化进程。

第二节　国际市场

一、国际市场概况

根据IQVIA发布的数据，2019年，全球IVD市场总额约为640亿美元，其中，美国占比最高，达210.0亿美元，占全球市场的1/3，占整个北美市场的43%；欧洲排名第二，占比23%；中国IVD市场排名第三，占比13%（表6-13）。2020年，随着新冠肺炎疫情暴发，全球IVD市场加速成长，预计2021年全球IVD市场将突破千亿美元，中国IVD市场占全球比重预计在2021年达到15%左右。

第六章 体外诊断市场及其发展趋势

表 6-13 2019 年全球 IVD 市场份额各国占比

国家	市场规模/亿美元	市场份额
美国	210.0	33%
欧洲	147.2	23%
中国	83.2	13%
日本	38.4	6%

数据来源：迈瑞医疗。

从细分领域来看，截至 2021 年年底，近 300 亿美元来自与新冠病毒相关的检测试剂，相比 2020 年增长约 17%。与此同时，随着疫情的缓解，国际上较多国家的医院及实验室封锁逐步放松，血液学、生化化学、尿液及免疫检测等常规检测也逐渐恢复。全球市场上的一线 IVD 厂家，如罗氏、雅培、丹纳赫、赛默飞世尔及西门子等，共同拥有超过 50% 的市场份额，另外，还有 200 多家各类企业参与到 IVD 国际市场份额的争夺中。2021 年全球 IVD 细分领域市场份额占比，如图 6-11 所示。

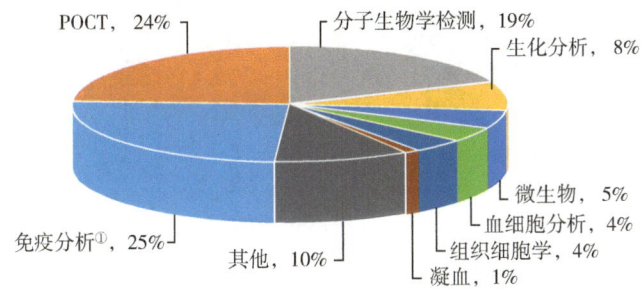

图 6-11 2021 年全球 IVD 细分领域市场份额占比

（资料来源：2021 年 Kalorama《全球 IVD 市场报告》第 14 版）

二、主要细分领域市场

（一）血球诊断市场

2000 年，全球体外诊断市场规模为 252 亿美元，其中，血球诊断占据了 5% 的市场份额；2021 年，全球体外诊断市场规模为 1170 亿美元，其中血球诊断占据了 4% 的市场份额。经过 20 多年的发展，血球诊断市场规模虽然从 10 亿美元发展至

---

① 免疫分析含化学发光免疫分析及其他免疫方法学。

46.8亿美元，但其所占的市场份额并未有太大的变化，即便是在经历了全球新冠肺炎疫情冲击的情况下。市场上，主要的厂家包括 Abbott Diagnostics、Sysmex Corp、Beckman Coulter/Danaher、Horiba/ABX 和 Mindray 等。

2021年，从国家维度来看，美国体外诊断市场整体规模为477亿美元，占全球IVD市场的41%，其中血球诊断的市场份额仅占美国整体市场的4%；日本是仅次于美国的第二大单一国家市场，整体市场规模为69亿美元，其中血球诊断也只占日本整体市场的7%；印度的体外诊断市场规模为14.4亿美元，仅次于美国、日本和中国，其血球诊断连同生化、凝血一起占据了印度整体市场的17%左右。2000年及2021年全球血球诊断市场占整体市场比例情况，如图6-12所示。

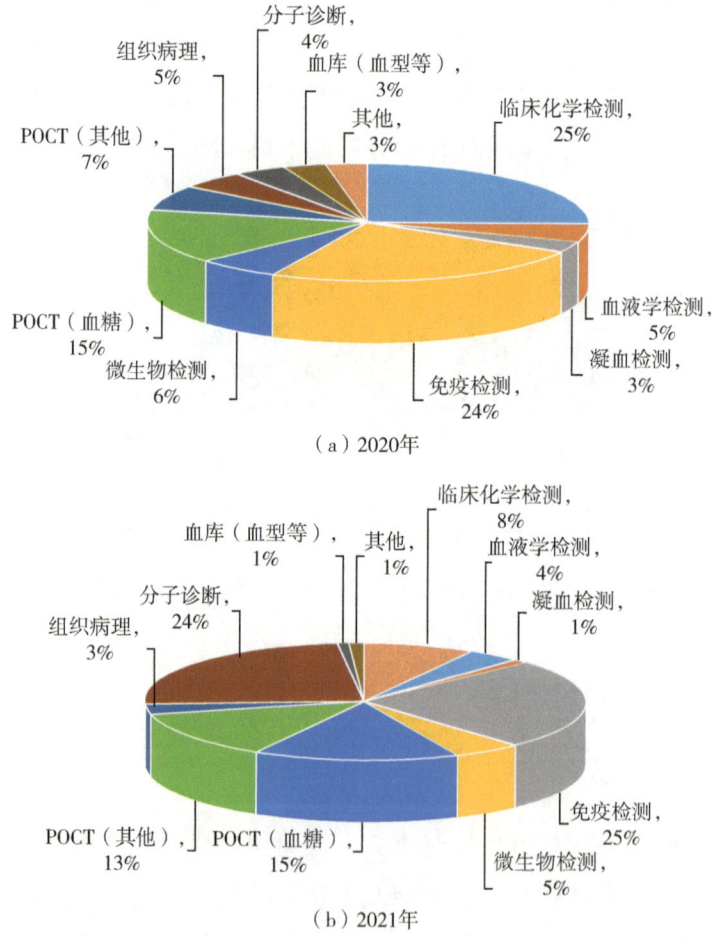

图6-12 2000年及2021年全球血球诊断市场占整体市场比例情况

（资料来源：2021年Kalorama《全球IVD市场报告》第14版）

（二）免疫诊断市场

2010年以后，随着技术的成熟和成本的不断降低，免疫诊断中的化学发光在各国临床检验市场上快速增长，逐步成为免疫诊断主流技术，并且成为体外诊断市场中的主要分支（图6-13）。

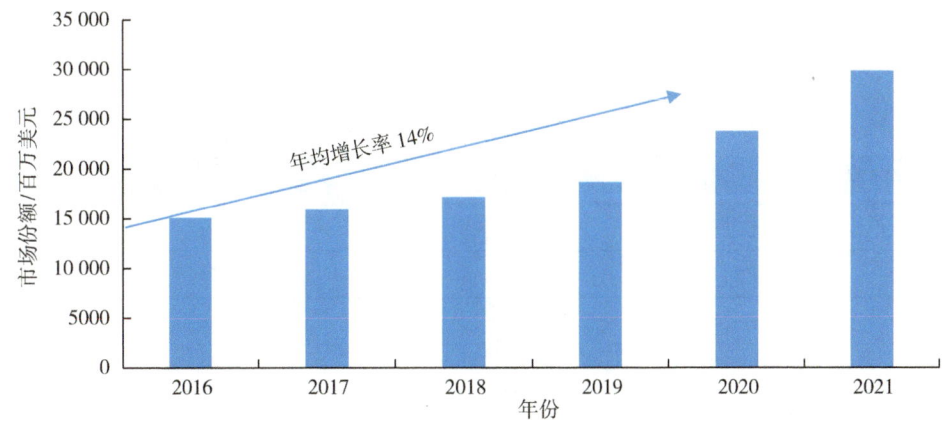

图6-13　2016—2021年全球免疫诊断市场份额

（资料来源：2021年Kalaroma《全球IVD市场报告》第14版；2018年Kalaroma《全球IVD市场报告》第11版）

化学发光在不同经济发展水平的国家中普及程度差异较大：在发达国家，化学发光是常规体检中的必备，开展的检测套餐数及套餐包含的项目数均相对较多；在经济欠发达国家，化学发光仍然是检测中的"奢侈品"，且传染病检测占比相对较高。2021年，化学发光在美国、中国和印度尼西亚的市场占比分别为27%、19%、13%。整体来说，化学发光相对于体外诊断的其他细分领域，仍然处于相对较高的增长态势。

2020—2021年，各大厂家的化学发光销售都呈现了比较大的波动。2020年，新冠抗体检测主要依靠化学发光方法，几乎所有的主要厂家均有相应的产品推出，在这个新冠肺炎疫情导致的额外增加的市场上分得一杯羹。但是，随着PCR技术的大范围普及，以及更加便捷的抗原检测类产品的异军突起，新冠抗体检测的需求量在2021年迅速衰退。但毋庸置疑，化学发光免疫检测在可预见的未来仍然是体外诊断市场增长的重要来源之一，开发出更灵敏稳定、更贴近临床使用、更高通量或更小体积的化学发光系统并提供更优质的临床服务，将成为各厂家的发展布局方向。

（三）临床化学市场

2021年，全球临床化学市场估计为91亿美元。总体而言，到2026年，该细分领域将以每年1.3%的增长率增长至接近98亿美元。尽管中国、沙特阿拉伯和巴西等新兴市场预计将出现高速增长，但整体市场增长幅度不大。因为美国、欧洲和日本占据了至少75%的市场份额，并预计在未来5年继续占据主导地位（表6-14）。

表6-14　2021年全球临床化学市场规模分布

地区	占比
北美	38%
欧洲	34%
亚太	16%
其他国家	12%

资料来源：迈瑞医疗。

（四）分子诊断市场

分子诊断中的核酸检测因为灵敏度高、特异性好，成为新冠肺炎确诊的重要标准，被世界卫生组织、美国疾病预防控制中心、我国卫生健康委等多个权威机构推荐。不管是病例最初的确诊，还是确诊后的治疗监测，核酸检测都是必不可少的手段。随着新冠肺炎在全球的蔓延，核酸检测需求激增，也促使分子诊断领域的爆发式增长，预计全球分子诊断市场年均增长率约为12.5%[①]。

在高通量测序、基因芯片等领域，美国Illumina和赛默飞世尔公司依旧优势明显，为全球医疗提供了80%以上的高通量基因检测设备、耗材和服务[②]。随着分子诊断技术的逐渐成熟及相关设备耗材成本的逐渐降低，未来分子诊断必然大范围应用于临床诊疗服务。

---

① 数据来源：2021年Kalaroma《全球IVD市场报告》第14版。

② 同上。

三、发达国家市场分析

（一）美国市场

美国市场是 IVD 领域最大的单一国家市场，市场份额超过 1/3。其中，POCT、免疫诊断和分子诊断是其主要领域，血液学和临床化学等常规检测市场份额相对较低（图 6-14）。

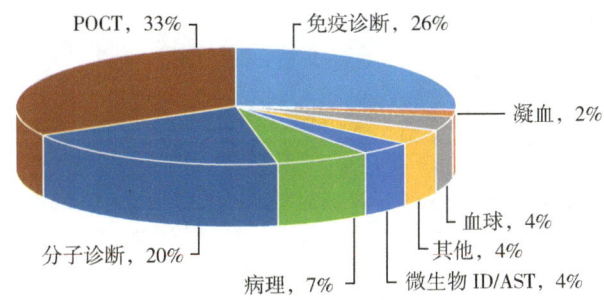

图 6-14 2019 年美国市场各细分领域分布情况

（资料来源：2021 年 Kalaroma《全球 IVD 市场报告》第 14 版）

FDA 注册与列名（Registration and Listing）数据提供了一个纵览几乎所有 FDA 注册数据的全局性视角，通过对注册与列名数据中 IVD 数据的分析，能够对 FDA 注册主体和注册产品进行分析。从产品构成上来看，IVD 产品与非 IVD 产品在 FDA 列名医疗器械中的占比相对稳定，FDA 医疗器械注册的大部分仍是非 IVD 产品（图 6-15）。

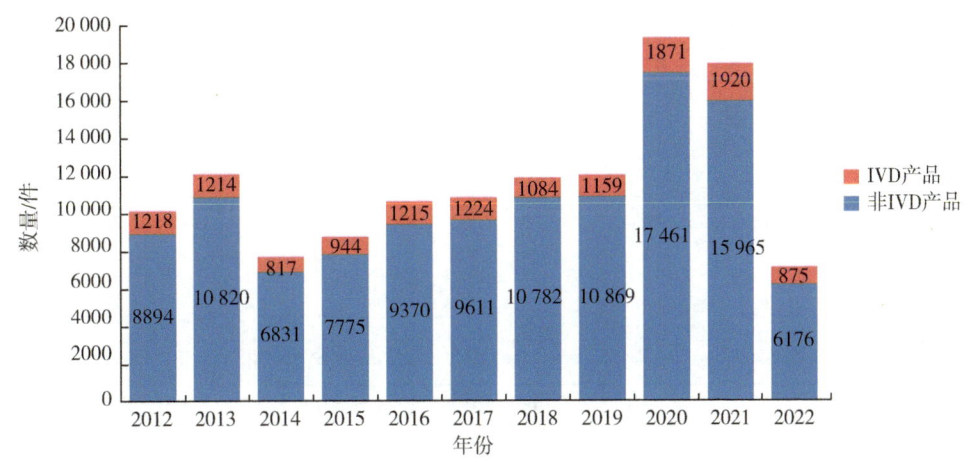

图 6-15 2012—2022 年 FDA 列名产品中 IVD 产品与非 IVD 产品对比

[资料来源：Device Registration and Listing（FDA Listing），普瑞大数据研究院整理]

从产品类别上来看，FDA 列名产品中的 IVD 产品主要集中在第一类和第二类，涉及风险高、监管严格的第三类产品较少（图 6-16）。

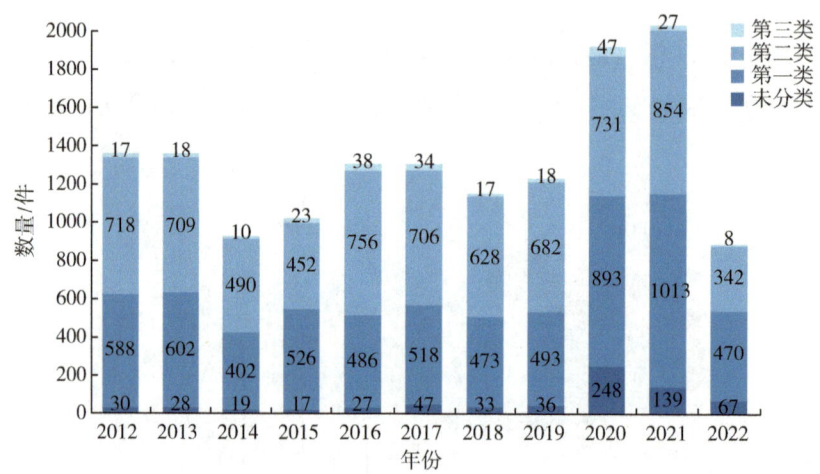

图 6-16　2012—2022 年 FDA 列名产品中 IVD 产品分类

[资料来源：Device Registration and Listing（FDA Listing），普瑞大数据研究院整理]

从地理分布上来看，FDA 列名产品中 IVD 产品来源主要集中在美国、中国、荷兰、德国、法国、韩国、印度、加拿大等国家。中国自 2018 年以来 IVD 产品数量增长迅猛（图 6-17），产品类别主要集中在第一类产品。

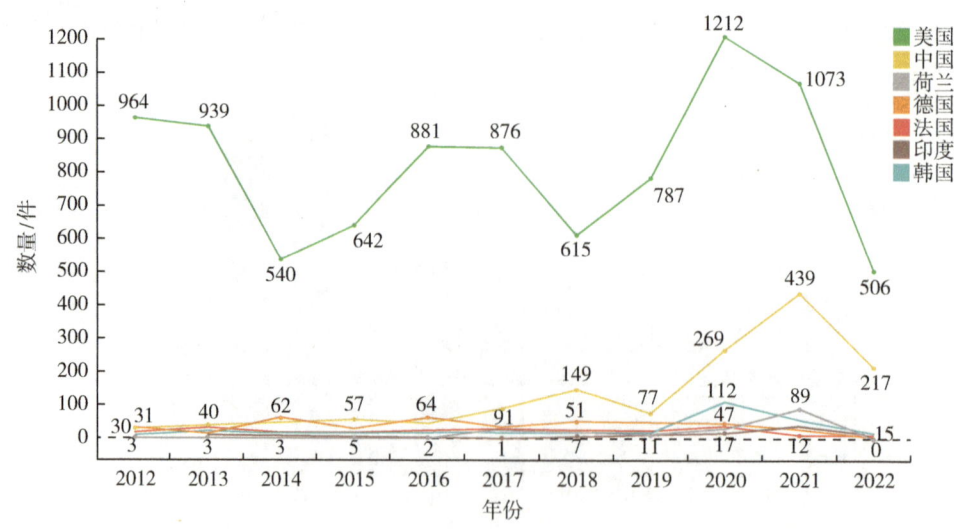

图 6-17　2012—2022 年 FDA 列名产品中各国 IVD 产品数量

[资料来源：Device Registration and Listing（FDA Listing），普瑞大数据研究院整理]

（二）欧盟市场

2021年，欧盟医疗卫生总支出约为1.43万亿欧元，约占GDP的10%。由于欧盟各成员国发展模式不同，经济与社会差异仍然非常明显，其中德国、法国、意大利、西班牙的IVD市场占比达到欧盟总额的70%左右，西欧国家的占比更是达到了90%[①]。

西欧发达国家由于医疗服务已经相对完善，其IVD市场已经进入相对稳定的成熟阶段，呈现增长放缓、平稳发展的态势。而以波兰、捷克、罗马尼亚为代表的中东欧地区，虽然目前市场份额占比相对较小，但由于人口基数大、经济增速快、老龄化程度不断提高，以及近几年医疗保障投入和人均医疗消费支出持续增长，其IVD市场正处于高速成长期。2020年，新冠肺炎疫情全球暴发，新冠相关检测市场增长迅速，欧洲IVD市场规模有望进一步提升，将达到175亿欧元，约占全球IVD市场总额的20%。

（三）意大利市场

2021年，意大利GDP1.73万亿欧元，仅次于德国和法国，位列欧盟第三，其中，医疗保健支出占GDP的比重约10%。由于国家经济较为发达，医疗服务相对完善，新冠肺炎疫情前，意大利IVD市场发展趋于平缓（2%以下），试剂占主要部分（65%以上）。IVD市场尤其是常规检测方面竞争激烈，导致IVD试剂价格低、利润少，因此，厂家主要转向特殊项目测试、增值服务及创新性整体解决方案。另外，由于实验室整合的趋势，终端客户的话语权不断增长，再加上对技术储备、业务规模和资本的要求，意大利IVD市场的主要厂家多为已在IVD市场处于领先地位的跨国公司。在新冠肺炎疫情的影响下，2020年意大利IVD市场增长达到了23%，增长主要来源于免疫和分子诊断，两者的市场占有率也最高，占据欧盟IVD整体市场的55%以上，尤其是分子诊断产品在新冠肺炎疫情期间增长迅速。生化、血球、微生物等常规检测市场受到新冠肺炎疫情冲击，增长缓慢[②]。

---

① 资料来源：European IVD Market Statistics Report 2021。
② 资料来源：普华永道PwC意大利IVD市场报告。

四、新兴经济体市场分析

（一）印度市场

印度是全球增长最快的新兴经济体之一，2019 年 GDP 总量为 2.9 万亿美元，是全球第七大经济体。在体外诊断领域，印度市场具有以下特点：①份额占比以私立为主，公立为辅，公私比例大致为 3∶7；②价格敏感型市场；③医疗资源分配不均，主要集中在大都市和各邦省会城市，偏远城市和农村地区医疗服务少、设备水平差。有资料显示，70% 的印度国民从未做过血液测试，因此低端市场需求大。

但近年来，随着印度政府持续推动新冠疫苗接种、加大对偏远地区的医疗投入、新建中小型实验室数量上升及 TBM 与 Dr.Lal 私立连锁实验室签署协议，印度民众对检验测试的认知呈现愈加普及、逐步提升的趋势。与此同时，印度工业和内部贸易促进部（DPIIT）注册壁垒仍然存在，且短期内无法通过，以及 2021 年 4 月起各类产品陆续要求进行自愿/强制注册，可见印度政府正大力推动印度本土制造，并进一步加强对医疗设备注册的监管[①]。

（二）印度尼西亚市场

2021 年，印度尼西亚的 GDP 约为 1.25 万亿美元，居世界第 16 位，是东盟最大的经济体和 20 国集团重要成员。印度尼西亚的 IVD 市场总容量约 46 600 万美元，其中，血球约 3800 万美元，生化约 7200 万美元，免疫约 10 400 万美元（包含血站市场），血凝、微生物、尿约 2600 万美元，其他（包括分子诊断、POCT 等）约 22 600 万美元。IVD 各细分市场分布，如图 6-18 所示。

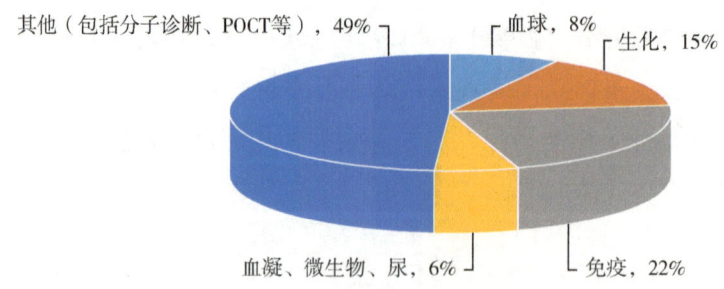

图 6-18　2021 年印度尼西亚 IVD 各细分市场分布

（资料来源：迈瑞医疗）

---

① 资料来源：World Bank，BMI Report，TechSci Research www.ibef.org，Medical Buyer，迈瑞医疗 BU 走访调研数据。

新冠肺炎疫情对印度尼西亚经济带来严重冲击，致使医疗资源紧张、失业人口增加、政府外债上升，样本检测数在疫情期间缩减20%～30%，中小实验室运营困难。但同时也带来了大量的发展机会，政府多次强调要发展本国医药产业，核酸检测和抗体检测等新冠病毒相关测试项目数量的上升，也推动了分子诊断、与新冠病毒相关的POCT（胶体金、分子POCT等）的蓬勃发展[1]。

（三）韩国市场

韩国2021年人均GDP为3.47万美元，GDP增长率为4%，医疗投入占GDP的比重为7.1%，人均医疗投入达2000美元，医疗水平和生活质量较高。韩国市场中，国际品牌占据上游主导地位，如罗氏、雅培、西门子、贝克曼、希森美康；日系品牌是中游重要补充，如堀场、东芝、日立；韩国本土品牌和国际其他品牌主要活跃在下游，如JW、ASAN，其中，本土品牌主要研发兼容试剂，配合OEM国外设备及部分高值试剂项目。

自2020年新冠肺炎疫情以来，传统行业普遍大受打击，而医疗行业是传统行业中为数不多的受益领域，一些社会资本从其他传统行业跨界转型投入医疗行业，预计韩国IVD行业的发展可能呈现"个体化、集中化、国际化"趋势。

（四）俄罗斯市场

2020年，俄罗斯人均GDP约1.15万美元，出口占GDP的比重为25%以上，相对较高。医疗方面，俄罗斯医疗体系继承了苏联计划经济时期的全公立医疗体系，医疗卫生支出占GDP的比重常年维持较高位，比例在6%以上。俄罗斯体外诊断市场公私立占比为8∶2。2020年，俄罗斯IVD市场总容量约147 500万美元，其中血球约6000万美元，生化约15 200万美元，免疫约52 600万美元。IVD各分细市场分布，如图6-19所示。

俄罗斯体外诊断市场预算紧张，2021年无额外预算抗击新冠肺炎，联邦预算同比下降11%，国家健康预算下降17%。较多医院为降低成本而使用兼容试剂，且设备陈旧、低端，有较多半自动设备。在此背景下，新冠肺炎疫情加速了俄罗斯体外诊断市场本土化、进口替代的进程，区域的医院联合、样本集中趋势加快。政府正

---

[1] 资料来源：WHO世界卫生组织。

在积极实施国家级大项目,如兴建医药器械产业园区,集中发展本国医疗工业[①]。

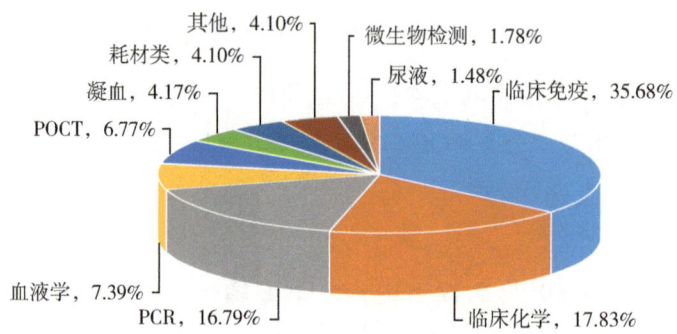

图 6-19　2020 年俄罗斯 IVD 各细分市场分布

(资料来源:迈瑞医疗)

(五)埃及市场

埃及是"一带一路"沿线枢纽国家,非洲第三大经济体,属于开放性市场经济,中国是其最大的贸易合作伙伴,是中东北非区域第二大医疗器械市场。2020 年,埃及 GDP 为 0.36 万亿美元,增速 3.57%,人均 GDP 为 3500 美元,公共医疗卫生总支出占 GDP 的比重由新冠肺炎疫情前的不到 2% 提升至 3% 左右。

埃及的体外诊断市场公私立占比为 1∶3,2020 年主要体外诊断市场容量约 6000 万美元。近年来,塞西政府着力推进 2030 愿景,在医疗卫生方面构建全面医保体系,自 2019 年成立全民医保局(UHA)以来,逐步增加医疗拨款,改善公立医疗条件,鼓励私立医院、诊所和实验室提质增效(表 6-15)。

表 6-15　埃及体外诊断市场特点及趋势表现

宏观预期	人口基数大,政局稳定,政府推进全面医保体系建设,强化基层实验室设备配置率,体外诊断市场预期不断增长; 本土医疗器械生产能力极其有限,98% 以上靠进口供应,宏观上为中国体外诊断提供巨大出口机遇
品牌特点	欧美日品牌长期垄断政府军队医院、高端大学及私立医院、大型连锁实验室集团,高端攻坚难度大,但随着新冠肺炎疫情的影响,国家外汇储备减少,对国产高性价比产品需求趋向利好; 国际品牌罗氏、西门子、希森美康在中高端市场采用直销投放模式,中高端市场竞争激烈,低端市场无明显品牌倾向,以低价导向

---

① 资料来源:俄罗斯进口海关数据,WHO 官网。

第六章 体外诊断市场及其发展趋势

续表

公私立市场	公立市场由埃及军方领导机构 UPA 实施集采，压价强势，对中国品牌进行限制； 私立连锁实验室兼并整合发展迅猛，如 IDH、Royal Lab、Alfa Lab 等，卫星实验室偏向样本采集强覆盖，协同中心实验室提升检测效率； 集中化测试量在中型公私立实验室增加，生化免疫及血球自动化联机升级单机需求提升； 低端个体私立实验室蓬勃发展，价格敏感，市场竞争以同质化低端产品、开发系统为主，价格战严重； 医院及实验室间外包业务 lab to lab 流行，生化免疫以投放模式为主
新冠病毒检测	新冠病毒非分子常规检测需求和重要性提升。新冠病毒分子 PCR 检测（约360元）和抗原快检（约280元）价格昂贵，普通新冠病毒感染诊断倾向常规联检筛查综合评估（如CBC、铁蛋白、CRP、D-dimer、ESR、LDH、ALT，套餐240元），相关常规检测是后疫情时代新冠病毒感染的主要参数需求

资料来源："一带一路"中非智库，埃及国别分析报告，国际货币基金组织，世界银行 GDP 数据，埃及医药市场。

（六）土耳其市场

2020年，土耳其人均 GDP 约为8538美元，公共医疗卫生总支出占 GDP 的4.4%左右。2021年，土耳其的血球、生化、免疫三大体外诊断主要业务的市场容量约3.5亿美元。其中，血球约2900万美元，生化约13 400万美元，免疫约18 700万美元，血凝、微生物、尿约3800万美元，其他（包括分子诊断、POCT 等）约35 000万美元。IVD 各细分市场分布，如图6-20所示。

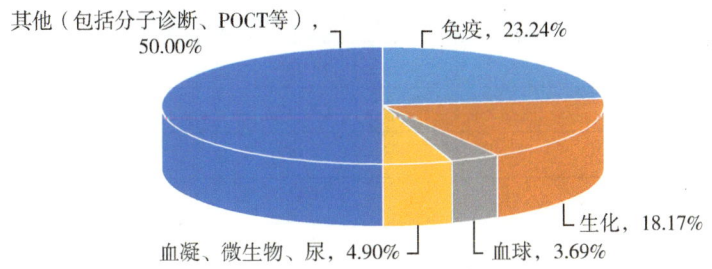

图6-20 2021年土耳其 IVD 各细分市场分布

（资料来源：迈瑞医疗）

近年来，土耳其体外诊断市场呈现以下发展趋势：①政府不断推出措施鼓励本地制造，因此，国外厂家也在推进与本地厂家合作；②公立医院样本量集中程度愈加明显，省级医院集团集采模式的程度不断加深，终端对于稳定、故障率低、性价比高的检测产品需求愈加明确；③目前，土耳其公立市场"整体服务方案"比例不断提高,即一个投标方需要提供实验室所需全套检测设备、仪器,甚至包括技术人员,为能提供丰富产品线和整体服务方案的企业带来了发展机遇[①]。

(七)巴西市场

巴西是西半球最大的发展中国家,也是世界上贫富差距最大的国家之一。自 1986 年起,巴西建立了较为完备的"统一医疗体系",旨在改变医疗卫生领域不公平的状况,提高人民健康水平。与此同时,私立医疗机构也越来越受到欢迎。

巴西体外诊断市场自 2010 年以来增速明显,即使在国家经济下行阶段也相对具有活力。根据 Kalorama 行业报告数据,2021 年,巴西体外诊断市场规模达到 80 亿巴西雷亚尔(约合 16 亿美元),占医疗总支出的 8.5%。2020 年,巴西市场的公私立占比约为 4∶6。私立市场活跃,集中化程度高,私立集团独立采购并拥有较强议价权;公立医院以公开招标为主,合同期限 1~3 年。

巴西体外诊断市场年均增长率为 5%~8%,设备及试剂主要依靠进口,本国仅有少数体外诊断企业可以生产试剂。血液学检测年均增长率约为 5%,生化免疫、分子诊断及凝血是巴西体外诊断市场增速较快的细分市场。生化免疫测试年均增长率为 8%~12%,增长来自以下方面:新测试项目引进、传染病检测、癌症及心脏疾病诊断(表 6-16)。

表 6-16 2019 年巴西各细分领域市场占比情况

类别	金额/万美元	占比
血球、生化、凝血	34 100	21%
微生物	24 400	15%
POCT(糖尿病)	17 900	11%
POCT(其他)	9800	6%
免疫诊断	68 300	42%
其他	8100	5%

资料来源:2021 年 Kalaroma《全球 IVD 市场报告》第 14 版。

(八)墨西哥市场

墨西哥是北美洲的一个联邦共和制主权国家,国内生产总值 1.076 万亿美元,

[①] 资料来源:维基百科,世界银行,第三方数据机构 IVD Market。

第六章 体外诊断市场及其发展趋势

人均 GDP 为 8346.7 美元，医疗投入占 GDP 的 5.5%。墨西哥医疗卫生服务体系垂直且分散，公立体系占 IVD 市场容量约 80%，主要包含墨西哥社会保障局、公务员社会保障与服务局、卫生部，分别覆盖约 38%、12%、40% 的人口。

因墨西哥公立体系效率低下，私立市场也存在大量私立实验室为患者提供检测服务，所以部分中高收入人群宁愿支付费用去私立医疗机构接受医疗服务。主要竞争对手厂家在私立高端市场选择直销，直接投放仪器至高端客户，但是在中低端市场选择和代理商合作。在新冠肺炎疫情期间，新冠检测收费昂贵，核酸加抗体测试共收费 3000 墨西哥比索，约合 142 美元[①]。

（九）哥伦比亚市场

哥伦比亚经济近 10 年来一直保持平稳增长，是拉美地区第四大经济体，中国是哥伦比亚的第二大贸易伙伴。哥伦比亚公共卫生医疗投入长期维持在 GDP 占比 7% 左右。哥伦比亚医疗处于拉美地区领先水平，采用公私混合的医疗体系，医疗保险覆盖 93% 的全国总人口。哥伦比亚的医院公立和私立占比基本为 1∶1，但是公立医院基本都拥有自己的实验室，私立医院/诊所只有部分拥有检验实验室。

2021 年，哥伦比亚 IVD 市场容量为 2.5 亿美元，其中，血球约 1100 万美元，生化约 2500 万美元，免疫约 3200 万美元，血凝、微生物、尿约 2000 万美元，其他（包括分子诊断、POCT 等）约 16 800 万美元。IVD 各细分市场分布，如图 6-21 所示。

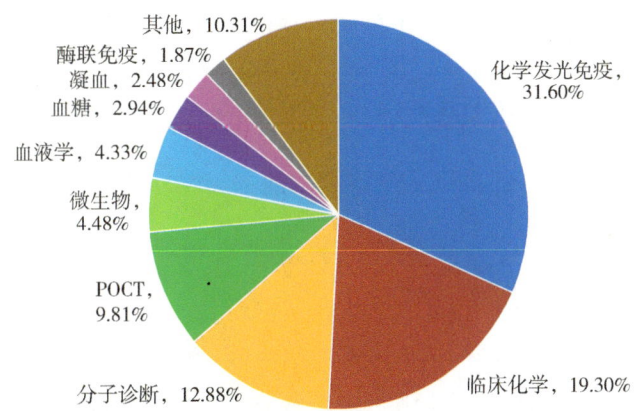

图 6-21 2021 年哥伦比亚 IVD 各细分市场分布

（资料来源：中国国家商务部，WHO 网站，哥伦比亚进口数据，2021 年 Kalaroma《全球 IVD 市场报告》第 14 版）

---

① 资料来源：墨西哥卫生部网站。

五、中国产品进入国际市场

（一）中国产品在海外注册整体情况

近年来，国内企业通过"引进来"带来全球高端技术和资金的同时，也积极"走出去"探索海外市场布局，寻求国际化发展道路。以中国企业在加拿大、新加坡、澳大利亚的注册数据为样本，对中国体外诊断企业海外注册情况做简要分析。

2017—2021年，我国IVD产品在澳大利亚、加拿大和新加坡的注册总量持续增加，在澳大利亚产品注册件数最多，占澳大利亚获批注册产品总量的比例持续上升，2020年已达到4.30%。2021年，我国在澳大利亚的产品注册数量达到139件，同比增长25%，占澳大利亚全国体外诊断产品注册数量的5.04%（表6-17）。

表6-17　2020—2021年我国体外诊断产品在澳大利亚、加拿大、新加坡的注册数量（存量）及占比

年份	在海外注册的国家	产品注册数量/件	占比
2020	澳大利亚	111	4.30%
	加拿大	70	2.10%
	新加坡	20	0.52%
2021	澳大利亚	139	5.04%
	加拿大	76	2.20%
	新加坡	20	0.50%

资料来源：TGA官网、加拿大卫生部官网、HSA官网。

（二）中国产品在各国注册具体情况

1. 获澳大利亚TGA认证产品总量持续增加

2017—2021年，中国体外诊断产品获得澳大利亚TGA认证的总量持续增加（不包含港澳台地区），年均增长率为40.18%。其中，2019年产品注册增速下滑明显，仅增加了7个获证产品；2020年涨幅明显，增加了46个获证产品，增加的数量超过了2017年获证总数，说明我国企业在澳大利亚的海外布局进程不断加快（表6-18）。

表 6-18　2017—2021 年体外诊断产品在澳大利亚注册数量靠前的中国企业名单及产品注册数量（存量）

年份	企业名称	产品注册数量/件
2017	深圳迈瑞生物医疗电子股份有限公司 Shenzhen Mindray Bio Medical Electronics Co., Ltd.	11
2018	深圳市亚辉龙生物科技股份有限公司 Shenzhen YHLO Biotech Co., Ltd.	19
2018	深圳迈瑞生物医疗电子股份有限公司 Shenzhen Mindray Bio Medical Electronics Co., Ltd.	11
2018	艾博生物医药（杭州）有限公司 ABON Biopharm（Hangzhou）Co., Ltd.	4
2019	深圳市亚辉龙生物科技股份有限公司 Shenzhen YHLO Biotech Co., Ltd.	19
2019	深圳迈瑞生物医疗电子股份有限公司 Shenzhen Mindray Bio Medical Electronics Co., Ltd.	11
2019	艾博生物医药（杭州）有限公司 ABON Biopharm（Hangzhou）Co., Ltd.	5
2020	深圳市亚辉龙生物科技股份有限公司 Shenzhen YHLO Biotech Co., Ltd.	20
2020	深圳迈瑞生物医疗电子股份有限公司 Shenzhen Mindray Bio Medical Electronics Co., Ltd.	11
2020	深圳市新产业生物医学工程股份有限公司 Shenzhen New Industries Biomedical Engineering Co., Ltd.	6
2020	艾博生物医药（杭州）有限公司 ABON Biopharm（Hangzhou）Co., Ltd.	5
2020	江苏世泰实验器材有限公司 Citotest Labware Manufacturing Co., Ltd.	4
2020	武汉华大智造科技有限公司 Wuhan MGI Tech Co., Ltd.	4
2021	深圳市亚辉龙生物科技股份有限公司 Shenzhen YHLO Biotech Co., Ltd.	20
2021	深圳迈瑞生物医疗电子股份有限公司 Shenzhen Mindray Bio Medical Electronics Co., Ltd.	11
2021	江苏世泰实验器材有限公司 Citotest Labware Manufacturing Co., Ltd.	6
2021	深圳市新产业生物医学工程股份有限公司 Shenzhen New Industries Biomedical Engineering Co., Ltd.	6
2021	艾博生物医药（杭州）有限公司 ABON Biopharm（Hangzhou）Co., Ltd.	5

资料来源：TGA 官网。

2. 获加拿大认证产品数量平缓增加

2017—2021年，中国体外诊断产品获得加拿大认证的总量持续增加（不包含港澳台地区），年均增长率为29.53%。其中，2019年增加较为明显，注册数增加了20件（表6-19）。

表6-19 2017—2021年体外诊断产品在加拿大注册数量靠前的中国企业名单及产品注册数量（存量）

年份	企业名称	产品注册数量/件
2017	杭州奥泰生物技术股份有限公司 Hangzhou Alltest Biotech Co., Ltd.	11
	杭州安旭生物科技股份有限公司 Assure Tech.（Hangzhou）Co., Ltd.	9
	万华普曼生物工程有限公司成都分公司 W.H.P.M.Bioresearch & Technology Co., Ltd.	4
2018	杭州奥泰生物技术股份有限公司 Hangzhou Alltest Biotech Co., Ltd.	16
	杭州安旭生物科技股份有限公司 Assure Tech.（Hangzhou）Co., Ltd.	12
	万华普曼生物工程有限公司成都分公司 W.H.P.M.Bioresearch & Technology Co., Ltd.	4
2019	杭州奥泰生物技术股份有限公司 Hangzhou Alltest Biotech Co., Ltd.	36
	杭州安旭生物科技股份有限公司 Assure Tech.（Hangzhou）Co., Ltd.	12
	万华普曼生物工程有限公司成都分公司 W.H.P.M.Bioresearch & Technology Co., Ltd.	4
2020	杭州奥泰生物技术股份有限公司 Hangzhou Alltest Biotech Co., Ltd.	37
	杭州安旭生物科技股份有限公司 Assure Tech.（Hangzhou）Co., Ltd.	24
	万华普曼生物工程有限公司成都分公司 W.H.P.M.Bioresearch & Technology Co., Ltd.	4
2021	杭州奥泰生物技术股份有限公司 Hangzhou Alltest Biotech Co., Ltd.	38
	杭州安旭生物科技股份有限公司 Assure Tech.（Hangzhou）Co., Ltd.	24
	广州万孚生物技术股份有限公司 Guangzhou Wondfo Biotech Co., Ltd.	6

资料来源：加拿大卫生部官网。

3. 获新加坡 HSA 认证产品数量保持平稳

截至 2021 年，中国体外诊断产品获新加坡 HSA 认证的总量仅为 20 件（不包含港澳台地区），数量基本保持平稳。其中，2017 年注册产品 18 件，2018—2019 年没有新增产品注册，2020 年产品注册数略微增加，多了 2 件获证产品，2021 年产品数量没有增加，说明我国 IVD 企业在新加坡的海外布局进程变化还不明显（表 6-20）。

表 6-20　2017—2021 年体外诊断产品在新加坡注册数量靠前的中国企业名单及产品注册数量（存量）

年份	企业名称	产品注册数量/件
2017	迪瑞医疗科技股份有限公司 Dirui Industrial Co., Ltd.	8
2017	艾博生物医药（杭州）有限公司 Abon Biopharm (Hangzhou) Co., Ltd.	5
2017	杭州博拓生物科技股份有限公司 Hangzhou Biotest Biotech Co., Ltd.	3
2018	迪瑞医疗科技股份有限公司 Dirui Industrial Co., Ltd.	8
2018	艾博生物医药（杭州）有限公司 Abon Biopharm (Hangzhou) Co., Ltd.	5
2018	杭州博拓生物科技股份有限公司 Hangzhou Biotest Biotech Co., Ltd.	3
2019	迪瑞医疗科技股份有限公司 Dirui Industrial Co., Ltd.	8
2019	艾博生物医药（杭州）有限公司 Abon Biopharm (Hangzhou) Co., Ltd.	5
2019	杭州博拓生物科技股份有限公司 Hangzhou Biotest Biotech Co., Ltd.	3
2020	迪瑞医疗科技股份有限公司 Dirui Industrial Co., Ltd.	8
2020	艾博生物医药（杭州）有限公司 Abon Biopharm (Hangzhou) Co., Ltd.	5
2020	杭州博拓生物科技股份有限公司 Hangzhou Biotest Biotech Co., Ltd.	5
2021	迪瑞医疗科技股份有限公司 Dirui Industrial Co., Ltd.	8
2021	艾博生物医药（杭州）有限公司 Abon Biopharm (Hangzhou) Co., Ltd.	5
2021	杭州博拓生物科技股份有限公司 Hangzhou Biotest Biotech Co., Ltd.	5

资料来源：HSA 官网。

六、国际市场趋势

（一）整体趋势预测

未来 5 年，全球 IVD 市场将以每年 7% 以上的速度快速增长，到 2026 年将达到约 1300 亿美元的市场价值。满足医院需求尤其是满足家用需求的 POCT、基于免疫学和分子生物学检测原理进行的传染病检测、血库检测及肿瘤分子免疫标记物检测预计将持续增加①。

1. 美国

美国市场以私立市场为主，检测量和定价都很高。然而，随着医疗保健成本不断增加，政府颁布了《禁止反竞争合并法案》（简称"PAMA"）来规范和降低这些成本。法案建议2022—2024年每年减少15%的费用成本，因此美国市场的未来趋势将是提高效率并降低成本。

2. 欧盟

随着2022年欧盟各国纷纷放开新冠肺炎疫情管制，新冠病毒检测量有所减少，但得益于欧盟出台的一系列经济复苏计划和医疗基础设施的投入加大，预计2021—2024年，欧洲IVD市场仍将以6.5%的年复合增长率持续增长，截至2024年可达225亿欧元（图6-22）。

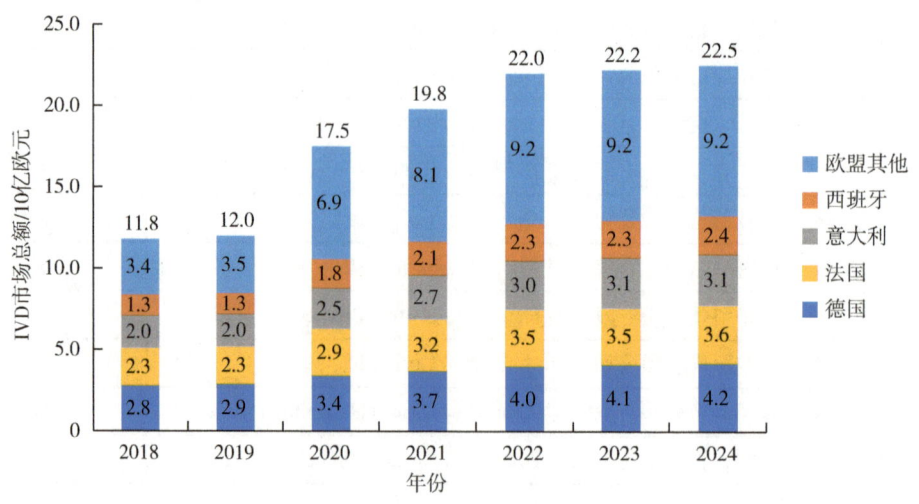

图6-22 欧盟市场分布

（资料来源：2021年Kalaroma《全球IVD市场报告》第14版）

---

① 资料来源：2021年Kalaroma《全球IVD市场报告》第14版。

（二）全球临床科研趋势

根据大数据统计，欧洲开展的体外诊断临床研究数量和密度远高于中国、美国和日本。澳大利亚是新冠类产品主市场之一，却不是临床开展的主场。巴西是南美开展临床最多的国家。

2019年12月之后，全球体外诊断临床试验开展的疾病方向包括新冠肺炎、乳腺癌、中风、2型糖尿病、肥胖、帕金森综合征等。其中，新冠肺炎是重中之重，远远高于其他疾病临床试验注册量（图6-23）。

（三）细分领域临床科研趋势

按照检验方法和原理的不同，体外诊断产品的细分市场可分为生化诊断、免疫诊断、分子诊断、POCT、微生物诊断、血液和体液诊断等。其中生化诊断、免疫诊断和分子诊断代表了目前临床应用中的主流技术。

1. 分子诊断临床科研趋势

分子诊断是目前临床应用中的热门技术。在分子诊断领域，开展临床试验最多的疾病领域分别是新冠肺炎、前列腺癌、乳腺癌、冠状动脉疾病、肺癌等（图6-24）。

2. 免疫诊断临床科研趋势

免疫诊断总体临床科研数量远低于分子诊断。在免疫诊断领域，开展临床试验最多的疾病领域分别是新冠肺炎、人类免疫缺陷病毒、流感、非小细胞肺癌、黑色素瘤等（图6-25）。

3. 生化诊断临床科研趋势

生化诊断总体临床科研数量类似于分子诊断。在生化诊断领域，开展临床试验最多的疾病领域分别是新冠肺炎、前列腺癌、乳腺癌、冠状动脉疾病、肺癌等（图6-26）。

4. 抗原诊断临床科研趋势

抗原诊断是唯一自2021年起有所暴发的细分诊断领域，这主要受到新冠抗原诊断在2021年开始逐渐被主流市场所接受的影响（图6-27）。

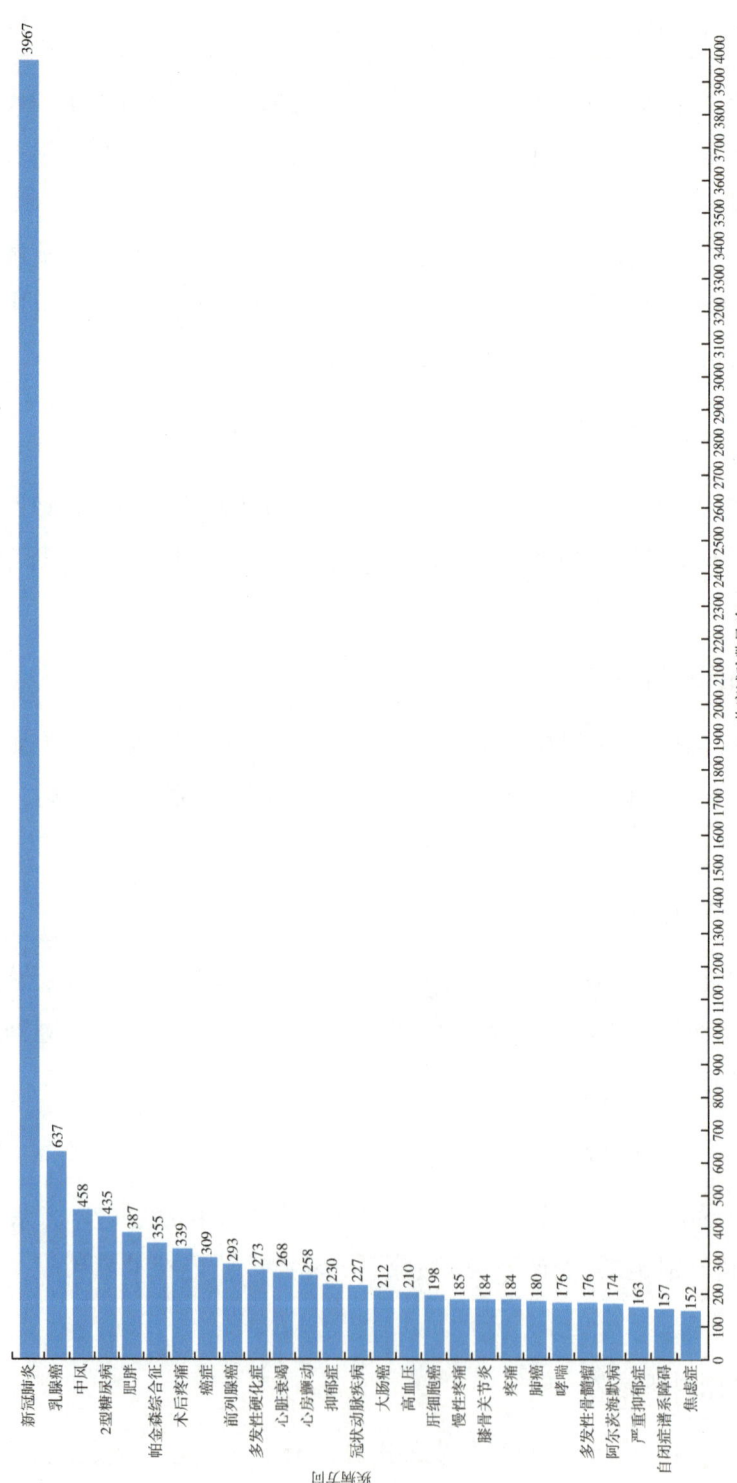

图 6-23 全球体外诊断临床试验开展的疾病方向

（资料来源：普瑞大数据研究院）

第六章
体外诊断市场及其发展趋势

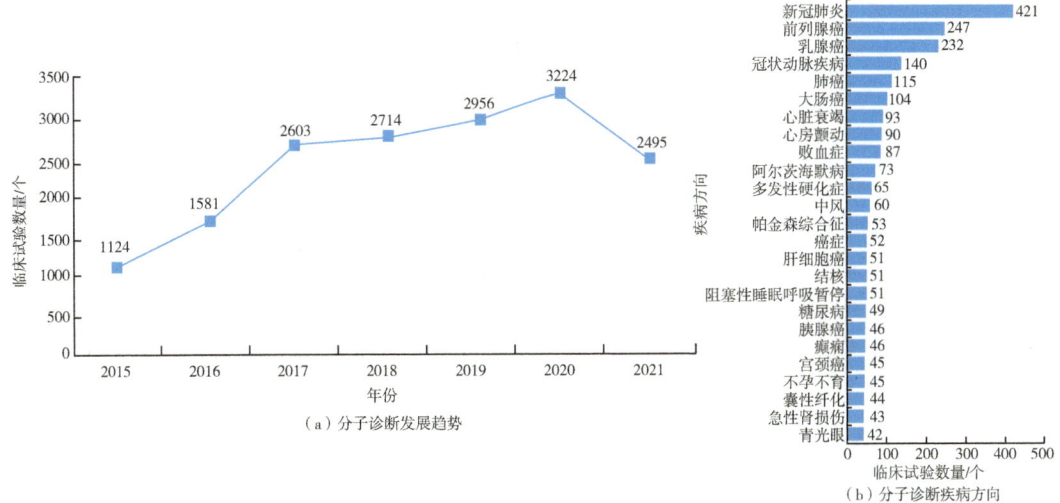

图 6-24　分子诊断临床科研趋势（2015—2021 年）

（资料来源：普瑞大数据研究院）

图 6-25　免疫诊断临床科研趋势（2015—2021 年）

（资料来源：普瑞大数据研究院）

231

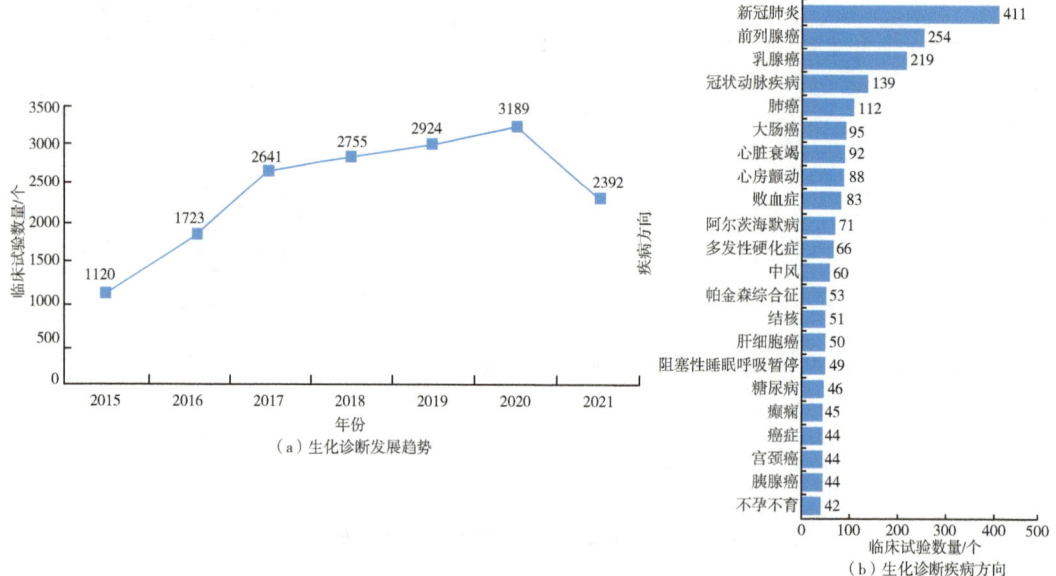

图 6-26　生化诊断临床科研趋势（2015—2021 年）

（资料来源：普瑞大数据研究院）

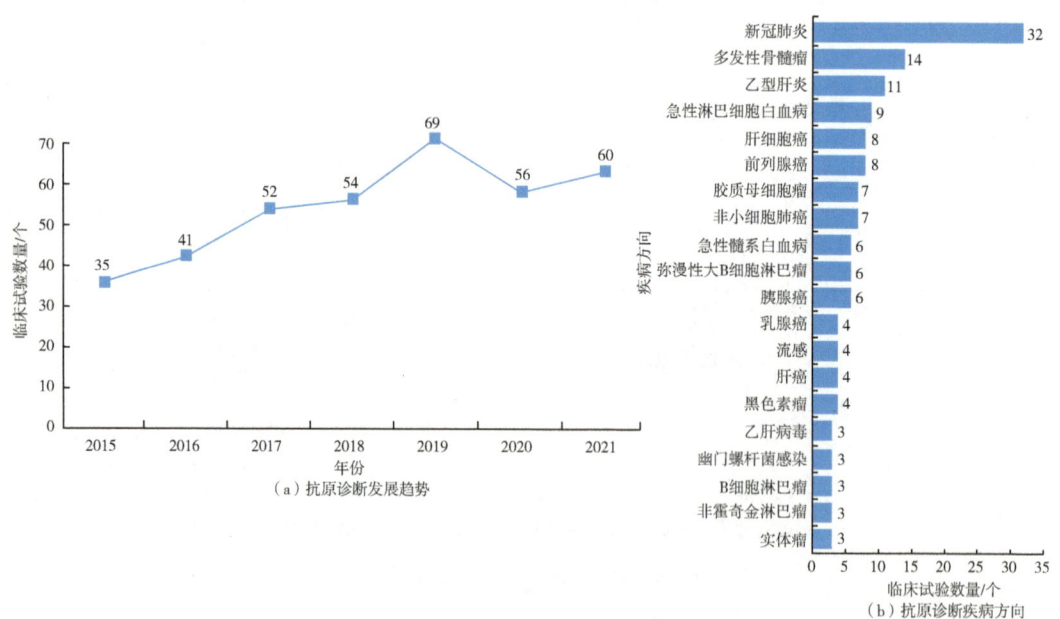

图 6-27　抗原诊断临床科研趋势（2015—2021 年）

（资料来源：普瑞大数据研究院）

第六章 体外诊断市场及其发展趋势

（四）行业巨头临床发展趋势

1. ROCHE（罗氏）

罗氏专注于介入治疗领域，药物方面的科研投入高于器械的研发投入。新冠肺炎疫情暴发后这两年诊断测试方面研究的投入已高于过去5年之和（图6-28）。

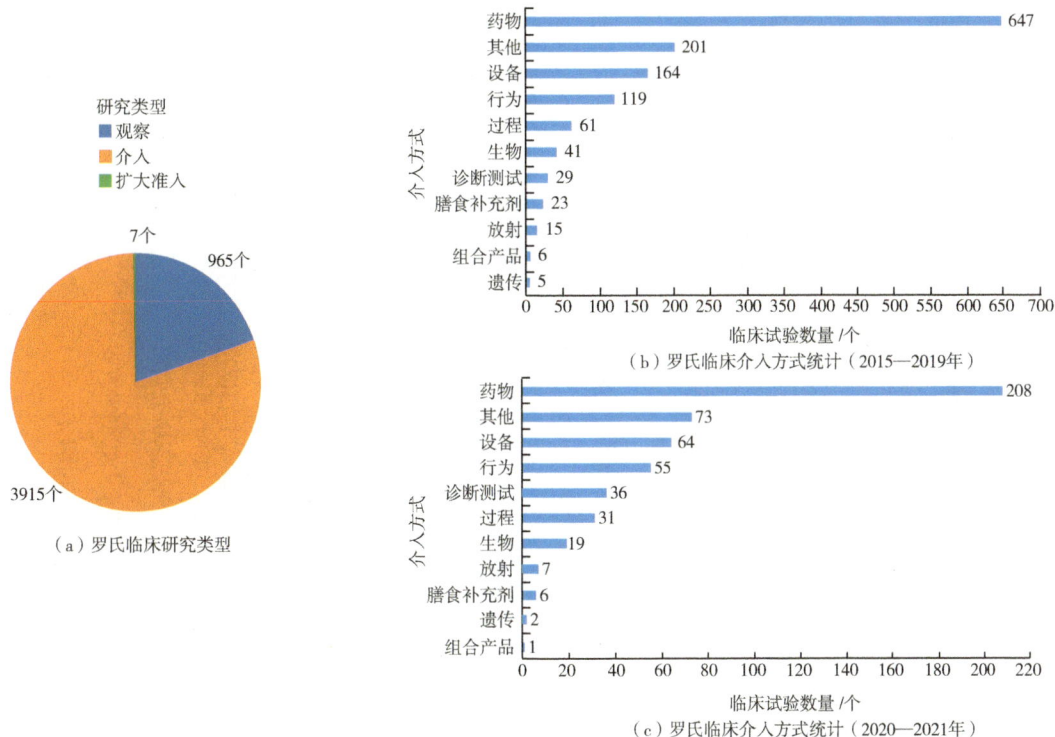

图6-28 罗氏临床发展趋势（2015—2021年）

（资料来源：普瑞大数据研究院）

罗氏临床研究涉及领域多样，以类风湿关节炎和乳腺癌的临床研究为主。体外诊断方面，总数HIV研究最多，疫情后COVID-19最多（图6-29）。

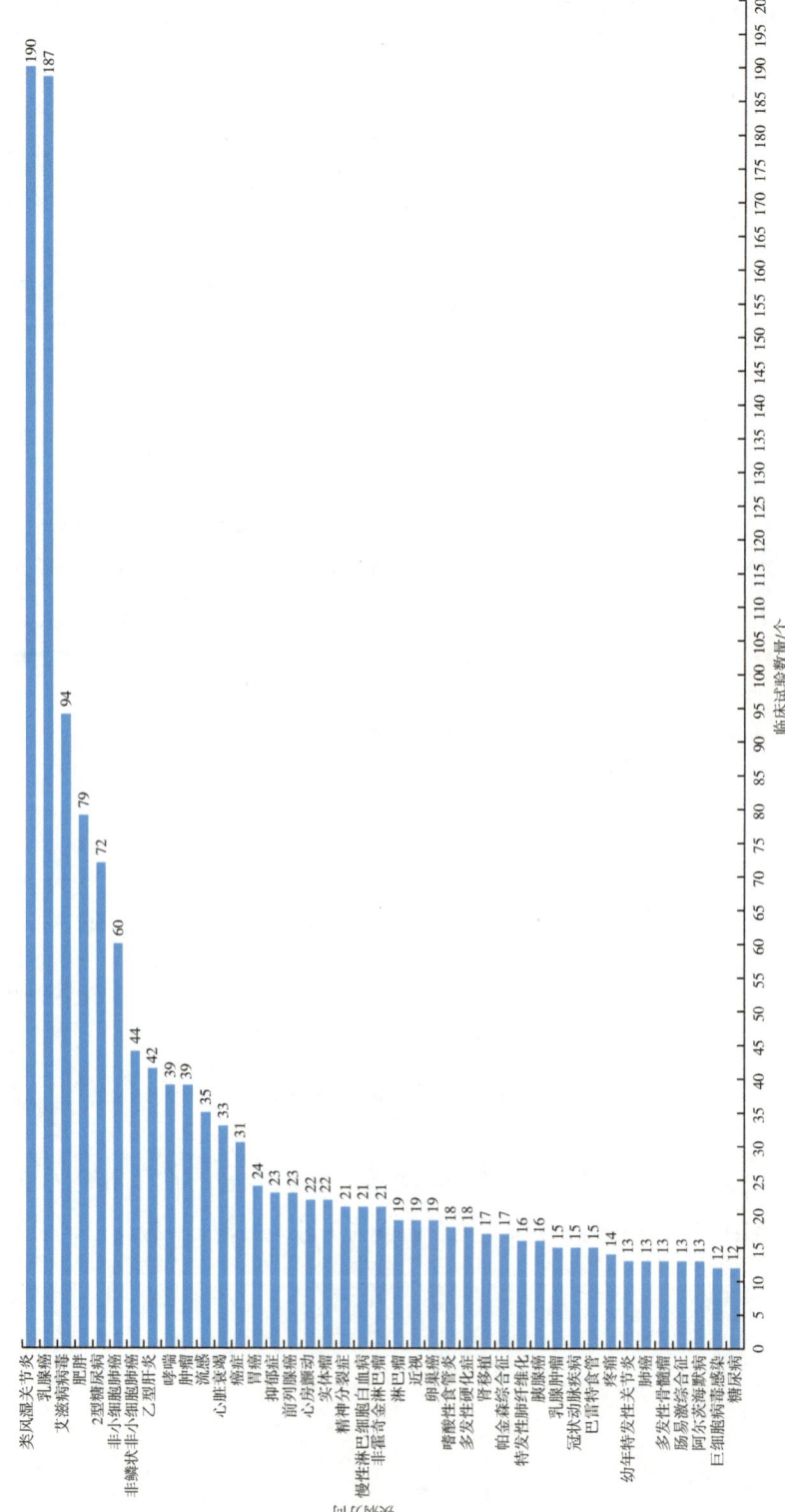

图6-29 罗氏临床研究领域

(资料来源:普瑞大数据研究院)

2. ABBOTT（雅培）

雅培专注于介入治疗领域，医疗器械干预研发投入多于药物研发。新冠肺炎疫情暴发以来这两年诊断测试方面研究的投入已高于过去 5 年之和（图 6-30）。

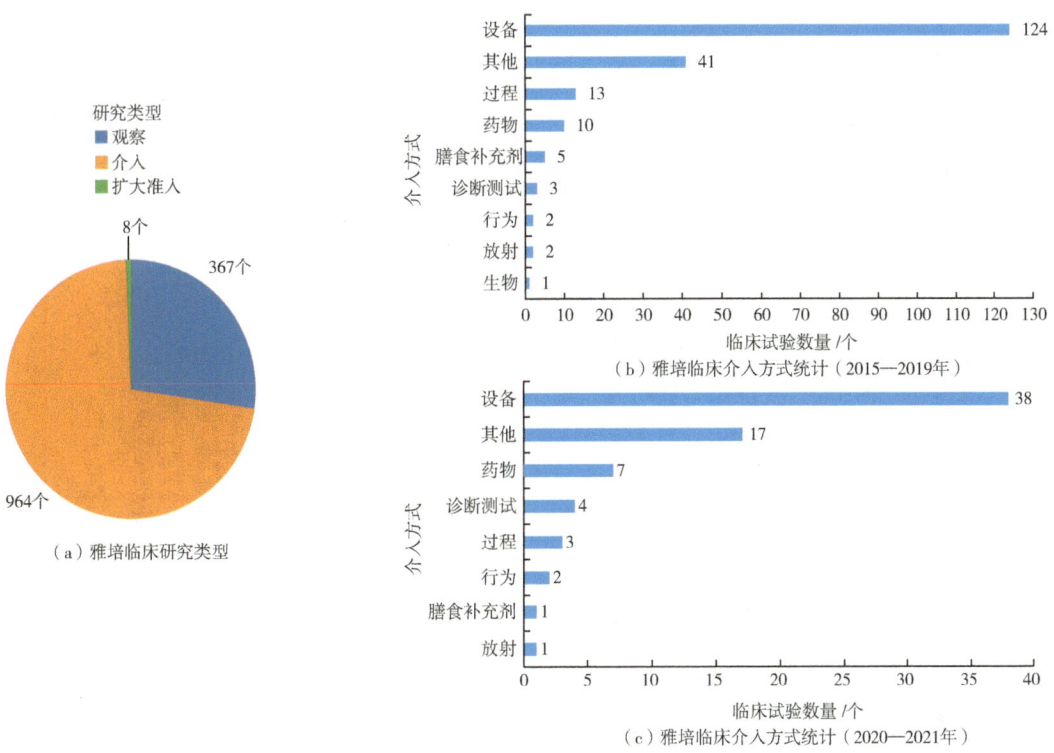

图 6-30　雅培临床发展趋势（2015—2021 年）

（资料来源：普瑞大数据研究院）

雅培临床研究侧重心脏衰竭和类风湿关节炎领域。体外诊断方面，HIV 研究开展最多。雅培在克罗恩病这一不常见的细分领域，投入了很多研究。新冠肺炎疫情发生后（2020 年年初以来），雅培并未投入最多的研发精力于 COVID-19，反而是在糖尿病领域持续发力，加大投入（图 6-31）。

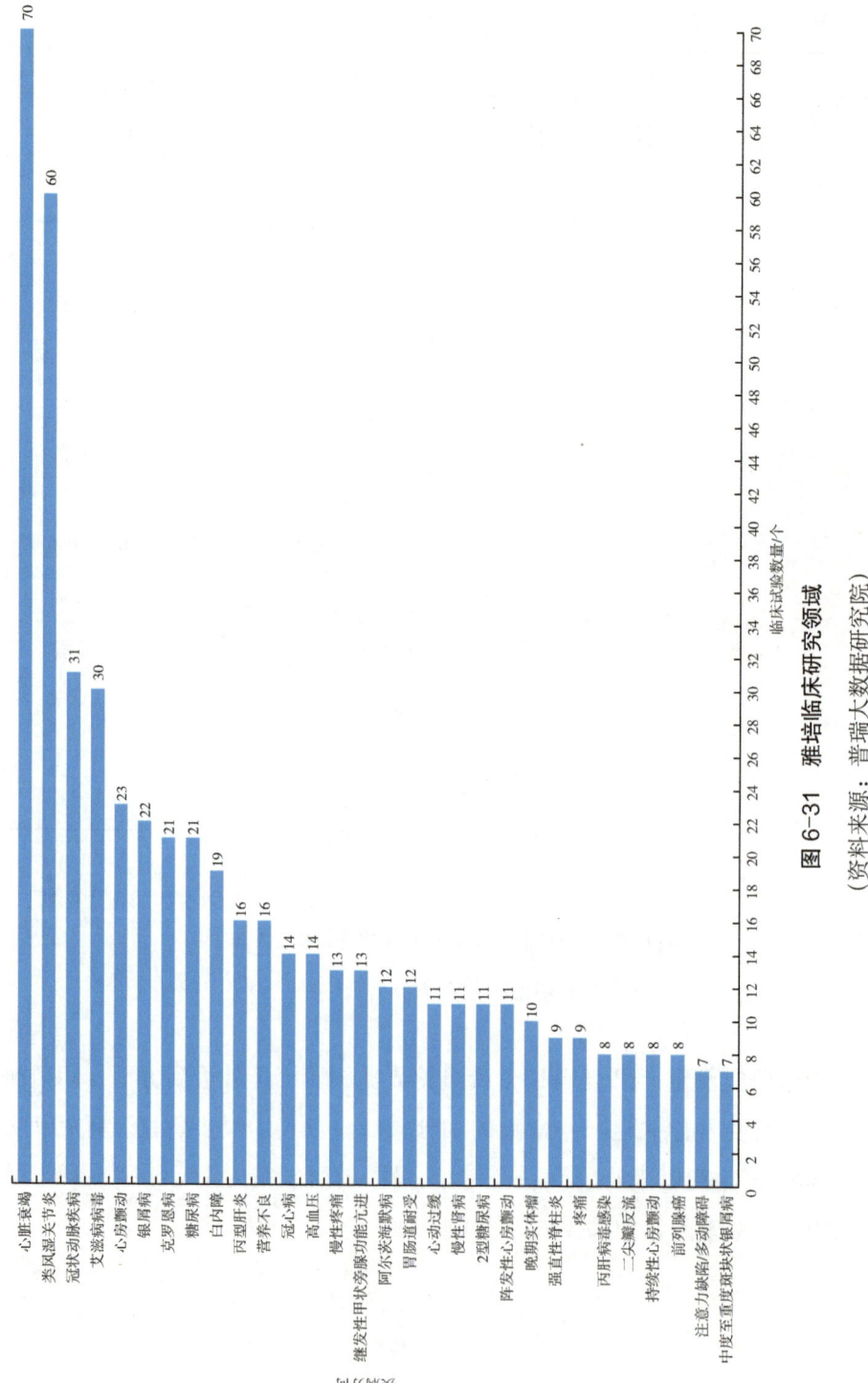

图 6-31 雅培临床研究领域
（资料来源：普瑞大数据研究院）

（五）行业巨头 FDA 注册趋势

1. Roche（包括 Roche 旗下各个子公司及 Ventana Roche 公司）

对于 510（k）产品，Roche 主要侧重以下几个领域：呼吸道病毒面板核酸检测系统；凝血酶原测试；OTC 血糖检测；用于引起性传播感染的非病毒微生物的核酸检测系统；爱泼斯坦－巴尔病毒（EBV）DNA 定量核酸扩增试验。

对于 PMA 产品，Roche 主要侧重以下几个领域：乙型肝炎（B 核、Be 抗原、Be 抗体、B 核 IgM）测试；体细胞基因突变检测系统；丙型肝炎病毒酶联免疫检测。

2. SIEMENS

对于 510（k）产品，SIEMENS 主要侧重以下几个领域：Kappa、抗原、抗血清、对照；肿瘤免疫学抗原测试体系；人绒毛膜促性腺激素测试体系；皮质醇放射免疫测定；肌钙蛋白亚基免疫测定。

对于 PMA 产品，SIEMENS 主要侧重以下几个领域：乙型肝炎（B 核、Be 抗原、Be 抗体、B 核 IgM）测试；游离前列腺特异性抗原（非复合）检测；用于检测前列腺癌的前列腺特异性抗原（非复合和复合）。

3. 雅培

对于 510（k）产品，Abbott 主要侧重以下几个领域：集成的连续血糖监测系统（不适用于自动胰岛素输送系统）；离子特异性电极；葡萄糖氧化酶。

对于 PMA 产品，Abbott 主要侧重以下几个领域：乙型肝炎（B 核、Be 抗原、Be 抗体、B 核 IgM）测试；体细胞基因突变检测系统；乙型肝炎病毒 DNA 检测；荧光原位杂交，染色体 17p 缺失（Tp53）。

第七章 体外诊断监管机制

第一节 中国体外诊断监管

一、体外诊断产品的管理类别

(一)按照医疗器械管理的体外诊断产品

在我国,除用于血源筛查的体外诊断试剂和采用放射性核素标记的体外诊断试剂外,其他体外诊断试剂按照医疗器械管理,也是目前我国市场上占比最多的体外诊断产品。

体外诊断试剂作为一种医疗器械,适用于《医疗器械监督管理条例》(中华人民共和国国务院令第739号),体外诊断试剂的注册、备案及其监督管理活动应符合《体外诊断试剂注册与备案管理办法》(国家市场监督管理总局令第48号)的要求。该办法所指的体外诊断试剂,包括在疾病的预测、预防、诊断、治疗监测、预后观察和健康状态评价的过程中,用于人体样本体外检测的试剂、试剂盒、校准品、质控品等产品,可以单独使用,也可以与仪器、器具、设备或系统组合使用。

与体外诊断试剂组合使用的仪器、器具、设备或系统包括血液学分析设备、生化分析设备、电解质及血气分析设备、免疫分析设备、分子生物学分析设备、微生物分析设备、扫描图像分析系统、放射性核素标本测定装置、尿液及其他样本分析设备、形态学分析前样本处理设备、样本分离设备、培养与孵育设备等,属于医疗器械产品,同样适用于《医疗器械监督管理条例》(中华人民共和国国务院令第739号)。按照国家食品药品监管总局2017年第104号公告发布的医疗器械分类目录,体外诊断仪器属于临床检验器械,分类号为22。

(二）按照药品管理的体外诊断产品

用于血源筛查的体外诊断试剂和采用放射性核素标记的体外诊断试剂按照药品进行管理。

按照药品管理的体外诊断试剂的注册申请，均按照《药品注册管理办法》规定的注册程序进行审评审批；对于符合要求的，发放药品批准文号，企业生产经营行为按照药品生产、经营等法规规定进行管理。

二、产业及科技政策

"十三五"期间，我国政府部门出台了一系列医疗器械产业宏观政策，为医疗器械产业高质量创新发展打开新的局面。将健康中国建设提升到国家战略层面，把人民的生命健康作为优先发展的重中之重。"十三五"时期，《中华人民共和国国民经济和社会发展第十三个五年规划纲要》提出推进健康中国建设，制定《"健康中国2030"规划纲要》，发布了系列文件。其中，《中华人民共和国国民经济和社会发展第十三个五年规划纲要》《"健康中国2030"规划纲要》《"十三五"深化医药卫生体制改革规划》是核心。根据两个纲要精神，我国政府、国务院出台系列宏观政策文件，为医疗器械产业发展创造了良好的政策条件。

（一）医药卫生领域

1. 药品和高值医用耗材集中带量采购改革

开展高值医用耗材、检验检测试剂、大型医疗设备集中采购。规范和推进高值医用耗材集中采购，统一高值医用耗材编码标准，区别不同情况推行高值医用耗材招标采购、谈判采购、直接挂网采购等方式，确保高值医用耗材采购各环节在阳光下运行。

2. 进一步规范医疗行为促进合理医疗检查

对检查检验结果互认进一步提出两方面的要求。一是推进检查检验结果互认。明确互认机构范围、条件、诊疗项目（内容）及技术标准等，提出逐步实现区域内医疗机构间检查检验结果互认的目标要求。二是加快医疗联合体内结果互认。2021年6月底前，紧密型城市医疗集团和县域医疗共同体内要实现检查资料共享和结果互认。在医疗机构间互认医学检验、医学影像检查，对于合理、有效利用卫生资源，降低患者就诊费用，简化患者就医环节，改进医疗服务，在医疗过程中体现以人为本的服务理念具有重要意义。

（二）科技工业领域

经过多年的发展，我国重点加强了医疗器械领域的科技部署，把医疗器械领域列入我国科技发展的战略重点。以国产化、高端化、品牌化、国际化为方向，以临床及健康需求为导向，以核心技术突破为驱动，以重大产品研发为重点，以示范推广为牵引，创新链、产业链和服务链融合发展，加强医研企结合，着力提高国产医疗器械的核心竞争力，推动医疗器械科技产业的跨越式发展（图7-1）。

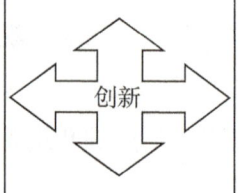

图7-1 围绕创新的医疗器械相关领域发展规划

《中国制造2025》将生物医药和高性能医疗器械作为重点发展领域，国家继续把生物医药等战略性新兴产业作为国民经济支柱产业加快培育。2016年，工业和信息化部、国家发展改革委、科技部、商务部、国家卫生计生委、国家食品药品监督管理总局六部委联合印发《医药工业发展规划指南》，对包括体外诊断产品在内的药品、医疗器械提出规模效益稳定增长、创新能力显著增强、产品质量全面提高、供应保障体系更加完善、国际化步伐明显加快、医药工业整体素质大幅提升的发展目标。

为增强制造业核心竞争力,制定《高端医疗器械和药品关键技术产业化实施方案》。通过高端医疗器械和药品产业化项目、高端医疗器械和药品专业化技术服务平台项目的形式,支持高端医疗器械、高端药品的发展。其中包括鼓励国内空白的全实验室自动化检验分析流水线(TLA)等创新设备产业化;推动具备一定基础的高通量基因测序仪、化学发光免疫分析仪、新型分子诊断仪器、即时检验系统(POCT)等体外诊断产品及试剂升级换代和质量性能提升。

三、监管政策

"十三五"以来,陆续出台医疗器械注册人制度、医疗器械唯一标识制度,发布一系列指导原则和行业标准,促进医疗器械行业规范化高质量发展。

(一)政策布局

2015年《国务院关于改革药品医疗器械审评审批制度的意见》发布,提出提高审评审批质量、解决注册申请积压、提高审评审批透明度的主要目标。

2017年中共中央办公厅、国务院办公厅印发《关于深化审评审批制度改革鼓励药品医疗器械创新的意见》,提出6个方面,共计36项意见,要求持续深化医疗器械审评审批制度改革,进一步加强对全国医疗器械注册工作监督和管理,加大注册现场核查和临床试验监督抽查力度,不断提升医疗器械注册审评审批的质量与效率。

(二)法规体系不断完善

2000年1月4日,中华人民共和国国务院令第276号公布《医疗器械监督管理条例》,随着医疗器械行业不断发展,监管能力不断提升,在随后的2014年、2017年、2020年分别进行了3次修订。最新的这次修订,是在落实"四个最严"重要指示和医疗器械审评审批改革重大部署背景下完成的,于2021年6月1日正式施行。《条例》的此次修订,落实了医疗器械注册人、备案人制度,强化企业主体责任,鼓励行业创新发展。加强产品上市后管理,完善监管制度,提高监管效能。对违法单位加大惩处力度,提高违法成本。

伴随着《医疗器械监督管理条例》的修订施行，我国的医疗器械行业进入全新的高质量发展时期。创新医疗器械产品不断涌现，为人民群众的用械需求和用械安全提供了强大助力。

与此同时，发布《医疗器械注册与备案管理办法》（国家市场监督管理总局令第47号）、《体外诊断试剂注册与备案管理办法》（国家市场监督管理总局令第48号）两部规章。发布《关于实施〈医疗器械注册与备案管理办法〉〈体外诊断试剂注册与备案管理办法〉有关事项的通告》（2021年第76号），明确过渡期医疗器械注册工作要求（图7-2）。

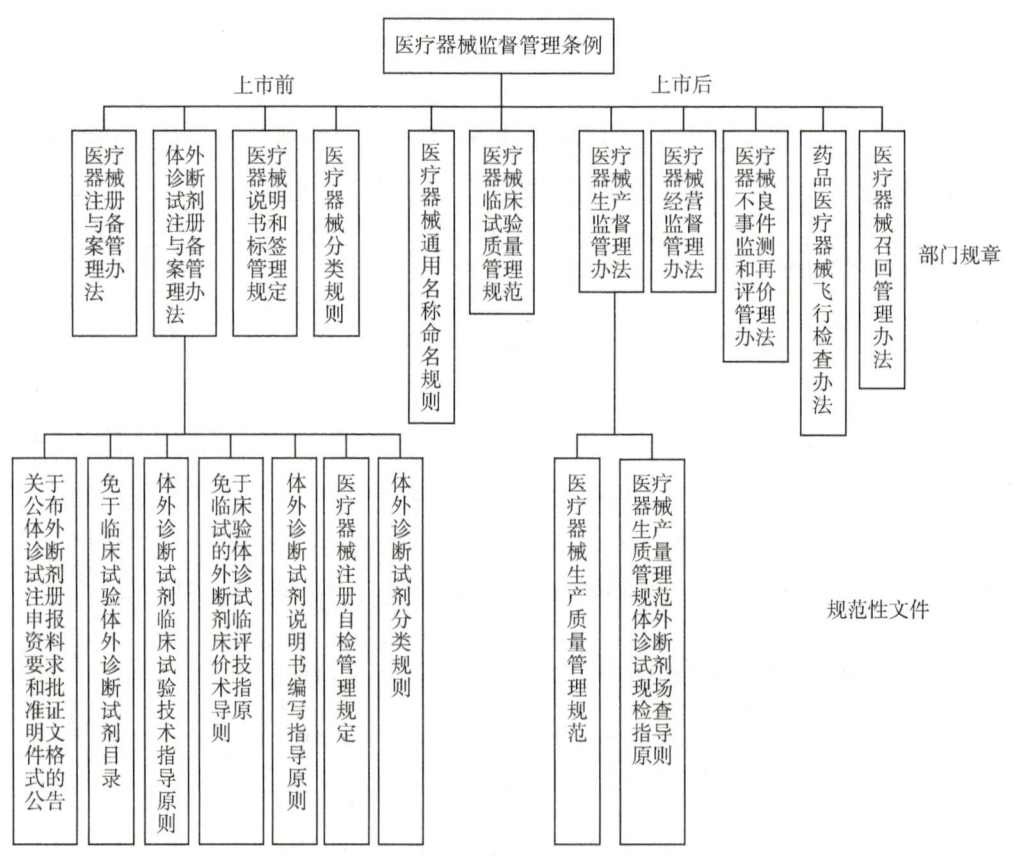

图7-2 中国医疗器械法规体系

(三）促进医疗器械行业快速创新发展

为支持我国医疗器械产业快速发展，提高产业竞争力，激发医疗器械企业的技术研发活力，更快、更高质量地满足公众临床需求，2016—2021年，国家药监局（原国家食品药品监督管理总局）陆续发布或修订施行了《创新医疗器械特别审查程序》《医疗器械优先审批程序》《医疗器械应急审批程序》及配套文件，为创新、临床急需等医疗器械的快速上市提供了制度保障（表7-1）。

表7-1 特别审查审评程序

创新医疗器械特别审查程序	医疗器械优先审批程序	医疗器械应急审批程序
2018年12月1日修订施行	2017年1月1日施行	2021年12月29日修订施行
符合下列情形的医疗器械审查，适用于本程序： ① 申请人通过其主导的技术创新活动，在中国依法拥有产品核心技术发明专利权，或者依法通过受让取得在中国发明专利权或其使用权，创新医疗器械特别审查申请时间距专利授权公告日不超过5年；或者核心技术发明专利的申请已由国务院专利行政部门公开，并由国家知识产权局专利检索咨询中心出具检索报告，报告载明产品核心技术方案具备新颖性和创造性。 ② 申请人已完成产品的前期研究并具有基本定型产品，研究过程真实和受控，研究数据完整和可溯源。 ③ 产品主要工作原理或者作用机理为国内首创，产品性能或者安全性与同类产品比较有根本性改进，技术上处于国际领先水平，且具有显著的临床应用价值	① 符合下列情形之一的医疗器械：诊断或者治疗罕见病，且具有明显临床优势；诊断或者治疗恶性肿瘤，且具有明显临床优势；诊断或者治疗老年人特有和多发疾病，且目前尚无有效诊断或者治疗手段，专用于儿童，且具有明显临床优势；临床急需，且我国尚无同品种产品获准注册的医疗器械。 ② 列入国家科技重大专项或者国家重点研发计划的医疗器械。 ③ 其他应当优先审批的医疗器械	① 本程序适用于突发公共卫生事件应急所需，且在我国境内尚无同类产品上市，或虽在我国境内已有同类产品上市，但产品供应不能满足突发公共卫生事件应急处理需要，并经国家药监局确认的境内第三类和进口第二类、第三类医疗器械的审批。 ② 省、自治区、直辖市药品监督管理局可参照本程序制定本辖区内应急审批程序，用于本辖区内境内第二类医疗器械应急审批工作

2014年，国家食品药品监督管理总局发布《创新医疗器械特别审批程序（试

行)》,并于2018年进行了修订。自施行《创新医疗器械特别审批程序(试行)》以来,截至2021年年底,国家药监局已批准的创新医疗器械共计134个,批准数量呈逐年递增的趋势,其中获得批准的创新体外诊断试剂18个、体外诊断仪器4个(图7-3)。

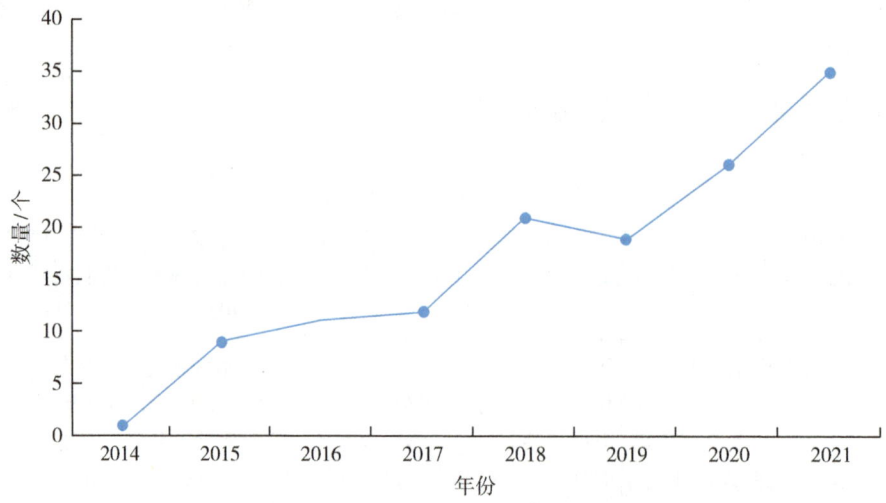

图 7-3 国家药监局已批准的创新医疗器械数量

2017年《医疗器械优先审批程序》施行以来,一系列列入国家重点研发计划、临床急需等医疗器械产品通过该程序迅速获得批准。截至2021年,国家药监局进入优先审批通道的医疗器械共计60个,完成审批49个,其中体外诊断试剂26个、体外诊断仪器2个(图7-4)。

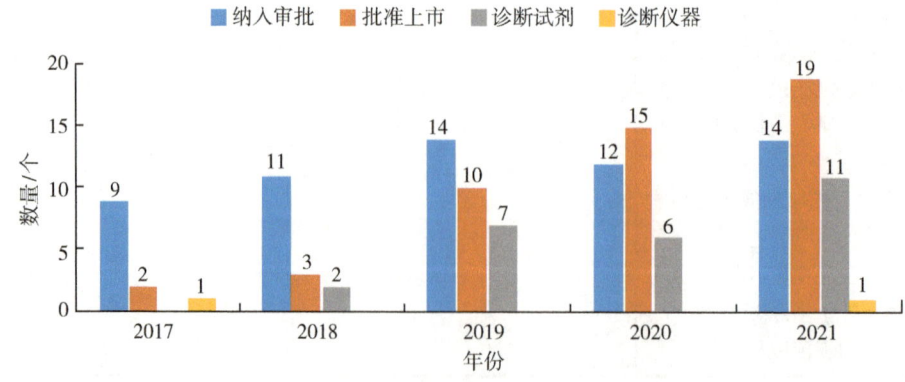

图 7-4 国家药监局医疗器械优先审批数量

2021年,《医疗器械应急审批程序》修订施行,这是在2009年首次颁布《医疗器械应急审批程序》的基础上进行的程序优化和补充,是2020年新冠肺炎疫情应急审批的经验总结和智慧的凝聚。程序修订为有效预防、及时控制和消除突发公共卫生事件的危害,确保突发公共卫生事件应急所需医疗器械尽快完成审批提供了制度支撑。

(四)医疗器械注册人制度

2017年,我国首先在上海、广东、天津3个自贸区进行医疗器械注册人制度的试点实施工作,探索鼓励医疗器械创新发展的新措施。2019年年初,允许北京市医疗器械注册人委托京津冀地区生产企业生产,助推"注册+生产"跨区域产业链发展。2019年8月1日,国家药监局的《关于扩大医疗器械注册人制度试点工作的通知》发布,试点范围扩大到河北、辽宁等21省(区、市)。截至2021年4月底,医疗器械注册人制度试点省份共计1341个产品按照医疗器械注册人制度试点获准上市。

2021年,随着《医疗器械监督管理条例》的修订施行,医疗器械注册人制度正式写入医疗器械最高监管法规,明确了医疗器械注册人、备案人主体责任,将注册人、备案人依法承担的权利和义务贯穿医疗器械研制、生产、经营、使用全生命周期,使医疗器械的安全、有效和质量可控性进一步巩固。

医疗器械注册人制度的核心在于注册人依法承担医疗器械设计开发、临床试验、生产制造、销售配送、不良事件监测等法律责任,全面履行主体责任。同时,对注册人应当具备的能力,受托人的责任、义务和能力,以及跨区监管职责划分、衔接和监管能力提出了更高的要求(图7-5)。

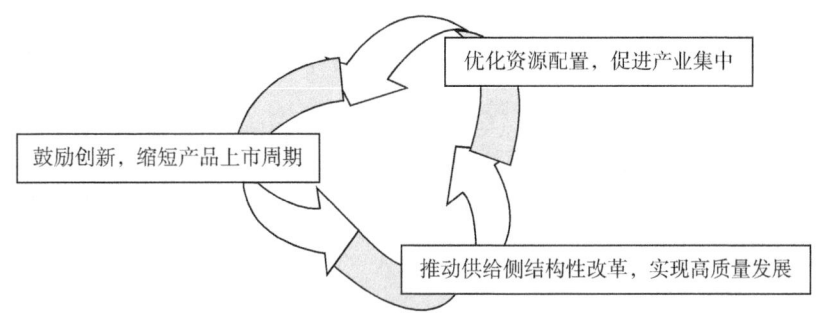

图7-5 医疗器械注册人制度优势

(五)医疗器械监管科学研究

医疗器械监管科学涉及对医疗器械产品实施监管,建立制定法规和指导原则,向社会传播相关信息等,其目标和使命是对医疗器械从设计开发到上市使用的全生命周期进行科学监管。

2017年,国家食品药品监督管理总局发布《医疗器械标准制修订工作管理规范》,随后印发了《医疗器械标准规划(2018—2020年)》。2018年,国家药监局制定了《医疗器械注册技术审查指导原则制修订工作管理规范》。通过规范标准和指导原则制修订工作,为医疗器械监管科学建设提供了有效的监管工具,为医疗器械设计开发及技术审评工作提供了技术支持(图7-6)。

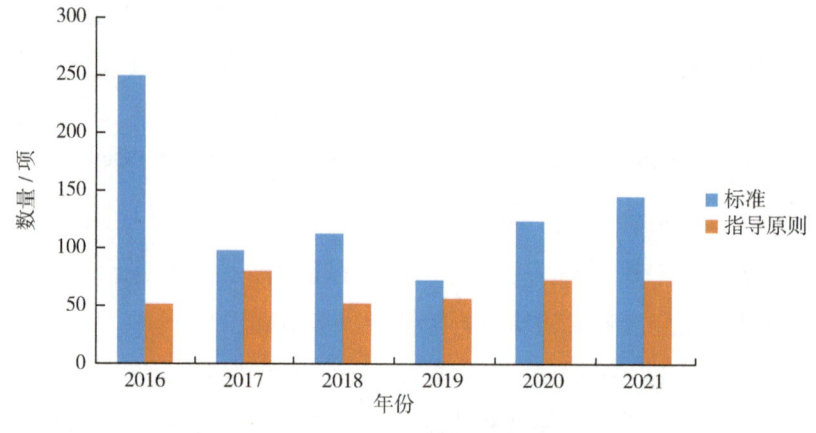

图7-6 标准、指导原则年度制修订数量

2018年1月,国家食品药品监督管理总局、科技部出台《关于加强和促进食品药品科技创新工作的指导意见》,文件中提出要坚持立足监管科技创新,保障创新发展。通过监管科学的系统性研究,推动监管能力和监管方法的创新,不断提升科学监管水平,使用械安全得到有效保障。

除此之外,建立医疗器械监管科学研究基地,成立创新合作平台,推进真实世界数据应用试点工作,深入开展国际交流合作,不断推进医疗器械创新发展,深化监管科学研究。

(六)医疗器械唯一标识(UDI)制度实施

"十三五"期间,我国初步确立了医疗器械唯一标识(UDI)制度,建立了UDI

系统，明确了UDI规则和基本要求，建立管理信息系统，并制定了相关试点工作方案。2021年新修订的《医疗器械监督管理条例》规定国家根据医疗器械产品类别，分步实施医疗器械唯一标识制度，实现医疗器械可追溯；《体外诊断试剂注册与备案管理办法》要求申请人、备案人按照相关规定提交唯一标识相关信息，保证数据真实、准确、可溯源。

医疗器械唯一标识是医疗器械的电子身份证，实施医疗器械唯一标识制度是对医疗器械全生命周期追溯，实现"从源头生产到最终临床使用"全生命周期监管的重要途径。2019年以来，国家药监局及相关部门已发布多个文件，对医疗器械唯一标识的实施和使用提供制度保障和技术指导（表7-2）。

表 7-2 医疗器械唯一标识制度

分类	日期	部门	名称
政策性文件	2019年	国家药监局综合司	《医疗器械唯一标识系统试点工作方案》
		国家卫生健康委办公厅	
	2019年	国家药监局	《医疗器械唯一标识系统规则》
	2019年	国家药监局	《国家药监局关于做好第一批实施医疗器械唯一标识工作有关事项的通告》
	2020年	国家药监局	《关于深入推进试点做好第一批实施医疗器械唯一标识工作的公告》
		国家卫生健康委	
		国家医保局	
	2020年	器审中心	《关于在eRPS系统提交医疗器械唯一标识有关事项的通告》
	2021年	国家药监局	《关于做好第二批实施医疗器械唯一标识工作的公告》
		国家卫生健康委	
		国家医保局	
标准	2020年1月1日	国家药监局	《医疗器械唯一标识基本要求》（YY/T 1630—2018）
	2020年8月1日	国家药监局	《医疗器械唯一标识系统基础术语》（YY/T 1681—2019）
	2020年10月1日	国家药监局	《医疗器械唯一标识数据库基本数据集》（YY/T 1752—2020）
	2020年10月1日	国家药监局	《医疗器械唯一标识数据库填报指南》（YY/T 1753—2020）

实施医疗器械唯一标识制度，从注册人、备案人的角度构建监管数据链条，实现对医疗器械产品的全程可追溯，有利于精准定位问题器械，迅速切断问题链条，有效预防和控制风险的扩大和蔓延；实施医疗器械唯一标识制度，从使用端和市场的角度提高透明度，防止有问题医疗器械的销售和使用，有利于维护用户的生命健康权益，优化营商环境；实施医疗器械唯一标识制度，从医疗器械监管的角度可实现智慧监管，利用唯一标识构建监管大数据，提高监管的针对性、有效性。最终，利用医疗器械唯一标识，实现医疗器械全流程连接，各环节、各部门构建起医疗器械监管社会共治的新局面。

（七）医疗器械临床评价改革

2016年6月1日，国家食品药品监督管理总局、国家卫生和计划生育委员会联合发布的《医疗器械临床试验质量管理规范》正式施行。2017年10月8日，中共中央办公厅、国务院办公厅印发《关于深化审评审批制度改革鼓励药品医疗器械创新的意见》，分8个方面对临床试验管理提出改革要求。自此，我国医疗器械临床试验走上深度改革发展之路。

1. 临床评价管理

临床评价管理改革的核心在于对医疗器械产品临床评价的分类管理。2016年起，国家药监局开始发布免于进行临床试验的医疗器械目录，2018年9月，国家药监局将免于进行临床试验医疗器械目录进行汇总，涵盖了855项医疗器械产品和393项体外诊断试剂产品。2019年12月，国家药监局对免于进行临床试验医疗器械目录再次进行修订，新增148项医疗器械产品和23项体外诊断试剂产品，对48项医疗器械产品和4项体外诊断试剂产品名称和描述进行了修订。2021年年初，国家药监局发布免于进行临床试验医疗器械目录（第二批修订），新增37项医疗器械产品和7项体外诊断试剂产品，对32项医疗器械产品名称和描述进行了修订，16项医疗器械调整为I类管理。2021年修订施行的《医疗器械监督管理条例》总结前期医疗器械临床评价改革成果，明确了医疗器械和体外诊断试剂开展临床评价的具体要求，并配套发布了《免于临床试验体外诊断试剂目录》（2021年第70号）、《免于临床评价医疗器械目录》（2021年第71号）、《决策是否开展医疗器械临床试验技术指导原则》、《免于临床试验的体外诊断试剂临床评价技术指导原则》等文件，指导医疗器械和体外诊断试剂临床评价工作的开展。2022 年 5 月 1 日起，修订后的《医疗器械临床试验质量管理规范》正式施行，此次修订顺应体外诊断试剂产业和监管发展需求，将体外诊断试剂临床试验质量管理纳入进去，体外诊断试剂临床试验质量管理即将进入有法可依的新阶段（表 7-3）。

表 7-3　医疗器械及体外诊断试剂临床评价

医疗器械	体外诊断试剂
免于进行临床评价 （一）工作机理明确、设计定型、生产工艺成熟，已上市的同品种医疗器械临床应用多年且无严重不良事件记录，不改变常规用途的； （二）其他通过非临床评价能够证明该医疗器械安全、有效的	校准品、质控品单独申请注册，不需要提交临床评价资料
同品种分析评价	免于进行临床试验 （一）反应原理明确、设计定型、生产工艺成熟，已上市的同品种体外诊断试剂临床应用多年且无严重不良事件记录，不改变常规用途的； （二）通过进行同品种方法学比对的方式能够证明该体外诊断试剂安全、有效的
临床试验	临床试验

在发布免于进行临床试验医疗器械目录的同时，为了促进医疗器械技术创新，更好更快地满足人民群众用械要求，国家药监局或联合国家卫生健康委发布了《接受医疗器械境外临床试验数据技术指导原则》《关于真实世界数据用于医疗器械临床评价技术指导原则（试行）》《医疗器械拓展性临床试验管理规定（试行）》等文件，促进医疗器械临床试验多元化发展。

2. 临床试验机构管理

对于医疗器械临床试验机构采取备案管理，原国家食品药品监督管理总局、原国家卫生和计划生育委员会联合发布《医疗器械临床试验机构条件和备案管理办法》，对临床试验机构应当具备的条件、备案程序，以及临床试验机构的监管职责等做出了明确规定。该《办法》的施行扩大了临床试验机构的数量，激发了医疗机构参与医疗器械临床试验的热情，有助于医疗器械产品与临床应用的结合，催生出更多临床急需的医疗器械产品。

3. 临床试验监督抽查

近年来，国家药监局、卫健委对医疗器械临床试验及试验机构的监督检查力度不断加大。2021年修订施行的《医疗器械监督管理条例》对医疗机构、申办者未经备案开展临床试验，不遵守临床试验质量管理规范，出具虚假试验报告等行为给出明确的处罚措施。国家药监局综合司印发《医疗器械临床试验检查要点及判定原则》，开展医疗器械临床试验监督抽查工作，对临床试验存在真实性问题的产品坚决说不，对相应注册项目不予注册，并自不予注册之日起一年内不予再次受理。

通过一系列的临床试验改革措施，实现了根据风险级别的有序监管，给企业减压松绑，节约了临床资源。医疗器械生产企业和临床机构能够将更多精力投入高风险、创新产品的开发过程，有助于构建更为专业的临床研究体系，培养更专业的临床研究人才，从根本上推动医疗器械创新。

（八）医疗器械监管体系建设

近年来，随着国家对网络安全与信息化工作做出重要决策部署，各级监督管理部门积极探索，提升医疗器械监管业务信息化程度，利用信息化的手段提升监管能力。建立健全监管数据查询渠道，加强网络基础设施和安全防护设施建设，为日常监督管理提供便利。加快推进药品智慧监管，构建监管"大系统、大平台、大数据"，实现监管工作与云计算、大数据、"互联网＋"等信息技术的融合发展，创新监管方式，服务改革发展，制订加快推进药品智慧监管的行动计划。

1. 监管队伍建设

2019年，《关于建立职业化专业化药品检查员队伍的意见》发布，要求完善药品检查体制机制、落实检查员配置、加强检查员队伍管理、不断提升检查员能力素质、建立激励约束机制、完善组织领导和保障措施。新修订的《医疗器械监督管理条例》规定，国家建立职业化专业化检查员制度，加强对医疗器械的监督检查。从法规层面明确了医疗器械检查员队伍的法律地位，有利于检查员职业资质的完善，对权责机制、进出机制及考评晋升等建设提供法律保障，而进一步推进职业化专业化检查员建设，也是加强医疗器械监管体系建设不可或缺的重要环节。

2. 不良事件监测

2019年1月1日，《医疗器械不良事件监测和再评价管理办法》（简称《办法》）

正式施行,该《办法》是在《医疗器械不良事件监测和再评价管理办法(试行)》(国食药监械〔2008〕766号)基础上,结合行业发展和医疗器械审评审批制度改革进行的修订完善。该《办法》的出台将不良事件监测制度的法律层级从规范性文件提升至部门规章,从制度层面进一步明确了医疗器械上市许可持有人在不良事件监测和再评价中的主体责任地位。该《办法》规范和细化了对持有人的工作要求:建立包括医疗器械不良事件监测和再评价工作制度的医疗器械质量管理体系;配备与其产品相适应的机构和人员从事医疗器械不良事件监测相关工作;主动收集并按照该《办法》规定的时限要求及时向监测机构直接报告医疗器械不良事件;对发生的医疗器械不良事件及时开展调查、分析、评价,采取措施控制风险,及时发布风险信息;对上市医疗器械安全性进行持续研究,按要求撰写定期风险评价报告;主动开展医疗器械再评价;配合监管部门的不良事件调查等工作。对于监管方面,强化监管手段和措施,提升强制力、约束力和震慑力,对推动医疗器械不良事件监测和再评价工作,及早发现产品风险、消除安全隐患、保护公众健康安全发挥着重要作用(图7-7)。

图7-7 2016—2020年全国医疗器械不良事件报告数量

3.飞行检查

飞行检查是食品药品监管部门针对行政相对人开展的不预先告知的监督检查,具有突击性、独立性、高效性等特点。2015年9月1日起正式施行《药品医疗器械飞行检查办法》(简称《办法》),该《办法》是在《药品GMP飞行检查暂行规定》(国食药监安〔2006〕165号)和《医疗器械生产企业飞行检查工作程序(试行)》(国食药监械〔2012〕153号)两个文件的基础上进行完善修订的。

该《办法》将药品和医疗器械研制、生产、经营和使用全过程纳入飞行检查的范围,突出了飞行检查的依法、独立、客观、公正,以问题为导向,以风险管控为核心,按照

"启得快、办得实、查得严、处得准"的要求,详细规定了启动、检查、处理等相关工作程序,严格各方责任和义务,提升飞行检查的科学性、有效性和权威性。

2015—2019年,以问题为导向,聚焦高风险三类医疗器械产品,共选派了国家医疗器械检查员507人次,对327家医疗器械生产企业实施飞行检查,其中涉及体外诊断试剂生产企业31家(图7-8)。

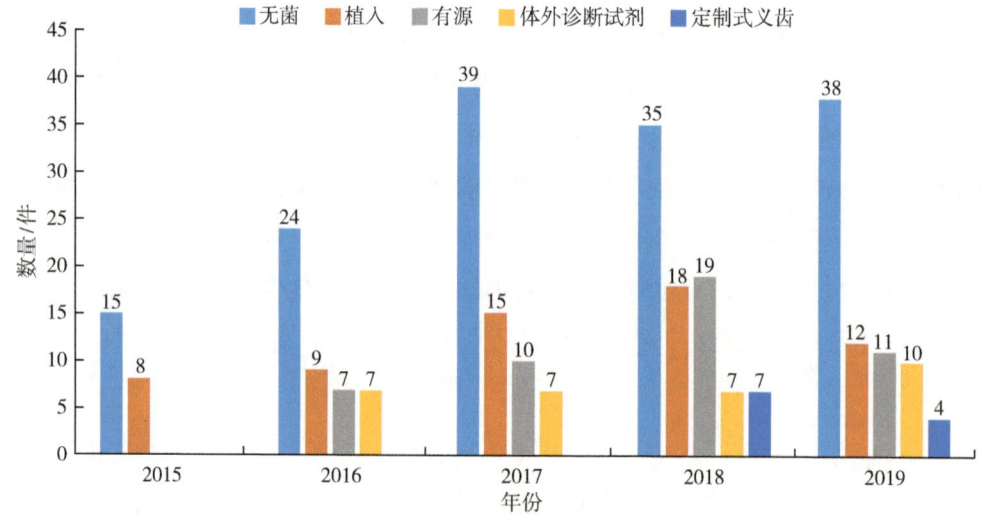

图7-8 2015—2019年医疗器械生产企业飞行检查品种情况

四、发展趋势

2020年,《中共中央关于制定国民经济和社会发展第十四个五年规划和2035年远景目标的建议》提出,到2035年基本实现社会主义现代化远景目标。展望2035年,我国经济实力、科技实力、综合国力将大幅跃升,关键核心技术实现重大突破,进入创新型国家前列;建成文化强国、教育强国、人才强国、体育强国、健康中国,国民素质和社会文明程度达到新高度。

坚持创新在我国现代化建设全局中的核心地位,把科技自立自强作为国家发展的战略支撑,面向世界科技前沿、面向经济主战场、面向国家重大需求、面向人民生命健康,深入实施科教兴国战略、人才强国战略、创新驱动发展战略,完善国家创新体系,加快建设科技强国。

全面推进健康中国建设。把保障人民健康放在优先发展的战略位置,坚持预防为主的方针,深入实施健康中国行动,完善国民健康促进政策,织牢国家公共卫生防护网,为人民提供全方位全周期健康服务。

(一)深入推进医疗器械产业创新发展

近年来,全球医疗器械高科技产业创新活跃、竞争激烈。然而我国医疗器械产业竞争力不强,尤其是高端医疗器械方面仍处于较为劣势的发展阶段。加快推进我国医疗器械科技产业发展,促进医疗器械产业转型升级,是应对主要发达国家全球竞争战略的重大需求。以国家政策为导向,加快创新转型,聚焦临床需求,强化产业支撑,着力培育创新企业和创新产品,打造国际一流、链条完善的医疗器械产业。

持续推行《创新医疗器械特别审查程序》《医疗器械优先审批程序》等文件,提高创新产品、临床急需产品审查效率,提升产品质量。加强临床试验阶段的支持,调整优化和完善《免于临床试验体外诊断试剂目录》《免于临床评价医疗器械目录》《需进行临床试验审批的第三类医疗器械目录》,在保证产品质量和受试者权益的基础上,降低企业负担,将企业的研发投入和医疗资源更多地引导到创新产品和具有较高临床价值的医疗器械产品上去。结合创新合作平台及医疗器械主文档登记等一系列政策,着力解决医疗器械关键原材料、元器件的"卡脖子"问题,实现国产替代。

(二)完善医疗器械法规体系,推进监管科学研究

结合2021年新修订的《医疗器械监督管理条例》,完善配套政策文件制修订,包括《医疗器械生产监督管理办法》《医疗器械临床试验质量管理规范》等文件,切实落实注册人制度、唯一标识制度等,为医疗器械研发、生产、销售、使用、注册(备案)、监管等全过程提供制度指导和支持。以临床需求为导向,加强多部门合作,开展临床实验室自建项目建设与管理,对于国内尚无同品种产品上市的临床急需体外诊断产品,为其在临床机构开展检测创造良好条件。

继续推进监管科学研究。持续完善技术标准体系、指导原则体系,在提高现有产品指导文件覆盖率的基础上,提前布局新技术、新产品相关标准的论证和制定。持续开展药械组合产品、人工智能、真实世界数据应用等一系列监管科学研究项目,加强与IMDRF、GHWP等国际组织的研究合作,提高我国医疗器械监管的国际影响力。持续推进监管科学研究基地和国家药监局重点实验室建设,促进医疗器械研究型人才培养,提高创新成果孵化效率。

（三）强化注册人主体责任，提升监管能力

进一步推进和落实注册人制度，明确职责划分和监管程序。注册人制度的实施为医疗器械产业优化资源配置、促进产业集中提供了制度支撑，激发了科研单位和科研人员的创新热情，为医疗器械产业供给侧改革提供了助力。新制度的实施为监管提出了新的挑战，一方面要做好相关制度的完善，强化医疗器械注册人的主体责任；另一方面，要加强沟通，将注册人、受托企业和监管方的责任义务协调理顺。

完善监管制度体系，提升监管能力。加强医疗器械注册管理队伍建设和职业化专业化检查员队伍建设，通过培养、培训、招聘，提升监管人员专业水平和实力，加强专业人才职称评审、认证，为医疗器械监管提供技术支撑。加强医疗器械上市后监管，分批次落实医疗器械唯一标识制度，实现医疗器械全生命周期监管，切实落实医疗器械不良事件监测和再评价制度，严格落实食品药品违法行为处罚到人的规定，维护医疗器械市场公平有序，保障人民群众用械安全。

第二节　国外体外诊断监管

一、美国体外诊断监管

（一）监管法规体系

美国对包括体外诊断产品在内的医疗器械监管最高法规为《联邦食品药品和化妆品法案》（*FD&C Act*），该法案从上市前到上市后对医疗器械全生命周期流程做出了规范，近年来美国陆续颁布《21世纪治愈法案》（*21st Century Cures Act*，2016年）、《FDA重新授权法案》（*FDARA*，2017年）和《医疗器械使用者付费法案修正案》（*MDUFA IV*，2017年），对其医疗器械监管法规体系进行了进一步修正完善。对于体外诊断试剂产品，另有一项《临床实验室改进法案修正案》（*CLIA'88*），其中规定了实验室自建试剂（Laboratory Developed Tests，LDTs）的监管模式。

1. 《21世纪治愈法案》

《21世纪治愈法案》（*21st Century Cures Act*）于2016年12月13日签署成为法律，

旨在帮助加快医疗产品开发，并更快、更有效地为需要它们的患者带来新的创新和进步。主要内容如下：

①加快审批，加强510（k）豁免的实施力度，降低医疗器械的研发、创新及审评成本，修订人道主义用械，新增突破性疗法途径。

②以患者为中心，将患者的观点纳入FDA决策过程，强调患者参与的必要性。

③加强真实世界的数据和真实世界证据的利用，简化临床研发过程，加快新型医疗产品的开发和审查。

④建立新的加快产品开发的计划，包括再生医学前沿疗法（RMAT）、突破性医疗器械计划等。

⑤组织结构改革，为一些主要疾病领域建立专门的跨中心合作平台（如肿瘤学卓越中心），通过联合FDA不同中心的工作人员对相关药物、生物制剂和医疗器械进行快速审评，促进相关产品的开发与审查。

2.《FDA重新授权法案》

《FDA重新授权法案》（*FDARA*）于2017年8月18日签署成为法律，修订和扩展了药品、医疗器械、仿制药和生物仿制药的用户收费计划，同时对药品、医疗器械相关的检查及设备维护等做出要求。

3.《医疗器械使用者付费法案修正案》

医疗器械使用费最初是根据2002年制定的《医疗器械使用费与现代化法案》（*MDUFMA*）确定的，它要求医疗器械制造商在提交某些类型的申请以供审查时向FDA支付费用。反过来，FDA同意实现并报告某些绩效目标，并投资于其他活动以改进医疗器械审查过程。2017年，美国国会颁布了《医疗器械使用者付费法案修正案》（*MDUFA IV*），法案新增了患者参与、真实世界数据、数字健康、共识标准、第三方审评等内容。承诺将通过雇用具有真实世界证据专业知识的工作人员来支持国家健康技术评估工作。该版法案适用期是2018—2022年。

4.《临床实验室改进法案修正案》

《临床实验室改进法案修正案》（*CLIA'88*）计划对实验室自建试剂（LDTs）进行监管，以确保在实验室对患者样本进行检测时获得准确可靠的检测结果。法案要求实验室建立检测的质量标准及临床检测实验室的认证体系，并要求实验室取得医疗保险和医疗补助服务中心（Centers for Medicare & Medicaid Services，CMS）的资质认证。

（二）医疗器械审评审批

1. 体外诊断试剂的分类

美国对于体外诊断试剂的分类与医疗器械类似，按照产品的风险等级由高到低分为Ⅲ类、Ⅱ类和Ⅰ类，不同风险等级的产品审评程序也不同，如表7-4所示。

表7-4　FDA医疗器械分类审评程序

类别	审评程序
Ⅲ类	PMA：申请人提供非临床和临床研究数据，证明产品的安全性和有效性
Ⅱ类	510（k）：申请人阐述拟申报产品与已上市同类产品在安全性和有效性上是否实质等同
	豁免510（k）
Ⅰ类	510（k）
	豁免510（k）

此外，依据CLIA，将实验室自建试剂（LDTs）按产品的复杂性及风险性从高到低分为高风险测试、中等风险测试及低风险测试。3个联邦机构负责CLIA，即食品和药物管理局（FDA）、医疗保险和医疗补助服务中心（CMS）与疾病控制和预防中心（CDC），每个机构在确保LDTs质量方面都发挥着独特的作用。其中，FDA负责根据风险对LDTs产品进行分类、按申请审查豁免请求及为分类制定规则/指南；CMS负责颁发实验室证书、收取用户费用、检查并执行法规遵从性、批准私人认证组织进行检查，以及批准国家豁免、监控实验室在能力验证（PT）方面的表现并批准PT计划及发布CLIA规则和条例；CDC负责提供分析、研究和技术援助，制定技术标准和实验室实践指南，进行实验室质量改进研究，监控能力验证实践，开发和分发专业信息和教育资源，管理临床实验室改进咨询委员会（CLIAC）。

2. 审评审批改革措施

近年来，FDA采取了一系列审评审批改革措施，包括更新510（k）申请及DeNovo重新归类程序，发布突破性设备认定计划，制订新的更安全的技术项目计划（STeP），执行"安全行动计划"等，具体内容如表7-5所示。

表 7-5　审评审批改革措施

途径	时间	名称	主要内容
Humaniarian Use Decice HUD	2016年12月	人道主义器械审批途径	《21世纪治愈法案》修订了人道主义用械，将原有罕见病人数限制从"少于4000人"修改为"不多于8000人"。《21世纪治愈法案》还删除了"要求监督器械临床试验或批准使用HUD的机构审查委员会（IRB）是当地的"这一要求，此后，FDARA进一步修订了对监督和批准使用的要求，允许IRB或"适当的地方委员会"批准使用HUD治疗或诊断患者，但是，FDARA的这一规定并未改变IRB对HUD临床试验进行监督的要求
Breakthrough Devices Program	2018年12月	突破性设备计划	促进创新产品、更安全的治疗和诊断方法，使患者得到快速的诊断产品或治疗危及生命的产品。在研发设计、临床研究和上市审评过程中加强申请人与监管机构及专家顾问之间的沟通与联系，在优先审评和快速通道基础上缩短研发及上市时间
PMA	2018年12月	上市前批准申请	上市前批准（PMA）是FDA的科学和监管审查程序，用于评估Ⅲ类医疗器械的安全性和有效性。新修订明确了医疗器械生产地址变更时，应提交补充报告，变更补充文件内容，以及对生产地址进行现场检查。对所有涉及PMA审查的器械进行监测，以此决定是否对产品类别进行调整。2019年12月，FDA发布上市前申请接收与备案指南，将PMA备案标准分为验收标准和备案标准。验收审查包括评估申请的完整性，并以书面形式通知申请人
The Special 510（k）Program	2019年9月	特殊510（k）计划	对于某些器械变更，如果未影响到产品的预期用途及设计原理，则适用于特殊510（k）。将特殊510（k）的适用条件进行更新：①特殊510（k）申请是由现有设备的制造商提交；②性能数据不是必需的，如性能数据为必需，则公认成熟的方法进行评估；③可以以摘要或风险分析表格的形式完成实质等同性能数据的审评工作。满足上述对于特殊510（k）的要求后，FDA会在30天内对报告进行审批，而不是常规的90天
The Abbreviated 510（k）Program	2019年9月	简化510（k）	FDA于2019年9月13日发布简化510（k）计划指南，要求基于安全性和基本性能的可选途径，使510（k）提交者只需验证新器械符合FDA既定性能标准，就可以证明新器械具有与合法上市器械相当的安全性和有效性。FDA预计将简化对510（k）应用程序的审查，并缩短注册登记者的获准入市的时间，为通过简化审查路径获得批准手续的医疗器械制定更加透明的标准。根据指南，扩大该计划的适用范围还将有助于监管机构满足医疗器械监督的最小负担原则

续表

途径	时间	名称	主要内容
eSTAR	2020年2月	电子提交模板和资源	2020年2月，CDRH开发并试点使用电子提交模板和资源（eSTAR）。2021年9月29日，FDA发布FDA 510k电子提交模板（eSTAR PDF Template）。eSTAR是一种交互式PDF表格，可指导提交者完成准备全面医疗器械提交的过程。此模版包含：①自动化（例如，表单构建和自动填充）；②补充CDRH内部审查模板的内容和结构；③整合多种资源（例如，指南和数据库）；④每个提交部分的指导性施工；⑤自动验证。由于模板的自动验证功能，使用该模板将跳过FDA的第一阶段RTA审核，节省第一阶段审核及发补时间。此方式告别了传统的eCopy电子化递交模式，升级成更具指导性的帮扶式申报，降低了企业合规难度
Third Party (3P 510k) Review Organization	2020年3月	第三方510（k）审核项目指南	第三方审核机构明确为第三方510（k）审核机构[Third Party（3P 510k）Review Organization]，将部分器械的技术审查委托给第三方510（k）审核机构进行，加快510（k）上市申请速度，但最终由FDA有关部门做出是否准予产品上市的决定。具体审核流程为：①510（k）提交者将文件提交给第三方审核机构；②第三方审核机构将开展对该申请的技术审查；③第三方审核机构将技术建议和申报资料提交给FDA；④FDA审核建议并做出最终决定；⑤FDA将最终决定通知第三方审核机构；⑥第三方审核机构将最终决定告知510（k）提交者；⑦完成申请的审核
STeP	2021年1月6日	医疗器械更安全的技术计划	针对某些医疗器械和器械主导的组合产品的一项新的自愿计划，这些产品有望显著提高当前可用治疗或诊断的安全性，这些治疗或诊断针对与发病率和死亡率相关的潜在疾病或状况，其严重程度低于那些符合突破性设备计划的条件。如果设备和设备主导的组合产品需要根据上市前批准申请（PMA）、De Novo分类请求或上市前通知[510（k）]进行审查，则它们有资格参加该计划，考虑到本指南中描述的特定资格因素。与FDA保护和促进公众健康的法定使命相一致，FDA认为这一"更安全的技术计划"将通过加快其开发、评估、和审查，同时保留上市前批准、新上市授权和510（k）许可的法定标准
De Novo	2021年10月	风险等级重新分类	2021年10月5日，FDA发布了关于De Novo分类流程的最终规则，为医疗器械De Novo分类过程设定了依据，对新类型医疗器械De Novo为Ⅰ类或Ⅱ类编制了程序和标准，以及评估自动划分为Ⅲ类指定的请求

(三）监管体系完善

1. 哨兵系统

早期 FDA 对医疗器械上市后的监管主要是依靠自发报告系统来实现。自发报告系统包括 FDA、生产商及用户使用 MAUDE 数据库，以及通过企业强制上报系统和 MedWatch 报告系统收集到的不良反应报告。监管相对滞后，存在被动性与局限性。

为了解决上述问题，早在 2007 年，美国国会便要求 FDA 创建一个系统来评估经批准的医疗产品上市后的安全性，要求 FDA 与公共、学术和私人实体合作，开发获取不同数据源的访问权限的方法，以及用于建立连接和分析来自多个来源的安全数据的系统经过验证的方法。2008 年，FDA 启动了"哨兵倡议"，以创建用于医疗产品安全监测的国家电子系统哨兵系统。后经过多年的努力，FDA 于 2016 年创建了全国电子监测系统——"哨兵系统"（Sentinel System）并将其纳入监管计划。此后继续扩大对新数据类型的访问并开发分析方法，以增强安全监测能力并允许机构迅速解决未来可能出现的各种安全问题。2019 年，FDA 建立了一个新的哨兵创新中心及社区建设和外展中心，创新中心开发创新方法以进一步推进哨兵系统的发展。

2019 年，FDA 发布"哨兵系统五年战略：2019—2023"。该计划旨在作为 2019—2023 年指导哨兵系统发展的路线图。具体而言，该计划讨论了 5 个战略目标。第一，增强和扩展哨兵系统的基础（数据、基础设施、运营、技术）；第二，利用数据科学和信号检测的进步来增强哨兵系统的安全分析能力；第三，利用哨兵系统加速获取和更广泛地使用真实世界数据（RWD）以生成真实世界证据（RWE）；第四，拓宽哨兵系统的利益相关者生态系统，以追求国家资源的愿景；第五，传播知识、促进监管科学的发展以鼓励创新。

2. 医疗器械唯一标识系统

UDI 是医疗器械唯一标识（Unique Device Identifier）的缩写，为加强对医疗器械上市后的监督，FDA 要求器械标签和包装上包含 UDI，UDI 由产品标识（DI）及生产标识（PI）两部分组成。同时，标有 UDI 的标签商必须向 FDA 管理的全球唯一器械标识数据库（GUDID）提交信息。GUDID 包括一套标准的基本识别元素，用于每个具有 UDI 的器械，并且仅包含产品标识（DI），它是在数据库中获取器械信息的关键。GUDID 不包括生产标识（PI）。

目前，FDA 已要求包括Ⅰ类器械及未分类的医疗器械、Ⅱ类及Ⅲ类器械全部实施 UDI。

3.国家健康技术评估系统

为了增加对真实世界证据的访问及使用以支持监管政策，2016 年，美国国家健康技术评估系统（NEST）成立。通过获取产品上市前研究数据、上市后数据、临床使用信息、真实世界数据等信息，主动监测和评估产品全生命周期的风险，将有助于提高真实世界证据的质量，为医疗机构提供更好的证据以便为患者做出更明智的治疗决策，在确保安全的前提下，促进医疗产品的创新，提高患者的健康水平。

二、欧盟体外诊断监管

2017 年 4 月 5 日，欧洲议会和欧盟理事会签发《医疗器械法规》（MDR）和《体外诊断医疗器械法规》（IVDR），分别于 2021 年 5 月 26 日及 2022 年 5 月 26 日实施，取代欧盟原《医疗器械指令》（MDD）、《有源植入医疗器械指令》（AIMDD）和《体外诊断医疗器械指令》（IVDD），成为欧盟医疗器械及体外诊断器械的最高约束法规，标志着欧盟对医疗器械及体外诊断医疗器械监管的进一步成熟。

（一）IVDR

IVDR 在整合原指令的基础上，大幅提升了有关认证和规范，规定了临床和上市后的要求，如关于体外诊断产品适用性扩展及新分类规则、欧盟医疗器械数据库（Eudamed）的建立与完善、体外诊断医疗器械的可追溯性、质量管理体系和技术文件的规范、性能评估/性能研究和上市后性能跟踪（PMPF）、增加上市后的产品安全性和有效性的监管等方面。同时，IVDR 对公告机构、负责公告机构的主管机构、欧洲委员会及欧盟委员会医疗设备协调小组（MDCG）等不同分级的职能进行了规范。

1.体外诊断产品适用性扩展及新分类规则

根据 IVDR 要求，体外诊断产品组成中加入了用于体外检测的软件及程序，同时新增床旁诊断、伴随诊断等试剂的概念及监管要求。根据体外诊断医疗器械的预期目的及其内在风险，IVDR按风险从高到低，将体外诊断医疗器械分为D、C、B和A类（表7-6）。

表7-6 IVDR分类

分类	举例
D	传染病类、ABO血液分型系统
C	肿瘤标志物、基因检测、伴随诊断、血糖自测
B	胆固醇、蛋白类、激素类试剂
A	缓冲液、洗涤液、组织学染色液

B、C、D类体外诊断器械的认证需要公告机构进行评估，D类还额外需要欧盟参考实验室的验证及专家小组的参与，A类不需要公告机构的介入，厂商做自我申明即可。在IVDD分类规则下，需要经公告机构审核的产品占到20%，而在IVDR分类规则下，需要经公告机构审核的产品高达85%，明确了各产品对应的风险等级与监管要求，极大地完善了产品风险监管体系。

2. 欧盟医疗器械数据库（Eudamed）的建立与完善

为加强对医疗器械的监管，欧盟根据MDR及IVDR的要求，建立欧盟医疗器械数据库（Eudamed）。该数据库整合了不同的电子系统，包括器械注册电子系统、UDI数据库、经济运营商备案登记电子系统、公告机构和证书电子系统、性能研究电子系统、警戒和上市后监管电子系统、市场监管电子系统。同时，该数据库要求对于C类和D类器械，除性能研究器械外，制造商应制定安全性和性能总结。该安全性和性能总结对预期使用者及（相关）患者应足够清晰，并应通过Eudamed向公众开放。该数据库主要功能为核对和处理关于上市的体外诊断医疗器械，以及相关经济运营商、符合性评定问题、公告机构、证书、性能研究、警戒和后市场监管等相关信息。数据库的目标是提高总体透明度，包括通过更好地为公众和卫生保健专业人员提供信息，避免多重报告要求，加强成员国之间的配合，简化和促进经济运营商、公告机构或申办方和成员国之间的信息流通及成员国之间和欧盟委员会之间的信息流通。

3. 体外诊断医疗器械的可追溯性

为提高产品的可追溯性及加强对其上市后的监管，欧盟基于国际公认的原则，采用医疗器械唯一标识（UDI）对体外诊断医疗器械进行标识。UDI 由产品标识（DI）和生产标识（PI）组成。产品标识是固定的编码，包含标签管理人员的信息、器械特定版本或型号，而生产标识包含器械生产批号、序列号、生产/失效日期、软件标识。

4. 提高产品的科学合理性

IVDR 要求，器械的合理性评估需基于科学有效性、分析性能和临床性能数据提供足够的临床证据，制造商应规定并评价临床证据的水平，使其足以证明符合相关安全和性能基本要求。临床证据应支持器械制造商声称的预期用途，并应基于按照性能评估计划实施的持续的性能评估过程。

5. 质量管理体系和技术文件的规范

IVDR 要求，提供更详细、规范的技术文档信息及对内容形式的要求，以证明器械的合格性。同时，加强对产品的设计及开发、生产过程控制、产品文档采购控制（含所采购器械验证）、纠正预防措施（含上市后监管）、上市后绩效跟踪（PMPF）的审核。

6. 加强产品上市后监管

除实行 UDI 政策外，对于风险较高的 C 类和 D 类体外诊断医疗器械，在上市后其需要定期更新安全性报告，由公告机构评估后提交主管当局，对产品上市后的安全性和有效性进行严格监管。

（二）监管发展

1. 欧盟委员会指定运行医疗器械 UDI 分配系统的发行机构

2019 年 6 月，欧盟委员会发布 UDI 分配系统决定，IVDR 明确规定了指定一个或多个机构运行一个 UDI 分配系统，自 2019 年 6 月 27 日起，有效期为 5 年。

2.《2025 监管科学战略》

2018 年 12 月 19 日，欧洲药品管理局（EMA）发表了《2025 监管科学战略》草案，经过公众意见咨询及召开研讨会，2020 年 3 月 19 日，EMA 正式发布了《2025 监管科学战略》，该战略是一项计划，旨在推动 EMA 在未来 5~10 年参与监管科学，涵盖人用与兽用医药产品。该战略旨在建立一个更具适应性的监管体系，鼓励人用与兽用医药领域的创新。该战略旨在为现代药物开发提供知情指导，促进监管科学的优化，并严格评估基于新技术的创新疗法和诊断的益处和风险。EMA 制定的监管科学计划主要包括以下要素。

①促进科学技术在药物开发中的整合，鼓励并促进最新的科学和技术知识融入药物开发。这需要监管机构、学术研究中心和开发人员在产品全生命周期进行持续交流。

②推动协同证据生成，提高评估的科学质量，这一目标旨在为监管机构、HTA 机构和支付方更好地提供证据，以加强监管评估和决策。

③与医疗保健系统合作，提升以患者为中心的药物可及性，确保患者及时获得可负担的高质量药物，并确保医疗保健利益相关者获得正确的处方指导和使用所需的信息。

④应对新出现的健康威胁和治疗可及性方面的挑战，确保 EMA 能够有效解决药品的需求和可及性挑战，以应对现有和正在出现的健康威胁（如需要新的抗生素和管理抗生素耐药性的方法，以及改善沟通和建立公众对疫苗的了解和信任的举措）。另一个需要解决的是欧盟药物可及性不稳定问题（没有上市或供应中断）。

⑤促进和利用监管科学中的研究和创新，是实现上述 4 项战略目标的关键，可通过与学术研究中心合作，建立新的监管科学和创新平台来实现。这将为 EMA 监管网络和学术界的科学家提供一种合作机制，使他们能够通过合作来确定和解决高度相关的基础研究问题。

3. 加强欧洲药品管理局在药品和医疗器械危机准备和管理方面的作用

2022 年 1 月 25 日，欧洲议会和理事会发布第（EU）2022/123 号条例，将在欧洲药品管理局内部建立欧洲短缺监测平台（ESMP），能够处理突发公共卫生事件或重大事件期间关键医药产品的供需情况；成立药品短缺指导小组（MSSG）和医疗器械短缺指导小组（MDSSG），MDSSG 可以协调国家医疗器械主管部门、医疗器械制造商、公告机构和其他相关实体采取的措施，以防止或减少实际或潜在的突发公共卫生事件中医疗器械出现短缺的情况。

三、其他国家和地区体外诊断监管

（一）日本

作为全球医疗器械协调工作组（GHTF）五大发起成员国之一，日本在体外诊断及其他医疗器械监管方面有很丰富的经验及研究。

1. 监管法规

日本现行监管法规为《药品和医疗器械质量、有效性和安全保障法》（简称《药品和医疗器械法》）。《药品和医疗器械法》适用对象是在日本销售的包括体外诊断产品在内的医疗器械、药品和准药品，该法对于医疗器械的定义、管理等级、行业划分、制造许可及产品的认证和承认等做了详细的规定。

2. 审评审批

日本将体外诊断产品按风险等级由高到低分为Ⅲ类、Ⅱ类与Ⅰ类，这与其对于其他医疗器械的分类方式不完全一致［其他医疗器械按风险分为高度管理医疗器械（Ⅲ类、Ⅳ类）、管理医疗器械（Ⅱ类）、一般医疗器械（Ⅰ类）］。不同的风险等级对应的产品申报及审评方式也不同，上市审批分为备案、第三方机构认证和厚生劳动省审评三种，如表7-7所示。

表7-7 日本体外诊断产品分类

分类	说明	监管方式
Ⅲ类	用于诊断疾病时，诊断信息的风险比较大，信息的准确性被认为对生命支持有很大的影响	厚生劳动省审评（制造和销售许可）
Ⅱ类	用于诊断疾病时，诊断信息的风险相对较小，信息准确性对生命支持的影响被认为小于Ⅲ类项目	第三方机构认证（制造和销售认证）
Ⅰ类	用于诊断疾病时，诊断信息的风险相对较小，信息准确性对生命支持的影响被认为小于Ⅲ类项目，有校准的标准材料和标准的测量方法，自检容易	备案（制造和销售通知）

目前日本的第三方认证机构有11家（截至2022年2月14日），对其有严格要求，其必须符合ISO 13485中的相关规定，对生产场所、产品质量等具有丰富经验。产品核准上市后，第三方认证机构还必须负责事后监督，即质量标准执行情况的检查

工作。厚生劳动省负责对第三方认证机构资质及产品审核情况等进行监督管理。一旦发现第三方认证机构在审核中存在违规操作现象，有权取消其认证资格，并视情节严重程度给予处罚。

3. 监管体系完善

①上市后安全措施。PMDA（日本医药品和医疗器械局）联合厚生劳动省等政府机构、医疗机构、企业及个人，以各种方式收集风险信息及提供信息服务，完善"安全""有效"的用械、用药环境（图7-9）。

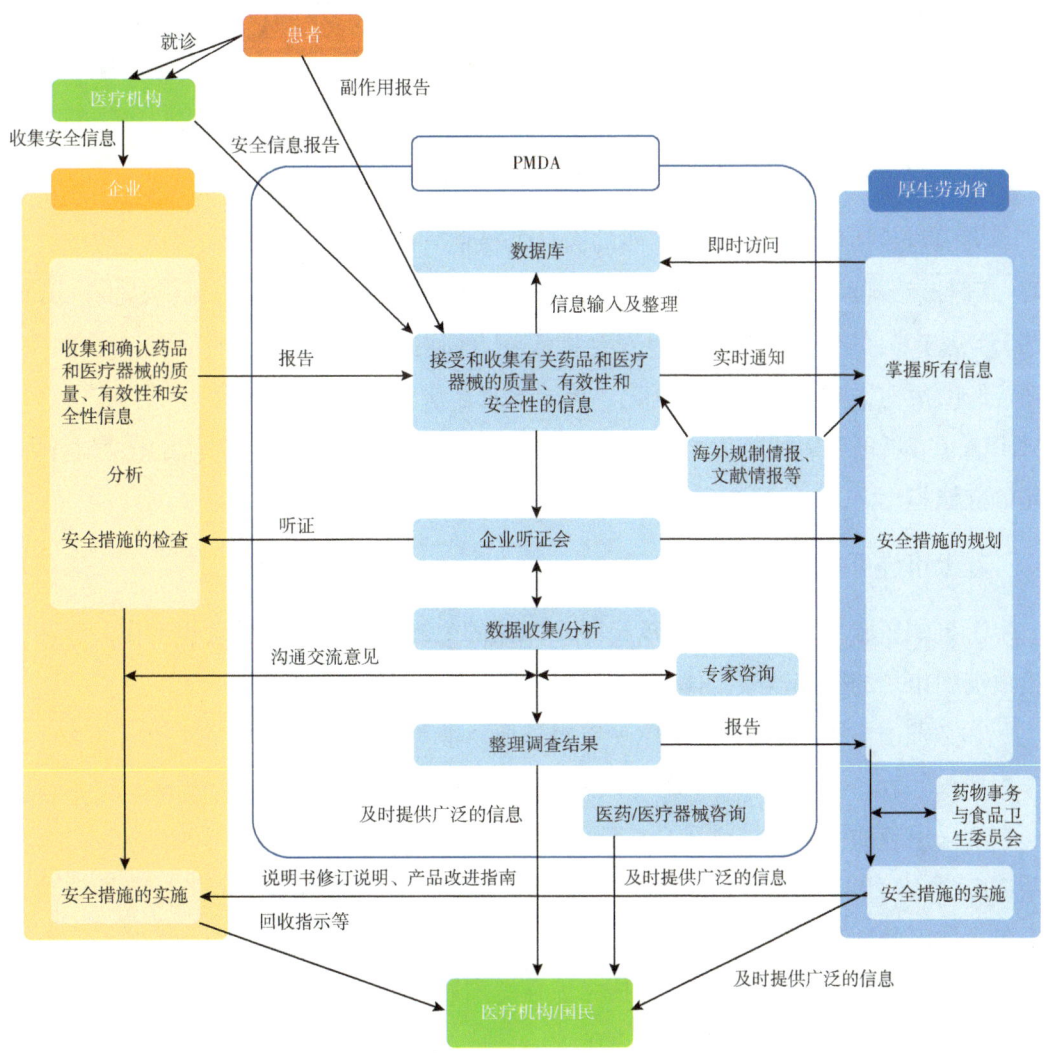

图7-9 日本医疗器械上市后安全措施流程

②制定认证基准，承认基准和审查指导原则。

③修订临床试验管理质量管理规范 GCP 条例，扩大临床试验可行性。

④2018 年 4 月，成立监管科学中心，开展研究支持/推广工作、下一代评估方法推广工作、医疗信息利用工作等。

（二）英国

2021 年 1 月 1 日，英国正式脱离欧盟，现行的欧盟医疗器械法规在英国不再适用。脱欧后，英国通过立法修订，确立了药品与保健产品管理局（MHRA）作为药品和医疗器械国家层级的监管机构，并辅以英国国家生物制品检定所（NIBSC）、临床实践研究数据链（CPRD）、英国药典委员会（BPC）和多个专家咨询委员会等机构，统筹英国境内药品、医疗器械等的上市前许可及上市后监管工作。

1. 法规体系

英国对包括体外诊断试剂在内的医疗器械监管的主要法规依据是 2002 年颁布的《医疗器械法规》（UK MDR 2002），此后 2005 年颁布的《通用产品安全法规》（GRSR 2005）从产品的风险控制、产品安全责任等方面对法规体系进行了补充与完善。为适应脱欧后对医疗器械的监管变化，英国通过立法对《医疗器械法规》进行再次修订，MHRA 在 2020 年 9 月发布了有关从 2021 年 1 月 1 日开始在英国上市的医疗器械产品的立法指南。

2. 上市许可要求

①英国脱欧后，由 MHRA 承担医疗器械的上市许可及上市后监管工作，所有拟投放英国市场的医疗器械、体外诊断产品都必须向 MHRA 注册。

②必须由本国制造商向 MHRA 申报注册，非英国的制造商则须委托英国责任人作为授权代表，承担产品在 MHRA 注册及其他制造商的法定责任与义务。

③采用新的医疗器械产品合格评定（UK Conformity Assessed, UKCA）认证标识，从 2023 年 7 月 1 日起，获得 UKCA 标志才能将产品投放到英国市场，但投放到北爱尔兰地区的产品仍需要 CE 标识。

④截至 2023 年 6 月 30 日，CE 标识在英国被继续认可。

⑤北爱尔兰地区医疗器械及体外诊断试剂上市许可仍适用于欧盟 MDR 及 IVDR 法规要求，并分别于 2021 年 5 月 26 日和 2022 年 5 月 26 日在北爱尔兰地区执行。

3. 上市后监管

在英国发生的涉及医疗器械的不良事件必须向 MHRA 报告。对于涉及医疗器械的不良事件，MHRA 要求制造商、英国负责人或北爱尔兰授权代表必须通过 MORE 系统或将制造商事件报告（MIR）表格向 MHRA 报告。对不同程度事件的报告时间要求也不同，一般事件的报告时间限制在制造商发现后 30 个日历日内，而严重的公共健康威胁则要求制造商在发现后两个日历日内进行报告。此外，制造商还必须在需要时采取适当的安全纠正措施（FSCA），制造商应使用 FSCA 报告表将 FSCA 通知 MHRA，并鼓励其通过 MORE 系统提交。FSCA 应始终使用现场安全通知（FSN）传达给所有受影响的客户。MHRA 鼓励制造商在实施之前报告预采取的行动，以便 MHRA 可以就 FSCA 实施的策略或对 FSN 草案提供建议和指导。

（三）韩国

韩国对包括体外诊断试剂在内的医疗器械的监管体系与国际相协调，预期使其能更加科学规范地进行监管。

1. 法规体系

韩国具有较为完善的医疗器械法规体系，包括《医疗器械法》《医疗器械法执行条例》《医疗器械》等。2019 年 4 月 30 日，韩国食品药品安全部（MFDS）参照国际社会医疗器械与体外诊断医疗器械分开立法机制，颁布《体外诊断医疗器械法》，该法规自 2020 年 5 月 1 日执行，后又依次颁布《体外诊断医疗器械法》执行令、《体外诊断医疗器械法》执行规则、体外诊断医疗器械品目及分类规定、体外诊断医疗器械制造和质量控制标准等一系列配套法令及文件，实现对体外诊断医疗器械的单独立法。

2. 审评制度

与国际通用分类方式一致，韩国将体外诊断医疗器械按风险等级由高到低分为 4 类，根据医疗器械的风险分类，每类器械都有不同的销售授权途径（表 7-8）。

表 7-8　韩国体外诊断试剂分类规则

分类等级	风险	举例	授权机构
Ⅳ	高	HIV/HBV/HCV/HTLV（免疫学方法）诊断 IVD 试剂、ABORhD 血型（红细胞凝集）IVD 试剂、HIV/HBV/HCV/HTLV 诊断 IVD 试剂（分子诊断）等	MFDS 审批
Ⅲ	较低	葡萄糖自测 IVD 试纸条、传染病标志物 IVD 试剂（免疫学法）、传染病标志物 IVD 试剂（分子诊断）等	MFDS 审批
Ⅱ	低	尿液化学 IVD 试剂、维生素测试 IVD 试剂、过敏测试 IVD 试剂等	由国家医疗器械安全信息研究所（NIDS）认证，无实质性等效产品的（NSE）需 MFDS 审批
Ⅰ	非常低	核酸提取用体外诊断试剂、标本运输介质、血型（自动化）分析仪等	备案

在质量体系的要求方面，如果体外诊断医疗器械在韩国销售，则要求其遵守 QMS 法规，必须对Ⅱ、Ⅲ和Ⅳ类器械制造商进行现场审核，但对Ⅰ类器械制造商而言，此为选择项。

3. 监管体系发展

（1）UDI 政策

韩国政府要求所有在韩国生产和进口的医疗器械都必须根据国际标准化的医疗器械唯一标识（UDI），以及标准代码和产品信息等，在医疗器械容器、外观和包装上以条形码的形式进行标记。引入 UDI 系统进行注册，加强医疗器械的整体管理。

韩国对于不同等级的产品实施 UDI 的时间如表 7-9 所示。

表 7-9　不同等级产品 UDI 实施日期

分类等级	Ⅳ	Ⅲ	Ⅱ	Ⅰ
UDI 实施日期	2019 年 7 月	2020 年 7 月	2021 年 7 月	2022 年 7 月

(2) 建立 IVD 参考品清单

MFDS 已经稳定地获得并分发了 IVD 的参考品,以确保一致的质量。为了确保参考品质量的可靠性,MFDS 定期对储存的参考品进行稳定性测试。

(3) 鼓励创新医疗器械发展

支持创新医疗器械研发项目,制定上市前和上市后安全管理体系和政策的研究创建指南并开发医疗器械安全性和效率评估测试,开发先进的评估技术以支持新开发融合产品的快速商业化研究关于医疗器械的韩国标准(KS)和国际标准的制定,创建临床实验室授权证书评估和管理标准,完成《全自动血液分析仪质量评估指南》,为 IVD 设备创建和确认参考材料。

(4) 建立仅在 IRB 批准的情况下才允许进行临床试验的程序。

第三节　WHO 体外诊断监管

世界卫生组织(WHO)作为联合国系统内国际卫生领域的指导和协调机构,其职责在于让所有人都能获得尽可能高的健康水平,以及促进健康、维护世界安全和为弱势群体服务。在体外诊断医疗器械监管方面,WHO 提供了产品资格预审项目、协作注册程序、制定相关指南及基本清单等,为产品能更快地上市提供帮助。

一、产品资格预审项目

WHO 的资格预审项目是一项评估体外诊断医疗器械、药物、疫苗等质量、安全性和有效性的服务,旨在让联合国、国际采购机构和成员国能够选择一系列质量有保证的产品并进行批量采购,节省原本昂贵的费用和冗长的评价时间。

体外诊断医疗器械由 WHO 基本药物和健康产品部协调和实施,通过标准化的程序对提交资格预审申请的产品进行全面的质量评估。

完整的资格预审评估过程包括:①审查产品档案;②产品性能评估,包括操作特性;③现场实地审查;④标签说明书审查。流程如图 7-10 所示。

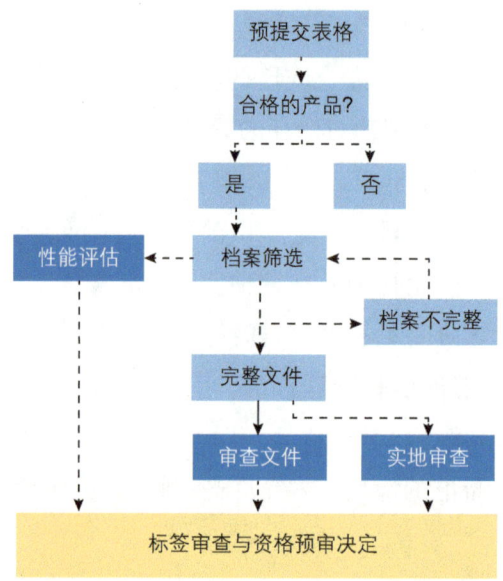

图 7-10　IVD 产品的资格预审完整流程

而当事先在产品获得批准的国家/地区的监管审批能够保证产品质量、安全性和有效性时，可适用于简化资格预审流程，避免重复工作并减少产品资格预审所需的时间。简化的资格预审评估过程包括：①产品性能评估，包括操作特性；②简化现场实地审查；③标签说明书审查。简化的资格预审流程如图 7-11 所示。

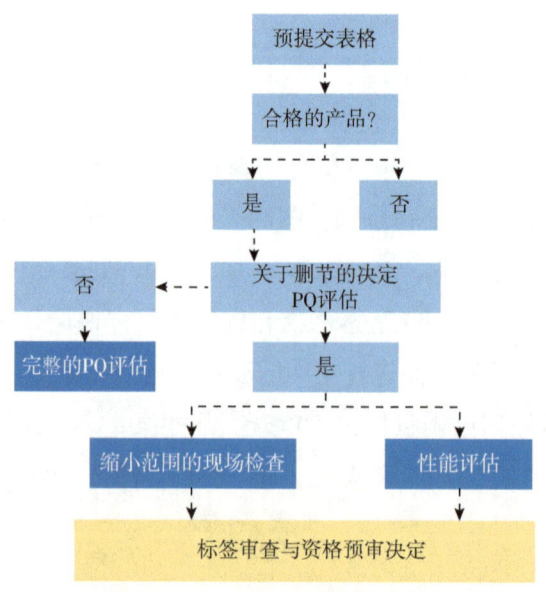

图 7-11　简化的资格预审流程

一旦产品通过了资格预审，它就会被列入 WHO 资格预审 IVD 清单，并有资格参与联合国机构的采购流程。WHO 鼓励 WHO 成员国在其各自的采购决策中使用 WHO 资格预审的体外诊断医疗器械清单。

二、实施协作注册程序

早在 2013 年，WHO 便已启动了成品药协作注册程序（CRP），目前，该程序涉及的国家已超过 35 个参与国。该程序主要为 WHO 资格预审产品设立，旨在通过改进 WHO 资格预审和参与国国家监管机构（NRA）之间的信息共享来加快产品在参与国的注册。CRP 建立在 WHO、国家监管机构（NRA）和制造商之间的合作基础上，通过利用 WHO 资格预审成果，从而减少重复工作，促进质量得到保证的产品在参与国内快速获批并使这些产品得到更广泛地应用。

2019 年第三季度，WHO 为体外诊断医疗器械产品引入 CRP 程序，根据 CRP 协议，WHO 与制造商确定的国家/地区的 NRA 共享机密的资格预审评估报告（包括产品档案评估报告、性能评估报告和生产场地检查报告），NRA 至少会验证提交注册的产品与通过资格预审的产品的相同性，以做出注册决定。

体外诊断医疗器械的 CRP 试点项目已于 2019 年第三季度启动，该试点项目已选择五个国家参与：喀麦隆、科特迪瓦、埃塞俄比亚、尼日利亚和坦桑尼亚联合共和国。为 CRP-IVD 试点选择的产品是 m-PIMA HIV-1/2 VL，产品代码为 27015-W50，使用 m-PIMA 分析仪（产品代码 27030R001），该产品由 Alere Technologies GmbH 生产。将在试点经验的基础上最终确定 CRP 指南，然后再将该程序推广到其他国家和地区。

CRP 有助于改善对质量、安全性和有效性有保证的 IVD 产品的优先获取。WHO 将评估整个试点项目收集的信息，以协助参与国优化监管流程和程序，以更好地支持及时获得质量有保证的体外诊断医疗器械，并为各国之间的监管信息交流提供模型。

三、发布体外诊断试剂基本清单

WHO 于 2018 年 5 月发布了第一版体外诊断试剂基本清单（EDL）。随后在 2019 年和 2021 年进行了修订。自 EDL 第一版发布以来，WHO 一直鼓励各国根据

EDL 的模式制定国家体外诊断试剂基本清单（NEDL），WHO 希望该清单能够和基本药品清单一样，能够成为有力的工具，为各个成员国及相关方提供参考和指导，最终提高适当、可负担且质量有保证的 IVD 产品的可及性。按照适用的医疗机构层级，清单主要分为两部分：第一部分适用于未设有实验室的基层医疗机构，第二部分适用于设有临床实验室的医疗机构。清单中还详细列出了检测类别、检测指标、预期用途、检测方法、样本类型、WHO 预认证或支持产品、WHO 支持文件等内容。各国应根据国家或地区的疾病负担、需求、资源分配及优先程度，自行决定选择哪些 IVD 及如何使用。

四、组建体外诊断专家战略咨询小组（SAGE IVD）

WHO 建立一个体外诊断专家战略咨询小组（SAGE IVD），该小组将就全球政策和 EDL 的发展向 WHO 提供建议。

五、发布相关指南

WHO 在指南方面持续更新，陆续发布《艾滋病毒自测新指南（2016）》《结核病耐药检测系列指南（2018）》等。

参考文献

[1] 国家市场监督管理总局. 体外诊断试剂注册与备案管理办法［L］. 2021-08-26.

[2] 中国生物技术发展中心.2019 中国医疗器械科技创新发展年度报告［M］. 北京：科学技术文献出版社，2019.

[3] 国家药品监督管理局. 药监局召开医疗器械注册人试点工作总结会［EB/OL］. (2021-05-17) [2022-05-01]. https：//www.nmpa.gov.cn/yaowen/ypjgyw/hyxx/20210517165900161.html.

[4] 于清明. 构建医疗器械注册人制度　进一步强化企业主体责任［J］. 市场监督管理，2021（8）：1.

[5] 国家药品监督管理局.《医疗器械不良事件监测和再评价管理办法》解读

[EB/OL].（2018-08-13）[2022-05-02]. https：//www.nmpa.gov.cn/yaowen/ypjgyw/20180831142701571.html.

[6] 王军，王越，包世勇，等.2017年度境内外医疗器械飞行检查结果的汇总与分析[J].中国医疗器械信息，2018，24（23）：1-2，6.

[7] 21st Century Cures Act [EB/OL].（2020-01-31）[2022-05-01］. https：//www.fda.gov/regulatory-information/selected-amendments-fdc-act/21st-century-cures-act.

[8] 美国体外诊断监管和标准研究及对深圳的启示 [EB/OL].（2017-10-01）[2022-05-01］. https：//www.docin.com/p-2099305767.html.

[9] Clinical Laboratory Improvement Amendments（CLIA）[EB/OL].（2021-09-13）[2022-05-01］. https：//www.fda.gov/medical-devices/ivd-regulatory-assistance/clinical-laboratory-improvement-amendments-clia.

[10] 蔡家薏，赵晓涛.欧盟新法规中体外诊断器械分类管理思路浅析[J].中国医疗器械信息，2018，24（15）：20-22，40.DOI：10.15971/j.cnki.cmdi.2018.15.009.

[11] 周良彬，崔乐，程娟，等.欧盟体外诊断医疗器械分类监管体系变化与思考[J].中国医疗器械杂志，2021，45（6）：6.

[12] Regulation（EU）2017/746 of the European Parliament and of the Council of 5 April 2017 on in vitro diagnostic medical devices and repealing Directive 98/79/EC and Commission Decision 2010/227/EU（Text with EEA relevance.）[EB/OL].（2017-04-05）[2022-05-01］. https：//eur-lex.europa.eu/legal-content/EN/TXT/?uri=CELEX%3A32017R0746.

[13] Profile of Services（PMDA's latest brochure）[EB/OL]. [2022-05-02］. https：//www.pmda.go.jp/files/000219906.pdf.

[14] 佟乐.英国脱欧后药品医疗器械监管体制机制探究[J].中国药事，2021，35（12）：7.

第八章 全球体外诊断文献计量学研究

第一节 全球体外诊断论文分布

学术论文是重要的科技情报源,期刊文献记载的一般都是学科领域的基本研究成果。本章对 Web of Science 核心合集检索系统收录的体外诊断领域相关学术论文进行统计分析,主要从学术论文的总体数量、作者国别和机构、学术影响力等角度进行研究,以有效分析体外诊断领域科研人员和科研机构的研发能力和研发水平。本次报告检索论文的时间范围为 2016 年 1 月 1 日至 2021 年 12 月 31 日(以论文发表日为划分标准,在 Web of Science 核心合集收录的期刊中共发表体外诊断相关论文 23 096 篇。检索日期为 2022 年 2 月 26 日。制定了完善的论文检索式,同时兼顾论文查全与查准率。检索条件为:文献类型为 Article,语种为所有语言。经过数据下载、清洗、统计和分析,得出结果如下。

一、体外诊断论文发表逐年分布情况

2016—2021 年,全球体外诊断相关论文的发表数量整体呈现逐年增长趋势,从 2016 年发表 3199 篇直至 2021 年发表 5165 篇,如图 8-1 所示。论文数量的年增长率从 2019 年开始陡增,并于 2020 年达到最高值的 24.80%。2019 年年底暴发的由新型冠状病毒(SARS-CoV-2,简称"新冠病毒")所引发的严重肺炎疫情,对中国乃至全球的公共卫生体系、人民生命健康安全和国家经济发展构成了巨大威胁。因此,针对病毒的早期诊断从而对高风险患者进行有效的隔离与干预至关重要,而基于体外诊断技术的疾病检测成为与疫情赛跑的关键。全球论文数量的年增长率与疫情在全球大规模暴发并引起全世界关注的时间基本吻合,说明在面对突发公共卫生事件时,体外诊断领域的研究者反应非常迅速,第一时间便开展了相关研究。

第八章 全球体外诊断文献计量学研究

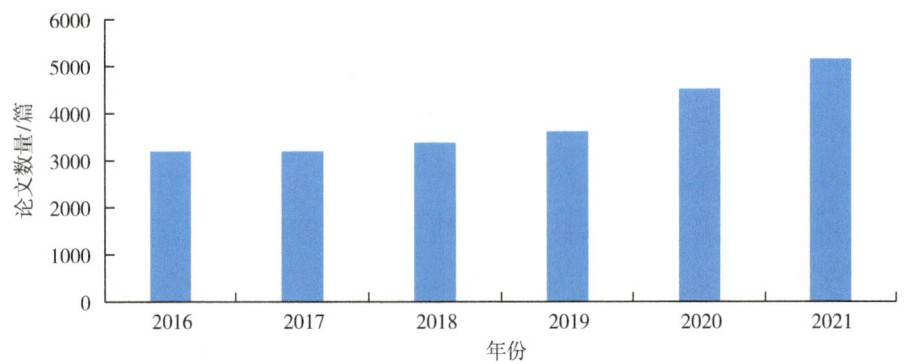

图 8-1 体外诊断领域 2016—2021 年论文发表情况

二、体外诊断论文发表的国家分布情况

从国家/地区产出格局来分析，美国是体外诊断领域研究的主力军，如图 8-2 所示。2016—2021 年美国以较大优势位居体外诊断领域论文产出数量的首位，5 年期间共发表 7140 篇相关论文，是排名第 2 位中国（3202 篇）论文数量的 2 倍多。由此推断我国在体外诊断领域的研究成果，尚有很大的进步空间。英国发文量为 1810 多篇，排名第三，其他发文较多的国家分别是德国（1403 篇）、法国（1175 篇）、意大利（1106 篇）、日本（1074 篇）及加拿大（1051 篇）等。美国与其后的国家差距较大，这表明美国在体外诊断领域的理论研究居世界首位。除中国以外，其他九个国家，包括亚洲的日本在内均为发达国家。

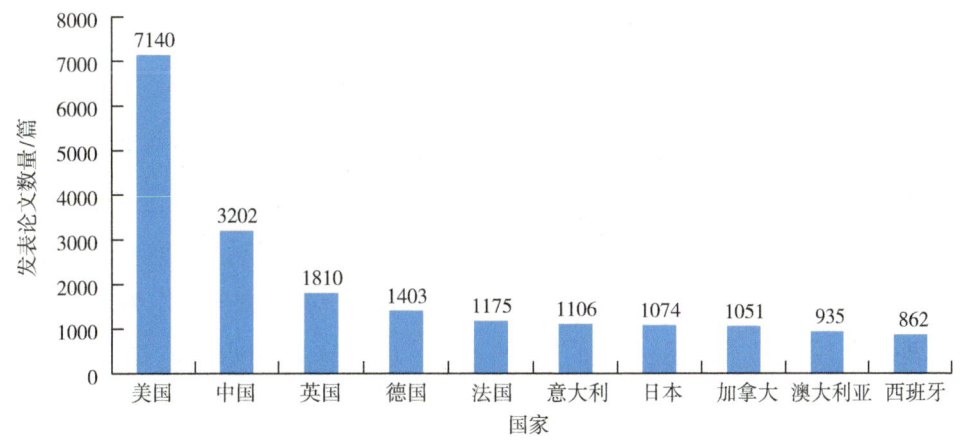

图 8-2 体外诊断论文发表数量排名前十的国家

在体外诊断论文数量前5位国家中，所有国家的发表情况在2016—2019年均出现平稳增长，如图8-3所示。在2020年出现大幅陡增，可能因为新冠肺炎疫情的影响导致关于体外诊断的研究度大幅增加。美国论文的发表量一直远超其他国家，位居世界首位。中国的发文量在2018年之后发展较快，而从2019年开始增长加速，发文量一直稳居世界第二，论文数量的年增长率在2021年呈现"平稳期"，发文速度相对减少，其原因可能是国内的疫情基本得到控制，社会秩序逐步恢复，人们的生活和工作也慢慢走上正轨，体外诊断领域尤其是新冠诊断的需求量相应减少的缘故。英国论文数量在2017年有较小幅度的回落，然后于2019年开始稳步升高。

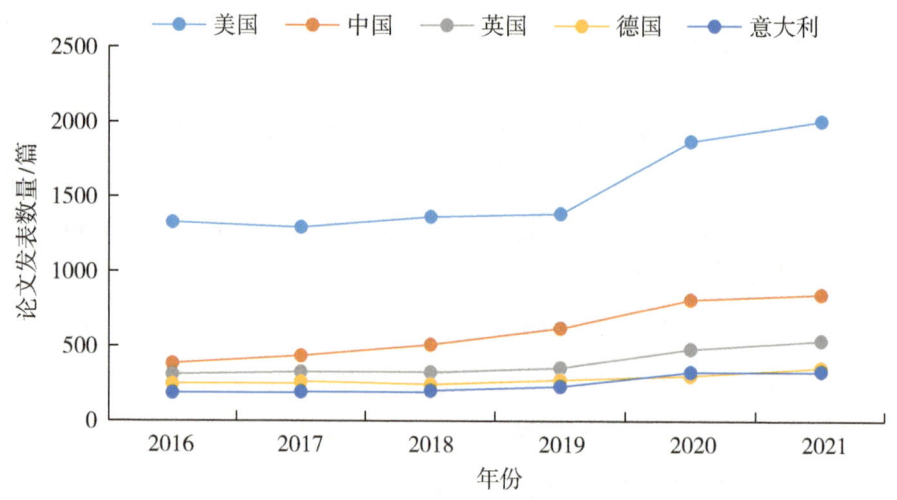

图8-3 体外诊断论文数量排名前五国家的逐年发表情况

三、体外诊断论文发表的国际合作情况

国际合作已经成为科学研究的主要模式之一，也是各国科技战略的主要组成部分之一。通过国家/地区间的国际合作网络分析，能够说明各国（地区）在某些领域国际合作情况，及其在全球协作中的重要程度。从图8-4可见，全球体外诊断论文发表数量排名前十一的国家体外诊断领域的合作论文所占论文比例均为95%以上，表明体外诊断领域整体趋于以国际合作的形式开展研究。美国体外诊断领域的论文发表总量位居世界第一，其国际合作论文数量亦如此。美国的国际论文占其所有论文的比例非常高，为96.16%。中国的国际论文合作数量也相当高，占比甚至超过了美国。这次体外诊断论文国际合作数量位列全球前十的国家中，除了中国，巴西作

为发展中国家也超越了西班牙成为了第十,这也从侧面表明了各个国家都在该领域不断地寻求国际合作研究的机会。

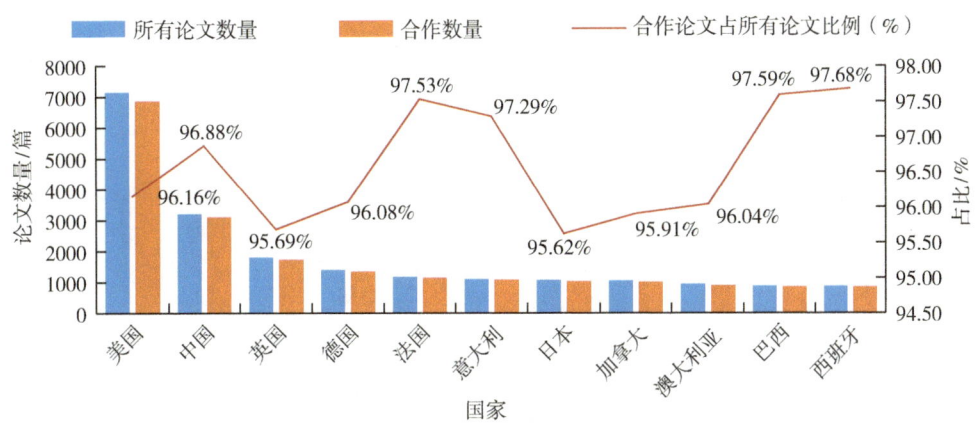

图 8-4　体外诊断论文国际合作数量排名前十一的国家

将所获得的文献数据,导入 Citespace 软件绘制体外诊断领域的国家合作网络图,如图 8-5 所示。合作网络图谱中,节点的大小表示发文总数,节点越大代表发文总数越大。节点间的连线代表两者的合作关系,线条越粗,表明合作的次数越多、合作越紧密、连接强度也越高。而节点的中心度则是指所在网络通过该节点的任意最短路径的条数,代表节点在连接整体网络的重要性,整个网络范围内的合作紧密程度也可以用中心度衡量,合作网络图中紫色节点代表中心性较高,也代表合作的关系较紧密。

从图 8-5 可以发现,研究体外诊断的国家主要分为两大部分:第一部分是发文较多、合作较紧密的位于中间区域的机构;第二部分是少数分散在外部区域的机构,其相互之间关联较少,说明合作比较稀疏。总体来说,美国、英国、法国、德国等国家处于国际合作网络的中心。总体上欧洲各国的合作关系较为紧密,尤其是法国、德国、意大利、西班牙这些欧盟国家。美国、中国这两个发文最多的国家同中间的紧密团体相隔较远,但美国、中国二者的情况不完全相同。美国发文量全球第一,距离中间的紧密团体远但是合作非常多,与各国均有合作关系,远离中心团体的原因是自身发文数量多,由于自身体量的差距造成的远离;中国大陆发文数量位居第二,但是对外合作较少,合作较多的是美国和英国,同其他地区国家存在合作但合作较少;英国发文数量世界第三,与欧洲国家的对外合作非常紧密,但与中国、韩国等亚洲国家合作较少。总的来说,世界上研究体外诊断的国家合作较为紧密,其中中国的合作对象较为局限,主要是美国与英国。

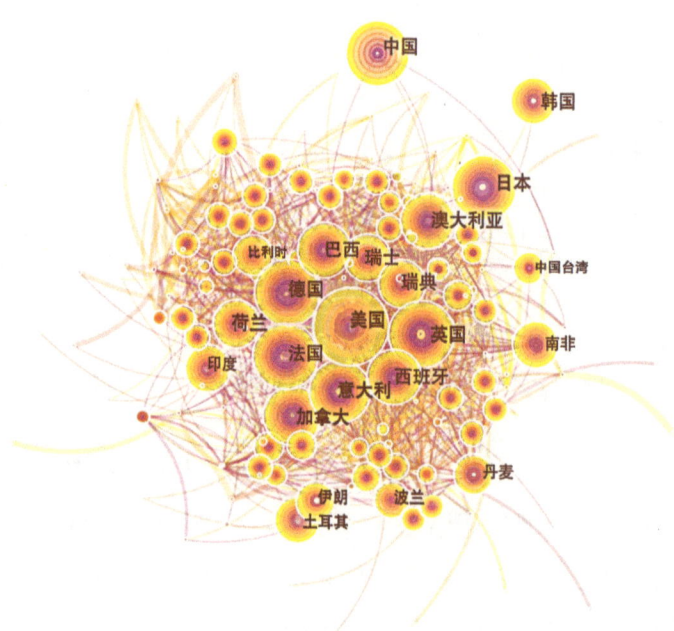

图 8-5　体外诊断领域国家/地区合作网络

四、体外诊断论文发表国家的学术影响力情况

被引频次是衡量论文学术影响力的基本指标。从图 8-6 可见,美国在较大的论文发表数量基础上,还保持着较高的篇均被引次数,表明美国在体外诊断领域不仅学术产出较多,而且学术影响力较大,始终保持领先地位。中国的论文发表数量全球第二,但是数量只有不到美国的一半,其篇均被引用次数也不到美国的一半。这表明中国目前在体外诊断领域的基础研究中,虽然总体数量和影响均位列世界第二,但是和美国存在较大的差距,提升论文的质量和在学术界的影响力将成为中国下一阶段的主要任务。其余的国家在数量和被引用次数上均与中国存在一定差距,表明中国在体外诊断领域研究有比较大的优势。美国与中国在体外诊断的相关科研中贡献了大部分研究成果,并且两国科学家之间的研究合作也较为频繁。

第八章 全球体外诊断文献计量学研究

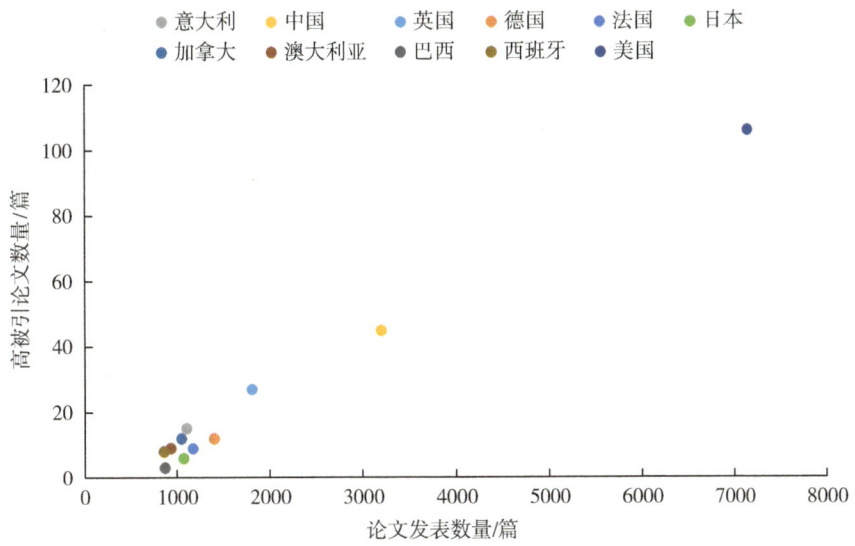

图 8-6 体外诊断论文发表数量排名前十国家的被引用情况

在科研评价中,高被引论文常用来代表高学术影响力或重要成果,国家/地区的高被引论文产出规模则能够从一定程度上反映其高学术影响力或重要科研成果的产出能力。本研究按照论文的被引用量降序排序,前 5% 的论文被定义为高被引论文。一般而言,一个国家的论文数量占全球论文总量的比例,与其高被引论文数量占全球高被引论文总量的比例应该是大致持平的。从表 8-1 可见,2016—2021 年美国在体外诊断领域的高被引论文产出数量优势显著,始终位列"榜首"。美国发表的体外诊断相关论文数量在全球占比为 30.91%,但其高被引论文数量在全球占比达到 51.46%,两者相差 20.54%,美国相关论文的学术影响力可见一斑。从成果产出规模与质量来看,中国在该领域取得了一定的进步,但与美国这样的科技高度发达国家仍旧存在较大差距。中国以全球占比 13.86% 的论文数量,占到的全球高被引论文的 21.84%,两者相差 7.98%。德国、法国、日本、巴西的情况却截然相反,两者比例的差值均呈现负值。

表 8-1 体外诊断论文发表数量排名前十国家的被引用情况

国家	发表论文数量/篇	论文占全球比例	高被引论文数量/篇	高被引论文占全球高被引论文比例	高被引论文占本国论文比例	高被引论文占比—论文全球占比
美国	7140	30.91%	106	51.46%	1.48%	20.54%
中国	3202	13.86%	45	21.84%	1.41%	7.98%

续表

国家	发表论文数量/篇	论文占全球比例	高被引论文数量/篇	高被引论文占全球高被引论文比例	高被引论文占本国论文比例	高被引论文占比—论文全球占比
英国	1810	7.84%	27	13.11%	1.49%	5.27%
德国	1403	6.07%	12	5.83%	0.86%	-0.25%
法国	1175	5.09%	9	4.37%	0.77%	-0.72%
意大利	1106	4.79%	15	7.28%	1.36%	2.49%
日本	1074	4.65%	6	2.91%	0.56%	-1.74%
加拿大	1051	4.55%	12	5.83%	1.14%	1.27%
澳大利亚	935	4.05%	9	4.37%	0.96%	0.32%
巴西	872	3.78%	3	1.46%	0.34%	-2.32%
西班牙	862	3.73%	8	3.88%	0.93%	0.15%

五、体外诊断领域顶级机构的学术影响力情况

发文数量前二十的研究机构见表8-2。美国有13所机构，说明美国在该领域占据了相当大的优势。同时位列前二十的机构中，英国有3所，法国有3所，加拿大有1所。以上机构大部分为各国的大学，还有研究机构。高被引论文占比排行前五的机构中，前三所均为美国机构（得克萨斯大学、哈佛大学、哈佛医学院），第4名为英国机构（伦敦卫生与热带医学院），第5名为加拿大的机构（多伦多大学），这表明美国在体外诊断领域的研究中发挥了重要作用。

表 8-2 体外诊断论文发表排名前二十机构的被引用情况

序号	机构名称	中文机构名称	国家	论文发表数量/篇	高被引论文数量/篇	高被引论文占机构论文比例	高被引论文占比排序
1	Univ California System	加利福尼亚大学	美国	829	17	2.05%	8
2	Univ London	伦敦大学	英国	684	13	1.90%	9
3	Harvard Sch	哈佛大学	美国	624	21	3.37%	2
4	Institut Natl De La Sante Et De La Recherche Medicale Inserm	国家卫生与医学研究所	法国	480	7	1.46%	14

续表

序号	机构名称	中文机构名称	国家	论文发表数量/篇	高被引论文数量/篇	高被引论文占机构论文比例	高被引论文占比排序
5	Johns Hopkins Univ	约翰斯·霍普金斯大学	美国	416	9	2.16%	6
6	Univ Calif San Francisco	加州大学旧金山分校	美国	385	8	2.08%	7
7	Univ Washington	华盛顿大学	美国	379	6	1.58%	13
8	Univ Washington Seattle	华盛顿大学西雅图分校	美国	375	6	1.60%	12
9	Ctr Dis Control & Prevent	美国疾病控制预防中心	美国	332	2	0.60%	20
10	Columbia Univ	哥伦比亚大学	美国	331	6	1.81%	10
11	Assistance Publique Hopitaux Paris	巴黎公共医疗救助机构	法国	330	2	0.61%	19
12	Harvard Med Sch	哈佛医学院	美国	327	10	3.06%	3
13	Univ N Carolina	北卡罗来纳大学	美国	319	4	1.25%	16
14	Univ Texas System	得克萨斯大学系统	美国	296	10	3.38%	1
15	Univ Coll London	伦敦大学学院	英国	294	5	1.70%	11
16	London Sch Hyg & Trop Med	伦敦卫生与热带医学院	英国	291	8	2.75%	4
17	Ctr Natl De La Recherche Scientifique Cnrs	国家科学研究中心	法国	270	3	1.11%	18
18	Univ Toronto	多伦多大学	加拿大	268	6	2.24%	5
19	Univ N Carolina Chapel Hill	北卡罗来纳大学教堂山分校	美国	263	2	0.76%	18
20	Pennsylvania Commonwealth System Of Higher Education Pcshe	宾夕法尼亚州立高等教育系统	美国	255	3	1.18%	17

发文数量前十的中国研究机构见表8-3。我国发文机构以医科类大学及科研机构为主。其中，中科院位居第一，发文量达到了240篇。上海交通大学位居第二，发文量为165篇。协和医学院发文量为133篇，位居第三。发文数量排名前十的中国研究机构，均发表了超过100篇的体外诊断相关论文。

表8-3 发文量排名前十的中国机构

序号	中国机构名称（英文）	中国机构名称（中文）	论文发表数量/篇
1	Chinese Acad Sci	中国科学院	240
2	Shanghai Jiao Tong Univ	上海交通大学	165
3	Chinese Acad Med Sci Peking Union Med Coll	中国医学科学院北京协和医学院	133
4	Sun Yat Sen Univ	中山大学	126
5	Capital Med Univ	首都医科大学	108
6	Southern Med Univ China	南方医科大学	108
7	Peking Univ	北京大学	107
8	Fudan Univ	复旦大学	106
9	Nanjing Med Univ	南京医科大学	106
10	Zhejiang Univ	浙江大学	101

六、体外诊断研究的顶级机构合作情况

合作发文数量前十的研究机构见表8-4。美国有7所机构排名前十，说明美国在该领域占据了相当大的优势。同时位列前十的机构中，英国有2所，加拿大有1所。以上机构大部分为各国的大学，还有研究机构，疾病预防控制中心也出现在统计表中，说明体外诊断在临床的应用得到了该机构的支持。

表8-4 合作发文量排名前十的机构

序号	机构名称	中文机构名称	国家	发文发表数量/篇
1	Univ Calif San Francisco	加州大学旧金山分校	美国	366
2	Univ Washington	华盛顿大学	美国	366
3	Columbia Univ	哥伦比亚大学	美国	317

续表

序号	机构名称	中文机构名称	国家	发文发表数量/篇
4	Harvard Med Sch	哈佛医学院	美国	306
5	Johns Hopkins Univ	约翰斯·霍普金斯大学	美国	275
6	London Sch Hyg & Trop Med	伦敦卫生与热带医学院	英国	269
7	Ctr Dis Control & Prevent	美国疾病控制预防中心	美国	245
9	Univ Toronto	多伦多大学	加拿大	217
10	Univ N Carolina	北卡罗来纳大学	美国	212

合作发文量前五的机构均为美国机构见表8-5，且大学占据主导地位，分别为：加州大学旧金山分校、华盛顿大学、哥伦比亚大学、哈佛医学院，以及约翰斯·霍普金斯大学。表明美国在体外诊断领域的研究非常注重国际合作。

表 8-5 合作发文量排名前五的机构被引次数最高的论文情况

序号	机构名称	中文机构名称	第一作者	题目	被引次数
1	Univ Calif San Francisco	加州大学旧金山分校	Su X	Phase separation of signaling molecules promotes T cell receptor signal transduction	452
2	Univ Washington	华盛顿大学	Green Margaret L	Cytomegalovirus viral load and mortality after haemopoietic stem cell transplantation in the era of pre-emptive therapy：a retrospective cohort study	177
3	Columbia Univ	哥伦比亚大学	Mathys H	Temporal Tracking of Microglia Activation in Neurodegeneration at Single-Cell Resolution	256
4	Johns Hopkins Univ	约翰斯·霍普金斯大学	Cohen Joshua D	Detection and localization of surgically resectable cancers with a multi-analyte blood test	1237
5	Ctr Dis Control & Prevent	美国疾病预防控制中心	Makhema J	Universal Testing，Expanded Treatment，and Incidence of HIV Infection in Botswana	94

体外诊断领域合作发文量位于世界前五的均为美国机构如图8-7所示，其发文量也整体呈现上涨的趋势。在2020年以后发论文均出现了较为明显的增长，可能因

为新冠肺炎疫情的影响，让各个研究机构都增加了对体外诊断领域的研究。

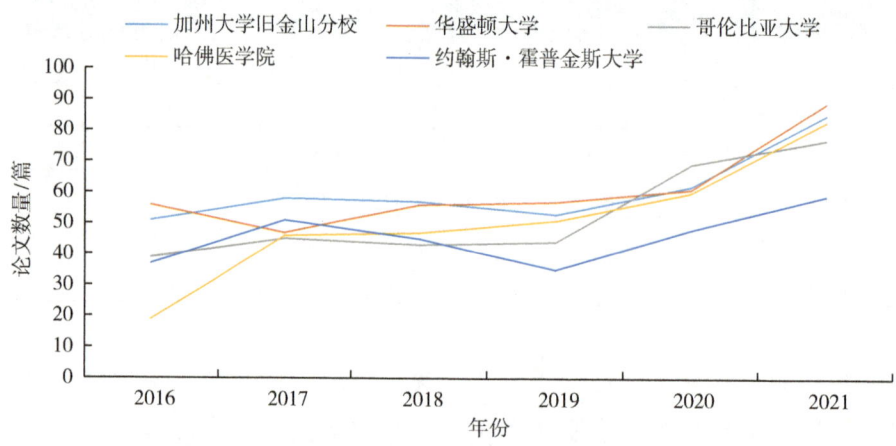

图 8-7 体外诊断合作论文数量前五机构的逐年发表情况

将获得数据导入 Citespace 软件绘制机构合作图如图 8-8 所示。图中连接线条数量多且非常紧密，说明机构之间存在紧密的合作关系，同时机构之间的合作非常广泛。众多节点说明了大量机构参与到了体外诊断的研究中，但图中大节点与小节点

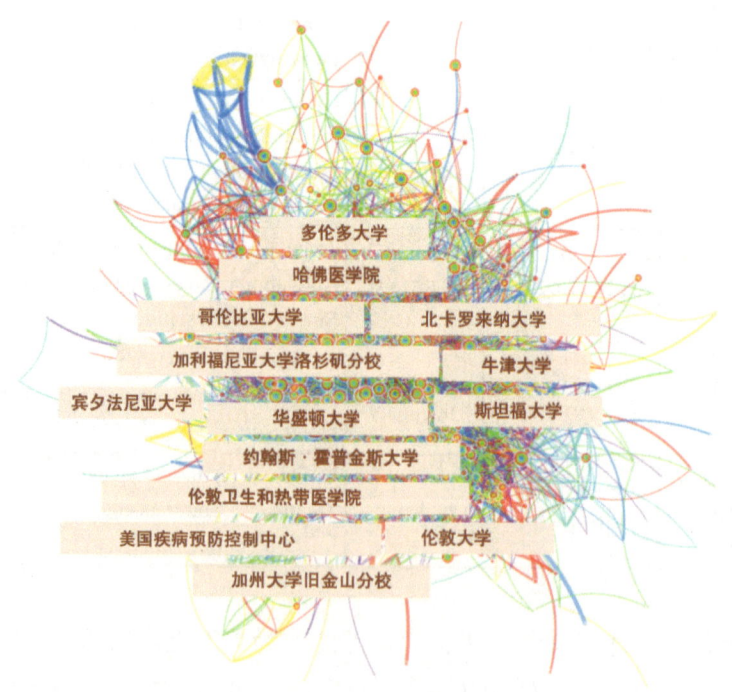

图 8-8 体外诊断机构的合作网络

第八章 全球体外诊断文献计量学研究

紧密聚集同时存在严重的覆盖现象,说明参与体外诊断的机构不论能力强弱均形成了紧密的合作关系。同时大节点之间的连接非常丰富,说明大节点之间的合作也很强,重要研究机构的合作意愿非常强烈。如图8-9所示,在体外诊断合作论文数量前五的机构中,前三所大学:加州大学旧金山分校、哥伦比亚大学以及华盛顿大学之间存在大量合作关系,而约翰斯·霍普金斯大学和哈佛医学院则是与倾向于与其他机构合作。

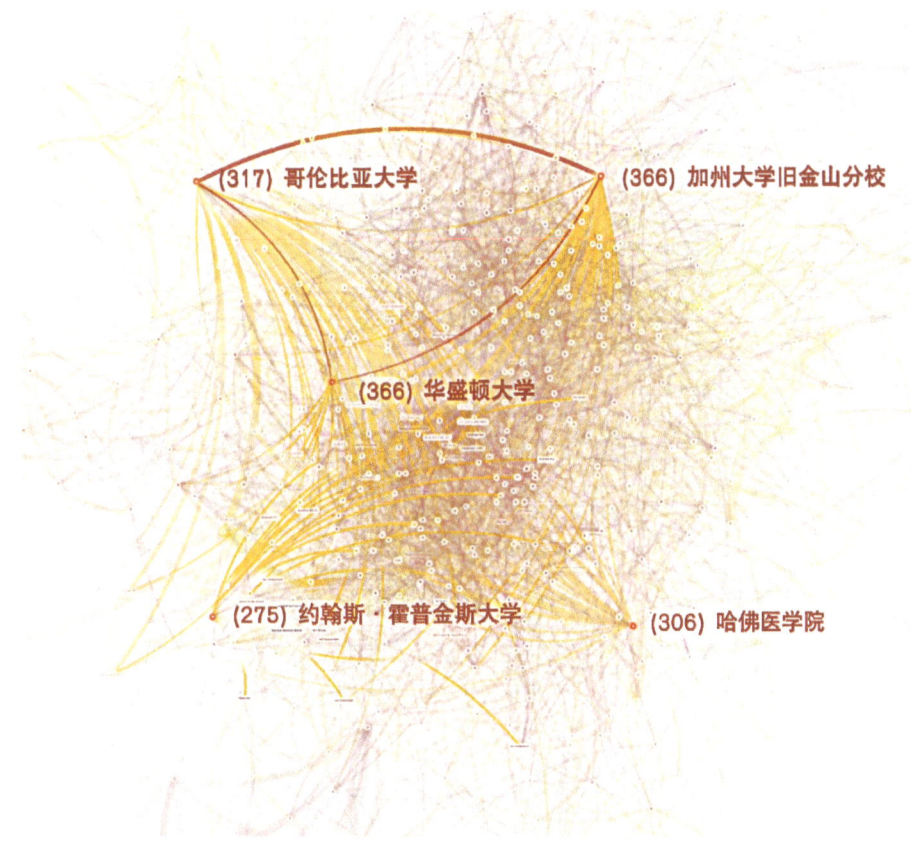

图8-9 体外诊断合作论文数量排名前五机构的合作网络

在体外诊断领域论文合作数量见表8-6。上海交通大学的合作论文数量在中国境内最多,达到了85篇。北京大学是在上海交通大学之后合作发表体外诊断论文最多的中国机构。而北京市也是在全国进入20强机构最多的省市。

表 8-6　体外诊断领域论文合作数量排名前二十的中国机构

序号	中国机构名称（英文）	中国机构名称（中文）	合作论文量/篇
1	Shanghai Jiao Tong Univ	上海交通大学	85
2	Peking Univ	北京大学	74
3	Nanjing Med Univ	南京医科大学	63
4	Chinese Acad Med Sci	中国医学科学院	58
5	Fudan Univ	复旦大学	52
6	China Med Univ	中国医科大学	48
7	Zhejiang Univ	浙江大学	46
8	Natl Yang Ming Univ	国立阳明大学	42
9	Shandong Univ	山东大学	38
10	Peking Union Med Coll	北京协和医学院	35
11	Natl Taiwan Univ	台湾大学	35
12	Univ Chinese Acad Sci	中国科学院大学	35
13	Univ Hong Kong	香港大学	34
14	Sichuan Univ	四川大学	33
15	Chinese Univ Hong Kong	香港中文大学	29
16	Jilin Univ	吉林大学	27
17	Xi An Jiao Tong Univ	西安交通大学	26
18	Guangzhou Med Univ	广州医科大学	25
19	Zhengzhou Univ	郑州大学	24
20	Chongqing Med Univ	重庆医科大学	22

七、体外诊断论文排名前五十高被引论文情况

PubMed 收录的新冠肺炎相关文献主要发表于《柳叶刀》《美国医学会杂志》，这些期刊设立"Coronavirus Resource Center"或论文专栏，发挥了学术传播的国际影响力。由表 8-7 可知，近十年被引用频次最高的体外诊断相关论文是华中科技大学同济医学院附属同济医院的 Ai，Tao 发表在 RADIOLOGY 上的论文。被引用次数高达 2647 次。该论文证实了胸部 CT 扫描对于新冠肺炎的诊断价值，其极高的被引用次数也证明了影像学检查作为核酸检验的一种重要补充手段，在新冠肺炎的诊断中有着重要价值。

表8-7 体外诊断论文被引用次数排名前五十论文的情况

序号	发表年份	题目	第一作者	期刊	被引次数
1	2020	Correlation of Chest CT and RT–PCR Testing for Coronavirus Disease 2019（COVID–19）in China：A Report of 1014 Cases	Ai, Tao	*RADIOLOGY*	2647
2	2020	Temporal profiles of viral load in posterior oropharyngeal saliva samples and serum antibody responses during infection by SARS–CoV–2：an observational cohort study	To, Kelvin Kai–Wang	*LANCET INFECTIOUS DISEASES*	1675
3	2018	Detection and localization of surgically resectable cancers with a multi–analyte blood test	Cohen, Joshua D	*SCIENCE*	1241
4	2017	Tracking the Evolution of Non–Small–Cell Lung Cancer	Jamal–Hanjani, M	*NEW ENGLAND JOURNAL OF MEDICINE*	1046
5	2020	Chest CT for Typical Coronavirus Disease 2019（COVID–19）Pneumonia：Relationship to Negative RT–PCR Testing	Xie, Xingzhi	*RADIOLOGY*	1037
6	2020	Clinical and biochemical indexes from 2019–nCoV infected patients linked to viral loads and lung injury	Cai, Qingxian	*SCIENCE CHINA-LIFE SCIENCES*	1023
7	2016	Fast charge separation in a non–fullerene organic solar cell with a small driving force	Liu, Jing	*NATURE ENERGY*	899
8	2020	Viral load dynamics and disease severity in patients infected with SARS–CoV–2 in Zhejiang province, China, January–March 2020: retrospective cohort study	Zheng, Shufa	*BMJ-BRITISH MEDICAL JOURNAL*	673
9	2020	Molecular Diagnosis of a Novel Coronavirus（2019–nCoV）Causing an Outbreak of Pneumonia	Chu, Daniel K.W	*CLINICAL CHEMISTRY*	580
10	2020	Improved Molecular Diagnosis of COVID–19 by the Novel, Highly Sensitive and Specific COVID–19–RdRp/Hel Real–Time Reverse Transcription–PCR Assay Validated In Vitro and with Clinical Specimens	Chan, Jasper Fuk–Woo	*JOURNAL OF CLINICAL MICROBIOLOGY*	485
11	2016	Phase separation of signaling molecules promotes T cell receptor signal transduction	Su, Xiaolei	*SCIENCE*	453

续表

序号	发表年份	题目	第一作者	期刊	被引次数
12	2019	CRISPR-Cas14 is now part of the artillery for gene editing and molecular diagnostic	Aquino-Jarquin, Guillermo	NANOMEDICINE-NANOTECHNOLOGY BIOLOGY AND MEDICINE	421
13	2017	Defect-Mediated Electron-Hole Separation in One-Unit-Cell ZnIn2S4 Layers for Boosted Solar-Driven CO_2 Reduction	Jiao, Xingchen	JOURNAL OF THE AMERICAN CHEMICAL SOCIETY	421
14	2020	Viral RNA load as determined by cell culture as a management tool for discharge of SARS-CoV-2 patients from infectious disease wards	La Scola, Bernard	EUROPEAN JOURNAL OF CLINICAL MICROBIOLOGY & INFECTIOUS DISEASES	393
15	2016	Use of quantitative molecular diagnostic methods to identify causes of diarrhoea in children: a reanalysis of the GEMS case-control study	Liu, Jie	LANCET	390
16	2020	COVID-19: Abnormal liver function tests	Cai, Qingxian	JOURNAL OF HEPATOLOGY	380
17	2020	Detectable Serum Severe Acute Respiratory Syndrome Coronavirus 2 Viral Load (RNAemia) Is Closely Correlated With Drastically Elevated Interleukin 6 Level in Critically Ill Patients With Coronavirus Disease 2019	Chen, Xiaohua	CLINICAL INFECTIOUS DISEASES	369
18	2020	Assay Techniques and Test Development for COVID-19 Diagnosis	Carter, Linda J	ACS CENTRAL SCIENCE	345
19	2020	A SARS-CoV-2 surrogate virus neutralization test based on antibody-mediated blockage of ACE2-spike protein-protein interaction	Tan, Chee Wah	NATURE BIOTECHNOLOGY	327
20	2020	Quantitative Detection and Viral Load Analysis of SARS-CoV-2 in Infected Patients	Yu, Fengting	CLINICAL INFECTIOUS DISEASES	321
21	2016	Net benefit approaches to the evaluation of prediction models, molecular markers, and diagnostic tests	Vickers, Andrew J	BMJ-BRITISH MEDICAL JOURNAL	318

续表

序号	发表年份	题目	第一作者	期刊	被引次数
22	2016	Tenofovir to Prevent Hepatitis B Transmission in Mothers with High Viral Load	Pan, Calvin Q	NEW ENGLAND JOURNAL OF MEDICINE	311
23	2016	Programmable RNA Tracking in Live Cells with CRISPR/Cas9	Nelles, David A	CELL	306
24	2018	Generation of Tumor-Reactive T Cells by Co-culture of Peripheral Blood Lymphocytes and Tumor Organoids	Dijkstra, Krijn K	CELL	302
25	2016	Targetable genetic features of primary testicular and primary central nervous system lymphomas	Chapuy, Bjoern	BLOOD	283
26	2020	Stability issues of RT-PCR testing of SARS-CoV-2 for hospitalized patients clinically diagnosed with COVID-19	Li, Yafang	JOURNAL OF MEDICAL VIROLOGY	276
27	2021	Effect of Bamlanivimab as Monotherapy or in Combination With Etesevimab on Viral Load in Patients With Mild to Moderate COVID-19 A Randomized Clinical Trial	Gottlieb, Robert L	JAMA-JOURNAL OF THE AMERICAN MEDICAL ASSOCIATION	273
28	2018	Lineage tracking reveals dynamic relationships of T cells in colorectal cancer	Zhang, Lei	NATURE	272
29	2017	Temporal Tracking of Microglia Activation in Neurodegeneration at Single-Cell Resolution	Mathys, Hansruedi	CELL REPORTS	267
30	2019	Molecular optical imaging probes for early diagnosis of drug-induced acute kidney injury	Huang, Jiaguo	NATURE MATERIALS	256
31	2020	Digestive Symptoms in COVID-19 Patients With Mild Disease Severity: Clinical Presentation, Stool Viral RNA Testing, and Outcomes	Han, Chaoqun	AMERICAN JOURNAL OF GASTROENTEROLOGY	245
32	2020	Risk of QT Interval Prolongation Associated With Use of Hydroxychloroquine With or Without Concomitant Azithromycin Among Hospitalized Patients Testing Positive for Coronavirus Disease 2019（COVID-19）	Mercuro, Nicholas J	JAMA CARDIOLOGY	242

续表

序号	发表年份	题目	第一作者	期刊	被引次数
33	2017	International consensus guidelines for the diagnosis and management of food protein-induced enterocolitis syndrome: Executive summary-Workgroup Report of the Adverse Reactions to Foods Committee, American Academy of Allergy, Asthma & Immunology	Nowak-Wegrzyn, Anna	JOURNAL OF ALLERGY AND CLINICAL IMMUNOLOGY	233
34	2020	Kinetics of viral load and antibody response in relation to COVID-19 severity	Wang, Yanqun	JOURNAL OF CLINICAL INVESTIGATION	229
35	2020	Low performance of rapid antigen detection test as frontline testing for COVID-19 diagnosis	Scohy, Anais	JOURNAL OF CLINICAL VIROLOGY	229
36	2020	SARS-CoV-2 viral load is associated with increased disease severity and mortality	Fajnzylber, Jesse	NATURE COMMUNICATIONS	228
37	2020	The laboratory tests and host immunity of COVID-19 patients with different severity of illness	Wang, Feng	JCI INSIGHT	217
38	2020	A Well Infant With Coronavirus Disease 2019 With High Viral Load	Kam, Kai-Qian	CLINICAL INFECTIOUS DISEASES	205
39	2020	Modelling the impact of testing, contact tracing and household quarantine on second waves of COVID-19	Aleta, Alberto	NATURE HUMAN BEHAVIOUR	201
40	2018	Clinical and molecular diagnosis, screening and management of Beckwith-Wiedemann syndrome: an international consensus statement	Brioude, Frederic	NATURE REVIEWS ENDOCRINOLOGY	192
41	2016	Diagnostic accuracy and prognostic significance of blood fibrosis tests and liver stiffness measurement by FibroScan in non-alcoholic fatty liver disease	Boursier, Jerome	JOURNAL OF HEPATOLOGY	188
42	2016	Thrombelastography-Guided Blood Product Use Before Invasive Procedures in Cirrhosis With Severe Coagulopathy: A Randomized, Controlled Trial	De Pietri, Lesley	HEPATOLOGY	188

续表

序号	发表年份	题目	第一作者	期刊	被引次数
43	2018	Improved diagnostic yield compared with targeted gene sequencing panels suggests a role for whole-genome sequencing as a first-tier genetic test	Lionel, Anath C	*GENETICS IN MEDICINE*	185
44	2020	COVID-19 epidemic in Switzerland: on the importance of testing, contact tracing and isolation	Marcel, Salathe	*SWISS MEDICAL WEEKLY*	183
45	2017	Age-specific risks, severity, time course, and outcome of bleeding on long-term antiplatelet treatment after vascular events: a population-based cohort study	Li, Linxin	*LANCET*	183
46	2017	Development of a Biochemical Diagnosis of Parkinson Disease by Detection of alpha-Synuclein Misfolded Aggregates in Cerebrospinal Fluid	Shahnawaz, Mohammad	*JAMA NEUROLOGY*	179
47	2016	Cytomegalovirus viral load and mortality after haemopoietic stem cell transplantation in the era of pre-emptive therapy: a retrospective cohort study	Green, Margaret L	*LANCET HAEMATOLOGY*	179
48	2016	Diagnostic exome sequencing provides a molecular diagnosis for a significant proportion of patients with epilepsy	Helbig, Katherine L	*GENETICS IN MEDICINE*	174
49	2019	Evaluating phase separation in live cells: diagnosis, caveats, and functional consequences	McSwiggen, David T	*GENES & DEVELOPMENT*	173
50	2018	Clinical Genetic Testing for Familial Hypercholesterolemia	Sturm, Amy C	*JOURNAL OF THE AMERICAN COLLEGE OF CARDIOLOGY*	168

八、体外诊断论文资助机构情况

科学资助是科学研究活动得以开展的重要推动力之一，论文受资助情况可以从一定程度上反映科学资助的力度和成效。对 WOS 数据库论文资助特征进行分析，得出资助体外诊断研究论文数量排名前十的机构如表 8-8 所示。美国卫生和公共服务部的体外诊断论文数量最多，其次为美国国立卫生研究院。全球前十资助机构中，有 5 个为美国所有，中国、欧盟、日本、英国、德国各有 1 个机构入选。在资助体外诊断领域研究论文排名前十的资助机构中，美国机构占据了半数，说明美国对体外诊断研究的支持很大。应急科研攻关项目资助论文的发表也从侧面说明面对重大突发紧急情况时，国家主导的资助模式仍然是最高效、最得力、最快捷的资源调配手段。

表 8-8　体外诊断论文的全球资助机构情况

序号	全球基金资助机构（英文）	全球基金资助机构（中文）	论文数/篇
1	United States Department of Health and Human Services	美国卫生和公共服务部（美国）	2966
2	National Institutes of Health	美国国立卫生研究院	2759
3	National Natural Science Foundation of China	国家自然科学基金委员会	1050
4	European Commission	欧盟委员会	1110
5	National Institute of Allergy and Infectious Diseases	国家过敏症和传染病研究所（美国）	796
6	Uk Research and Innovation	英国研究与创新部门	525
7	National Institute of Mental Health	国家精神卫生研究所（美国）	511
8	Nih National Cancer Institute	国家癌症研究所（美国）	412
9	Medical Research Council	医学研究委员会（英国）	388
10	Ministry of Education, Culture, Sports, Science and Technology	日本文部科学省	371

九、体外诊断领域论文资助机构的合作情况

国家重点基础研究发展计划（National Basic Research Program of China）是合作发文数量最多资助项目（科技部负责组织实施），与中国国家自然科学基金委员

会（NSFC）合作最紧密。排名第 2 位的美国国家过敏症和传染病研究所（NIAID）与第 3 位的美国国家精神卫生研究所（NIMH），以及第 5 位的美国国家癌症研究所（NCI）合作最紧密。排名前 5 位中这 3 个合作频繁，属于同一个领域。而第一个与这 3 个机构之间几乎没有任何合作，说明在体外诊断领域下属的子领域无交集（图 8-10）。

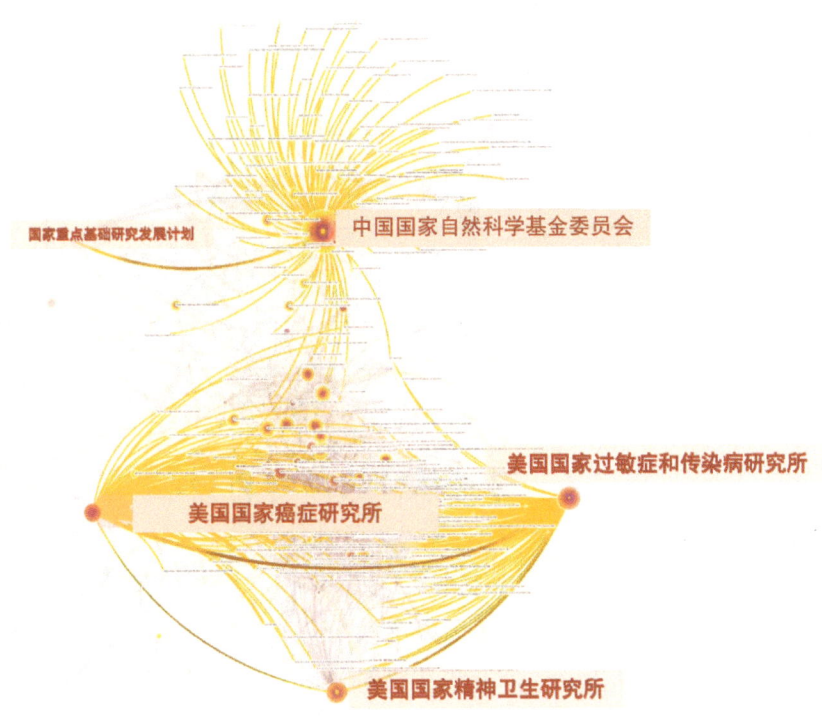

图 8-10 体外诊断领域资助机构合作共现图

中国的国家重点研发计划、中央高校基本科研基金、国家科技攻关计划等也对体外诊断相关研究进行了资助。在国家级科技计划项目/基金资助类型中，国家重点研究开发项目资助了体外诊断相关论文 151 篇，国家科技攻关计划共资助了 137 篇论文，国家重点基础研究发展规划共资助了 75 篇论文。其中，广东省自然科学家基金和江苏省自然科学基金作为省级资助项目（表 8-9），其资助项目发表的论文数量排名居第 5 位和第 8 位。

表 8-9　体外诊断论文的中国资助机构情况

序号	中国基金资助机构/项目（英文）	中国基金资助机构/项目(中文)	论文数/篇
1	National Key Research and Development Program of China	国家重点研究开发项目	151
2	Fundamental Research Funds for the Central Universities	中央高校基本科研基金	137
3	National Key R&D Program of China	国家科技攻关计划	113
4	China Postdoctoral Science Foundation	中国博士后科学基金	81
5	National Natural Science Foundation of Guangdong Province	广东省自然科学基金	76
6	National Basic Research Program of China	国家重点基础研究发展规划	75
7	Ministry of Science and Technology Taiwan	台湾科技部门	74
8	Natural Science Foundation of Jiangsu Province	江苏省自然科学基金	58
9	Beijing Natural Science Foundation	北京市自然科学基金	49
10	Chinese Academy of Sciences	中科院	48

第二节　全球体外诊断专利分布

本专利研究报告对智慧芽专利数据平台中收录的，与体外诊断领域相关的专利数据进行了统计，分别从专利申请量及年度变化、专利申请地、专利技术来源地及技术构成、主要研发机构等角度分析了体外诊断相关专利领域的整体发展情况。本次报告检索的时间范围为 2016 年 1 月 1 日至 2021 年 12 月 31 日（以专利申请日为划分标准），检索日期为：2022 年 2 月 18 日。在智慧芽平台检索到体外诊断相关专利共计 6291 件。制定完善的专利检索式，兼顾目标专利的查全与查准率。经过数据导出、清洗、统计和分析，得出具体结果如下。

一、体外诊断相关专利年度分布情况

全球关于体外诊断的所有专利的申请数量以及专利授权数量在近 5 年均呈现出明显的增长趋势（图 8-11），在 2019 年本领域专利申请量出现了些许回落，该年也是全球专利申请量在近 10 年中的首次回落之年，据世界知识产权组织最新发布的基准

性年度报告《世界知识产权指标》显示，2019年全球专利申请下降3%。这主要是由于中国专利申请量的减少。如果不包括中国的数据，则全球去年的专利申请数将增长2.3%。2019年中国在专利领域开展了整体监管转型，以优化申请结构、提高申请质量。在2020年体外诊断领域相关的专利数量又出现了明显增加，呈显著上升趋势，其原因可能是在2020年年初暴发的新型冠状病毒肺炎。该病毒起病隐匿，潜伏期长且症状与其他的呼吸道急性感染疾病相似，为有效防控疫情，切断病毒传播，人类社会对冠状病毒快速而准确的筛查需求推动了体外诊断领域专利的又一次发展浪潮。但在2021年，本领域专利申请的数量出现了急剧下滑，原因主要是专利主管部门在专利申请和专利技术信息公开之间往往需要一年左右的时间进行审查，故可能当年的大部分专利申请都由于尚未公开而导致未能被检索到。另外，值得注意的是，尽管本领域专利的申请量和总授权量均在不断上涨，但是发明专利的授权量却呈现不断下降的趋势，且总授权量的增长也明显不如申请量，这不仅与专利授权的周期有关，对专利的审查不断严格也导致了该现象出现。值得注意的是，体外诊断相关的发明专利占到所有专利的64.3%，表明具有创造性、新颖性的专利成果已占一定数量。

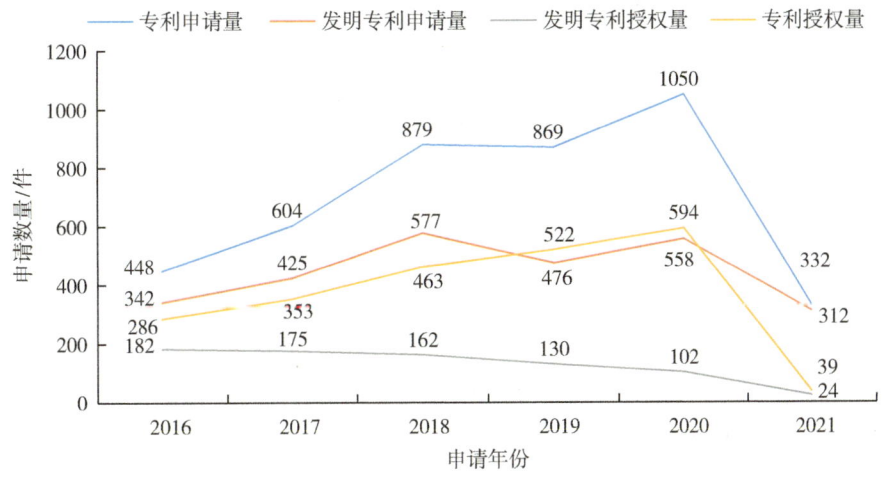

图8-11 体外诊断领域近5年专利申请量和授权量变化情况

二、体外诊断相关专利的受理地情况及5局流向图

一般来说，专利申请人会在该专利技术市场前景较好的国家/地区申请专利保护，以获得所研发技术产品的垄断权。从5局流向图（图8-12）可以看到，除了本

地区以外，各地体外诊断相关专利的地区外布局最大的申请地为美国，其次为欧洲地区或中国，再结合受理局排名数据，可以发现在体外诊断领域，中美两国占据着最主要的市场份额。但是不难看出，中国主要是以国内市场和厂商取胜，而美国则是在全世界范围内受到专利申请人的一致关注。中国专利在如何走出去，强起来方面还需要持续发力。

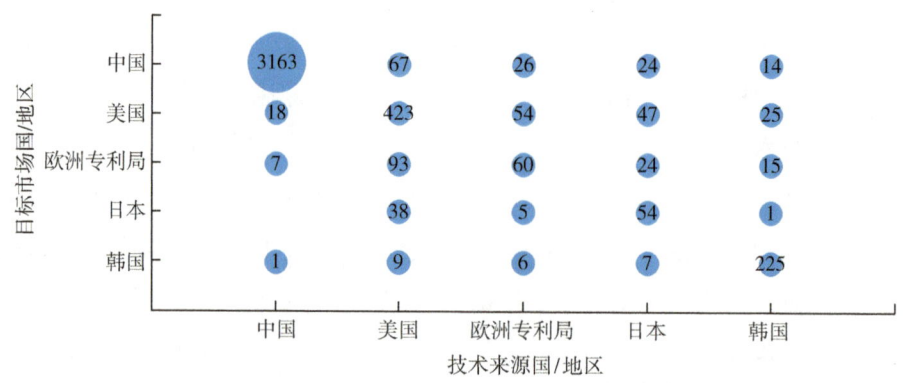

图 8-12　体外诊断领域专利 5 局流向

与此同时，专利申请人都会优先在本国申请专利保护，因此可以看到在受理局排名中，中国和美国的专利申请受理量最多，分别为第一和第二；而中国以 3057 件专利独占鳌头，是第 2 位美国的近 10 倍（图 8-13）。除此以外，向世界知识产权组织（WIPO）申请的专利（WO）为国际专利申请，可以通过该机构同时向全球 153 个缔约国递交专利申请，它的受理申请量居第 3 位。紧随其后的是韩国和俄罗斯，他们分列第 4、第 5 位。而向欧洲专利局（EP）提交专利申请，则可以同时向多个欧盟国家提出专利保护，其申请量大致可以体现欧洲国家在本领域的专利申请量，其申请量居第 6 位。

值得注意的是，尽管中国近几年来在本领域的专利受理数量独占鳌头，但是取消检索结果的时间限制之后，这一优势则变得并不明显（图 8-14）。可见我国体外诊断的市场发展在这几年受到了广大专利申请人的一致关注，而行业发展前景也受到了申请人的一致看好，才会出现短时间受理大量专利申请的情况。除此以外，由于我国在本领域专利的申请主要是由本土公司贡献，因此这几年专利的申请量骤增也可看作是国内相关机构另一种形式的补作业；或是由于某些细分领域技术门槛低、行业竞争大而我国医疗市场又十分广阔，部分厂家为了提升竞争力，利用大量低质量专利进行自我保护而导致的特殊现象。

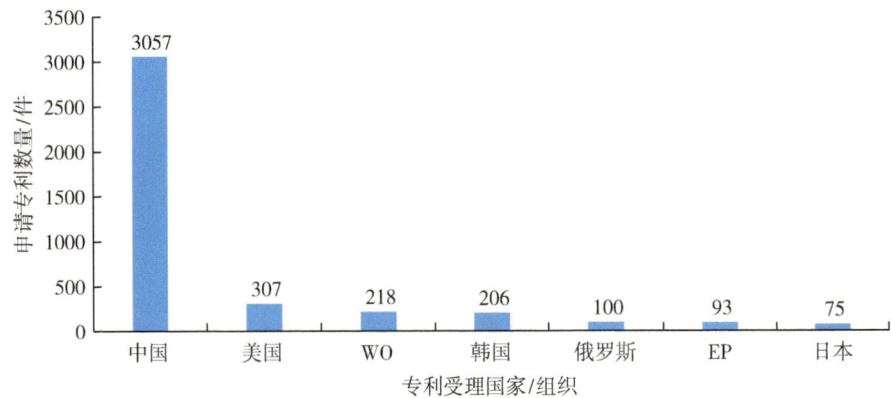

图 8-13　体外诊断专利受理国家/组织的分布（2016—2021 年）

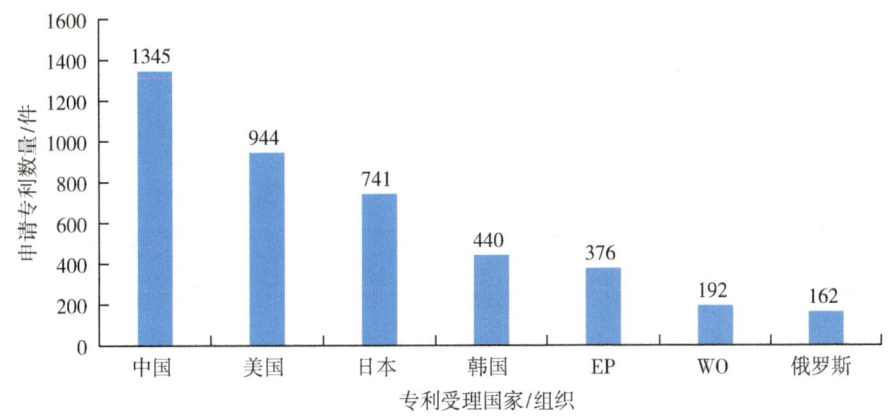

图 8-14　体外诊断专利受理国家/组织的分布（2016 年以前）

三、体外诊断相关专利的技术来源地及主要技术构成情况

根据专利技术的来源地可以得出该技术的研发优势国家/地区。从图 8-15 可见，中国所在的申请人申请了全球最多数量的体外诊断相关专利，达到 3255 件，但其中发明专利仅有 1766 件，发明专利率为 54.25%。与此同时，其他国家发明专利率则平均为 97.83%，欧洲、日本、俄罗斯等地区更是为 100%。

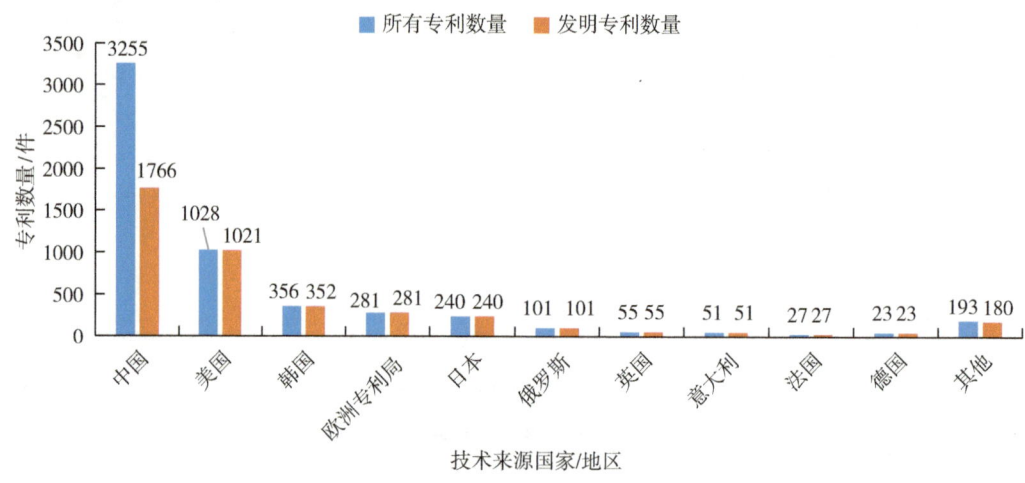

图 8-15 体外诊断专利技术来源地的分布

而透过技术分布地图可以发现,在我国申请的专利技术布局除生物技术以外,主要集中在试管架和离心管等技术含量偏低的领域,而国外则主要布局在生物技术领域和深度学习、机器、芯片等高科技领域,并且通过交叉授权构成技术同盟,使后进者更加难以追平(图 8-16)。与此同时,处在低技术领域的企业门槛较低、竞争激烈,从而进一步加剧了其申请低质量专利的行为以增强自身竞争力,使专利申请形式进一步恶化。但是在生物技术方面,我国也形成了自己独有的优势,在我国技术分布图中形成了最大的亮点,为下一步将这些技术推向临床、推向市场打下了坚实的基础。而在深度学习、智能诊断等医学和信息学科交叉应用的方向,我国还需要持久地发力追赶。

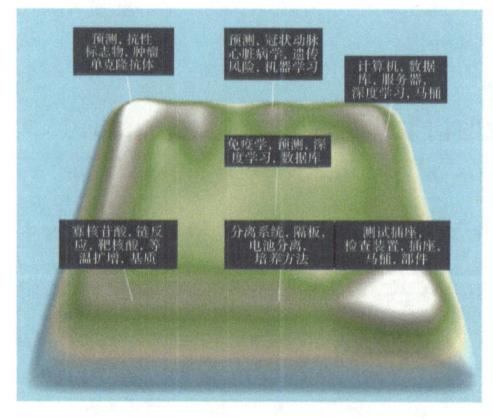

(a) 国内

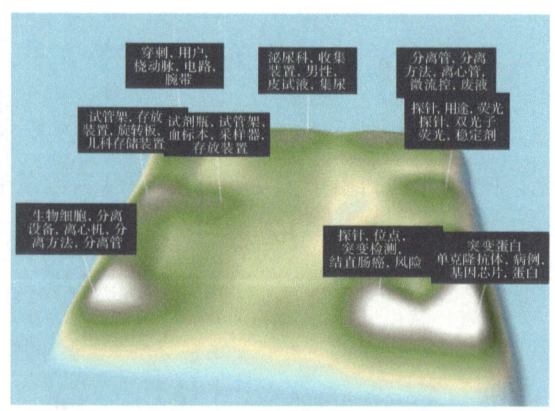

(b) 国外

图 8-16 国内外体外诊断领域专利细分领域技术分布

四、体外诊断相关专利排名前十技术来源地

权利要求是指专利或专利申请中除说明书部分之外,由各种有编号的表达式,或者更准确地说是名词词组所构成的部分。权利要求以科学术语定义该专利或专利申请所给予的保护范围。一般来说,专利的权利要求范围越大,其所能发挥作用的领域就越广,价值也就更高。从图8-17可以发现,相较于亚洲地区平均权利要求数量还不到10项,而欧美国家的平均要求权利数量往往是亚洲地区国家的2~3倍。在权利要求量最多的前10件专利里,也分别来自美国和法国,由此可见欧美国家的专利价值要显著高于亚洲地区(图8-18)。

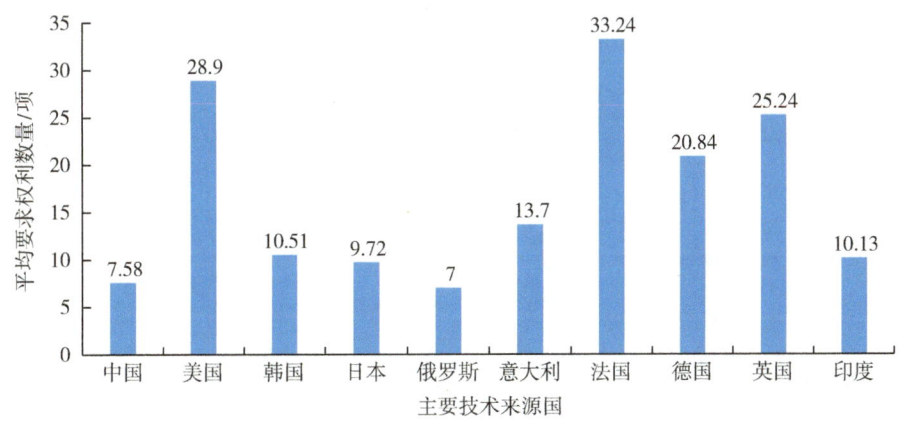

图8-17 体外诊断专利排名前十技术来源地的平均权利要求项数

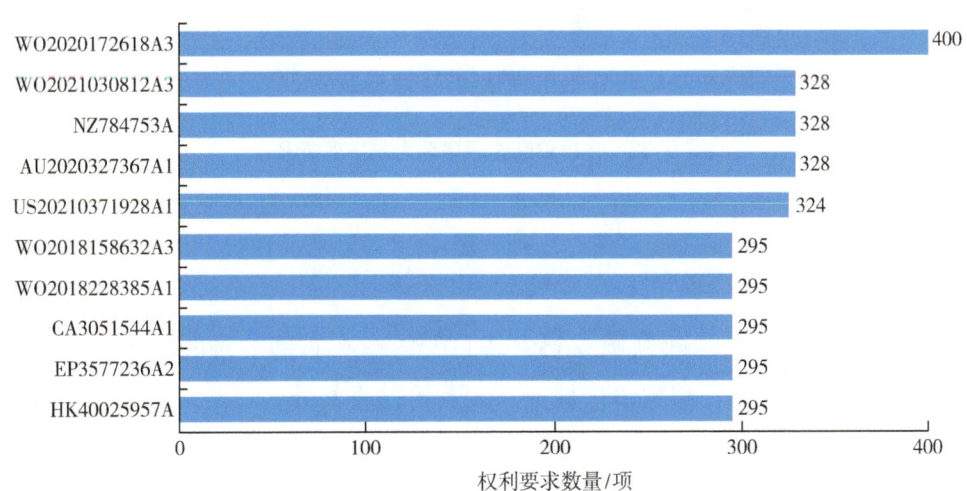

图8-18 权利要求数量最多的前10件专利

五、体外诊断领域相关专利的申请人集中度情况

申请人集中度CR10为申请总量排名前10位的申请人的专利申请量占该领域专利申请总量的比例。由于短期内专利申请数量往往偏少,可能会导致结果虚高的情况,因此在这里针对所有年份的专利进行分析。韩国的体外诊断专利集中度最高为23.00%,其次为日本和俄罗斯,中国体外诊断专利集中度为4.10%(图8-19)。我国的专利申请人集中度显著低于其他国家。这不仅是由于我国在本领域专利申请数量的基数显著高于其他国家,也是我国的体外诊断领域市场较大、较新,还没有出现具有绝对技术优势的公司并形成垄断,因此有大量公司在这一领域发力,故而产生了这种百花齐放的局面。而预计随着行业逐渐发展成熟,竞争不断加剧,头部公司逐渐显露,我国的体外诊断领域的专利集中度也会逐渐上升。

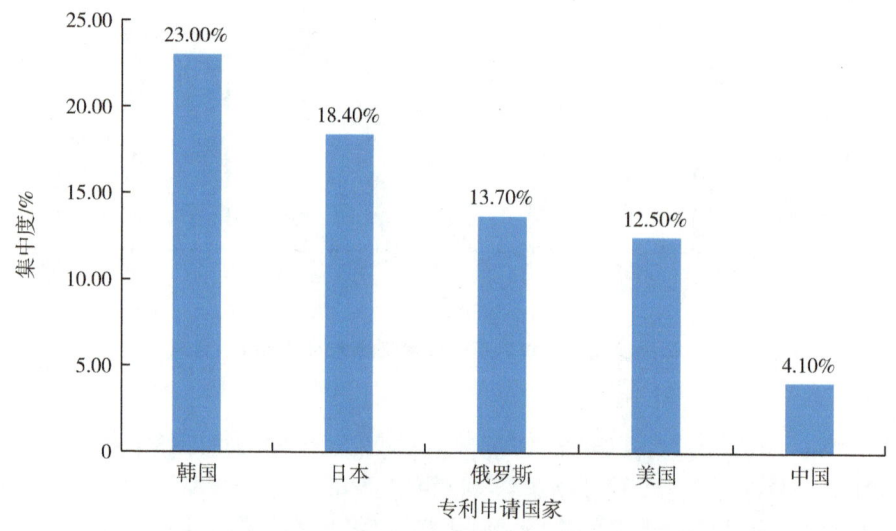

图8-19 体外诊断专利申请人集中度情况

六、体外诊断相关专利数量全国分布情况

近年来,我国体外诊断领域专利申请主要集中在东部沿海的经济发达地区,而内陆地区则相对弱势。根据申请数量,大致可以将其分为三类,广东、江苏为第一档;山东、天津、北京、上海、浙江为第二档;湖北、河南、四川为第三档。结合各地近年申请量变化趋势可以发现,各个主要申请省市的申请量均在稳步上

升，偶有激增（图 8-20）。值得注意的是，天津的数据很大程度上由一家公司贡献（图 8-21）。若将这家公司数据剔除，则天津市的专利数量会与其他头部省份出现明显差距。可见天津在专利培育的整体环境中仍需要持续发力，让"黑马"变为常态。

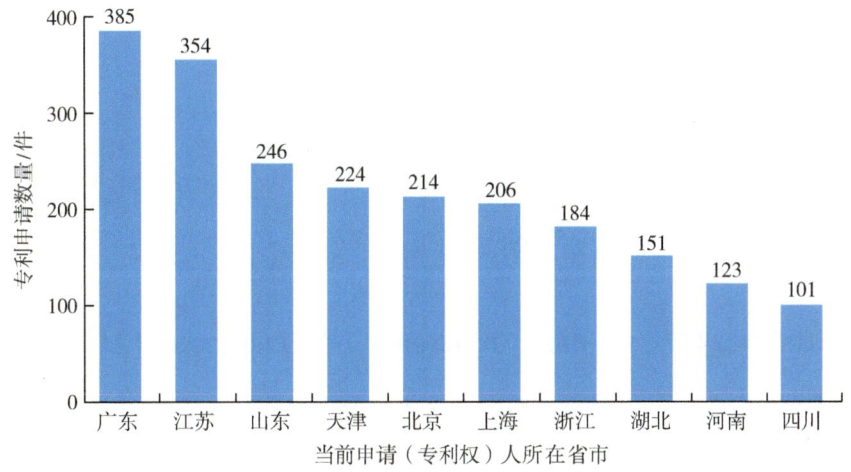

图 8-20　体外诊断领域专利申请数量排名前十省份

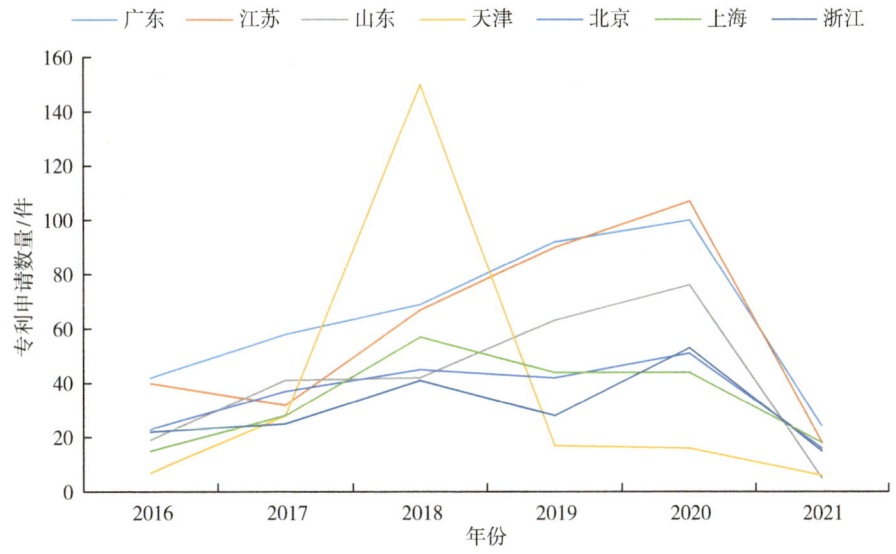

图 8-21　体外诊断领域主要申请省市近 5 年专利申请量变化趋势

第九章　全球代表性研究机构

第一节　代表性研究院所

一、中国代表性研究院所

（一）中国科学院（Chinese Academy of Sciences, https://www.cas.cn/）

中国科学院（简称"中科院"）成立于1949年11月，为中国自然科学最高学术机构、科学技术最高咨询机构、自然科学与高技术综合研究发展中心。中国科学院建院以来时刻牢记使命，与科学共进，与祖国同行，以国家富强、人民幸福为己任，人才辈出，硕果累累，为我国科技进步、经济社会发展和国家安全做出了不可替代的重要贡献。

在生物医学仪器、试剂和生物材料的研发方向上，中科院致力于高分辨、多模态高端医学成像技术与设备研发，医疗机器人等创新医疗器械的研制，以及低成本健康及康复工程技术集成。其中以临床需求为导向的创新研发项目已顺利转移转化，如水性胶微柱凝胶产品、时间分辨能量分析仪、超声溶栓治疗仪等；此外，三重四级杆质谱仪、流式细胞仪、血栓弹力图仪等也已取得医疗器械产品注册证并转让。中科院经过多年在生物医学工程领域的努力，成功实现了医学成像、医学电子信息、生物传感、纳米医学、生物力学、生化检验和生物材料等关键技术的突破，推动临床医学技术现代化进程和医疗器械产业迅速发展。

中科院在体外诊断领域合成了高量子产率量子点、Janus型金属介孔纳米粒子和金属/荧光双模探针用于生物医学检验。创新信号级联放大、多重编码、原位检测、水性胶微柱免疫分析技术等新方法，达到国际先进水平。研发基于高性能氮化铝微纳结构化器件、单细胞鞘流、微滴生成油、微滴生成芯片等，突破自动化、高通量、弱信号检测等共性技术。创新研制核酸杂交、水性胶免疫和单细胞分析等仪器，部分成果打破国际技术垄断。在数字诊疗装备、精准医学研究、移动医疗应用等方向实现了一批关键技术突破，并通过孵化企业、与企业合作等途径稳步推进产业化进程，代表性成果包括超声肝硬化检测仪、多参数健康检查仪、微型健康感知设备、基于微流控技术的全自动生化分析仪等设备的开发，其中推出的Celercare系列和Pointrcare系列全自动生化分析仪填补了国内在生化"POCT"领域的空白，其"简单、可靠、快速"的特点满足了临床急诊和床旁诊断的需求。

（二）中国医学科学院（Chinese Academy of Medical Sciences, https：//www.pumc.edu.cn/）

中国医学科学院（简称"医科院"）成立于1956年，是我国唯一的国家级医学科学学术中心和综合性医学科学研究机构。医科院与北京协和医学院（简称"协和医大"）实行院校合一的管理体制，医科院为协和医大提供雄厚的师资和技术力量，协和医大为医科院培养高层次的人才，相互依托，优势互补，教研相长。院校设有18个研究所（以及2个分所）、5所分院、7所临床医院、5所学院。

医科院科研实力雄厚，医学科研包括基础医学、临床医学、预防医学、药物及与医药学有关的生物、物理、化学等相关学科，覆盖了医学科学各领域。

在体外诊断领域，该院校涉及的也颇为广泛，尤其在常规免疫类体外诊断试剂的研发及Ⅲ类体外诊断试剂和医疗器械的生产，其中自主研发产品41项，与国内外厂家合作推出产品63项。该院校研发和生产的凝血类试剂产品，尤以凝血质控品在国内居行业领先水平；常规免疫类体外诊断试剂涵盖了甲状腺功能、性腺激素、糖尿病、骨钙代谢、心血管、肾功能、肿瘤标志物、肝纤维化、生长因子、重症肌无力和生物胺等11个类别产品；此外，眼科超声诊断与治疗设备属国家三类医疗器械，是临床急需，严重依赖进口，其与企业合作自主研发了眼科超声诊断与治疗设备，包括眼科A/B型超声诊断仪、眼科超声测量仪；非眼科设备包括膀胱超声测容仪、超高频皮肤超声诊断仪、颅内超声导航与治疗系统及声阻抗中耳功能分析仪等发展前景广阔的产品，打破了进口产品的垄断地位。

（三）中国人民解放军军事科学院军事医学研究院

中国人民解放军军事科学院军事医学研究院是我国第二个科学院。2017年9

月,转隶至军事科学院,更名为军事医学研究院,是专门从事军事医学研究的科研机构。

针对中东呼吸综合征病毒、甲型H1N1流感病毒、人感染H7N9禽流感病毒,以及埃博拉病毒等特殊病原体,军事医学研究院均率先成功研发了核酸检测试剂盒。新冠肺炎疫情发生后,科研团队立即投入应急攻关,并成功研发出新型冠状病毒核酸检测试剂盒(RT-PCR荧光探针法)、新型冠状病毒IgM/IgG抗体检测试剂盒(量子点荧光免疫层析法),抗体检测试剂盒创新性采用逐层组装法制备双层量子点纳米荧光材料,以新冠肺炎病毒S1蛋白作为抗原,具有检测灵敏度高、特异性强的特点。另外,野战输血研究所研制成功两个蓝舌病病毒检测试剂盒,即"反转录-聚合酶链式反应核酸通用检测试剂盒"和"荧光定量反转录-聚合酶链式反应核酸通用检测试剂盒"。这也标志着我国在蓝舌病病毒检测技术研究领域处于世界先进水平。同时,该院放射与辐射医学研究所和深圳市普瑞康生物技术有限公司联合研制了我国首个埃博拉病毒核酸检测试剂,为埃博拉病毒的早期诊断和防控提供了可靠的产品储备。

二、国外代表性研究院所

(一)美国代表性研究机构

1. 美国国立卫生研究院(National Institutes of Health,NIH,https://www.nih.gov)

美国国立卫生研究院是美国主要的医学与行为学(Medical and Behavioral Research)研究机构,拥有27个研究所及研究中心,其任务是探索生命本质和行为学方面的基础知识并充分运用这些知识延长人类寿命,以及预防、诊断和治疗各种疾病和残障。NIH不仅拥有自己的实验室从事医学研究,还通过各种资助方式和研究基金全力支持各大学、医学院校、医院等的非政府科学家及其他国内外研究机构的研究工作,并协助进行研究人员培训,促进医学信息交流。

NIH下属多个研究所及研究中心均涉及体外诊断研究,下属美国国立变态反应与感染性疾病研究所(NIAID)的细菌学实验室、疟疾和病媒研究实验室、病毒学实验室针对相应病原感染诊断靶标进行研究,开发对应疾病的诊断工具。下属美国国家生物医学影像学与生物工程学研究所(NIBIB)围绕体外诊断设备的信息化开发了一系列工具,方便数据的便捷访问与分析。此外,下属美国国家人类基因组研究所通过全基因组数据分析结合遗传性疾病的临床表征,阐明了相关的基因位点,可用于后续遗传性疾病的检测分析。

针对新冠肺炎疫情的快速诊断问题,美国国立卫生研究院(NIH)启动了快速加速诊断(RADx®)计划,以加快COVID-19检测技术的开发、商业化和实施方面的创新。其主要部分围绕支持家庭和护理点POCT试剂的开发、验证、量产和制造。NIH下属国家生物医学影像学与生物工程学研究所(NIBIB)通过RADx®技术项目开发了When To Test网站和计算器,以助力COVID-19的检测。NIH下属美国国家人类基因组研究所通过对超过100万人的基因组分析确定了535个与血压特征相关的基因位点,同样的方法对30多万人的基因组分析,确定了97个与肥胖相关的基因位点,其中56个是之前尚未报道的新位点。这些发现为相关疾病的诊断提供了更为明确的指导。

2. 得克萨斯大学安德森癌症研究中心(University of Texas MD Anderson Cancer Center,https://www.mdanderson.org/)

得克萨斯大学安德森癌症研究中心创建于1941年,有着80余年的丰富癌症诊疗经验,坐落于美国得克萨斯州休斯敦市,是得克萨斯大学系统的附属医院。安德森癌症研究中心作为世界公认的权威肿瘤专科医院,是1971年美国"国家癌症行动"计划指定的最早的3个综合癌症治疗中心之一,也是目前39个肿瘤医学会指定的综合性癌症治疗中心之一。

得克萨斯安德森癌症研究中心的研究者们对肿瘤诊断,特别是对循环肿瘤标志物在肿瘤诊断和治疗中的应用有着深入的研究,相关研究结果发表在 *Nature*、*Cell*、*Clinical Cancer Research*、*Annals of oncology* 等高水平期刊上,揭示了循环肿瘤细胞(CTC);循环肿瘤DNA和RNA(ctDNA/ctRNA)及外泌体对癌症的诊断与治疗作用。

2015年该中心研究人员发现对早期胰腺癌的血液检测方法,相关研究结果发表于 *Nature*,受到广泛关注。研究发现外泌体的胰腺癌检测方法具有高特异性和灵敏度,可以用于区分慢性胰腺炎与早期或晚期胰腺癌,指导临床治疗。这一发现为胰腺癌的早期诊断提供了十分重要的依据。

3. 斯克利普斯研究所(Scripps Research,https://www.scripps.edu)

斯克利普斯研究所坐落于美国圣地亚哥市,是美国排名居前10位的生物医学研究所,也是美国最大的非营利性质研究所,研究所的研究方向广泛,包括生物医学的各个方面，以免疫学、化学和实验生物学见长。

该研究所对前列腺癌和肺癌的肿瘤细胞进行体外诊断研究，并围绕脏器移植过程进行诊断系统的研发，将生物学、化学及计算机科学的基础研究与转化科学相结合以开发下一代诊断产品及药物，目前已在数字化和精准医疗方面取得进展。下属科技转化研究所，通过基因组学寻找癌症、心血管疾病、罕见病、传染病和许多其他疾病的潜在遗传原因。在传染病方面，斯克利普斯研究所探究了疟疾、HIV、埃博拉、寨卡、寄生虫等病原体的感染和入侵机制及宿主抗病毒反应，并在疾病诊断、疫苗研发及治疗药物方面取得一系列进展。

斯克里普斯研究所的科学家领导的一项研究发现肾脏活检的全基因组分析可能是发现器官移植排斥反应的关键。研究阐明间质纤维化和肾小管萎缩（IFTA）的肾脏损伤和瘢痕与排斥风险的增加相关，可作为肾脏移植排斥监控的监测指标。此外，斯克里普斯研究所在感染性疾病的诊断上也有相关研究进展，科学家开发了一种尿液诊断方法，可以检测导致河盲症的寄生虫。河盲症又被称为盘尾丝虫病，是一种热带疾病，全世界有1800万～12 000万人感染这种疾病。

4.纪念斯隆－凯特林癌症研究中心（Memorial Sloan–Kettering Cancer Center，MSK，https：//www.mskcc.org）

纪念斯隆－凯特琳癌症中心是世界上历史最悠久、规模最大的私立癌症中心。百年来，它一直致力于患者护理、研究创新，以及更好地理解、诊断和治疗癌症。作为美国最好的癌症中心之一，为多种癌症的诊断提供解决方案。

纪念斯隆－凯特琳癌症中心围绕癌症的诊断申请多项专利，包括子宫内膜癌、卵巢癌、白血病、前列腺癌等，并基于高通量测序（NGS）等新技术对肿瘤的诊断应用研究走在世界前列。

纪念斯隆－凯特琳癌症中心基于高通量测序技术开发了MSK-IMPACT分析系统，于2017年11月被FDA正式批准用于肿瘤基因检测，是第一个获得此类批准的肿瘤检测分析系统。IMPACT测试使用高通量测序技术来快速鉴定468个独特基因中的突变，以及患者肿瘤基因组构成中其他的分子变化。与使用单一标志物检测的许多癌症诊断测试不同，IMPACT通过比较肿瘤组织与来自同一患者的"正常"组织或细胞样品，检测基因改变，为治疗提供指导帮助。IMPACT通过FDA的精确度、准确度和检测限度的评估。结果表明，该测试有非常高的准确度（大于99%），并能检测到频率大约为5%（范围2%～5%）的突变。

5. 怀斯研究所（Wyss Institute，https：//wyss.harvard.edu/）

怀斯研究所是哈佛大学下属的一个跨学科研究机构，专注于开发可用于医疗保健和可持续发展的生物材料和设备。怀斯研究所于2009年1月成立，位于波士顿朗伍德医学区。其研究主要围绕6个技术平台开展，技术平台包括自适应材料技术、预期医疗和蜂窝设备、仿生机器人、合成生物学、仿生微系统与可编程纳米材料。

围绕以上研究方向，怀斯研究所进行了系统性的研究，发表相关文章2595篇，申请专利3732项，并且已经有101项研发产品获批准。

怀斯研究所针对微型传感器与微流控诊断装置进行了一系列的研究，其代表性的研究成果如下：①abbieSense过敏反应诊断设备，该设备基于电化学传感器平台技术，可根据组胺水平快速诊断过敏反应；②eRapid，可用于快速、准确、便携式诊断的多路电化学传感器，具备抗污染性、基于亲和力检测，可同时实现多种生物标志物的廉价检测；③微流控止血监测仪，一种用于快速预测患者凝血的超灵敏检测设备，通过模拟小动脉血流动力学的微流体装置与新型数据分析软件相结合，可以实时快速定量止血，并预测个体或血液样本是否会出现血栓。此外，怀斯研究所的研究团队在基因组测序技术方面也有所突破，开发了荧光原位RNA测序（FISSEQ）技术，该技术可以在固定的细胞和组织中，获得基因表达图谱，该技术的突破实现了mRNA在细胞内的定位分析，明确相关基因的表达功能。

（二）欧洲代表性研究机构

1. 丹麦国家血清研究院（Statens Serum Institut，SSI，https：//en.ssi.dk）

SSI是丹麦内务与卫生部下属机构，成立于1902年。它是目前公认的全球最老牌的生物制剂研发机构之一，在开发治疗性抗血清、疫苗研发、细菌学和血清学诊断、流行病学研究和抗击流行病方面有悠久的历史。SSI拥有丹麦国家生物银行，这是世界上最大的生物银行之一，该银行存储了超过2200万份生物样本，包括血清、血浆、全血和DNA等，这为SSI的研究工作提供了独特的资源。

SSI持续专注于研究对全球健康构成重大威胁的传染病，如肺结核、新型冠状病毒肺炎、艾滋病、衣原体、疟疾和流感等，并发现了一系列重要的抗原靶标，在此工作基础上进一步推动了相应检测试剂的开发、抗生素耐药性研究等。基于质谱、免疫化学、分子生物学和遗传学技术，SSI 通过代谢组学、基因组学、高通量测序和表观遗传学分析对先天性疾病进行研究和筛查。SSI 还与哥本哈根大学在兽用领域进行诊断与疫苗的研究合作。

SSI 的研究者发现了结核病诊断的重要抗原并进行专利保护，该专利被授权给结核病诊断领域龙头 Qiagen 和 Oxford Immunotec 并获得广泛的商业化应用。SSI 通过新生儿的足跟血进行代谢、心血管疾病、激素疾病和神经精神疾病等先天性疾病的筛查，目前已有 18 个项目进入筛查计划。此外，SSI 还是国际知名的单克隆抗体和多克隆抗体提供厂商，覆盖了过敏性疾病、传染病、凝血、除草剂和农药、血清和血浆蛋白抗体等系列。

2. 比利时微电子研究中心（Inter-university Micro-Electronic Center，IMEC，http://www.imec-int.com）

1984 年，鲁汶大学微电子系联合其他几所当地大学的微电子系成立了 IMEC，目前是欧洲最大的半导体制造及设计中心。IMEC 是世界领先的纳米电子和数字技术研究创新中心，其主要研究涉及半导体工艺、集成电路设计、无线通信技术、纳米技术、新能源、生物电子、物联网技术等领域，并进一步应用于智慧健康、智慧城市、智能交通物流、智慧教育、智慧能源和智慧产业等方向，围绕以上研究方向目前已授权或正在申请的专利超过 1600 项。

凭借着在纳米微电子领域的雄厚积累，IMEC 在体外诊断的多个领域实现了突破性的应用，如可穿戴设备、微流控芯片应用于核酸检测、高光谱成像技术检测阿尔茨海默病和高通量测序等。

IMEC 研发了一种可穿戴传感器可以同时监测生命体征和呼吸活动，该贴片佩戴舒适防水并且有较长的电池寿命，可超过 7 天甚至更长。IMEC 更进一步地研发出全球首款可穿戴式 5 通道心电图传感器用于监测胎儿心率和活动能力。该传感器具有高准确性，在非常低的信号幅度水平下（3～15 μV）也能收集胎儿数据。IMEC 的微流控技术团队实现了从样品制备到检测的全过程：通过介电泳技术实现液体中核酸的提取和捕获；创新地开发了呼吸采样技术，可以从气溶胶中捕获核酸分子；在芯片上进行超快 PCR 测试，40 个循环的扩增时间缩短至 3 分钟，比正常

PCR 快 20 倍。IMEC 将呼吸采样技术与 RT-qPCR 测试相结合，仅需 5 分钟就可通过呼出气中的气溶胶完成新型冠状病毒的核酸检测。IMEC 利用高光谱成像量化了视网膜中 β 淀粉样蛋白（Aβ）的积累，并且通过光学相干断层扫描研究视网膜神经纤维层的变薄。通过二者结合测量，可以区分阿尔茨海默病患者和健康个体，准确度达到 75%～80%。

3. 巴斯德研究所（Institut Pasteur，https：//www.pasteur.fr）

巴斯德研究所成立于 1887 年，是世界著名的非营利性私人研究所。成立 130 余年来一直走在世界科技前沿，是微生物学、免疫学、传染病学等学科的起源地，曾开发出狂犬病疫苗、天花疫苗、流感疫苗等多个造福人类的疫苗产品，并培养了 10 名诺贝尔生理学或医学奖获得者，如吕克·蒙塔尼因发现 HIV 病毒而获得诺贝尔生理学或医学奖。

巴斯德研究所致力于对疾病预防和治疗的科学研究，其中疫苗研究与传染病研究是巴斯德研究所的强项，并在传染性疾病诊断、疫苗研发取得一系列进展。在体外诊断领域，针对传染病诊断开发多种新型诊断方法与平台，为传染性疾病预防与控制做出巨大贡献。

巴斯德研究所开发出一种新颖的体外分子诊断程序 HPV RNA-Seq，可以结合反转录 PCR 和二代测序两种技术优势。既可对少量 RNA 进行定量，了解 HPV 基因的表达水平，同时通过二代测序技术可确定患者体内感染了何种毒株，有望减少侵入性活检的需求。此前对于疟疾诊断的最大挑战，是如何研发出一个适用于疟疾的即时检测，以区分患者感染的疟原虫类型，从而指导用药。巴斯德研究所与港大医学院合作，采用试管演化方式将立方烷导入脱氧核糖核酸，进而开发出新型分子，该分子能够完美地依附在疟疾生物标记的结合位置中，从而实现对间日疟原虫疟疾感染（间日疟）的针对性诊断。这项研究不仅进一步改善疟疾的即时检测，更开创一个革新的平台，有利于研发出有助诊断及治疗不同疾病的分子。

4. 法国国家健康与医学研究院（Institut national de la santé et de la recherche médicale，https：//www.inserm.fr）

法国国家健康与医学研究院成立于 1964 年，是一所公立的国家级专业健康研究机构，法国唯一一个完全致力于人类健康的公共研究组织，是欧洲第一大生物医学研究机构，在世界同类机构中位居第二（第一为美国的 NIH），拥有专利超过 2000 项。

法国国家健康与医学研究院以基础研究为中心，基础研究、转化研究和临床研究之间相互结合以开发下一代诊断产品及药物。围绕若干重大健康主题参与指导和实施国家"健康"计划，如癌症计划、抗生素耐药性优先计划等，并在抗生素耐药性领域取得明显成效。

该研究所与瑞士弗里堡大学合作开发出一种快速诊断广谱抗生素多重耐药性的检测方法——CarbAcineto NP，该方法通过 pH 指示剂颜色变化检测碳青霉烯酶活性，可以在不到两个小时的时间（其他技术需要 24～72 小时），检测多重耐药性鲍氏不动杆菌菌株，该检测方法简单、价格可取，且其敏感性和特异性均接近于 100%。

5. 英国国家生物制品检定所（National Institute for Biological Standards and Control，NIBSC，https：//www.nibsc.org）

英国国家生物制品检定所是国际知名的标准品研制与供应中心实验室，在确保生物药品与诊断试剂的质量方面发挥十分重要的作用。它与世界卫生组织保持紧密的合作关系，是国际标准品在全球的主要生产商和分销商。NIBSC 可提供生物材料定制、检验测试、科学指导与培训等专家服务。通过 NIBSC，生物制品的有效性和安全性可以得到快速的测试和评估，它同时也是欧盟控制药品进入欧盟市场的官方药品控制实验室。

NIBSC 的核心工作是制备、保存和分发 WHO 用于检测全球生物制品质量的标准品；此外还在传染病诊断学、细菌学、病毒学等领域进行相应的研究。

NIBSC 为世界卫生组织提供了 90% 以上的国际生物标准品和其他生物参考材料，这为生物制品效力的复杂化验提供了生物活性标准。NIBSC 的流感资源中心在支持选择 WHO 推荐的疫苗使用病毒、开发适用于疫苗生产的候选流感疫苗病毒及开发流感疫苗标准化试剂方面发挥着核心作用。克雅氏病研究和资源中心在克雅氏病诊断领域的研究具有权威地位，并且其研究进一步延伸到其他神经退行性疾病（如帕金森综合征和阿尔茨海默病）。30 多年来，艾滋病试剂中心一直为艾滋病科学家提供细胞、蛋白质、抗体、病毒和其他研究试剂，在研究疟疾、结核病、乙型肝炎、丙型肝炎和新型冠状病毒方面也提供了相应的产品和技术支持。

(三)其他国家代表性研究机构

1. 韩国生命工学研究院(Korea Research Institute of Bioscience and Biotechnology, KRIBB, https://www.kribb.re.kr)

韩国生命工学研究院是韩国科学和信息通信技术部下属的一所非营利政府资助科研机构,也是韩国生命工学领域唯一一所国家研究机关。韩国生命工学研究院致力于生命科学领域尖端技术的研发及公共基础设施的建设,从而促进国家生命科学技术产业的发展和社会问题的解决。

韩国生命工学研究院的重点研究范围包括生物新药、生物材料、融合未来技术和生物信息,涉及前沿生物技术和平台的基础研究、开发和技术实用化,以及医疗保健、粮食增产、环境净化、新能源开发等领域。

在诊断新技术方面,该所已研发出用于疾病诊断、环境监控的生物芯片,大幅提高了"基因表达(gene expression)量测定"的准确性;开发出用于流感病毒预防的生物材料及世界最小的 SPR 生物芯片分析系统等;研究多种癌症标记物并对应提出快速体外诊断方法;并且,发明多种试剂盒可快速检测某些病毒感染和耐药性(如抗病毒剂、奥司他韦)等。

2. 澳大利亚伯内特医学研究院(Burnet Institute, https://www.burnet.edu.au)

澳大利亚伯内特医学研究院在具有全球健康意义的特定传染病(尤其是艾滋病、肝炎病毒、疟疾、肺结核、流感和新型传染病)及包括癌症在内的其他人类疾病的诊断方法方面具备特有的专业知识。

该研究院在诊断研究方向旨在将医学研究与实际行动联系起来,以帮助解决毁灭性的健康问题,并已取得显著的研究成果。其主要研究成果包括 CD4 T 细胞(HIV)–VISITECT®CD4 检测试剂盒、BioPoint VL–Plasma®、COVID–19 诊断试剂研发。

该研究院在新冠肺炎疫情期间,致力于中和抗体(NAb)诊断试剂的研发,其可测量血液中存在的中和抗体的水平,使用简单,可以快速准确地进行测试,并在 20 分钟内出结果。同时,该研究院也进行了新冠疫苗的研发工作并建立 COVASIM 模型,帮助维多利亚州、新南威尔士州和澳大利亚政府制定有效的公共卫生措施,以应对 COVID–19 和其他新发传染病。此外,该研究院也在探索高分辨率 FTIR 成像作为诊断工具，以检测无症状携带者和低寄生虫血症患者的感染。该技术可获得高质量的图像，无须在传统载玻片上使用同步加速器即可实现检测，此技术有望成为单细胞水平疟疾检测的黄金标准。

3. 新加坡科学技术研究局（Agency of Science, Technology and Research, A*STAR，https：//www.a-star.edu.sg）

新加坡科技研究局是新加坡贸易和工业部下属法定机构。该机构主要负责促进新加坡科学研究和培养以知识为基础的人才。它于1991年作为原新加坡国家科技委员会（国家科技局）成立，主要任务是提高新加坡科技水平。

A*STAR在生物医学领域的研究包括生物成像、生物设备和诊断、生物加工、临床分析、免疫学等。其附属单位诊断开发中心的重点研究领域包括数字健康、传染病、肿瘤、心血管疾病等疾病诊疗。

在数字健康方面，基于机器学习算法开发了aiTRIAGE™，可帮助临床医生快速准确地对有重大心脏不良事件（MACE）风险的患者进行分类，每年有超过700万次急诊使用；研发了可穿戴无线设备呼吸监测仪，可对COVID-19患者的病情进行监测。在肿瘤诊断方面，开发世界上第一个用于发现早期胃癌的microRNA血液测试。自新冠肺炎疫情以来，该研究局还致力于新冠诊断试剂的研发，联合MP Biomedicals共同开发了SARS-CoV-2 IgG/IgM快速检测试剂（ASSURE®），该产品，并采用类似于家庭妊娠测试中使用的横向流动分析可在15分钟内产生准确的结果，目前在欧洲、非洲和南美洲均有使用。

4. 株式会社·日本生命科学研究所（Advanced Life Science Institute, ALSI，www.alsi-i.co.jp）

株式会社·日本生命科学研究所是最早进行肝炎相关诊断研究的机构之一，一直秉持以尊重生命、改善生命健康为己任，通过创造新的价值为世界医疗事业做出贡献的理念。

该研究所致力于生物诊断试剂和药物的研究和开发、原材料的制造。

该研究所早期的研究阐述了乙肝病毒核心相关抗原（HBcrAg）检测在抗病毒药物治疗效果监测中的临床意义，建议将其作为一种血清标志物，反映肝细胞内乙型肝炎病毒（HBV）共价闭合环状DNA的数量，后续联合富士开发了首款基于酶免检测HBV核心相关抗原（HBcrAg）试剂。值得一提的是，该研究所也开发了丙型肝炎病毒（HCV）抗原测量系统和HCV抗体诊断剂，同时还建立了病毒感染模型。此外，通过与外部研究机构的协同合作，推进小细胞肺癌标志物和其他新生物标志物的研发。围绕以上研究方向，该研究所发表了40余篇高质量论文，不仅为早期HBV和HCV的诊断试剂研发提供宝贵的经验，还对乙肝和丙肝诊断事业的发展做出不可磨灭的贡献。

5. 韩国化学技术研究所新兴病毒感染融合研究中心（CEVI，https：//www.krict.re.kr）

新兴病毒对整个世界的威胁日益剧增，SARS、禽流感、H1N1等病毒严重威胁到人类的生命，对社会经济、交通、生态、教育等造成很大的冲击。而韩国化学技术研究所附属的新兴病毒感染融合研究中心（CEVI）应由诞生，其通过不同领域的专家合作完成辨识新兴病毒感染疾病、进行新兴病毒跨领域研究、建立基础科学及临床科学的桥梁、开发抗病毒药物及免疫疗法、借由扎实的国际合作以促进新兴病毒感染症的研究等使命。

该研究中心的主要研究方向为开发超敏感诊断、疫苗、治疗和传播预防技术，以防止极有可能引入的非特异性、新变异的病毒。

目前，该研究中心在诊断技术方面已取得显著的成果，包括MERS冠状病毒快速人体诊断试剂；基于SARS-CoV-2基因扩增的分子诊断试剂；基于FET的超灵敏寨卡病毒检测传感器的研制；基于纳米拉曼技术的感染源精确和早期检测技术开发；开发用于检测寨卡病毒和中东呼吸综合征冠状病毒RNA的核糖调节剂等。此外，该研究中心在新兴病毒感染筛查诊断平台的技术开发方面也有了进一步的突破，包括开发新的高灵敏度RDT诊断平台技术和开发用于POCT的微型探测器及高速基因组提取方法。

第二节 代表性高校

一、中国代表性高校

（一）北京大学（Peking University, https：//www.pku.edu.cn）

北京大学创立于1898年维新变法之际，初名京师大学堂，是中国近现代第一所国立综合性大学，创办之初也是国家最高教育行政机关。1912年改为国立北京大学。自创立以来，学术一直是北京大学发展的根本动力和力量源泉，也是北京大学建设世界一流大学工作的重中之重。近年，北京大学获得教育部科技奖一等奖总数为高校第一。

北京大学在中科院一区期刊发表体外诊断相关论文6425篇，在国内高校排名居第3位，并于2003年和2005年两次获得国家科学技术进步奖。近年来在病毒性肝炎诊断试剂研制、肿瘤精准医学等领域取得一些重要原创性研究成果，具有良好的应用前景。

北京大学研制出首个血清乙型肝炎病毒前基因组RNA（pgRNA）荧光定量（TaqMan探针法）检测试剂，是乙肝病毒感染诊断的创新标志物，在辅助临床停药管理、优化慢乙肝患者的治疗策略和临床转归具有重要意义，目前已被写入欧洲、中国等多个慢乙肝管理的权威指南。此外，针对能及时、直接、准确地反映患者药物敏感的辅助治疗技术，北京大学开发出一种新型的体外胃肿瘤3D模型，该技术具有建模快、成功率高、细胞类型丰富等优点，临床药效预测准确性高达90%以上，显示出良好的临床应用前景，有望革新肿瘤精准诊疗方法。

（二）清华大学（Tsinghua University, https：//www.tsinghua.edu.cn/）

清华大学始建于1911年，在"2022年泰晤士高等教育世界大学排名"中，与北京大学并列第16位，居亚洲第一。

清华大学建设了生物芯片北京国家工程研究中心，在生物芯片、纳米孔测序、新型诊断技术开发和标志物的发现等领域均成果丰硕，分别于2007年和2018年两次获得国家技术发明奖二等奖。

生物芯片北京国家工程研究中心于2007年研制出全球第一款遗传性耳聋基因诊断芯片；2020年开发的六项呼吸道病毒核酸检测试剂盒（恒温扩增芯片法），能在1.5小时内检测包括新型冠状病毒在内的6种呼吸道病毒，属全球首个；研发的"全集成新冠病毒核酸检测芯片实验室"基于微流控芯片的集成式核酸提取纯化和恒温扩增检测技术，45分钟完成实验全过程，最快可在35分钟内检出新冠阳性样本，真正实现"样本进－结果出"。药学院研研究人员联合有关企业于2020年9月推出了纳米孔基因测序仪，无须PCR扩增，8小时可稳定产出1.0 G～1.5Gb数据，可实现150 kbp以上的长度且可有效识别基因组结构变异及甲基化修饰，一致性准确度可达99.9%。

（三）上海交通大学（Shanghai Jiao Tong University, https：//www.sjtu.edu.cn/）

上海交通大学简称"上海交大"，创建于1896年，是我国历史悠久、享誉海内外的著名高等学府之一，是教育部直属并与上海市共建的全国重点大学。经过126年的不懈努力，上海交通大学已经成为一所国内一流、国际知名大学，并在新的历史节点，进一步明确了构建"综合性、创新型、国际化"世界一流大学的愿景目标。

上海交大在针对我国重大疾病诊疗方面掌握了重大关键技术，主要在肿瘤领域（主要为白血病等造血系统肿瘤、胃肠肿瘤和儿童癌症），同时针对代谢性疾病领域（主要为内分泌代谢疾病）和心脑血管疾病领域（主要为高血压和先心病）等的重大疾病上都有较深的研究。该院校研究相关发病机制和规律，建立相关疾病预测、预防、早期诊断和个体化治疗的理论、模型和方法，解决重大疾病的发生、发展与转归中的重大科学问题。另外，上海交大的科研团队在酶工程领域深耕多年，并致力于体外诊断特种酶的研究与应用，对国内体外诊断酶的研发与技术积累做出巨大贡献。

目前，上海交大诊断试剂开发技术中心的科研团队发明了一种通过检查血液中的特定标志物从而实现阿尔茨海默病早诊的核酸适配体探针；在体外诊断酶研究发面，基于微流控超高通量筛选与人工智能酶分子结构设计等技术平台，实现了酶开发与应用技术相结合，该技术达到世界一流水平，并联合瀚海新酶生物科技有限公司完成了60余种高质诊断酶及诊断试剂的研发，涉及多项肝功能、肾功能、血糖、血脂类诊断试剂，相关技术指标均达到行业先进水平。此外，上海交大在诊断技术方面围绕核酸适配体构建变构型分子传感器，针对特定细菌菌株实现快速精确检测，并阐明了基于核酸适配体的一类精细的分子开关在细胞内的工作机制；开发高效的试管内进化策略，筛选并发现具极强水解活性的DNA序列，阐明了若干类完全由DNA构成的酶，示范了DNA酶在基因编辑、生物传感及构建针对恶性肿瘤的临床诊断分子工具上的巨大潜力。

（四）香港中文大学（The Chinese University of Hong Kong, http://admission.cuhk.edu.hk/）

香港中文大学是由新亚书院、崇基学院及联合书院于1963年合并而成，是香港唯一有诺贝尔奖、菲尔兹奖、图灵奖及香农奖得主任教的大学，在"2022年泰晤士高等教育世界大学排名"中，排在第49位。

香港中文大学处于基因组学临床应用的最前沿，由医学院教授卢煜明带领的创新诊断科技中心旨在利用分子诊断学技术，开发基于血液和其他体液中的无细胞核酸诊断，特别是产前检测和癌症相关的崭新诊断技术。这些研究将加速液体活检的应用，并推动香港成为全球领先的分子诊断中心。香港中文大学在中科院一区期刊发表体外诊断相关论文3898篇，在国内高校排在第8位，相关成果于2005年和2016年两次获得国家自然科学奖二等奖。

香港中文大学最有影响力的研究成果是成功开发了基于母体血浆中无细胞DNA分析的唐氏综合征无创性产前筛查。通过母体血浆游离DNA筛查唐氏综合征，其阳性率可达99.9%，假阳性率仅0.1%。目前无创性胎儿染色体非整倍体检测，也称DNA无创产前检测（noninvasive prenatal testing，NIPT）已在90多个国家/地区实施，每年进行超过700万次测试。肿瘤诊断方面，发现了基于粪便对结直肠癌和腺瘤筛查的microRNA生物标志物（如miR-135b和miR-92a），以及基于血液对胃癌筛查的甲基化DNA生物标志物（RNF180）。

（五）厦门大学（Xiamen University, https://www.xmu.edu.cn/）

厦门大学由著名爱国华侨领袖陈嘉庚先生于1921年创办，是中国近代教育史上第一所华侨创办的大学，是一所学科门类齐全、师资力量雄厚、居国内一流、在国际上有广泛影响力的综合性大学。100多年来，学校秉持爱国华侨领袖陈嘉庚先生的立校志向，形成了"爱国、革命、自强、科学"的优良校风，打造了鲜明的办学特色，培养了大批优秀人才，为国家富强、人民幸福和中华文化海外传播做出了积极贡献。

厦门大学建设了分子疫苗学和分子诊断学国家重点实验室、国家传染病诊断试剂与疫苗工程技术研究中心、国家药监局传染性疾病检测技术研究与评价重点实验室、分子诊断教育部工程研究中心等体外诊断平台基地，长期围绕免疫诊断、分子诊断、重要传染病、新型体外诊断技术等体外诊断领域开展了系统的研究，取得了一系列原创性研究成果，并进行了深入的转化应用，形成了自己的特色，研究成果于2001年和2010年分别获得国家科学技术进步奖和国家技术发明奖，入选2019年中国医学重大进展奖，具有较高的影响力，为国家培养了大量的体外诊断技术人才。

厦门大学在免疫诊断领域成功研制出新一代国际"金标准"戊肝诊断试剂、全球首个用于指导乙肝用药的乙肝核心抗体定量试剂、国内首个艾滋第三代抗体诊断试剂、全球首个艾滋抗体尿液自检试剂、全球首个新冠总抗体检测试剂等创新诊断试剂并已转化应用，发明了超灵敏免疫检测技术，将免疫检测的灵敏度提升至fg/mL级别。在分子诊断领域，发明了实时PCR的一种新型探针（置换探针）并已广泛用于基因定量和突变检测，提出了多色探针熔解曲线分析技术（MMCA），有望成为核酸变异的中通量分析工具，并且正逐步应用于肿瘤、遗传病、传染病等相关疾病的诊断。此外，在新技术和新平台的研究方面，实现了纳米粒子及外泌体、病毒、细菌等天然纳米颗粒的快速定量，发展了基于双靶标适体识别激活原位连接及液滴数字PCR扩增的"TRACER"检测体系，实现了肿瘤来源外泌体PD－L1信号的精准测量。

（六）浙江大学（Zhejiang University, https：//www.zju.edu.cn/）

浙江大学是一所历史悠久、声誉卓著的高等学府，其的前身是创立于1897年求是书院，为中国人自己最早创办的新式高等学校之一，1928年定名国立浙江大学。

在体外诊断领域，浙江大学建设了传染病诊治国家重点实验室，围绕传染病的诊断和治疗等科学前沿问题开展研究，重点研究解决严重危害人类健康的传染病发病机制与诊治的关键问题。浙江大学在中科院一区期刊发表体外诊断相关论文5198篇，在国内高校排名第5位，相关成果于2013年和2017年两次获得国家科学技术进步奖，其中2017年获得国家科学技术进步奖特等奖。

在人感染H7N9禽流感疫情中，浙江大学在病原发现后两天内，成功研发了检测试剂，并在极短的时间内推广至我国31个省（区、市），5天内至周边各国，7天内由世界卫生组织向全球推广。这是中国科学家在新发传染病防控史上第一次利用自主创建的"中国模式"技术体系,成功防控了在我国本土发生的重大新发传染病疫情,为全球提供了"中国经验"。世界卫生组织在此前评价,中国传染病防控体系堪称"国际典范"。

二、国外代表性高校

(一)美国代表性高校

1. 麻省理工学院(Massachusetts Institute of Technology,MIT,https://www.mit.edu)

麻省理工学院创立于1861年,是一所世界著名私立研究型大学。麻省理工学院以顶尖的工程与技术而著名,其研究人员发明了万维网(WWW)、GNU系统、Emacs编辑器、RSA算法等,以及张锋团队发明了基因剪刀CRISPR-Cas9来编辑人类细胞基因并用于制造药物。拥有麻省理工人工智能实验室(MIT CSAIL)、林肯实验室(MIT Lincoln Lab)和麻省理工学院媒体实验室(MIT Media Lab)等著名实验室,MIT与斯坦福大学、加州大学伯克利分校一同被称为工程技术界的学术领袖。

MIT在体外诊断领域的研究主要集中在微流控通用平台、集成自动化设计及新型传感器的开发等方面。MIT的怀特黑德研究所(Whitehead Institute)及MIT与哈佛大学合作创立的博德研究所(Broad Institute)均在分子生物学、遗传学和生物工程领域有研究,针对癌症、突发传染病等方面的诊断靶标进行研究,开发新的应对相关疾病的诊断工具及诊断方法。

在针对新冠疫情快速诊断方面,MIT使用基于碳纳米管的传感器检测SARS-CoV-2蛋白,将检测时间缩短为5分钟左右,检测灵敏度提高到2.4 pg/mL的水平。应用张锋团队研发的一种基于CRISPR的诊断工具SHERLOCK,开发出可以检测唾液样本中SARS-CoV-2的小型桌面设备,可在1小时内获得结果,并且可以编程以检测SARS-CoV-2病毒的变体。在肿瘤及其他疾病诊断方面,主要以研发检测和监测相关的各种纳米材料为主。研发基于纳米颗粒检测尿液中与疾病相关的蛋白质的肿瘤早诊技术。研发的微流控通用平台,可以方便快速地检测血液中相应标志物的浓度,开发的微流控设备使用5 μL血液,25分钟可以检测相应血液中的

IL-6 水平，检测灵敏度为 16 pg/mL，可用于败血症诊断。

2. 耶鲁大学（Yale University，https：//www.yale.edu）

耶鲁大学创立于 1701 年，是一所世界著名综合性私立研究型大学。全美第三古老的高等学府，著名的常春藤联盟成员。耶鲁大学由 14 个学院组成，涵盖人文、文学、理学以及社科等专业。截至 2020 年 10 月，在耶鲁大学的校友、教授及研究人员中，共有 65 位诺贝尔奖得主、5 位菲尔兹奖得主、3 位图灵奖得主及 5 位美国总统。

耶鲁大学在体外诊断领域的研究主要集中在基因测序技术、先天性疾病、精神疾病、癌症等早期诊断的分子靶标的寻找及诊断方法开发等方面。耶鲁大学医学院、公共卫生学院均在精神疾病、肿瘤诊断、基因测序及传染病诊断方面有深入研究。

耶鲁大学医学院 Jonathan Rothberg 教授发明的 454 测序技术，开创了第二代测序（Next-Generation Sequencing，NGS）时代，目前高通量测序在肿瘤诊疗、病原体鉴定等诊断领域应用广泛。耶鲁大学医学院 Handan Gunduz-Bruce 博士，通过针对精氨酸血管加压素（AVP）开发的血检工具可诊断早期抑郁症与精神分裂症。新冠肺炎疫情期间，2020 年 8 月耶鲁大学公共卫生学院开发的 SalivaDirect 新冠唾液检测试剂获得美国 FDA 紧急使用授权（EUA）。

3. 斯坦福大学（Stanford University，https：//www.stanford.edu）

斯坦福大学，全名小利兰·斯坦福大学（Leland Stanford Junior University），于 1885 年成立的私立研究型大学，位于美国加州旧金山湾区南部帕罗奥多市境内，是美国占地面积最大的大学之一。截至 2021 年 4 月，斯坦福大学的校友、教授及研究人员中，共产生了 84 位诺贝尔奖得主、8 位菲尔兹奖得主及 29 位图灵奖得主。

在体外诊断领域，斯坦福大学主要围绕精神疾病，研究相应的标志物。同时，借助先进的测序技术，对罕见病、胎儿非整倍体和有移植排斥反应的病患提供诊断方案。

斯坦福大学医学院创下了最快 DNA 测序技术的第一个吉尼斯世界纪录，可以在 5 小时 2 分钟内对人类基因组进行测序。尤安·阿什利（Euan Ashley）和约翰·戈钦斯基（John Gorzynski）是该测序技术的主要设计者，这种新的超快速基因组测序方法，平均用时 8 小时，可以协助医生诊断罕见的基因疾病。另外在精神障碍、急性髓系白血病、肺癌驯化肿瘤细胞及移植排斥等疾病诊断领域，研究开发了多种诊断标志物及检测方法，并申请相关专利。

4. 宾夕法尼亚大学（University of Pennsylvania，Upenn，https：//www.upenn.edu）

宾夕法尼亚大学，简称宾大，由本杰明·富兰克林创建于 1740 年，是美国第一所从事科学技术和人文教育的现代私立研究型大学，美国第四古老的高等教育机构，8 所常春藤盟校之一。宾大在艺术、人文、社会科学、商学、建筑与工程教育处于领先地位。拥有人类历史上第一台通用电子计算机 ENIAC，被誉为现代计算机科学文明的发源地。

在体外诊断领域，宾大主要围绕肿瘤细胞、乙型脑炎、血小板异常、骨髓增生异常综合征、进行性骨化纤维增生等疾病的诊断方法开展研究，开发了针对先兆子痫的新型诊断标志物及检测方法，对于胰腺癌的早诊及新冠诊断试剂也有较深入的研究。相关研究结果发表在 Nature、Matter、Science Translational Medicinedeng 等高水平杂志上。

宾大医学院开发快速 COVID-19 诊断测试产品 RAPID，可在 4 分钟内提供检测结果，准确率为 90%。RAPID 技术使用电化学阻抗谱（EIS），将 SARS-CoV-2 病毒刺突蛋白与其受体人 ACE2 之间的结合转化为可检测的电信号，并且可以区分受感染者和健康人类样本，可以外接智能手机完成相关检测。在癌症诊断领域，通过对模拟人类胰腺癌进展的细胞模型进行研究，发现血浆凝血酶敏感蛋白-2（THBS2）可作为胰腺癌早诊标志物，结合肿瘤标志物 CA19-9 等开发出一种新型生物标志物检测盘（Biomarker Panel），可以协助胰腺癌的早期诊断。妊娠并发症方面，宾大医学院开发了诊断先兆子痫的新方法，对单一血液样本进行游离 RNA（cf-RNA）分析，就能在临床确诊几个月前预测孕期出现先兆子痫的风险。宾大医学院开发的风疹疫苗、乙肝疫苗、认知心理疗法等的发明也挽救了无数生命。

5. 约翰斯·霍普金斯大学（Johns Hopkins University，https：//www.jhu.edu）

约翰斯·霍普金斯大学创立于 1876 年，是美国第一所研究型大学，北美学术联盟美国大学协会（AAU）的 14 所创始校之一。美国国家科学基金会连续 33 年将该校列为全美科研经费开支最高的大学。约翰斯·霍普金斯大学在医学、公共卫生、生物学、统计学、历史学与国际关系学等学术领域闻名世界，是哈勃空间望远镜和詹姆斯·韦伯空间望远镜的地面控制中心所在地。截至 2020 年 4 月，共有 39 位校友、教职工及研究人员获诺贝尔奖。在 2019 年年末，约翰斯·霍普金斯大学的新型冠状病毒资源中心（Coronavirus Resource Center）开始收集全球的数据来追踪新冠肺炎疫情，成为有关各国新冠肺炎疫情引用最多的来源之一。

在体外诊断领域，约翰斯·霍普金斯大学相关学院主要围绕疾病机制展开研究，从基因、蛋白质维度分别发现多种标记物，开发肿瘤"液体活检"新方法。除了多种癌症相关标记物外，还针对女性不孕症、产后抑郁及一些神经性疾病（自杀倾向、阿尔茨海默病等）的相关标志物开展研究。在肿瘤、心脏病、类风湿性关节炎、阿尔茨海默病、脑损伤、认知功能障碍等方面的诊断相关标志物方面申请多项专利。

结合微流控技术平台，约翰斯·霍普金斯大学研究人员，开发多款针对肿瘤、细菌的快速诊断产品。机械工程和生物医学工程教授 Tza-Huei（Jeff）Wang，开发用于快速检测传染病和抗生素耐药性的液滴磁流体技术，并搭建低成本的便携式设备和手机应用程序，在 15 分钟内诊断淋病及特定菌株的耐药性，应用于临床诊断中。基于 DELFI（DNA Evaluation of Fragments for Early Interception）的新技术，对外周血游离 DNA（circulating fragment DNA，cfDNA）进行检测分析，开发新型肿瘤液体活检技术，检测准确度提高至 91%。

（二）欧洲代表性高校

1. 牛津大学（University of Oxford，https：//www.ox.ac.uk）

牛津大学位于英国，是世界顶尖的公立研究型大学。牛津大学在数学、物理、医学、法学、商学等多个领域拥有崇高的学术地位及广泛的影响力，被公认为是当今世界最顶尖的高等教育机构之一。牛津大学已经连续 6 年在泰晤士高等教育世界大学排名中荣膺世界第一。截至 2019 年 3 月，牛津大学的校友、教授及研究人员中，共有 72 位诺贝尔奖得主（世界第九）、3 位菲尔兹奖得主（世界第二十）、6 位图灵奖得主（世界第九）。

从 20 世纪末至今，牛津大学作为热带医学的国际领导者，在肺结核、疟疾等方面具有深入研究，开发出结核病诊断的新方法。在测序领域，牛津大学的研究者发明了基于纳米孔技术的第三代测序方法。

牛津大学的研究者基于特异性 T 细胞反应技术平台，采用 ELISPOT 技术研发了结核感染检测试剂 T-SPOT.TB。该产品由牛津免疫技术公司（Oxford Immunotec

进行产业化并通过了美国 FDA、欧盟 CE 和中国 CFDA 认证，后续又进一步发展出了巨细胞病毒和新冠病毒的特异性 T 细胞检测试剂。牛津大学的 Hagan Bayley 教授开创性地发明了纳米孔测序技术并持续进行优化，该技术给 DNA 测序带来了巨大的变化，可以连续读取长得多的 DNA 序列。Oxford Nanopore Technologie 公司对该技术进行了产业化，并推出了 MinION 掌上测序仪。牛津大学开发了一款无创血糖监测系统并进行产业化推广，该技术只需简单手持对准眼睛，从患者的眼睛中提取数据即可监测血糖，无侵入性。该核心技术包括共焦扫描、DIONETM- 性价比高且精确尺寸测量解决方法、位置紧凑的光学厚度测量系统、CTS- 对工程组织和细胞的精确厚度测量、3D 荧光跟踪读盘器、眼镜测量、无创血糖监测系统等。

2. 苏黎世联邦理工大学（ETH Zürich，https：//ethz.ch/en.html）

苏黎世联邦理工大学创建于 1854 年，专注于工程技术、自然科学与建筑学的教育与研究，培养了世纪伟人爱因斯坦、X 射线发现者伦琴等，在 2022U.S.News 世界大学排名中居第 26 位。

苏黎世联邦理工大学研究覆盖从基础研究到临床应用，创业氛围浓郁，下属设立创新与创业实验室（ieLab），旨在将最新研究成果传递给企业和社会，以充分发挥其商业潜力。在体外诊断领域，基于高通量测序（NGS）、纳米技术、实时荧光定量核酸扩增检测系统（qPCR）等新技术对癌症、自身免疫性疾病诊断的应用研究走在世界前列，产业化成果突出。

苏黎世联邦理工大学开发了可确保测序质量的分子扩增指纹（MAF）方法，去除超过 98% 的测序偏错误，并在此基础上获得了全面且准确的抗体图谱，能够为早期癌症及自身免疫疾病诊断研究提供有效的参考。孵化公司 Biocartis 开发的全自动 Idylla 分子诊断系统是基于实时 PCR 技术的全自动化分子病理系统，该系统整合了从样本处理到分析的全过程，只需不到 2 分钟的简单人工操作，检测时长也缩短至约 120 分钟。目前 Biocartis 已在超过 70 个国家与地区销售肺癌、结直肠癌等伴随诊断产品。孵化公司 Abionic 开发了一种新型检测诊断产品 abioSCOPE，利用纳米流体技术用于过敏症快速检测，该装置可以在五分钟内检测出被测试者的过敏情况。目前该产品已取得美国食品药品监督管理局（FDA）的认证，可用于检测人体对猫、狗、花粉和常见植物的过敏原。

3. 慕尼黑工业大学（Technische Universität München，TUM，https：//www.tum.de/en）

慕尼黑工业大学始建于1868年，是一所欧洲顶尖研究型大学，常年排名德国理工类大学榜首。TUM以卓越的创新精神和科教质量，成为首批3所德国精英大学、国际科技大学联盟、全球大学高研院联盟、欧洲卓越理工大学联盟、欧洲顶尖工科大学联盟等成员，被德国政府列为重点资助对象。TUM也拥有欧洲最早成立的心脏医学中心——德意志心脏研究中心。

TUM以疾病标志物及其检测、生物传感器及生物芯片为主要研究方向，对于淋巴细胞标志物及肿瘤靶标、利用生物传感器建立新型芯片实验室平台与模型及新型体外诊断设备等有深入研究。

该校研究人员开发了一种基于可编程DNA杂交链式反应（HCR）电路的信号放大级联检测单个癌细胞的系统。研究团队将其用于检测HER2$^+$乳腺癌循环肿瘤细胞（CTC），这是转移性癌症检测和监测进展的生物标志物，对其的检测仍然具有挑战性。研究团队使用抗HER2抗体与引发剂DNA偶联，引发HCR级联反应，从而在细胞表面产生荧光信号。这种HCR检测方案在HER2−细胞和外周血白细胞背景下，对HER2$^+$细胞膜上的DNA发夹结构进行了高效、特异和灵敏的信号放大，其背景几乎没有荧光。这表明，该系统可用于进一步发展为能高效敏感检测循环肿瘤细胞的体外诊断平台。

4. 丹麦哥本哈根大学（University of Copenhagen，https：//www.ku.dk）

丹麦哥本哈根大学建于1479年，已有500多年历史，最初只对社会名流开放，现已发展成一所学科全面、集教育与科研于一身的世界顶尖研究型大学。作为欧洲顶尖的教育和科研机构之一，综合排名跻身世界一流，共有39位校友曾获得诺贝尔奖。在2022U.S.News世界大学排名中居第37位。

丹麦哥本哈根大学在以转化潜力为重点的基础生物医学研究方面，主要围绕肿瘤诊断与治疗开展研究，为相关癌症前期预防、诊断和后期开发新型疗法提供新技术。

丹麦哥本哈根大学从疟原虫体内分离出一种可黏附于特定糖分子上的蛋白质VAR2CSA，其中的特种糖分子存在于95%以上类型的癌细胞中，利用疟疾蛋白质VAR2CSA可用于各种肿瘤的早期诊断。此外，哥本哈根大学还利用前列腺癌早期的分子进化特征来鉴定前列腺癌的风险标志物和临床发展过程，为肿瘤的早期诊断提供参考。

5. 鲁普莱希特－卡尔斯－海德堡大学（Ruprecht-Karls-Universität Heidelberg，https：//www.uniheidel-berg.de）

鲁普莱希特－卡尔斯－海德堡大学，简称"海德堡大学"，始建于1386年，坐落于巴登－符腾堡州大学城，是德国境内最古老的大学，也是欧洲最强大的研究型大学之一。海德堡大学是一所综合性大学，设有人文科学、法律和社会科学及自然科学和生命科学（包括医学）的全方位学科。海德堡大学与默克公司及罗氏诊断公司和艾伯维公司的前身等机构一起成立了莱茵－内卡地区生物协会，如今该学会已成为德国和欧洲最强大的生物技术集群之一，现有130多个成员，包括所有区域研究机构，10家全球制药公司、中小型生物技术公司和市政机构，致力于发展具体的产业转化结构，促进将当地科学研究成果转化为经济价值。

海德堡大学的研究者围绕肿瘤诊断，特别是将人工智能及表观遗传学应用于肿瘤诊断和治疗有着深入的研究。

2018年，海德堡大学与海德堡地区的各机构合作，分析了2015—2018年来自海德堡和曼海姆神经外科的1000多个肿瘤样本及从外部机构转诊的1000多个肿瘤样本的DNA甲基化数据，改进了一种利用机器学习分析全基因组DNA甲基化模式以诊断中枢神经系统肿瘤的方法，为中枢神经系统肿瘤诊断提供新依据。2019年，海德堡大学与上海交通大学和中南大学合作，利用机器学习算法模型确定了4个可能的肺腺癌DNA甲基化生物标志物。2020年，海德堡大学分析91类共2801例肿瘤样本，进一步优化了用于对肿瘤DNA甲基化谱进行精准分类的机器学习工作流程。

（三）其他国家代表性高校

1. 首尔大学（Seoul National University，SNU，https：//en.snu.ac.kr）

韩国首尔大学又称国立首尔大学，是韩国最早的国立综合大学，一直引领着韩国各学术界的发展，享有"韩国最高学府"之称。首尔大学医学研究中心（MRC）的各研究所在进行独立研究的同时，还建立了合作体系，作为韩国医学科学研究的重要驱动力。

在体外诊断领域，首尔大学主要围绕肿瘤的诊断及治疗开展研究，发现多种癌症相关标记物并据此研发诊断试剂盒，主要涉及肝癌、肺癌、乳腺癌、胰腺癌等。除了多种癌症相关标记物外，首尔大学还针对动脉粥样硬化与神经性疾病（抑郁症、癫痫、阿尔茨海默病等）的相关标志物开展研究，已申请多项专利。另外，首尔大学在生物纳米检测技术也有较深入的研究，可广泛应用于分子诊断探针、单细胞选择性纳米成像、超灵敏纳米生物光传感器和基因测序，实现高效准确的疾病诊断。

Jwa-Min Nam教授团队在金/银合金纳米粒子内部创造了一个2 nm的拉曼间隙，开发了世界上第一种合成纳米探针的方法，用于基因检测和细胞成像。同时，该团队基于生物纳米检测技术，开发出超低浓度靶基因诊断源技术，该技术无须使用扩增技术，甚至可以在超低浓度下对数十个靶基因进行精确定量，是一种新型的超灵敏基因检测技术。Taek-Hwan Hyun研究团队开发了一种高灵敏度纳米传感器，可同时测量大脑中钾离子（K^+）浓度的变化，钾离子浓度可以作为监测阿尔茨海默病、帕金森综合征等脑部疾病及癫痫症发病的指标，该技术将用于脑部疾病病理机制的鉴定和诊断。

2. 东京大学（The University of Tokyo，https：//www.u-tokyo.ac.jp）

东京大学创办于1877年，本部位于日本东京都文京区，是日本第一所国立综合性大学。截至2014年，东京大学培养了包括9位诺贝尔奖得主、6位沃尔夫奖得主、1位菲尔兹奖得主、16位日本首相、21位（帝国）国会议长在内的一大批学术名家、工商巨子、政界精英，不仅在日本国内的影响力和知名度无可比拟，并且在全球也享有极高的声誉。

在体外诊断方面，东京大学致力于癌症、恶性肿瘤等疾病的诊断。早在1983年日本政府就提出了"癌研究十年计划"，并交付由东京大学、日本东北大学、大阪大学等院校联合美国有关研究机构合作实施。癌研究作为东京大学的先端研究之一，围绕致癌原因、诊断方法、治疗途径3个方面展开，还涉及生物化学、遗传学、核物理学等领域。东京大学研究团队通过功能基因组学方法（包括癌症基因组、表观基因组），运用芯片测序等新型基因技术，对基因进行全面系统的分析，从而识别疾病诊断和治疗的新生物标记物。近年来，东京大学不断将基础研究成果应用于实用医学，为社会发展及医学进步做出贡献。

东京大学先端科学技术研究中心（RCAST）利用多种抗体对癌症进行体外诊断，并对心血管疾病、肥胖风险和疟疾提供诊断评估，同时开发外泌体新型检测试剂，并申请相关专利12项。除此之外，RCAST在基于癌症样本肿瘤细胞纯度（肿瘤百分比）低、分析困难的背景下，开发出一种新的算法（新一代测序仪检测癌症体细胞突变的能力）可以准确计算癌细胞中的体细胞突变、拷贝数变异和肿瘤纯度，大大降低了分析难度。东京大学定量生命科学研究所（IQB）利用基因组生物学、发育和神经科学推进生命科学的定量方法。通过开发新的细胞和基因治疗等方式为镰状细胞病和恶性肿瘤提供新的诊断和治疗方法。

3. 大阪大学（https：//www.osaka-u.ac.jp）

大阪大学起源于1838年绪方洪庵设立的兰学塾"适塾"。1931年，原大阪医科大学的医学部与理学部组成大阪帝国大学，成为日本第6所旧帝国大学，之后吸收了原大阪工业大学的工学部。第二次世界大战后，正式更名为大阪大学，是一所规模较大的综合性大学。大阪大学的校友涵盖了诺贝尔奖、沃尔夫奖、拉斯克奖、克拉福德奖、盖尔德纳基金会国际奖、日本国际奖、京都奖、日本文化勋章、日本学士院恩赐奖、日本学士院奖得主，在社会各界担任重要角色。

大阪大学体外诊断研究覆盖医学诊断、生命医学、传染病学等相关领域。大阪大学的Yoshizumi Ishino最早提到原核生物机制高度重复同源序列，也就是CRISPR前身。大阪大学较早从事荧光寿命成像技术方面研究工作；在肿瘤研究方向，筛查研究药物耐药性及替代治疗药物；大阪大学的研究人员TNISHIDA等利用先进技术解决3D成像和测量操作的集成方法——用于乳腺癌的诊断和外科手术，获得DICOM图像，对乳腺癌有更精准的诊断及治疗。研发一些分子诊断标记物，如CXCL7可用于肾细胞癌（RCC）的血液生物标志物。

在传染病方面，大阪大学前期主要开展肝炎病毒研究，后期致力于蚊虫叮咬所致传染病的研究。大阪大学在泰国国立卫生研究院（NIH）医学科学系成立了新发和继发感染研究合作中心（RCC-ERI）。除了对新发和再发感染进行基础和应用研究外，还旨在建立一个有效的预防系统以阻止感染传播，以及在感染传播时迅速启动各种对策，包括开发治疗方法和/或疫苗。大阪大学还研究了疟疾相关性疾病的诊断方法，研发产品包括登革热病毒血清型检测试剂，登革热病毒NS1抗原新型快速检测试剂盒、基孔肯雅病毒快速诊断试剂盒。申请相关专利5项。此外，还开发了TOF-MS

或 NGS 识别未知病原体的检测方法，以及通过细菌基因的实时 PCR 分析和培养分析来检测特定的病原体，并针对病原体分子和/或基因组表征开发快速诊断方法。

4. 悉尼大学（University of Sydney，https：//www.sydney.edu.au）

悉尼大学始建于 1850 年，是澳大利亚第一所大学，被认为是世界顶尖的研究型大学之一，其研究涵盖了从语言学到纳米科学等 20 多个主要领域。QS 世界大学排名将悉尼大学列为世界排名前 25 位的学术声誉大学之一，其毕业生就业能力在澳大利亚排第一。悉尼大学培养了一系列重要人物，包括 5 位诺贝尔奖获得者、2 位克拉福德奖获得者、7 位澳大利亚总理、2 位澳大利亚总督等，依托于极高的学术声誉与雇主评价，其澳洲第一学府的称号已保持了数十年。

在体外诊断方面，悉尼大学主要研究生物医学可视化和数据增强、医学计算机视觉和生物成像信息学、计算机辅助医学图像分析等技术，研究重点是通过开发信息技术和计算机科学研究的核心理论来应对医疗保健挑战，包括机器学习、计算机视觉、数据科学、人工智能、生物信息学、信息可视化和行为信息学。悉尼大学与多家大型医院和医疗保健公司密切合作，开展从算法到原型，一直到临床试验和商业化的研究。

通过计算机技术辅助医学诊断与治疗，悉尼大学实现了神经衰退性疾病、多种精神障碍、癫痫、痴呆症等疾病的诊断与跟踪。针对神经衰退性疾病，悉尼大学开发了一套软件诊断技术，通过分析细胞游离 DNA，以确定其起源细胞死亡的原因，从而确定患者所患的神经退行性疾病，这种诊断方法也可以用于胎儿基因异常、癌症和疾病跟踪。研究人员还开发了高光谱和亮场成像诊断肾脏疾病技术，通过提取和检查尿脱落的肾细胞，实现对肾脏功能和病理进行诊断。应用智能检测系统，悉尼大学的研究人员已经建立了一种微创癫痫监测系统，能够通过人工智能进行脑电图信号检测，从而对癫痫进行诊断，这项技术为特定的癫痫患者群体提供更大程度的独立性与便利性。对于在澳大利亚发病率较高的黑色素瘤，悉尼大学正在研究机器学习算法，开发一种计算机辅助诊断系统检测和跟踪皮肤病变，以避免医生使用皮肤镜诊断黑色素瘤的主观性。悉尼大学研发的可视化和信息技术，在很大程度上提高了诊疗质量，是现代医疗保健研究的驱动力。

5. 新加坡国立大学（National University of Singapore，https：//www.nus.edu.sg）

新加坡国立大学是新加坡首屈一指的世界级顶尖大学，为 AACSB 和 EQUIS

认证成员，在工程、生命科学及生物医学、社会科学及自然科学等领域的研究享有世界盛名。新加坡国立大学拥有新加坡6个卓越研究中心（RCE）中的4个，并且是另一环境生命科学与工程RCE的合作伙伴。学校还设立了26所大学研究机构与中心，并与16所国家级研究机构与中心紧密联系。新加坡国立大学在2019年英国泰晤士高等教育亚洲大学排名中位居第二，在"2020 QS世界大学排名"中排在第11位。

新加坡国立大学强调"从实验室到临床"的转化研究，以开发用于预防和治疗疾病的新药物、诊断方法和设备。在生物医学领域主要围绕肿瘤、传染病的诊断研究，并申请多项专利，以及转化出多项诊断试剂产品，包括胃癌检测、新冠诊断系统及微流控芯片的诊断方法，可提供快速、准确且经济实惠的诊断方案。

因多个研究机构和中心、充分的学科交叉及丰富的合作关系，使得新加坡国立大学搭建起从理论研究到临床转化的桥梁。在体外诊断和治疗方面，多个研究团队陆续发现有临床意义的标志物。例如，新加坡国立大学心脏中心发现6种蛋白质可预测心脏衰竭，并将其研究结果刊登在美国心脏学会期刊 *Circulation* 上，目前其研究团队正与国大工程学院生物医学工程系及国大医疗健康创新与科技研究院合作，开发一种"芯片实验室"试剂盒（'Lab-on-chip' kit）来测量人体血液中的这6种蛋白质。再如，新加坡国立大学医学组织研究团队发现12个microRNA组成的生物标记能联合诊断患者是否患胃癌，准确性超过92%，并于著名国际医学期刊 *Gut* 上发表相关研究，后续合作研发出GASTROClear的试剂盒用于胃癌的诊断，现已获得欧盟CE标志认证和新加坡卫生科学局批准。新冠肺炎疫情期间，研究团队开发了一种名为Epidax的便携式COVID-19微型PCR诊断系统，与某些当前的PCR系统相比Epidax具有相同甚至更高的灵敏度，而时间却可以缩短至1小时以内，可以实现快速、准确地现场筛查。

参考文献

[1] ADAM E L, BRATATI K, SONJA I B, et al. Genetic studies of body mass index yield new insights for obesity biology [J]. Nature, 2015, 518 (7538): 197-206.

[2] NGUYEN H Q, CHATTORAJ S, CASTILLO D, et al. 3D mapping and accelerated super-resolution imaging of the human genome using in situ sequencing [J].

Nat methods, 2020, 17 (8): 822−832.

[3] PÉROT P, BITON A, MARCHETTA J, et al. Broad−range papillomavirus transcriptome as a biomarker of papillomavirus−associated cervical high−grade cytology [J]. J Mol Diagn, 2019, 21 (5): 768−781.

[4] GUO Z B, YAN Y Y. New algorithm of face detection and real−time tracking in video sequences [J]. Computer engineering and applications, 2007, 43 (28): 190−192.

[5] GEE H S, KAB H, KYEONGHYE G, et al. Rapid and simple detection of Tamiflu−resistant influenza virus: development of oseltamivir derivative−based lateral flow biosensor for point−of−care (POC) diagnostics [J]. Scientific reports, 2018, 8 (1): 12999.

[6] MARTIN M, PERE Z, GUAITA D, et al. The effect of common anticoagulants in detection and quantification of malaria parasitemia in human red blood cells by ATR−FTIR spectroscopy [J]. Analyst, 2017, 142 (8): 1192−1199.

[7] XINGYU Y, HAIWEI Z, XIANG G, et al. Argonaute−integrated isothermal amplification for rapid, portable, multiplex detection of SARS−CoV−2 and influenza viruses [J]. Biosensors and bioelectronics, 2022, 207: 114−169,

[8] STEPHANIE C, YU Y, ALLEN CHAN K C, et al. Size−based molecular diagnostics using plasma DNA for noninvasive prenatal testing [J]. Proc Natl Acad Sci USA, 2014, 111 (23): 8583−8588.

[9] ZHANG J, SHIH J, WU T, et al. Development of the hepatitis E vaccine: from bench to field [J]. Seminars in liver disease, 2013, 33 (1): 79−88.

[10] CHEN Y, LIANG W F, YANG S G, et al. Human infections with the emerging avian influenza A H7N9 virus from wet market poultry: clinical analysis and characterisation of viral genome [J]. The lancet, 2013, 381 (9881): 1916−1925.

[11] GUNDUZ−BRUCE H, KENNEY J, CHANGLANI S, et al. A translational approach for nmDA receptor profiling as a vulnerability biomarker for depression and schizophrenia [J]. Exp Physiol, 2017, 102 (5): 587−597.

[12] RASMUSSEN M, REDDY M, NOLAN R, et al. RNA profiles reveal signatures of future health and disease in pregnancy [J]. Nature, 2022, 601 (7893): 422−427.

[13] CRISTIANO S, LEAL A, PHALLEN J, et al. Genome−wide cell−free DNA

fragmentation in patients with cancer [J]. Nature, 2019 (570): 385-389.

[14] MÁTÉ E.M, CAPPER D, JONES D T W, et al. Machine learning workflows to estimate class probabilities for precision cancer diagnostics on DNA methylation microarray data [J]. Nature protocols, 2020, 15 (2): 479-512.

[15] KIM Y, PARK J H, LEE H, et al. How do the size, charge and shape of nanoparticles affect amyloid β aggregation on brain lipid bilayer [J]. Scientific reports, 2016, 6 (1): 19548.

第十章 全球代表性产业园区及企业

第一节 国内代表性企业概况

根据2021年年底CAIVD数据统计，我国从事生产血液与体液检验产品的企业有406家，其中生产血细胞分析仪企业37家、71款产品，质控和校准品企业29家、59款产品；生产尿液分析仪企业116家、151款产品，试剂生产企业34家、36款产品，质控品/校准品生产企业23家、57款产品，对应耗材生产企业59家、81款产品；生产粪便分析仪企业21家、23款产品，粪便检测系统软件企业4家、6款产品，试剂获证企业11家、11款产品；生产血栓弹力图企业30家、36款产品，试剂获证企业23家、78款产品；生产精液分析仪企业13家、15款产品，试剂获证企业22家、54款产品；生产阴道分泌物分析仪企业13家、14款产品，试剂获证企业2家、2款产品；生产血凝仪企业64家、91款产品，试剂获证企业100家、287款产品。

生产生化仪器、试剂企业324家，其中全自动生化分析仪104家企业、217款产品；生产电解质分析仪企业30家、45款产品，试剂获证企业29家、49款产品，对应校准品/质控品生产企业10家、18款产品；生产血气分析仪企业8家、13款产品，相配套试剂、耗材生产企业8家、16款产品；全自动糖化血红蛋白分析仪生产企业19家，22款产品。

生产免疫检验诊断产品的企业371家，其中全自动免疫分析仪生产企业11家、11款产品，试剂获证企业62家、241款产品；生产化学发光仪器企业146家，206款产品，试剂生产企业194家、4567款产品；生产酶免分析仪器企业9家、14款产品，试剂生产企业57家、227款产品；生产流式细胞仪器企业21家、26款产品，试剂获证企业25家、148款产品；生产血型分析仪的企业6家、34款产品，试剂企业22家、126款产品。

生产分子诊断产品的企业213家，其中生产核酸提取仪器企业97家、309款产品；分子诊断试剂获证企业103家、513款产品；生产PCR仪器企业39家、54款产品，试剂企业139家、765款产品；相应软件操作系统企业11家、15款产品。

生产微生物诊断产品的企业 113 家，其中生产微生物培养仪企业 6 家、7 款产品；相应检测系统生产企业 17 家、23 款产品，试剂生产企业 14 家、28 款产品；对应耗材生产企业 15 家、73 款产品。

生产 POCT 产品的企业 334 家，其中生产免疫层析法分析仪企业 32 家、40 款产品；生产干化学法试纸、试纸条企业 63 家、123 款产品；生产血糖仪企业 58 家、123 款产品；生产生物芯片分析仪企业 34 家、42 款产品及微流控、胶体金、斑点、生物传感等。国内有流水线的生产企业 10 家。

质谱仪生产企业 38 家（含 OEM）均为半自动，共计 44 款产品。预计全自动化的质谱分析仪有望在未来一两年上市。

新冠产品相关情况：截至 2022 年 2 月 15 日数据，目前国内新冠检测试剂盒获得 CE 认证企业 746 家，美国 EUA 认证 35 家，奥地利 BASG 列名（企业自我承担责任）4 家，法国 ANSM 特殊授权 4 家，德国 BfarM 特殊授权 3 家，澳大利亚 TGA 认证 3 家，荷兰 MINVWS 特殊授权 2 家，丹麦 DKMA 特殊授权 1 家。

目前我国涉及体外诊断上游原材料生产及供应链的企业 387 家，其中专业主营上游原材料的生产企业 208 家，产品涵盖了抗原抗体、酶（辅酶、酶底物）、微球、NC 膜、光电倍增管、电磁阀、单光子计数模块、进样针、激光器、光栅、鞘流池、微流控芯片等。这次新冠肺炎疫情暴露出来的因产能和物流不畅造成的部分关键上游原材料出现断供和不能满足生产所需的短板问题，引起业界高度重视，从原材料企业纳微成功上市股价高开 10 倍以上也说明了大家的共同认知和对上游原材料的关切。瀚海新酶等企业在新冠肺炎疫情期间第一时间及时研发生产出了抗疫产品急需的关键原材料蛋白酶 K，在解决了国内急需的同时，还为国际企业提供蛋白酶 K，创造了顺势增长的态势。但是关键原材料仍是制约体外诊断产业发展和产能扩增的最关键问题。由于我国上游原材料起步较晚，再加上原料、工艺、品质、产能和国际物流等方面的问题，未来尚需付出很大的努力。我们的生产企业在产品生产研发过程中，在所需的上游关键原材料方面，一定要做到自主可控、安全有效。

截至 2021 年 7 月，国内体外诊断主营上市企业包括生产、流通（贸易）、服务（第三方医学检验）已达 47 家，其中生产企业 36 家（包括 2 家主营体外诊断实验室耗材企业），主营服务企业 7 家，主营流通经销企业 4 家。这些主营体外诊断的上市企业是科创板（股票代码：688）上市企业 15 家，分别为圣湘生物、热景生物、之江生物、亚辉龙、爱威科技、赛科希德、睿昂基因、诺禾致源、科美诊断、奥泰生物、安必平、东方生物、硕世生物、浩欧博、普门科技。2019—2021年上半年科创板上市企业营收情况如图10-1所示。

沪深主板（股票代码：000、002、60）上市企业11家，分别为科华生物、安图生物、明德生物、拱东医疗、基蛋生物、达安基因、润达医疗、赛力医疗、金域①、万泰生物、贝瑞基因。2019—2021年上半年沪深主板上市企业营收情况如图10-2所示。

创业板（股票代码：300）上市企业15家，迈克生物、万孚生物、透景生命、迪瑞医疗、九强生物、美康生物、华大基因、凯普生物、艾德生物、三诺生物、利德曼、阳普医疗、迪安诊断、新产业、博晖创新。2019—2021年上半年创业板上市企业营收情况如图10-3所示。

港股（股票代码：HK）上市企业4家，分别为华康生物、中生北控生物科技、巨星医疗控股、华检医疗。美股上市企业2家，分别为燃石医学、泛生子。2019—2021年上半年港股、美股上市企业营收情况如图10-4所示。

截至2021年年末，体外诊断生产研发企业数排前10位的省（直辖市）分别为广东、上海、江苏、北京、浙江、山东、湖北、福建、天津、湖南（图10-5）。

在这些企业中，营收超过一定数量值的，产品线全面且成长性稳定和有较高品牌知名度的企业无疑是行业的龙头企业。

受新冠肺炎疫情的影响，截至2020年年末国际品牌企业：罗氏、丹纳赫-贝克曼、贝克曼库尔特、西门子、希森美康、雅培、生物梅里埃、奥森多、思塔高、碧迪、日立、索灵、赛默飞世尔、珀金埃尔默（欧盟、OI）、爱科来、东曹、积水、崛场、日本光电、东芝、沃芬、因美纳、通用、帝肯、伯乐等上述企业在中国市场总的销售额超过500亿元，相较2019年近600亿元的市场规模，除极少数企业外（帝肯因其部分产品与新冠肺炎股情相关有所增长，珀金埃尔默有新冠核酸检测试剂出口等），其他国际品牌在中国的销售额2020年整体下滑，平均下滑幅度达13.1%，综合各种因素受新冠肺炎疫情影响最大的个别企业下滑幅度甚至接近20%（图10-6）。

我国体外诊断生产研发企业由于新冠肺炎疫情，其研发和生产能力得到了大幅提高，根据2020年度我国部分上市企业的年报统计，加上虽未上市但已知市场规模体量较大的2020年年营收超50亿元的本土企业，如中元汇吉、厦门宝太和医疗器械领域体外诊断体量最大的企业迈瑞医疗，生物医药领域体外诊断板块业务量较大的企业

---

① 为第三方检测机构，无自身产品。

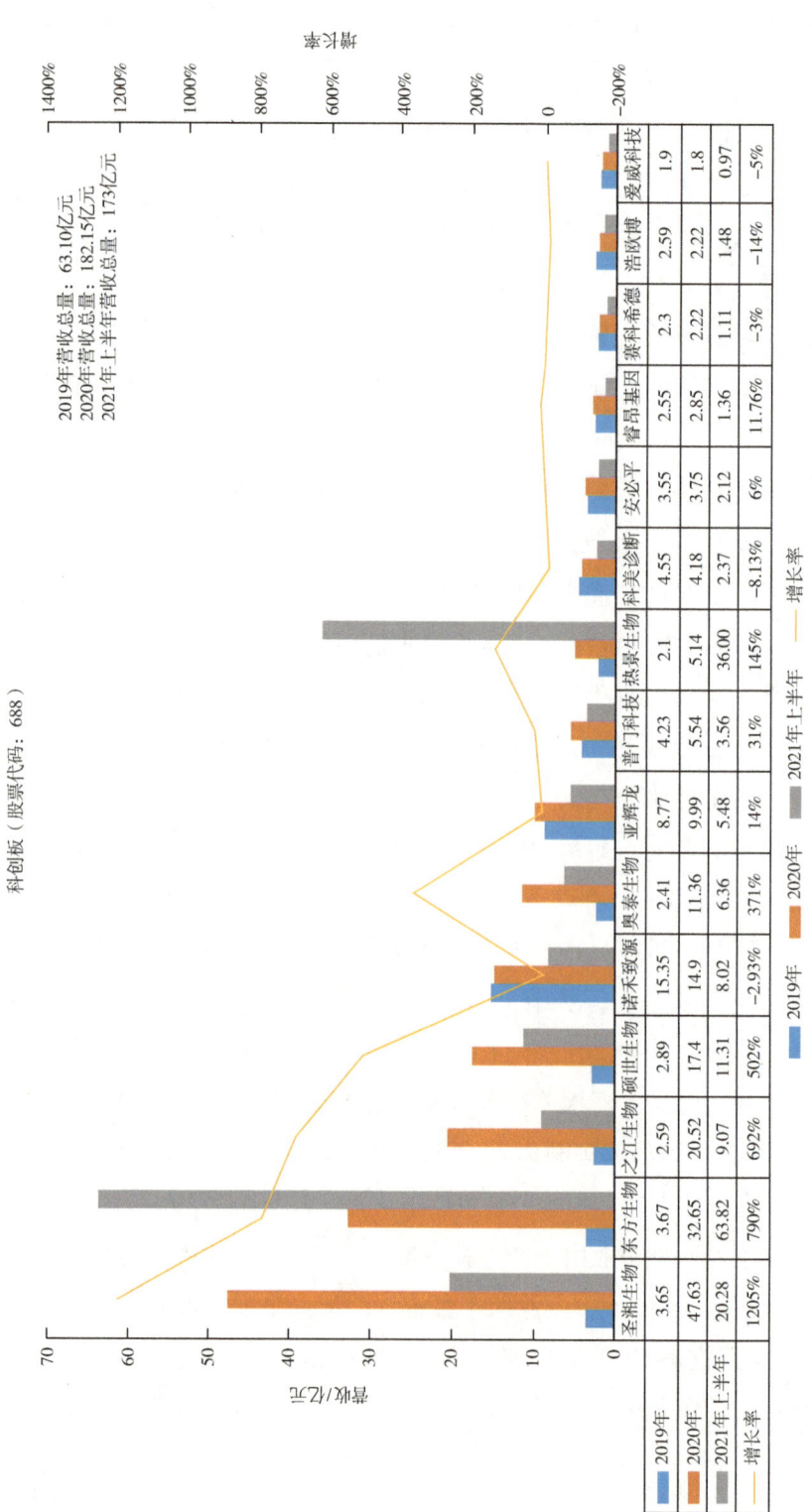

图 10-1 2019—2021 年上半年科创板上市企业营收情况
（资料来源：CAIVD 数据及上市公司年报）

第十章 全球代表性产业园区及企业

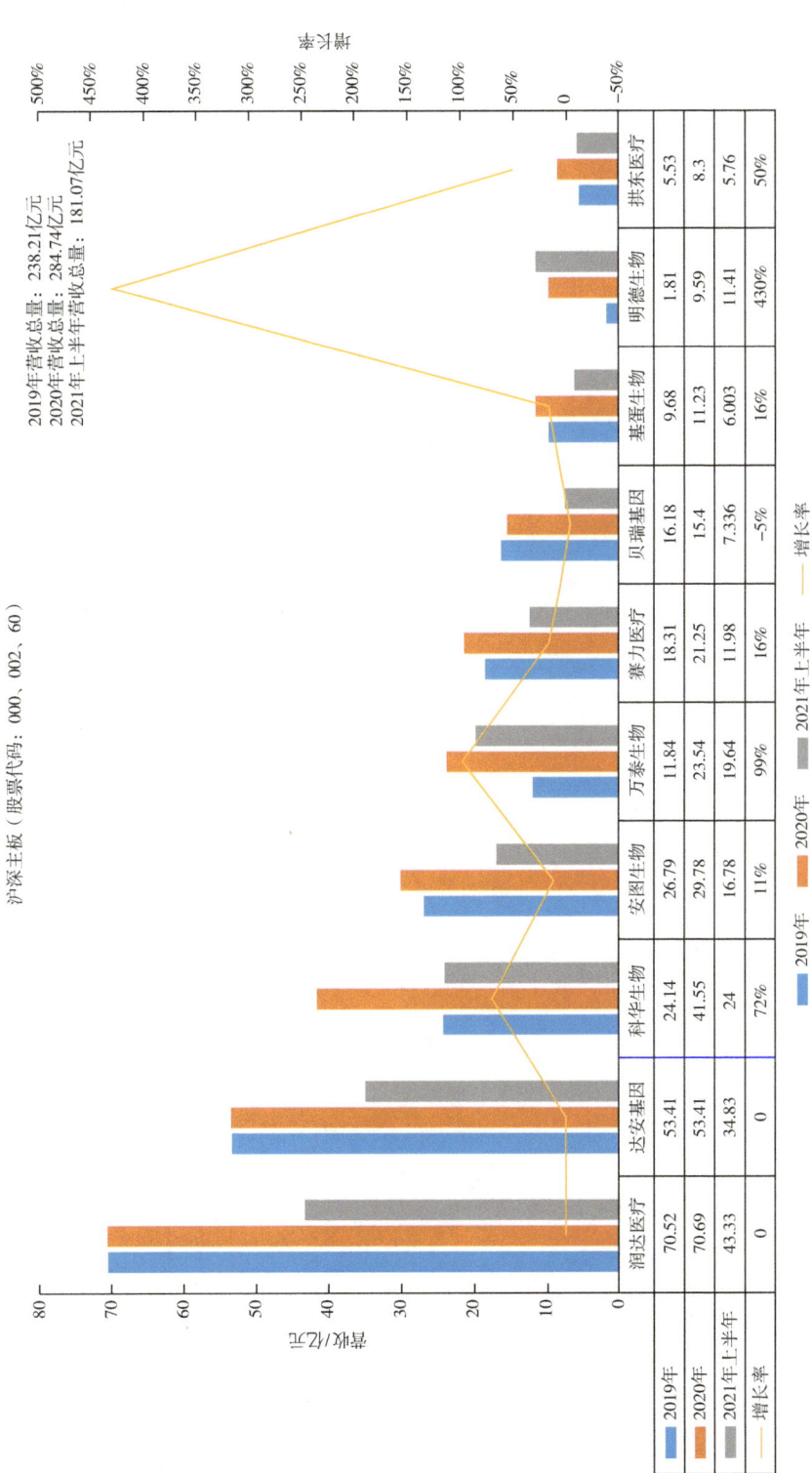

图 10-2 2019—2021 年上半年沪深主板上市企业营收情况

(资料来源：CAIVD 数据及企业年报)

图10-3 2019—2021年上半年创业板上市企业营收情况
(资料来源:CAIVD数据及企业年报)

第十章
全球代表性产业园区及企业

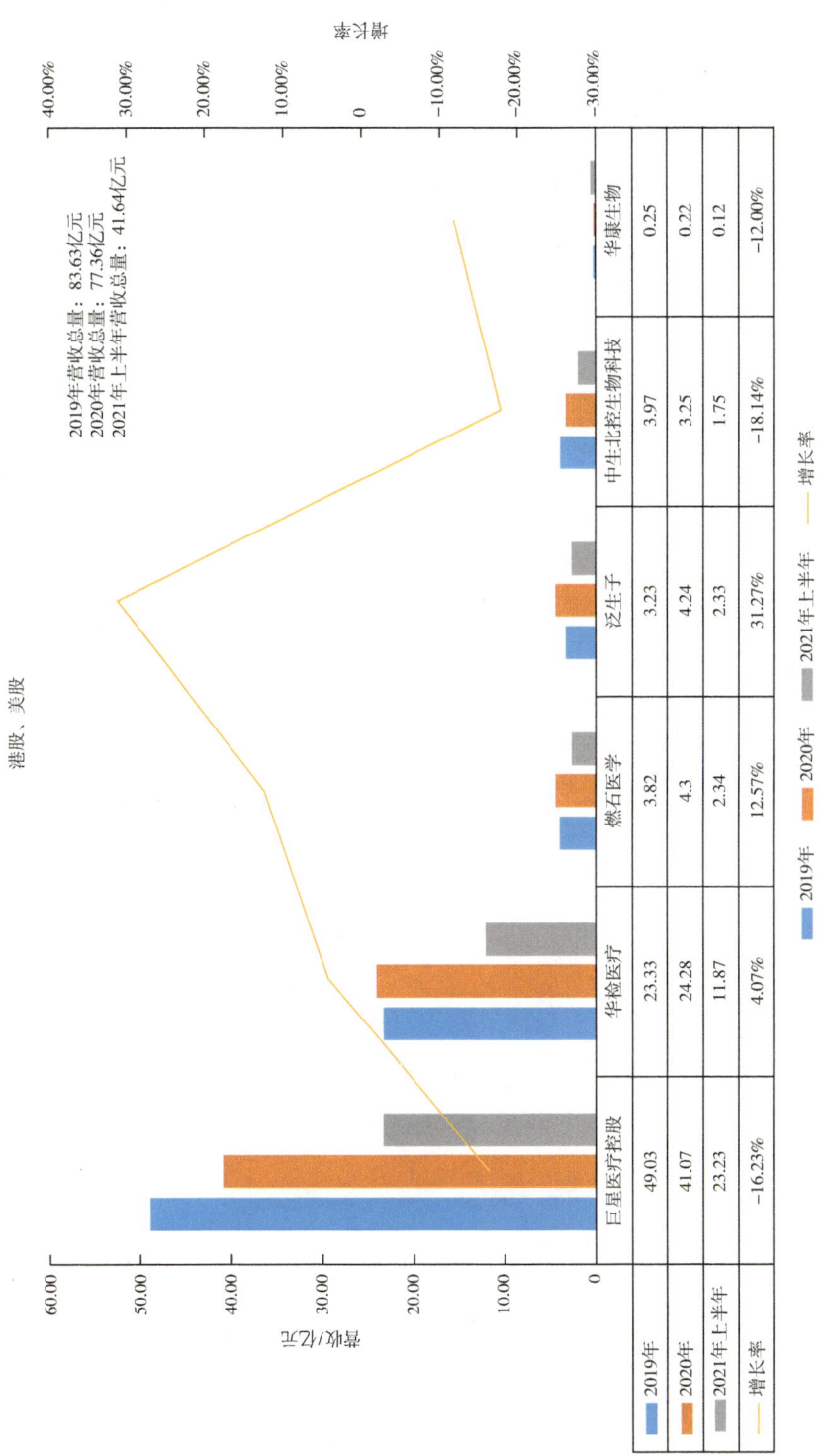

图 10-4 2019—2021 年上半年港股、美股上市企业营收情况
（资料来源：CAIVD 数据及企业年报）

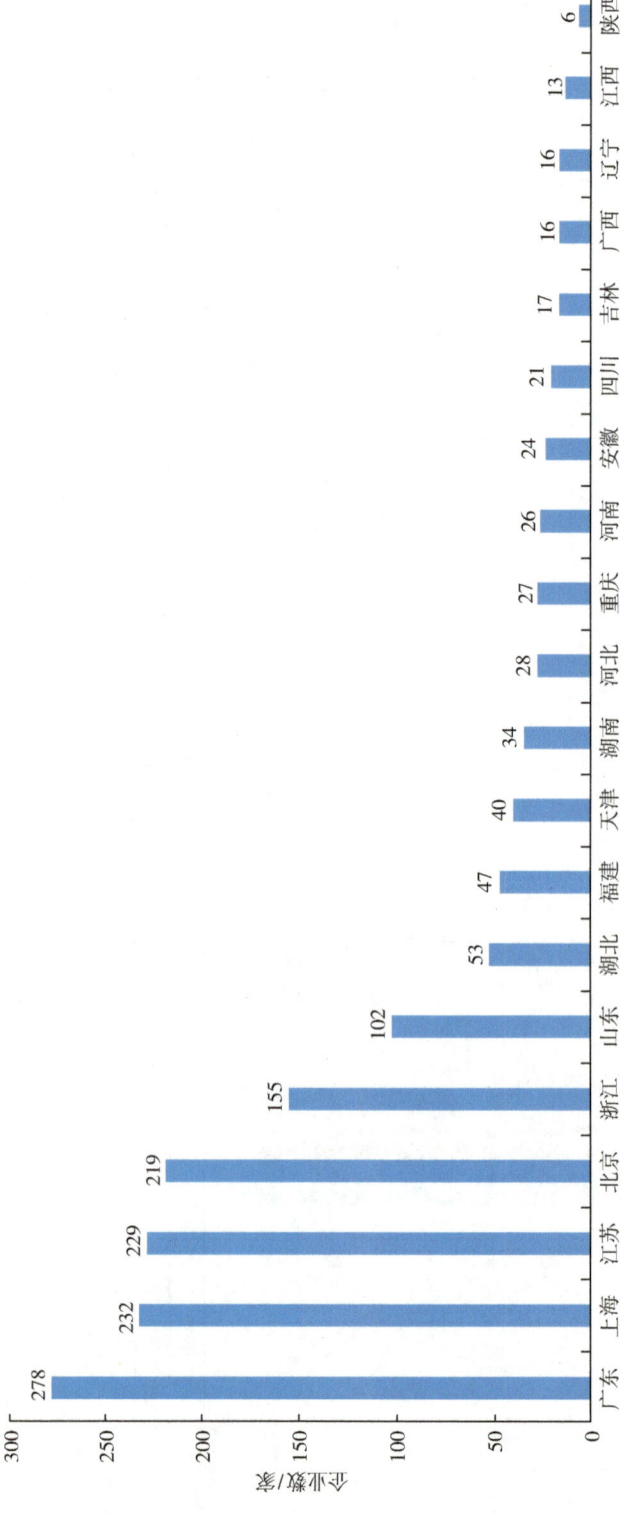

图 10-5 全国体外诊断生产研发企业分布

(资料来源：CAIVD 数据统计)

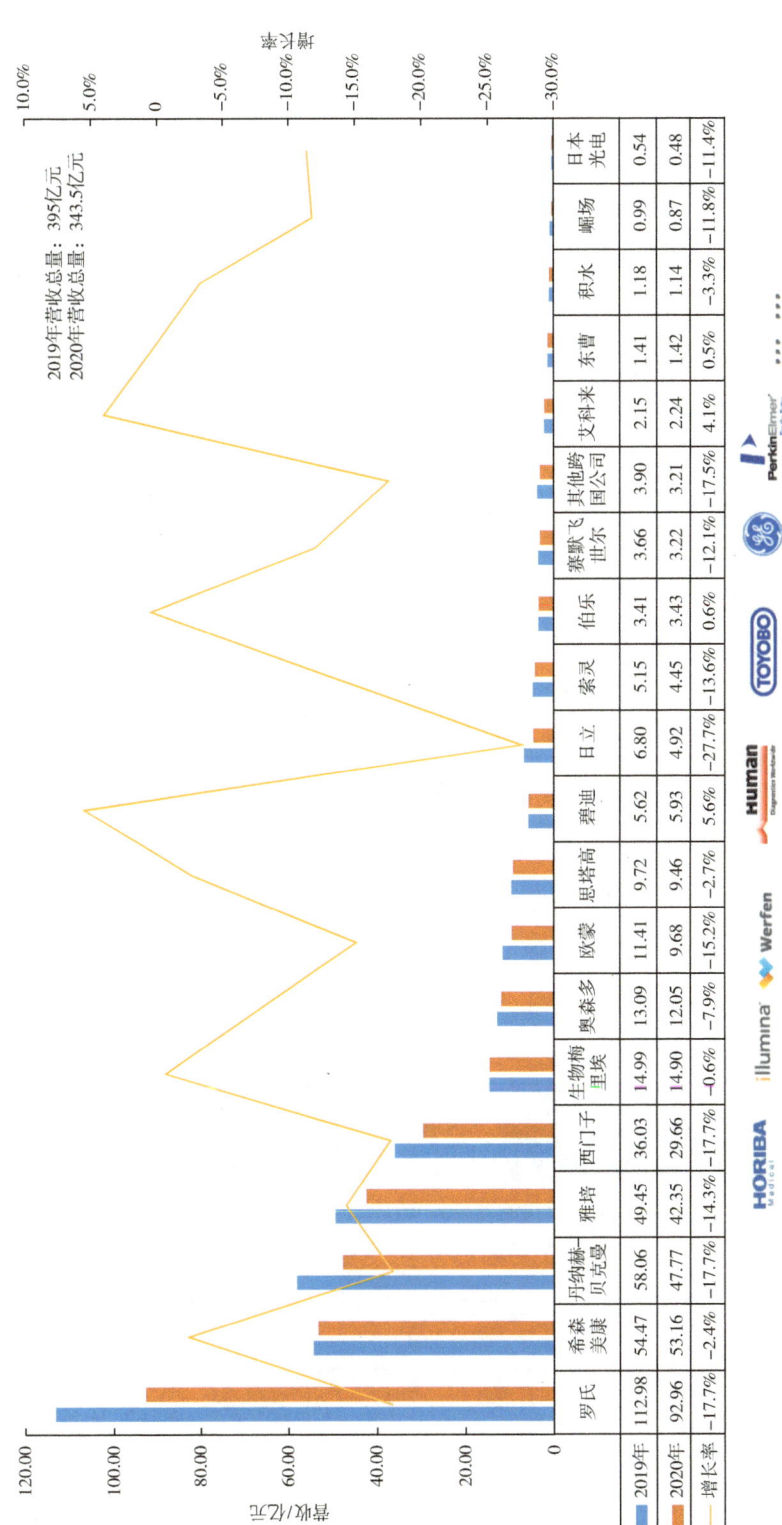

图 10-6 2019—2020 年跨国企业营收情况

(资料来源：根据 CAIVD 数据及企业年报统计；
注：因受新冠肺炎疫情影响，国际品牌在中国的销售额整体下滑，平均下滑幅度达 13.1%)

复星诊断和营收达数千万元至亿元的数量众多的企业,我国本土体外诊断企业的市场规模已超过 1000 亿元,首次在市场规模上实现了本土品牌超过进口品牌。

我国抗疫诊断产品的出口量占世界第一,做到了中国体外诊断企业由在中国为中国服务,向在中国为世界服务的历史性转变。应该说我国研制的新冠相关产品为世界的防疫做出了巨大贡献,为中国 IVD 产品走向国际市场起到了重要的助力作用。

上述所涉企业无论是从已上市角度或从虽未上市角度,还是从营收体量上来衡量无疑都是我国体外诊断企业或细分领域企业中的龙头企业。

第二节 国内代表性创新企业概况

2021 年,我国社会研发投入达到 2.79 万亿元,同比增长 14.2%,研发投入强度达到 2.44%,国家创新能力综合排名上升至世界第 12 位。作为创新型企业须拥有自主知识产权和知名品牌,具有较强国际竞争力,依靠技术创新获取市场竞争优势及持续发展。

自新冠肺炎疫情发生以来,我国体外诊断企业在很短的时间里完成了诊断试剂的创新开发研制,担负起了疾病早期诊断的重任,在为我国防疫做贡献的同时,还为世界防疫做出了中国贡献,这是在此次突发性公共卫生事件中体外诊断人的最大亮点。截至 2022 年 2 月我国共批准涉及体外诊断类新冠产品 74 个(表 10-1),获医保商会出口白名单体外诊断企业 976 家。

表 10-1 国家药监局创新通道审批的体外诊断类新冠产品

序号	注册证号	企业名称	产品名称	批准日期
1	国械注准 20203400241	杭州优思达生物技术有限公司	新型冠状病毒 2019-nCoV 核酸检测试剂盒(恒温扩增-实时荧光法)	2021 年 1 月 5 日
2	国械注准 20203400535	深圳联合医学科技有限公司	新型冠状病毒 2019-nCoV 核酸检测试剂盒(荧光 PCR 法)	2021 年 5 月 10 日
3	国械注准 20203400537	北京纳捷诊断试剂有限公司	新型冠状病毒 2019-nCoV 核酸检测试剂盒(荧光 PCR 法)	2021 年 6 月 4 日
4	国械注准 20203400063	中山大学达安基因股份有限公司	新型冠状病毒 2019-nCoV 核酸检测试剂盒(荧光 PCR 法)	2021 年 1 月 21 日

续表

序号	注册证号	企业名称	产品名称	批准日期
5	国械注准20203400919	杭州众测生物科技有限公司	新型冠状病毒2019-nCov核酸检测试剂盒（CRISPR免疫层析法）	2020年11月30日
6	国械注准20203400184	迈克生物股份有限公司	新型冠状病毒2019-nCoV核酸检测试剂盒（荧光PCR法）	2021年2月10日
7	国械注准20213400228	重庆中元汇吉生物技术有限公司	新型冠状病毒2019-nCoV核酸检测试剂盒（荧光PCR法）	2021年4月1日
8	国械注准20203400495	郑州安图生物工程股份有限公司	新型冠状病毒（2019-nCoV）IgG抗体检测试剂盒（磁微粒化学发光法）	2021年5月10日
9	国械注准20203400496	迈克生物股份有限公司	新型冠状病毒（2019-nCoV）IgG抗体检测试剂盒（直接化学发光法）	2021年5月21日
10	国械注准20203400749	中山大学达安基因股份有限公司	新型冠状病毒2019-nCoV核酸检测试剂盒（荧光PCR法）	2021年4月25日
11	国械注准20203400179	北京卓诚惠生生物科技股份有限公司	新型冠状病毒2019-nCoV核酸检测试剂盒（荧光PCR法）	2021年2月24日
12	国械注准20203400212	武汉明德生物科技股份有限公司	新型冠状病毒2019-nCoV核酸检测试剂盒（荧光PCR法）	2021年2月10日
13	国械注准20203400300	上海仁度生物科技股份有限公司	新型冠状病毒2019-nCoV核酸检测试剂盒（RNA捕获探针法）	2021年2月9日
14	国械注准20213401060	圣湘生物科技股份有限公司	新型冠状病毒2019-nCoV、甲型流感病毒、乙型流感病毒核酸检测试剂盒（荧光PCR法）	2021年12月16日
15	国械注准20203400796	北京新兴四寰生物技术有限公司	新型冠状病毒（2019-nCoV）IgG抗体检测试剂盒（胶体金法）	2022年1月7日
16	国械注准20203400064	圣湘生物科技股份有限公司	新型冠状病毒2019-nCoV核酸检测试剂盒（荧光PCR法）	2021年1月27日
17	国械注准20213400609	上海思路迪生物医学科技有限公司	新型冠状病毒2019-nCoV和甲型乙型流感病毒核酸联合检测试剂盒（荧光PCR法）	2021年8月16日
18	国械注准20203400921	浙江东方基因生物制品股份有限公司	新型冠状病毒（2019-nCoV）IgM/IgG抗体检测试剂盒（胶体金法）	2020年12月1日

续表

序号	注册证号	企业名称	产品名称	批准日期
19	国械注准20203400301	武汉中帜生物科技股份有限公司	新型冠状病毒2019-nCoV核酸检测试剂盒（RNA恒温扩增－金探针层析法）	2021年2月7日
20	国械注准20203400366	丹娜（天津）生物科技股份有限公司	新型冠状病毒（2019-nCoV）IgM抗体检测试剂盒（磁微粒化学发光法）	2021年5月8日
21	国械注准20203400065	上海伯杰医疗科技有限公司	新型冠状病毒2019-nCoV核酸检测试剂盒（荧光PCR法）	2021年1月11日
22	国械注准20203400384	江苏硕世生物科技股份有限公司	新型冠状病毒2019-nCoV核酸检测试剂盒（荧光PCR法）	2020年11月20日
23	国械注准20213400176	杭州迪安生物技术有限公司	新型冠状病毒2019-nCoV核酸检测试剂盒（荧光PCR法）	2021年3月18日
24	国械注准20203400498	博奥赛斯（天津）生物科技有限公司	新型冠状病毒（2019-nCoV）IgG抗体检测试剂盒（化学发光法）	2021年5月28日
25	国械注准20203400240	珠海丽珠试剂股份有限公司	新型冠状病毒（2019-nCoV）IgM/IgG抗体检测试剂盒（胶体金法）	2020年12月15日
26	国械注准20203400299	上海复星长征医学科学有限公司	新型冠状病毒（2019-nCoV）核酸检测试剂盒（荧光PCR法）	2021年1月21日
27	国械注准20203400523	北京热景生物技术股份有限公司	新型冠状病毒（2019-nCoV）抗体检测试剂盒（上转发光免疫层析法）	2021年6月23日
28	国械注准20203210062	华大生物科技（武汉）有限公司	新型冠状病毒2019-nCoV核酸分析软件	2020年10月28日
29	国械注准20203400497	迈克生物股份有限公司	新型冠状病毒（2019-nCoV）IgM抗体检测试剂盒（直接化学发光法）	2021年5月21日
30	国械注准20213400495	郑州安图生物工程股份有限公司	新型冠状病毒2019-nCoV核酸检测试剂盒（PCR-荧光探针法）	2021年7月2日
31	国械注准20203400198	厦门万泰凯瑞生物技术有限公司	新型冠状病毒（2019-nCoV）抗体检测试剂盒（磁微粒化学发光法）	2021年3月4日
32	国械注准20203400940	深圳华大因源医药科技有限公司	新型冠状病毒（2019-nCoV）抗原检测试剂盒（荧光免疫层析法）	2021年11月12日
33	国械注准20203400831	北京金沃夫生物工程科技有限公司	新型冠状病毒（2019-nCoV）抗原检测试剂盒（乳胶法）	2021年11月12日

第十章 全球代表性产业园区及企业

续表

序号	注册证号	企业名称	产品名称	批准日期
34	国械注准20203400830	广州万孚生物技术股份有限公司	新型冠状病毒（2019-nCoV）抗原检测试剂盒（胶体金法）	2021年11月12日
35	国械注准20203400457	北京新兴四寰生物技术有限公司	新型冠状病毒（2019-nCoV）IgM抗体检测试剂盒（胶体金法）	2021年12月10日
36	国械注准20213400897	深圳市新产业生物医学工程股份有限公司	新型冠状病毒（2019—nCoV）IgG抗体检测试剂盒（化学发光法）	2021年11月9日
37	国械注准20203400199	广东和信健康科技有限公司	新型冠状病毒（2019-nCoV）IgM抗体检测试剂盒（胶体金法）	2021年2月9日
38	国械注准20213400100	珠海丽珠试剂股份有限公司	新型冠状病毒（2019-nCoV）IgM抗体检测试剂盒（酶联免疫法）	2021年2月9日
39	国械注准20203400644	卡尤迪生物科技宜兴有限公司	新型冠状病毒2019-nCoV核酸检测试剂盒（荧光PCR法）	2021年7月14日
40	国械注准20203400239	南京诺唯赞医疗科技有限公司	新型冠状病毒（2019-nCoV）IgM/IgG抗体检测试剂盒（胶体金法）	2021年2月26日
41	国械注准20203400060	华大生物科技（武汉）有限公司	新型冠状病毒2019-nCoV核酸检测试剂盒（荧光PCR法）	2021年1月5日
42	国械注准20203400302	武汉中帜生物科技股份有限公司	新型冠状病毒2019-nCoV核酸检测试剂盒（双扩增法）	2021年2月7日
43	国械注准20203400367	上海芯超生物科技有限公司	新型冠状病毒（2019-nCoV）抗体检测试剂盒（胶体金法）	2021年5月28日
44	国械注准20203400499	博奥赛斯（天津）生物科技有限公司	新型冠状病毒（2019-nCoV）IgM抗体检测试剂盒（化学发光法）	2021年5月28日
45	国械注准20203400298	安邦（厦门）生物科技有限公司	新型冠状病毒2019-nCoV核酸检测试剂盒（杂交捕获免疫荧光法）	2020年3月24日
46	国械注准20203400494	郑州安图生物工程股份有限公司	新型冠状病毒（2019-nCoV）IgM抗体检测试剂盒（磁微粒化学发光法）	2021年5月10日
47	国械注准20213400656	江苏奇天基因生物科技有限公司	新型冠状病毒（2019-nCoV）核酸检测试剂盒（荧光RT-RAA法）	2021年8月30日
48	国械注准20213400870	深圳市新产业生物医学工程股份有限公司	新型冠状病毒（2019-nCoV）IgM抗体检测试剂盒（化学发光法）	2021年11月3日

续表

序号	注册证号	企业名称	产品名称	批准日期
49	国械注准20213400101	成都博奥晶芯生物科技有限公司	新型冠状病毒2019-nCoV核酸检测试剂盒（全集成碟式芯片法）	2021年2月9日
50	国械注准20223400017	艾康生物技术（杭州）有限公司	新型冠状病毒2019-nCoV核酸检测试剂盒（荧光PCR法）	2022年1月10日
51	国械注准20223400018	广州微远医疗器械有限公司	新型冠状病毒2019-nCoV核酸检测试剂盒（联合探针锚定聚合测序法）	2022年1月10日
52	国械注准20213400714	上海伯杰医疗科技有限公司	新型冠状病毒2019-nCoV核酸检测试剂盒（恒温CRISPR法）	2021年9月13日
53	国械注准20213400269	潮州凯普生物化学有限公司	新型冠状病毒2019-nCoV核酸检测试剂盒（荧光PCR法）	2021年4月9日
54	国械注准20203400536	北京金豪制药股份有限公司	新型冠状病毒（2019-nCoV）IgM/IgG抗体检测试剂盒（量子点荧光免疫层析法）	2021年7月16日
55	国械注准20203400177	英诺特（唐山）生物技术有限公司	新型冠状病毒（2019-nCoV）IgM/IgG抗体检测试剂盒（胶体金法）	2021年3月19日
56	国械注准20203400322	北京金豪制药股份有限公司	新型冠状病毒2019-nCoV核酸检测试剂盒（荧光PCR法）	2021年3月12日
57	国械注准20203400520	浙江东方基因生物制品股份有限公司	新型冠状病毒（2019-nCoV）IgM/IgG抗体检测试剂盒（胶体金法）	2021年2月22日
58	国械注准20213400541	艾维可生物科技有限公司	新型冠状病毒（2019-nCoV）IgM/IgG抗体检测试剂盒（酶联免疫法）	2021年7月20日
59	国械注准20203400567	北京华大吉比爱生物技术有限公司	新型冠状病毒（2019-nCoV）IgM/IgG抗体检测试剂盒（酶联免疫法）	2021年12月6日
60	国械注准20203400770	深圳市亚辉龙生物科技股份有限公司	新型冠状病毒（2019-nCoV）IgG抗体检测试剂盒（磁微粒化学发光法）	2021年12月2日
61	国械注准20203400058	上海捷诺生物科技有限公司	新型冠状病毒2019-nCoV核酸检测试剂盒（荧光PCR法）	2020年11月20日
62	国械注准20203400365	丹娜（天津）生物科技股份有限公司	新型冠状病毒（2019-nCoV）IgG抗体检测试剂盒（磁微粒化学发光法）	2021年5月8日
63	国械注准20213400621	山东康华生物医疗科技股份有限公司	新型冠状病毒（2019-nCoV）IgM/IgG抗体检测试剂盒（免疫层析法）	2021年8月16日

续表

序号	注册证号	企业名称	产品名称	批准日期
64	国械注准20203400059	华大生物科技（武汉）有限公司	新型冠状病毒2019-nCoV核酸检测试剂盒（联合探针锚定聚合测序法）	2021年1月5日
65	国械注准20203400176	广州万孚生物技术股份有限公司	新型冠状病毒（2019-nCoV）抗体检测试剂盒（胶体金法）	2021年5月12日
66	国械注准20203400182	博奥赛斯（重庆）生物科技有限公司	新型冠状病毒（2019-nCoV）IgM抗体检测试剂盒（磁微粒化学发光法）	2021年3月19日
67	国械注准20203400183	博奥赛斯（重庆）生物科技有限公司	新型冠状病毒（2019-nCoV）IgG抗体检测试剂盒（磁微粒化学发光法）	2021年3月19日
68	国械注准20203400769	深圳市亚辉龙生物科技股份有限公司	新型冠状病毒（2019-nCoV）IgM抗体检测试剂盒（磁微粒化学发光法）	2021年10月11日
69	国械注准20203400776	厦门奥德生物科技有限公司	新型冠状病毒（2019-nCoV）IgM/IgG抗体检测试剂盒（稀土纳米荧光免疫层析法）	2020年9月29日
70	国械注准20173401143	珠海经济特区海泰生物制药有限公司	新型冠状病毒N-蛋白检测试剂盒（酶联免疫法）	2017年6月28日
71	国械注准20203400057	上海之江生物科技股份有限公司	新型冠状病毒2019-nCoV核酸检测试剂盒（荧光PCR法）	2021年1月8日
72	国械注准20213401117	广州微远医疗器械有限公司	新型冠状病毒2019-nCoV核酸分析软件	2021年12月30日
73	国械注准20223400015	新羿制造科技（北京）有限公司	新型冠状病毒（2019-nCoV）核酸检测试剂盒（荧光PCR法）	2022年1月10日
74	国械注准20223400016	广州市康润生物科技有限公司	新型冠状病毒（2019-nCoV）IgG抗体检测试剂盒（化学发光法）	2022年1月10日

资料来源：根据国家药监局网站统计。

我国体外诊断生产企业持续加大科研经费投入，根据上市企业公布的年报数据显示，上市企业研发投入总额达到数十亿元，目前虽未上市但体外诊断市场销售体量较大的生产企业中，其研发费用占营收10%以上的，如开立医疗、艾德生物、中元汇吉、瀚海新酶、菲鹏等，投入的研发费用也在逐年增加，超过了已知体外诊断研发投入的平均值（表10-2，表10-3，图10-7，图10-8）。

表 10-2 2020 年部分体外诊断企业研发支出

公司	收入/万元	研发支出/万元	研发投入占比
迈瑞医疗	2 102 584.64	186 929.98	8.9%
华大基因	839 723.00	61 964.24	7.4%
金域医学	824 376.35	39 716.96	4.8%
安图生物	297 813.16	34 279.81	11.5%
迪安诊断	1 064 916.18	31 910.42	3.0%
万泰生物	235 425.68	31 433.21	13.4%
万孚生物	281 084.13	27 942.61	9.9%
开立医疗	116 308.19	23 741.94	20.4%
理邦仪器	231 860.42	21 804.59	9.4%
迈克生物	370 387.70	20 207.35	5.5%
中元汇吉	185 700.00	18 700.00	10.1%
三诺生物	201 521.41	18 248.98	9.1%
达安基因	534 120.96	16 694.69	3.1%
新产业	219 496.65	15 058.39	6.9%
科华生物	415 542.88	14 692.61	3.5%
美康生物	230 203.24	13 548.09	5.9%
安科生物	170 141.72	12 876.12	7.6%
贝瑞基因	154 038.57	12 579.61	8.2%
基蛋生物	112 333.56	11 906.83	10.6%
艾德生物	72 839.06	11 510.52	15.8%
诺禾致源	149 002.76	11 231.50	7.5%
普门科技	55 382.30	10 333.05	18.7%
亚辉龙	99 900.70	10 317.68	10.3%
迪瑞医疗	93 723.59	9 598.86	10.2%
东方生物	326 535.56	9 374.95	2.9%
润达医疗	706 915.63	8 710.47	1.2%

续表

公司	收入/万元	研发支出/万元	研发投入占比
圣湘生物	476 296.39	8 277.13	1.7%
九强生物	84 811.85	7 905.55	9.3%
睿昂基因	28 492.60	7 436.22	26.1%
硕世生物	173 968.07	7 206.57	4.1%
凯普生物	135 449.68	7 162.19	5.3%
新开源	97 852.91	7 027.01	7.2%
明德生物	95 909.92	6 993.16	7.3%
透景生命	48 958.09	6 146.82	12.6%
科美诊断	41 820.01	5 641.61	13.5%
奥泰生物	113 555.39	5 511.08	4.9%
之江生物	205 214.19	5 242.51	2.6%
博晖创新	73 871.74	4 817.79	6.5%
热景生物	51 353.37	4 761.20	9.3%
阳普医疗	91 922.55	4 656.24	5.1%
博拓生物	86 537.15	4 132.41	4.8%
利德曼	47 151.10	3 847.15	8.2%
禾信仪器	31 227.21	3 487.46	11.2%
纳微科技	20 499.29	3 327.31	16.2%
安必平	37 543.31	2 773.22	7.4%
义翘神州	159 629.30	2 605.91	1.6%
浩欧博	22 185.69	2 413.10	10.9%
爱威科技	18 019.94	2 262.06	12.6%
兰卫医学	123 819.01	2 180.20	1.8%
塞力斯	212 547.16	1 953.16	0.9%
赛科希德	22 239.84	1 335.92	6.0%

资料来源：CAIVD 数据及企业年报。

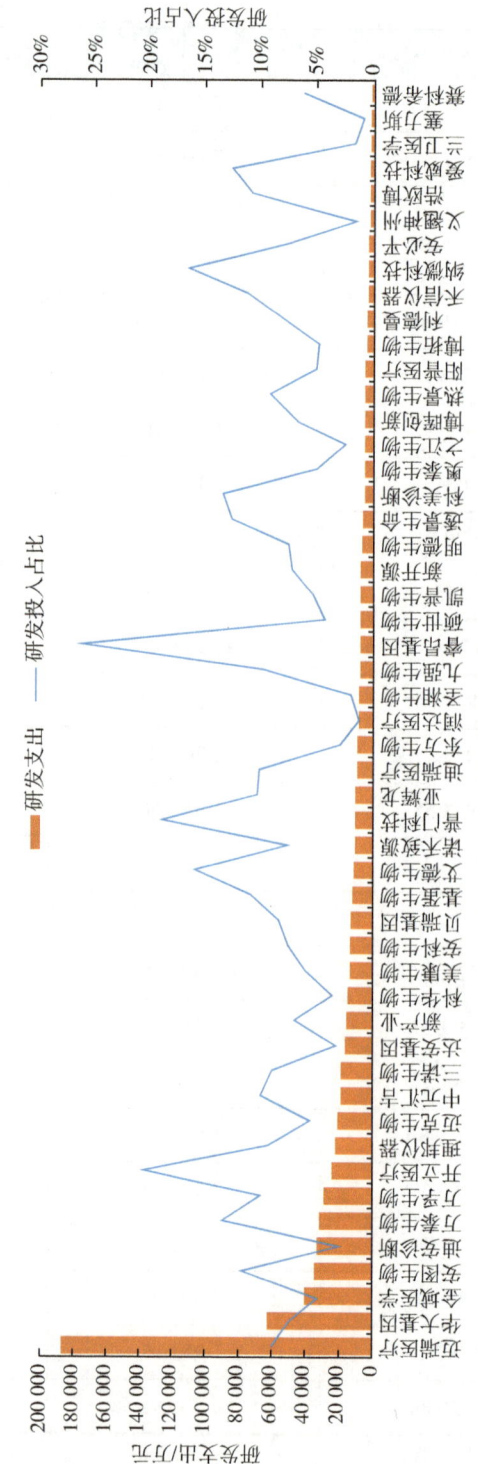

图10-7 2020年部分体外诊断企业研发支出

(资料来源：CAIVD数据及企业年报)

表 10-3　2021 年 1—9 月部分体外诊断企业研发支出

公司	收入/万元	研发费用/万元	研发费用率
迈瑞医疗	1 939 151.23	162 935.79	8%
乐普医疗	863 460.53	60 439.35	7%
万泰生物	359 598.77	45 338.78	13%
金域医学	861 724.56	36 200.16	4%
华大基因	515 204.35	35 489.87	7%
安图生物	269 522.18	33 784.86	13%
迪安诊断	933 814.95	28 176.09	3%
万孚生物	250 711.32	27 662.73	11%
达安基因	563 714.56	27 119.99	5%
东方生物	740 070.10	24 302.54	3%
开立医疗	94 012.93	19 225.06	20%
理邦仪器	125 919.51	17 179.28	14%
迈克生物	300 928.07	14 877.02	5%
三诺生物	174 908.65	14 321.84	8%
新产业	189 388.17	14 292.82	8%
基蛋生物	92 215.63	11 936.40	13%
普门科技	54 405.61	11 807.88	22%
美康生物	172 127.43	11 004.76	6%
艾德生物	64 573.56	10 916.71	17%
安科生物	154 739.82	10 071.63	7%
亚辉龙	85 712.75	9 944.00	12%
诺禾致源	127 599.58	9 534.92	7%
贝瑞基因	111 249.74	9 126.63	8%
圣湘生物	326 719.53	9 124.26	3%
科华生物	372 780.18	8 831.12	2%
九强生物	121 799.20	8 751.12	7%

续表

公司	收入/万元	研发费用/万元	研发费用率
热景生物	379 557.42	8 274.98	2%
润达医疗	677 308.88	8 210.98	1%
凯普生物	199 164.18	8 012.45	4%
明德生物	193 831.30	7 872.30	4%
奥泰生物	99 685.61	6 618.72	7%
迪瑞医疗	63 326.26	6 556.56	10%
硕世生物	217 186.76	6 200.89	3%
之江生物	148 044.10	5 865.83	4%
新开源	86 544.85	5 712.86	7%
睿昂基因	20 895.75	5 394.19	26%
博晖创新	53 201.17	4 979.29	9%
透景生命	45 419.52	4 963.00	11%
科美诊断	35 546.33	4 824.40	14%
博拓生物	150 324.87	3 847.90	3%
纳微科技	28 216.32	3 538.60	13%
安必平	32 708.21	3 502.44	11%
义翘神州	81 294.85	3 211.70	4%
禾信仪器	24 069.68	3 066.34	13%
阳普医疗	58 966.23	2 754.24	5%
塞力斯	182 597.40	2 584.33	1%
利德曼	41 430.59	2 449.37	6%
兰卫医学	127 458.51	2 299.33	2%
浩欧博	23 587.69	2 083.16	9%
爱威科技	15 258.81	1 958.51	13%
赛科希德	16 415.28	1 188.71	7%

资料来源：CAIVD 数据及企业年报。

第十章 全球代表性产业园区及企业

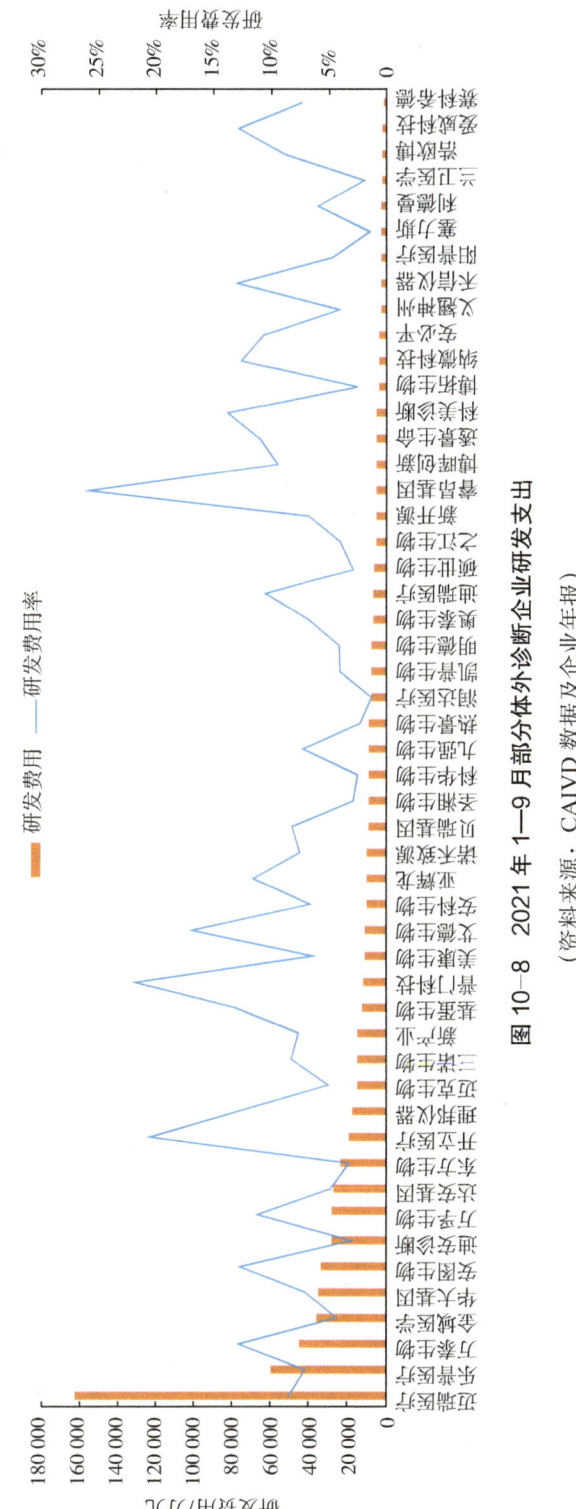

图10-8 2021年1—9月部分体外诊断企业研发支出
(资料来源：CAIVD数据及企业年报)

在创新产品审批上，截至 2022 年 4 月，国家药监局已审批了涉及体外诊断产品 22 项（表 10-4）。

表 10-4 通过创新医疗器械特别审查通道体外诊断产品

序号	产品名称	生产企业	批准日期	所在地	注册证号
1	恒温扩增微流控芯片核酸分析仪	博奥生物集团有限公司	2015年4月20日	北京	国械注准20153400580
2	MTHFR C677T 基因检测试剂盒(PCR-金磁微粒层析法)	西安金磁纳米生物技术有限公司	2015年7月3日	陕西	国械注准20153401148
3	Septin9 基因甲基化检测试剂盒（PCR 荧光探针法）	博尔诚（北京）科技有限公司	2015年8月24日	北京	国械注准20153401481
4	运动神经元存活基因 1（SMN1）外显子缺失检测试剂盒（荧光定量 PCR 法）	上海五色石医学研究有限公司	2015年12月22日	上海	国械注准20153402293
5	呼吸道病原菌核酸检测试剂盒（恒温扩增芯片法）	博奥生物集团有限公司	2016年2月17日	北京	国械注准20163400327
6	人类 EGFR 基因突变检测试剂盒（多重荧光 PCR 法）	厦门艾德生物医药科技股份有限公司	2018年1月18日	福建	国械注准20183400014
7	miR-92a 检测试剂盒（荧光 RT-PCR 法）	深圳市晋百慧生物有限公司	2018年3月27日	广东	国械注准20183400108
8	丙型肝炎病毒核酸测定试剂盒（PCR-荧光探针法）	北京纳捷诊断试剂有限公司	2018年4月20日	北京	国械注准20183400157
9	人 EGFR/ALK/BRAF/KRAS 基因突变联合检测试剂盒（可逆末端终止测序法）	广州燃石医学检验所有限公司	2018年7月18日	广东	国械注准20183400286
10	全自动化学发光免疫分析仪	北京联众泰克科技有限公司	2018年8月11日	北京	国械注准20183220293
11	人 EGFR、KRAS、BRAF、PIK3CA、ALK、ROS1 基因突变检测试剂盒（半导体测序法）	天津诺禾致源生物信息科技有限公司	2018年8月11日	天津	国械注准20183400294
12	EGFR/ALK/ROS1/BRAF/KRAS/HER2 基因突变检测试剂盒（可逆末端终止测序法）	南京世和医疗器械有限公司	2018年9月28日	江苏	国械注准20183400408

续表

通过创新医疗器械特别审查通道体外诊断产品					
序号	产品名称	生产企业	批准日期	所在地	注册证号
13	人类10基因突变联合检测试剂盒(可逆末端终止测序法)	厦门艾德生物医药科技股份有限公司	2018年11月16日	福建	国械注准20183400507
14	人类SDC2基因甲基化检测试剂盒(荧光PCR法)	广州市康立明生物科技有限责任公司	2018年11月16日	广东	国械注准20183400506
15	核酸扩增检测分析仪	杭州优思达生物技术有限公司	2019年12月30日	杭州	国械注准20193221026
16	人EGFR/KRAS/BRAF/HER2/ALK/ROS1基因突变检测试剂盒(半导体测序法)	厦门飞朔生物技术有限公司	2020年2月5日	厦门	国械注准20203400094
17	胚胎植入前染色体非整倍体检测试剂盒(半导体测序法)	苏州贝康医疗器械有限公司	2020年2月26日	江苏	国械注准20203400181
18	RNF180/Septin9基因甲基化检测试剂盒(PCR荧光探针法)	博尔诚(北京)科技有限公司	2020年4月29日	北京	国械注准20203400447
19	KRAS基因突变及BMP3/NDRG4基因甲基化和便隐血联合检测试剂盒(PCR荧光探针法-胶体金法)	杭州诺辉健康科技有限公司	2020年11月11日	杭州	国械注准20203400845
20	幽门螺杆菌23S rRNA基因突变检测试剂盒(PCR-荧光探针法)	上海芯超生物科技有限公司	2021年4月1日	上海	国械注准20213400227
21	胚胎植入前染色体非整倍体检测试剂盒(可逆末端终止测序法)	北京中仪康卫医疗器械有限公司	2021年11月2日	北京	国械注准20213400868

资料来源：根据国家药监局网站统计。

总体来说，尽管受到诸多因素的影响，但我国体外诊断企业科技创新的热情是主流方向，在新技术、新方法、新产品的创新研发转化方面，很多企业清楚地认识到这是企业未来健康发展的重要战略，纷纷加大科研投入，开发出诸多创新产品。例如，①全球首个基于高通量测序技术实现无创产前基因检测，终端检测价格仅为发达国家的1/5～1/10；唯一拥有全部自主知识产权的基因测序系统，该产品已销往全球70几个国家并列装。②具有我国完全自主知识产权ADx–ARMS®、Super–ARMS®、ddCapture®、ADx–HANDLE®、ADx–GSS®等技术。③基于多种半导体、芯片技术和生物技术的联用，全新的超快核酸检测技术和产品微纳芯片核酸扩增分析，具有优于20℃/秒的变温速度、单分子级别的检测灵敏度、单手可持等特点的通用平台可匹配不同种类和用途的试剂盒，将原本1小时以上40个PCR扩增和检测过程，缩短至5~15分钟，该技术具有高灵敏、高特异性、快速等优点。④利用印刷电子工艺膜印技术，开发的一种创新的、高精度、高可靠性的印刷式数字微流控（DMF）芯片技术，该芯片拥有可与半导体蚀刻工艺相媲美的精度但成本却只有其1/20，具有微量、高通量、任组合的特点，该技术有潜力成为下一代poct产品关键的核心技术之一。⑤化繁为简，由高成本转化为低成本，应用场景更加广泛且检测时间大大缩短的流式细胞法转化为化学发光法的流式发光细胞因子检测技术的应用。⑥利用AI技术进行血液细胞的形态学分析技术的应用。⑦基于外泌体PCR技术膀胱癌的早期诊断；前列腺外泄小体蛋白前列腺炎特异性诊断。⑧基于qPCR、dPCR和NGS技术，实现脑肿瘤患者术前、术中、术后辅助分子诊断和疗效监测技术。⑨实现肝癌高危人群早检早筛、术后复发和疗效监测，以及NGP产品线基于多重荧光免疫组化技术，实现肿瘤微环境定性、定量、多标记的全面分析技术。这些我国独有的新方法新技术越来越多地在我国企业中涌现，拥有这些独创的世界领先技术的企业和持续在研发中高投入的企业无疑是我国代表性创新企业。

在发达国家的企业中，体外诊断产品的商品化早在20世纪50年代前后形成，因此在许多体外诊断应用技术领域，我们与之相比，有较大差距。例如，①应用于尿液分析系统的：数字化流式形态学、尿液培养指示检查、数据管理iWARE专家、体液模块；莹光染色、尿路感染信息UTI；机内离心、计数板等技术。②应用于血液分析系统的：VCSn、多角度散射光、单细胞体积分布宽度、三维立体细胞群落散点图；网织红细胞血红蛋白参数、白细胞分类计数参数、样本分析装置。③应用于微生物系统的：Prompt快速接种、微型板卡、负离子模式微生物鉴定质谱、菌液自动加样。④应用于生物化学分析系统的：集束式点光源、光电数码转换、RFID、磁动传输、ICT电极模块、超声波搅拌。⑤应用于免疫分析系统的：予分杯及多层覆膜、电化学发光、自动质控、凝块与气泡自动检测、RCT溯源、MicroWell增强化学发光等技术应用领域。因此，需要我国的体外诊断生产研发企业继续加大研发和投入力度，不懈创新努力。

第十章
全球代表性产业园区及企业

第三节 国内代表性产业园区

我国经济发展已由高速增长阶段转向高质量发展阶段,《中华人民共和国国民经济和社会发展第十四个五年规划和2035年远景目标纲要》把"坚持新发展理念"作为"十四五"时期经济社会发展必须遵循的一条原则。

新发展阶段下,我国生物医药产业园区应践行新发展理念,顺应融合发展趋势,充分发掘比较优势,建立特色产业体系,全面提升园区的产业基础能力和产业链水平,发挥园区在推动经济发展过程中的质量变革、效率变革、动力变革和在提高全要素生产率中的作用。2020年园区生物医药产业GDP增速普遍高于全产业GDP(表10-5)。

表10-5 2020年部分园区全产业与生物医药产业GDP增长情况对比

园区	全产业GDP增速	生物医药产业GDP增速
成都高新区	5.1%	10.1%
泰州医药高新技术产业园区	95.4%	101.4%
南京生物医药谷	9.7%	12.5%
厦门生物医药港(海沧区)	2.37%	49.12%

资料来源:《2021中国生物医药产业园区竞争力评价及分析报告》。

我国产业园区发展主要分为4个阶段,从1979年开始以蛇口工业园为代表,探索建立了第一批无主题产业园;经过摸索与调整,演变为产业集聚型园区和产业链型园区;"十四五"期间,我国产业园区将全面步入高质量发展新阶段,呈现加速生态化的特征。

在产业园区发展演进过程中,产业定位由简单的生产加工区域逐渐转变为培育产业要素的摇篮,功能逐渐由单一的生产加工转变为资源集聚与整合,产业由低端密集型工业向高新技术产业升级,园区发展与城市整体发展有机结合,逐渐形成园区生态发展体系(表10-6)。

表 10-6　4 类产业园区发展特点

	园区 1.0 无主题产业园	园区 2.0 产业集聚型园区	园区 3.0 产业链型园区	园区 4.0 产业生态型园区
特点	劳动密集	产业集聚	产业链成型	产业与生活深度融合
驱动	低廉的土地价格与劳动力	产业配套驱动	产业综合配套服务	"产城人"综合服务
产业集聚力	优惠政策吸引及低廉的生产成本	要素聚合能力和稳定的主导产业	具有上中下游结构特征的产业链	产诚融合的一体化生态
服务内容	园区租售服务	企业基本服务	企业增值服务	各类产业与生活服务
功能形态	基础生产配套	生产配套、生活配套	生产配套、生活配套、景观配套	完善的生产配套、生活配套、景观配套
建筑类型	政府统一建设的标准型厂房	个性化和高品质建筑	建筑形态和材料高端化、多元化	追求智慧化、绿色化建筑

资料来源：赛迪顾问。

《国务院关于推进国家级经济技术开发区创新提升打造改革开放新高地的意见》和《国务院关于促进国家高新技术产业开发区高质量发展的若干意见》相继出台，分别对国家级经开区和高新区提出新的发展要求，通过着力构建开放发展新体制，加快形成国际竞争新优势，发挥两大类园区示范引领作用。

国内生物医药产业传统优势园区主要集聚在京津冀、长三角和珠三角地区，呈"三足鼎立"态势。随着传统优势园区空间承载能力下降、生产生活成本上升等问题日益凸显，企业外溢倾向明显。与此同时，传统优势园区周边生物医药产业发展起步较晚的新生代园区，具备极强的空间承载能力，且生产生活成本较低，在承接产业转移层面具备诸多优势。在这种背景下，产业资源呈阶梯状集聚，即研发创新型企业、红海龙头企业等产业主体留存在传统优势园区，前沿创新人才、技术、资本等要素继续向该类园区集聚，而制造型企业、蓝海新势力企业等产业主体则选择流向新生代、特色园区载体。从全国范围来看，更多生态型的特色园区崛起，连点成面趋势明显，且园区间的产业协同日益加强。从产业转移趋势看，生物医药产业由东向西转移，空间跨度上逐渐形成前沿释能城市带、转移承接城市带和特色崛起城市带三大城市带，"三足鼎立"格局正逐步演变为京津冀城市群、长三角城市群、珠三角城市群、长江中游城市群、中原城市群、成渝城市群和关中平原城市群 7 个引领生物医药产业发展的城市群（图 10-9）。

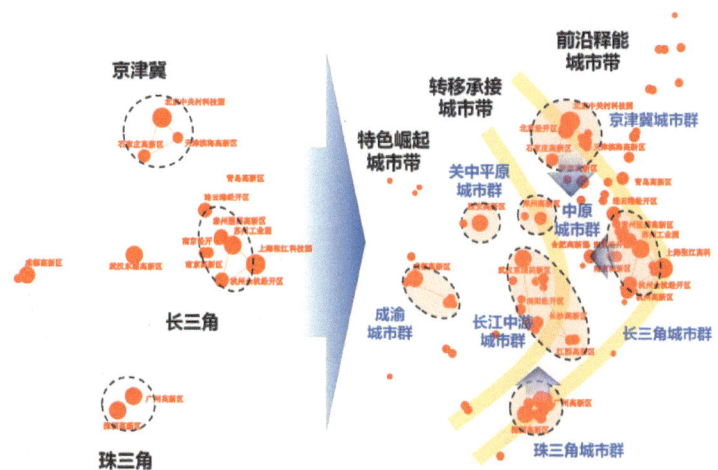

图 10-9 中国生物医药产业发展格局变化

（资料来源：赛迪顾问）

2020年，国家药监局共批准国产创新医疗器械23个，其中有18个国产创新医疗器械诞生在深圳高新技术产业开发区、上海张江高新技术产业开发区等12个园区。与2019年相比，2020年上市国产创新医疗器械涉及的生物医药产业园区更多（图10-10）。

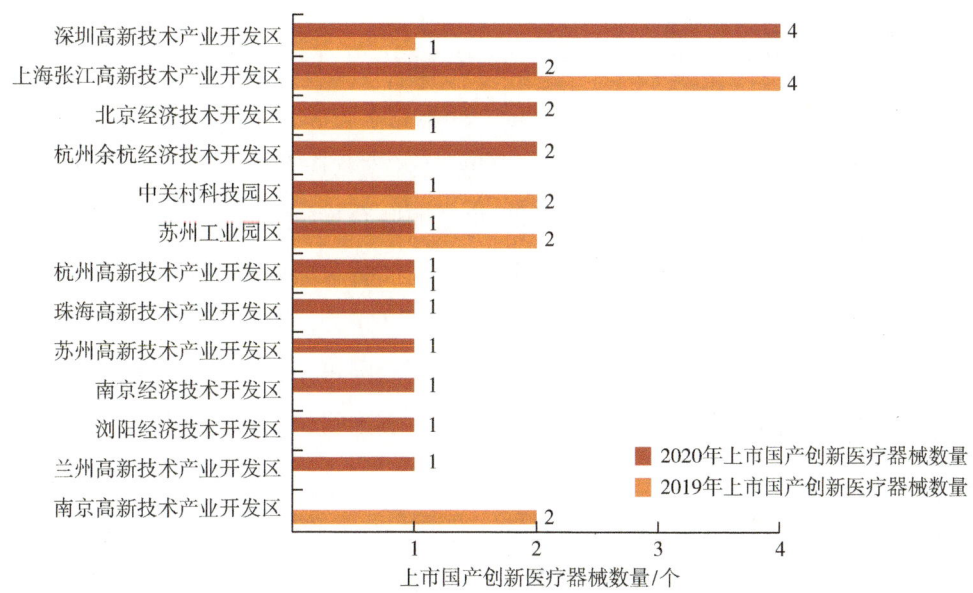

图 10-10 2019年与2020年上市国产创新医疗器械的生物医药产业园区分布对比

（资料来源：国家药监局、赛迪顾问）

以下是根据《2021中国生物医药产业园区竞争力评价及分析报告》排列的相关代表性园区。

一、国内部分体外诊断园区介绍

（一）苏州工业园区

苏州工业园区隶属江苏省苏州市，位于苏州市城东，1994年2月经国务院批准设立，同年5月实施启动，行政区划面积278平方千米，（其中，中新合作区80平方千米），是中国和新加坡两国政府间的重要合作项目，被誉为"中国改革开放的重要窗口"和"国际合作的成功范例"。

2019年，苏州工业园区共实现地区生产总值2743亿元，公共财政预算收入370亿元，进出口总额871亿美元，社会消费品零售总额543亿元，城镇居民人均可支配收入超7.7万元。

在商务部公布的国家级经开区综合考评中，苏州工业园区连续四年（2016年、2017年、2018年、2019年）位列第一，在国家级高新区综合排名中位列第五，并跻身科技部建设"世界一流高科技园区"行列，2018年入选江苏省改革开放40周年先进集体。

苏州工业园区的综合竞争力排名由2019年的第二上升至2020年的第一。园区产业竞争力和人才竞争力排名仍保持第一，环境竞争力和技术竞争力排名较2019年上升一名，合作竞争力排名第二。2020年度园区生物医药产业总产值位列全国第二，生物医药企业数位列全国第五，2020年度园区获投资（天使投资、风险投资、股权投资）总额位列全国第四，园区内含有的孵化器及加速器总数位列全国第一，在孵企业数及毕业企业数总数位列全国第二。2020年园区获医疗器械注册证总数位列全国第二。2020年园区生物医药研发投入位列全国第一，申请生物医药发明专利数位列全国第三，园区内生物医药领域研究生学历比例和生物医药研发人员比例分别位列全国第三和第二。

苏州工业园区在保持产业竞争力和人才竞争力优势的情况下同步提升环境竞争力和技术竞争力，本年新增的合作竞争力排名第二。苏州工业园区从全方位提升园区竞争力，稳步促进科技创新载体的发展，从而扩大其对人才的吸引力，特别是高端人才。除此之外，苏州工业园区大力培育科技型企业、打造梯次结构的企业集群，现已形成中小型民营科技企业、高新技术企业、瞪羚企业、独角兽企业、上市公司等接续有力的科技创新"五路纵队"。园区多年坚持把科技创新作为区域发展的核心战略，已构造有利于吸引人才、企业发展的良好生态环境。扎实推进园区经济高质量发展。

（二）上海张江高新区

上海张江高新区，原名上海高新区。1991年3月，国务院批准漕河泾新兴技术产业开发区为全国首批国家高新区之一；自1992年开始，上海陆续将知识经济集聚的区域纳入上海市级高新区范围，先后成立张江高科技园、金桥园等高科技园区；高新区从1园、2园、6园、8园、12园、18园，到22园，总面积531平方千米，覆盖全市16个行政区。2006年3月，国务院批准上海各高科技园整体更名为"上海张江高新区"。

上海张江高新区2020年参与中国生物医药产业园区竞争力评价，之前是高新区中具有特色的张江高科技园区参与。上海张江高新区2020年的综合竞争力排名第三，园区产业竞争力排名第五，环境竞争力和人才竞争力排名第四，合作竞争力和技术竞争力排名第三。2020年度园区生物医药产业总产值位列全国第五。生物医药企业数、园区获投资（天使投资、风险投资、股权投资）总金额均位列全国前五强，园区内含有的孵化器数量、加速器数量等均位列全国前五。2020年园区获医疗器械注册证总数位列全国第七。园区内生物医药领域研究生学历比例46.43%，数量和占比均位列全国第四。

首先上海张江高新区以产业为根本，强化创新研发能力，其以建设综合性国家科学中心和国家实验室为契机，布局一批解决重大科技前沿、前瞻性科技问题的高水平研究机构和大科学装置，如国家蛋白质科学研究（上海）设施作为全球生命科学领域首个综合性大科学装置，实现蛋白质晶体拍照只需要0.1秒。

其次上海张江高新区在已有的生物医药产业园区的基础上提质扩容，加速创新产业化进程。园区总规划面积531平方千米，生物医药领域规划面积57.82平方千米。园区总企业数从2018年的15 000家（位列全国第二十五）到2019年的54 000家（位列全国第七），再到2020年的87 000家（位列全国第三）。园区内生物医药企业总数从2018年和2019年的2000家（分别位列全国第六和第七）到2020年的3100

家（位列全国第五）、园区的生物医药总产值也从 2019 年的 402.62 亿元（位列全国第十五）增加到 2020 年的 1073.90 亿元（位列全国第五）。园区为生物医药产业的发展打下基础，进一步推进创新成果落实落地。

园区依托国家新型工业化产业示范基地建设，始终以创新为引领，把高端制造和智能制造作为重要抓手，强化"张江研发"的创新策源能力，实现"张江制造"。除此之外，围绕企业需求，打造了从新药探索、药物筛选、药理评估、临床研究、中试放大、注册认证到量产上市的完整产业链专业技术平台，满足生物医药企业全产业链共性需求。同时针对生物医药产业链不同环节需求，充分协调园区内科研院校、临床机构等资源，为园区企业提供高端基础研发、源头创新和临床转化服务。

（三）成都高新区

成都高新区筹建于 1988 年，1991 年获批成为全国首批国家级高新区，2006 年被科技部确定为全国创建"世界一流高科技园区"试点园区，2015 年经国务院批准成为西部首个国家自主创新示范区，是四川省全面创新改革试验区和自由贸易试验区核心区。

成都高新区坚持产业链筑基，聚焦疫苗、医疗器械等细分领域，在现代中药、生物药、医疗器械等领域发展迅速，形成强竞争力的产业集群。园区同时也坚持创新链赋能，以重大新药创制示范基地为抓手，围绕生物医药高新技术领域构建多个公共技术服务平台，同时与四川大学共建医学中心，探索创新校地合作机制，在全国首创科技成果确权校地分享"事业合伙人"模式，引进多个项目，促进园区医药行业发展。除此之外，园区坚持金融链助力，组建大规模生物产业母基金及其他生物医药领域基金，同时发布多个生物医药相关财政为生物医药的发展保驾护航。

成都高新技术产业开发区的综合竞争力由 2019 年第三降至第四。园区的产业竞争力较 2019 年无明显变化，环境竞争力上升七名，上升幅度最大。人才竞争力较 2019 年排名上升两名，技术竞争力较 2019 年下降了一名。园区在今年新增的合作竞争力指标评价中排名第四。

（四）天津滨海高新区

天津经济技术开发区，其英文名称缩写是"TEDA"，音译为"泰达"，创立于 1984 年 12 月 6 日，位于天津市区以东 40 千米，为天津市滨海新区的重要组成部分，

第十章 全球代表性产业园区及企业

国家综合配套改革试验区的一部分，是中国首批国家级经济技术开发区之一。天津经济技术开发区具有得天独厚的区位优势，依托京、津，辐射三北，其所在的环渤海区域是一个人口密集、城市集中、交通便利、工商业发达、市场容量大、购买力高的黄金地带，具备发展工商业的良好条件。以"21 世纪现代化国际工业新城区"为目标，天津经济技术开发区致力于塑造与国际惯例和国际市场接轨的投资环境。经过十几年的开发建设，天津经济技术开发区投资环境日臻完善，经济实力迅猛发展，已成为中国，乃至亚洲最具吸引力的投资区域。

天津滨海高新区的综合竞争力稳步增长。由 2019 年的第九上升至 2020 年的第八。环境竞争力全国排名第八。产业竞争力 2020 年全国排名第九，较 2019 年下降两名。

截至 2020 年年底，天津滨海高新区参与化学药临床药物试验 169 项（全国排名第九），参与中药临床药物实验 91 项（全国排名第二）。获得中药新药证书 6 项（全国排名第九），参与生物药临床药物实验 45 项（全国排名第七）。园区获得医药器械注册证 271 项（全国排名十三），园区生物医药企业研发医疗器械 657 个（全国排名第七）。园区以增强自主创新能力为重点，围绕创新药物、医疗器械等优势领域，聚集优质创新资源，持续推进载体平台建设，着力构建产业特色鲜明、创新要素丰富、产业链条完善的生物医药产业聚集区，努力将渤龙湖片区打造成为全国具影响力的生物医药产业基地。

天津滨海高新区先后获得国家知识产权示范园区、国家技术转移示范机构、海学人才创新创业基地等称号，拥有实验血液学国家重点实验室、释药技术与药代动力学国家重点实验室等国家级实验室。园区培育重点企业激发市场活力，整合现有教育、医疗资源，促进科研机构与企业交流合作，加强产学研融合，在继续做强原有国家级和市级实验室、科研中心、工程中心的基础上，聚焦共性关键技术领域。建设更多创新平台，引领产业创新，完善创新创业生态，以产业主体为核心，加大研发投入，推动产品开发，打造生物医药产业聚集化、特色化园区。园区注重政府引导，充分利用国家、天津市、滨海新区政策，学习其他先进地区经验，从产业扶持、金融支撑、人才资源等方面为企业提供全方位发展保障，解决后顾之忧。依托现有优势，聚集资源要素，为园区发展提供新动能。

园区积极完善园区内教育、商业等生活配套类软性基础设施，建立市政配套、专业载体等硬件基础设施，产城融合，通过设立专业的生物医药产业服务团队和服

(五）南京生物医药谷

南京生物医药谷成立于2011年3月，位于南京市新主城江北新区核心区，是南京市重点打造的生物医药研发创新产业基地。规划区域面积14.92平方千米，其中，研发区8.1平方千米，产业区6.82平方千米，国家级科技企业孵化器2个。入驻企业超过600家，生物医药从业人员超过20 000名，产业集聚规模位居全市第一。

2019年，南京生物医药谷实现产业收入500亿元，并重点布局细胞治疗、基因治疗、核酸药物、新型抗体药物等前沿新兴生物技术药产业。

在综合竞争力排名中，南京有3个园区进入50强，且排名较去年均有所提升：南京生物医药谷由2019年的第15位升至2020年的第11位，南京江宁高新区由第19位升至第18位，南京经济技术开发区由第28位升至第25位。

南京生物医药谷依托国家重大创制、重大科技成果转移试点示范基地，形成了药物研发及生产、医疗器械及诊断试剂、中药及健康服务、研发服务、外包四大主导产业，重点发展基因治疗、免疫细胞治疗、CAR-T细胞治疗、生物制药、医药研发、医疗器械等领域。特别在化学药、医疗器械等领域表现突出。

园区生产型企业医疗器械收入134.78亿元（全国排名第七），服务型企业医疗器械收入40.28亿元（全国排名第四），获得医疗器械注册证258个（全国排名第十四），生物医药企业研发医疗器械数量385个（全国排名第十一）。园区已入住700余家企业，形成了以研发创新为主的产业结构，聚集了先声东元、绿叶制药、健友生化、药石科技、世和基因等一批龙头创新企业。同时引进国家级人才工程计划专家、科技部"创新人才推进计划"、江苏省"双创计划"等高层次专家。除此之外，园区以国际化标准搭建了专业优势明显的公共技术服务平台和产业转化平台，发起成立南京生物医药公共服务平台联盟，提供全链条规模化、高质量的孵化与技术服务，形成政府、企业、高校、医院协同创新的产业提速模式助力园区企业全方位发展。

（六）武汉东湖高新技术开发区

中国（湖北）自由贸易试验区武汉片区面积70平方千米，全域位于武汉东湖高新技术开发区核心成熟区域。也是中国（湖北）自由贸易试验区面积最大的板块和最成熟的区域。

第十章
全球代表性产业园区及企业

武汉东湖高新技术开发区综合竞争力由2019年第七升至第五,园区的环境竞争力较2019年上升六名,位列全国第二,园区二级以上医院数量、生物医药高新技术企业总数、生物医药上市企业总数、金融投资机构数量,以及针对生物医药产业专项政策数等指标表现优异,因此环境竞争力排名上升较大。产业竞争力较2019年上升六名,位列全国第四。技术竞争力今年位列全国第五,相较于2019年上升了一名,变动较小。

湖北省委、省政府主要领导挂帅,成立了湖北省生物产业发展暨武汉国家生物产业基地建设领导小组,定期召开领导小组成员会议,及时协调解决发展过程中出现的重大问题,推广武汉国家生物产业基地成功经验和建设模式,形成了相关市(州)积极参与、主管部门合作联动、以产业发展与基地建设为双翼的"领导协调、部门联动、专班推进"的新机制。

园区坚持"产城一体、错位发展"的原则,瞄准生物医药、生物医学工程、生物农业、生物服务等产业领域,推动建设生物创新园、生物医药园、生物农业园、医疗器械园、智慧健康园、医学健康园和国际生命健康园7个产业园区,引导企业抱团发展,提升产业凝聚力和集中度。针对企业发展不同阶段,引入留学生创业园生物中心、新药孵化、致众科技等专业的众创空间、产业孵化器、加速器和国内外运营团队,为不同成长阶段的企业提供贴身服务。

园区紧跟产业国际发展前沿,前瞻性编制产业发展规划,超前布局和发展精准诊疗。重点选取基因检测、医学影像领域打造精准诊断,着力引导精准诊疗领域加快实现突破、形成优势,抢占行业发展新兴阵地和技术高点。同时,结合产业发展趋势变化和企业阶段特征,研究吸收外省先进做法,引导产业有序健康发展。

园区依托武汉大学、华中科技大学、华中农业大学、中科院武汉分院的优质生物资源,组建武汉生物技术研究院,并发挥其合作枢纽作用,广泛链接国内外高校和科研院所资源,持续引入高水平科研团队和创新项目技术,将科研资源转化为产业创新资源。园区也创造第三方产业服务空间,引入专业服务资源充实产业链、完成上下游衔接环节,构成全方位的产业平台服务功能,提升综合服务水平。园区依托协同创新体系建设,以产业合作为契机,持续引入人才、技术、项目、市场等产业资源,增强产业发展后劲。园区还释放生物健康产业发展红利和创新创业机遇,吸引社会资本、良性产业资本、金融资本等各类资金流入,扩充产业发展金融"资金池",丰富企业获取资本支持的渠道和模式,强化科技金融支持。

（七）泰州医药高新技术产业开发区

泰州医药高新技术产业开发区从 2005 年开始规划建设，是中国首个国家级医药园区，唯一由科技部、国家卫生健康委、国家食品药品监督管理局、国家中医药管理局四部委和江苏省人民政府共建的部省共建园区，先后被国家科技部、商务部确定为国家火炬计划医药产业基地、国家级医药出口基地和科技兴贸创新基地。

泰州医药高新技术产业开发区，地处长江三角洲重要成员城市泰州，总体规划面积 30 平方千米，由科研开发区、生产制造区、会展交易区、康健医疗区、教育教学区、综合配套区等功能区组成，按照以产兴城、以城促产、产城一体、产城共荣的规划建设理念，致力于打造中国规模最大、产业链最完善的生物产业基地。

泰州医药高新技术产业开发区坚持创新引领，集聚要素资源，构筑发展平台。园区内已汇集上千家海内外知名医药健康企业，包括阿斯利康、勃林格殷格翰、阿拉宾度等数十家全球知名跨国制药企业，已建设成为具有生物医药特色、产业链完善、技术平台健全、服务水平专业的知名园区。

园区重点培育打造了疫苗、诊断试剂，以及高端医疗器械、生物制药、化学药新型制剂、中药现代化和特医视频等特色产业集群。在生物药、疫苗、诊断试剂高端医疗器械、化学药等产业方面已取得一定成就。同时园区加速创新成果转化，上千项"国际一流"医药创新成果落地申报。园区坚持以科技创新为核心，推进创新要素聚集，构建完善创新体系。其中，多个重点实验室和多个研究所已落户园区。每年 1 亿元的"113"人才资金形成了"113 人才计划"、省"双创计划"、国家级高端专家 3 个梯度体系加快了高端人才聚集。疫苗工程中心、临床研究基地、动物实验中心、大小分析平台等多个公共技术服务平台加快了公共平台完善，为海内外创业者提供了"拎包入住"的创业环境。园区坚持产城一体、以人为本、绿色低碳、智能智慧的理念，推进城市与产业协同发展。目前，初步形成了部省共建机制、便捷的药品注册申报体系、完备的专业技术平台、周到的高端人才服务、健全的融资服务体系等核心优势，奋力打造生物医药产业高质量发展新高地。

（八）广州高新技术产业开发区

广州经济技术开发区于 1984 年经国务院批准成立，是全国首批国家级经济技术开发区之一，地处广州市东部。

广州经济技术开发区管委会享有市一级经济管理权限，外商投资项目的审批手续基本上可以在区内办理。该管委会不断强化亲商、重商意识，推行"一站式办公，一条龙服务"，对投资者实行优质服务承诺制，提供快捷周到的投资服务。

广州高新技术产业开发区致力于全力培育打造世界级生物医药产业集群，建立了一批生物药的研发和生产基地，百济神州、瑞士龙沙、康方药业等多个大产业项目已先后开工建设。园区也建立了一批高水平研发机构，广州生物医药与健康研究院干细胞研究水平国内领先，除此之外还有很多高端研究所和实验室。园区同时聚集了一批包括院士在内的顶尖高端人才，为园区生物医药发展保驾护航，目前广州高新区基本形成全域布局、全链条发展的良好态势。科技研发主要在广州国际生物岛，成果转化聚集在广州科学城，生产制造主要在广州知识城。全区聚集生物医药企业超过1000家，GDP总产值近4000亿元。产业规模壮大、集聚效应明显、发展特色鲜明，形成以广州国际生物岛、广州科学城、广州知识城为核心的生物医药集聚区，跻身国内第一梯队。

（九）长沙高新技术产业开发区

长沙高新技术产业开发区是长株潭两型社会建设综合配套改革试验区、长株潭国家自主创新示范区、国家级湖南湘江新区和长株潭衡国家智能制造试点示范区四大国家战略平台的核心区，也是全省唯一的国家海外高层次人才创新创业基地和全国第九个"侨梦苑"。

长沙医药健康产业园坐落于长沙高新技术产业开发区，规划占地628亩，总投资25亿元，总建筑面积70万平方米，集中打造现代交易平台、现代物流平台、综合服务平台、投融资平台、信息交互平台、GSP认证服务平台等八大功能平台，为入驻企业提供GSP标准的专业咨询、软件标准及系统设计、GSP认证辅导服务等，给予企业强有力的支持。

（十）杭州高新技术产业开发区

杭州高新技术产业开发区（滨江）由杭州国家高新区、杭州市滨江区管理体制整合而成，总面积约92平方千米。杭州高新技术产业开发区建于1990年，是国务院批准的首批国家级高新技术产业开发区之一，启动区块位于钱塘江北原文教区一带，是高新区的发祥地，也是高新技术的创新源和科技型中小企业的大孵化器；滨江区设立于 1996 年 12 月，位于钱塘江南岸，全区下辖 3 个街道，62 个社区，2020 年末常住人口 50.60 万人。2002 年 6 月两区管理体制调整，实行"两块牌子、一套班子"，既按高新区模式运作，又行使地方党委、政府职能，开启了建设发展的新时期。

建区以来，杭州高新区（滨江）以科学发展观为统领，坚持"发展高科技、实现产业化"，发挥体制、机制、管理、服务、区位等优势，吸引创新资源，优化创新环境，不断完善区域创新体系，加快培育内生增长和创新驱动的经济增长模式，经济社会实现了快速健康发展。根据 2014 年 7 月科技部公布的全国国家级高新区综合排名，杭州高新区位列第五，跻身国家高新区第一方阵。连续 3 年在浙江省工业强县（市、区）综合评价中位列第一，成为浙江省最重要的科技成果产业化基地、技术创新示范基地、创新型人才培养基地、高新技术产品出口基地和海外高层次人才创新创业基地。

杭州高新区（滨江）全力打造浙江省战略性新兴产业的集聚区、示范区——"智慧 e 谷"。始终坚持把"高"和"新"作为产业发展方向，大力发展高新技术产业和战略性新兴产业，打造了从关键控制芯片设计，到传感器和终端设备制造，到网络通信设备、信息软件开发、物联网系统集成，以及电子商务、金融服务、智慧医疗等运用，再到网络运营服务、大数据平台的全产业链和技术体系，培育壮大了阿里巴巴、华三通信、海康威视、大华股份、中控集团、聚光科技等一大批骨干企业，引领和带动了杭州市，乃至浙江省转型升级和产业结构调整。

（十一）厦门生物医药港

以海沧生物医药产业园区为核心区的厦门生物医药港，是厦门市及海沧区围绕全市"双千亿"产业布局、大力培育生物医药产业的重要载体，现占地面积约 6.58 平方千米，在空间上形成了由海沧科技创业中心、厦门生物医药中试基地、厦门生物医药产业园、厦门生物医药协同创新创业中心和企业自建区组成的产业高度集聚区，构建了服务于生物医药产业全生命周期的完整的"研发创新—孵化—中试—产业化"产业发展体系。

为推动产业高质量发展，厦门生物医药港持续优化产业发展生态。省、市、区三级政府均制定了面向生物医药企业研发创新、人才引进、成果转化等各个环节的支持政策，形成了产业政策、科技政策、人才政策叠加配套的立体政策体系。厦门生物医药港搭建了生物医药测试分析、化学创新药研发、体外诊断试剂及仪器开发、仿制药一致性评价等9个公共技术服务平台,为企业提供实验仪器设备共享,以及生物医药分析检测、药物合成、药物筛选、药物活性评估、制剂研发、诊断试剂和仪器开发等专业技术服务,助力企业的创新研发转化。同时,福建省药监局在园区设立了服务工作站、药品审评与监测评价中心厦门分中心,在企业"家门口"提供一站式便捷业务办理和辅导服务;借助国家自主创新示范区、自由贸易区优势,创新海关监管模式和平台管理模式,建立生物材料特殊物品出入境公共服务平台,提升生物材料通关效率;在福建省率先试点职称评审机制改革,建立行业协会和市、区职改办三级联动的评审方式,实行"企业自主评价＋行业专业评价＋市场发展评价",建立起利于企业引才聚才、人才成长的职称评审机制。

近年来,厦门生物医药港呈现质升量增的良好发展态势,实现了产业、人才、资本的加速集聚,形成了新型疫苗、创新药物、体外诊断、骨科植入材料、呼吸耗材、助听器等一批具有优势特色,以细分产业板块为代表的产业链群。截至2021年,园区集聚生物医药企业405家,尤其是在体外诊断板块,厦门生物医药港技术门类齐全,在生化、免疫、分子诊断和即时检测四大主流技术领域集聚了一批以上市公司为代表的创新能力较强的行业骨干企业,2021年生产型体外诊断企业营收突破200亿元。

厦门生物医药港在促进福建省及厦门市生物医药产业发展方面发挥了显著作用。2012年,厦门生物医药港被科技部火炬中心认定为国家火炬生物与新医药特色产业基地;2014年,以厦门生物医药港为核心的厦门市入选国家战略性新兴产业区域集聚发展试点,厦门生物医药孵化器被科技部认定为国家级科技企业孵化器;2017年,厦门生物医药港被中华全国工商业联合会医药业商会授予"2016投资服务双优园区奖",被工业和信息化部认定为国家小型微型企业创业创新示范基地;2019年,以厦门生物医药港为核心的厦门市生物医药产业入选国家发展改革委战略性新兴产业集群,成为全国首批入选的17个生物医药领域产业集群之一,并连续3年被国务院通报为大力培育发展战略性新兴产业、产业特色优势明显、技术创新能力强的地方;2020年,厦门生物医药港入选国家第三批大众创业万众创新示范基地(精益创业方向);2021年,中国生物技术发展中心发布了《2021中国生物医药产业园区竞争力评价及分析报告》,厦门生物医药港在2020年国家生物医药产业园区综合竞争力排行中居第15位,在医疗器械单项排行中居第3位。

二、体外诊断特色园区代表

（一）中关村生命科学园

中关村生命科学园是中关村科技园区的重要组成部分，是以生命科学研究、生物技术和生物医药相关领域研发创新为主的高科技专业园区。建设中关村生命科学园是北京市委、市政府落实国务院《关于加快中关村科技园区建设的批复》精神，发展首都知识经济，调整北京产业结构，提升自主创新能力的重大举措。

国家发展改革委于 2006 年 10 月批准中关村生命科学园为北京国家生物产业基地。

园区以北京生命科学研究所、北京市药品检验所为基础支撑平台，以北大国际医院为临床试验平台，依托生物芯片北京国家工程研究中心、蛋白质药物国家工程研究中心等 7 个国家级工程化产业项目和美国健赞、瑞士先正达、丹麦诺和诺德等 8 家国际著名生物技术企业的研发中心，将建成集生命科学研究、企业孵化、中试与生产、成果评价鉴定、项目展示发布、风险投资、国际交流、人员培训于一体的国际一流的生物技术园区。

（二）上海临港生命蓝湾

临港新片区生命科技产业园位于新片区的奉贤区域东部，一期规划面积 4.5 平方千米，命名为"生命蓝湾"，二期和三期扩区建设后总面积将达 45 平方千米，是上海市 26 个特色园区中可系统规划性和资源可供给性强的生命科技产业专业园区，也是临港新片区四大战略新兴产业中生物医药产业唯一的专题园区。

园区聚焦生物医药、高端医疗器械、国际医疗服务三大板块，在精准诊断、精准药物、精准手术和相关健康外延服务 4 个一级产业领域，12 个二级子产业和 33 个细分领域，加大对头部企业、领军企业、冠军企业的引入力度，打造具有全球影响力的技术研发中心，形成精准医疗产业发展高地、创新转化的枢纽地和创新服务集聚地，形成全产业链生态环境闭环。

园区计划到 2025 年集聚 100 家左右行业高端企业，其中百亿级企业 2 家、十亿级企业 5 家、高端医院 2 家，生命科技产业总产值突破 300 亿元；到 2035 年，园区集聚 200 家左右行业高端企业，并以生命科技产业为核心，向康养、医美、教育、培训等衍生领域拓展服务半径，构建大健康服务产业体系，大健康产业总产值突破 1000 亿元。

(三)粤港澳大湾区(从化)生物医药产业创新平台

粤港澳大湾区(从化)生物医药产业创新平台(简称"创新园区")位于广东省从化经济开发区明珠工业园核心区域,地处开发区主干道明珠大道和创业大道交汇处,由政府主导,珠光集团负责园区建设开发运营,占地面积约5万平方米,总建筑面积约14万平方米,其核心作用是孵化、转化创新药物,填补粤港澳大湾区生物医药产业链关键技术服务平台的空白,推动了"广州—深圳—香港—澳门"科技创新走廊的建设,形成药物研发、安全性评价、综合服务、产业化等全链条集聚,深度融入粤港澳大湾区生物医药产业集群建设。

(四)上海(南翔)精准医学产业园

上海(南翔)精准医学产业园由复旦大学和嘉定区政府共同发起成立,是国际化、专业化、市场化的精准医学产业化平台。

园区聚焦精准诊断、精准预防、精准治疗和精准康复四大领域,致力于构建集精准医学产业化研究院、精准医学产业转化平台、精准医学临床应用平台、上海精准医学产业投资基金于一体的产业化创新服务体系,建立具备完善生态体系和专业功能的创新载体,打造从科学研究到临床应用一体化的全产业链,为全球顶尖的精准医学科研成果在中国产业化提供专业服务,预计将在上海市嘉定区形成千亿级产业,成为国家重大产业创新示范区。

(五)东方美谷生命健康产业园

东方美谷生命健康产业园由复容投资和东方美谷合作共建,旨在以全新的体制机制、高端的创新资源、丰富的创新成果、自由的创新氛围、良好的配套环境,吸引和集聚来自全球的顶尖创新创业人才,形成独具特色的创新创业生态体系,培育生命健康产业具有行业标杆的领军企业,打造生命健康产业创新创业的产业服务平台,力争成为未来奉贤区实践上海市建设全球科技创新中心的重要承载区的典范、上海市生命健康产业集聚示范区。

(六)淮海生物医药产业园

淮海生物医药产业园位于淮海经济区中心城市徐州市,总体规划面积3000亩,作为徐州高新区生物医药创新型园区,淮海生物医药产业园充分利用徐州市地理优势及医疗资源，助力生物医药项目迅速产业化，有效帮助企业拓展华东地区医疗市场、节约物流成本。

淮海生物医药产业园定位精准医学诊断、高端医疗器械、抗体肿瘤药物、医学美容产品四大产业方向，建设了完善的产业技术平台、基金融资平台、项目载体平台。园区已完成40万平方米标准厂房载体建设，组建母基金200亿元，建设了研发、产业服务、检验检测、销售一站式服务模块。

为落实"注册人"制度，园区重点打造了高端医疗器械CDMO平台，服务范围包含了体外诊断试剂、有源医疗器械、无源医疗器械三大领域，是江苏省首家综合全面的高端医疗器械CDMO平台，大大降低企业研发生产成本，保障企业高效运营，加快产品上市速度。园区内还建有江苏省食品药品监督管理局医疗器械检验所徐州分所，进一步加速医疗器械项目孵化、转化效率，为企业发展保驾护航。

第四节 国外代表性产业园区

随着全球经济发展和社会老龄化程度的提高，尤其是在新冠肺炎疫情形势下，各国对生物医药和先进的医疗器械需求呈现明显的上升趋势，发达国家纷纷把生物医药技术及其产业化提升作为国家战略，加速抢占生物医药技术及产业化的制高点。目前，全球生物医药产业发达的国家主要集中分布在中国、美国、欧洲、日本和印度等国家，其中我国涉及生物医药领域的产业园区数量最多。

美国生物医药产业园区相关产业总产值、研发实力、产业发展，在全球属领先地位，英国在生物医药技术研发领域是全球生物医药第二大研发强国，日本生物医药领域的发展起步虽晚于欧美，但生物医药产业发展迅猛。上述这些国家中一些代表性的生物医药产业园区，对本国的生物医药领域的发展和进步起到了很好的促进和推动作用。20世纪50—60年代起，在美国东部就建立了第一个生物技术科技园，经过几十年的发展，已形成相对完善的生物产业集群，其产业链成熟完整，创新型企业众多。目前，在美国已经形成了波士顿/剑桥、旧金山、圣地亚哥、北卡罗来纳州、西雅图、纽约、费城、洛杉矶、华盛顿和芝加哥共10个生物技术产业集群（表10-7）。

表 10-7 美国十大生物技术集群的有关信息

集群名称	拥有专利数/件	就业人数/人	美国国立卫生研究院资金/百万美元	风险投资资金/百万美元	实验室面积/万平方米
波士顿/剑桥集群	6496	86 235	1055	3060	184.88
旧金山集群	10 312	67 738	520.6	800	9.29
圣地亚哥集群	4383	63 730	352.9	650	2.72
北卡罗来纳州集群	928	35 073	349	14	6.5
西雅图集群	1887	24 320	374.4	169	42.74
纽约集群	3208	127 308	787.3	132	117.99
费城集群	1365	53 614	389	125	59.46
洛杉矶集群	1479	120 688	337.4	—	18.58
华盛顿集群	4108	39 145	271.4	146	88.26
芝加哥集群	1143	53 054	252.5	69	32.52

资料来源：2017 年 6 月 5 日 Top 10 U.S. Biopharma Chusters。

除这些集群外，由马里兰州、弗吉尼亚州和华盛顿特区组成的美国生物健康首都地区，马萨诸塞州医学科学园区发展也较为突出。

欧洲在全球的生物技术市场分布仅次于美国，许多生物技术集群在 20 世纪 90 年代中期开始形成，主要分布在丹麦、法国、德国、意大利、西班牙、瑞典、瑞士和英国。据欧洲生物产业协会（Europabio）研究，欧洲现有 2163 家生物技术公司，形成了英国伦敦、德国莱茵河上游三角地带、法国巴黎"基因谷"，以及丹麦-瑞典生物谷、挪威挪瓦姆生物医学科技园等多个生物产业集群。在英国，领先的生物技术集群主要集中于英格兰东部/东南部地区（"金三角"地区伦敦、剑桥和牛津）、英格兰西北部地区（曼彻斯特和利物浦）、苏格兰中部地区。英格兰东部/东南部和苏格兰中部的医药生物技术公司占全国总数的一半以上，英格兰东部/东南部地区拥有最多的疫苗和治疗性蛋白质公司，中小型企业数量也最多。英国剑桥科技园成立于 48 年前，当时剑桥大学三一学院（Trinity College Cambridge）采纳了将改变剑桥、英国，乃至其他地方高科技行业的理念。三一学院拥有剑桥科学园（Cambridge Science Park）的永久所有权。这里有超过 130 家公司的 7000 名员工，从令人兴奋的初创企业到一些世界领先的技术企业。

德国现有大约 20 个与生物技术相关的产业集群，其中最大的集群位于柏林、慕尼黑、莱茵－内卡大都会区、科隆和法兰克福。丹麦的生物技术产业集中在哥本哈根地区，拥有约 160 家专门的生物技术公司。

法国 LyonBiopole，它支持医疗保健和生命科学领域的项目和创新公司。它的目标是帮助创新者开发新技术、产品和服务，以推动更个性化的药物和更好的治疗。战略领域包括药物载体、兽医医学、体外诊断、医疗器械和医疗技术。

瑞士 BioAlps，瑞士西部的生命科学集群，提供了一个动态的网络，一个创新和支持性的环境，并直接进入生命科学的世界。它包括一个活跃的生态系统，研究机构、学术机构、初创公司和大型跨国公司集中在一个小的有吸引力的地理区域，目标是推动瑞士西部成为世界一流的生命科学创新中心，并通过在学术界、企业家、投资者、当局和新企业之间创造协同效应来促进增长。BioAlps 提供了广泛的网络和支持机会。瑞士巴塞尔生物谷，是开放的灵活平台，也是巴塞尔区域生命科学社区的一个网络和整合平台。瑞士巴塞尔生物谷是三国生物谷生命科学集群的一部分，该集群在巴塞尔地区延伸至法国、德国和瑞士。它是欧洲生命科学领域的领先热点，包括 40 家科研机构、900 家公司（包括全球 40% 的最大制药公司）、100 000 名学生和 11 个生命科学园区。许多组织支持与业内同行建立专业共享网络。

日本的生物技术产业虽起步晚于欧美国家，但发展迅速。目前，日本经济产业省出台产业园区计划，形成了高科技的主题园区共 18 个，覆盖大部分领域，其中 11 个是以生命科学为主题的产业园区，如大阪生命科技产业园、神户医药产业园和北海道生命科技产业园、神户生物医学创新集群等。1995 年神户发生阪神大地震后，神户经济遭到严重破坏，为了重建神户的经济，神户启动了 KBIC 项目。自 1998 年以来，神户已经把港口岛和人工岛发展成为先进医疗技术的研究中心，通过产业界、大学、政府和医疗部门的合作，已经形成了医疗相关产业集群，将成为 21 世纪生命科学产业的增长引擎。该集群入住了约 370 家公司和组织，包括研究机构、医院和公司，集中在一个紧凑的区域，通过协作创新。集群既有合同研究机构、合同检测机构、CRO、CMO、动物育种和实验的集中地，也有满足各种研究和开发需求的设施，还有转化研究信息学中心（TRI）支持临床研究并与 9 个高度专业化的医院集群合作，有利于临床研究的环境，全方位支持系统，提供各种孵化设施和加速计划等，扩大对初创企业的支持。神户市的工作人员与专门的协调员一起，为扩大业务的商业化提供支持。

第十章 全球代表性产业园区及企业

印度是世界十大生物技术国家之一，自20世纪80年代，印度政府就开始建设多家生物技术产业园，主要分布于班加罗尔、浦那、海得拉巴、新德里、勒克瑙等地区。如今，印度的生物技术基础设施正经历从传统集群向生物科技园等专业化工业基础设施转变，卡纳塔克邦、安得拉邦、马哈拉施特拉邦、泰米尔纳德邦和喀拉拉邦是世界级生物科技园的有力推动者。据印度生物技术领导企业协会（ABLE）称，2012—2016年全国有3000多名企业家建立了1022家生物技术初创企业。此外印度已创建了16 300平方米的生物孵化空间，计划到2020年支持50个世界级的生物孵化器，目前6大创新生物技术集群和1个区域创新中心已经非常成熟。印度的生物技术产业主要由五大部分组成：生物制药、生物服务、生物农业、生物工业和生物信息学（表10-8）。

表10-8 印度主要生物技术集群的有关信息

园区名称	所在城市	面积/公顷
Shppoji Pllonji 生物技术园	海得拉巴	121.50
ICICI 生物技术园	海得拉巴	80.93
国际生物技术园	浦那	41.68
勒克瑙生物技术园	勒克瑙	8.09
Colden Jubilee 生物技术园	金奈	3.24
提契尔生物技术园	金奈	2.02
古瓦哈提生物技术园	阿萨姆	283.28
KINFRA 生物技术园	喀拉拉邦	30.35
生物制药信息技术园	奥里萨邦	26.15
班加罗尔生物技术园	卡纳塔克邦	21.45

资料来源：印度商务部所属印度品牌管理基金（IBEF）。

新加坡Biopolis，通过发展世界领先的研究、建立长期战略伙伴关系、利益攸关方的参与，促进从基因到生态系统的生物学理解，并利用这些知识来应对环境、生物多样性和农业领域的紧迫社会挑战，研究成果的转移与利用，包括生态评估和监测，生态系统功能、服务和恢复，农业生物多样性和可持续粮食系统等。

随着生物技术领域国际化竞争的日益加剧，生物医药领域的产业集群建设十分重要，各国纷纷出台鼓励支持生物技术产业发展的相关战略和政策以促进本国生物医药产业的发展，意在抢占生物技术领域产业的高地，如今生物技术产业已发展到规模化集群化生产的新阶段。

参考文献

[1] 尚红，王毓三，申子瑜. 全国临床检验操作规程 [M]. 4 版. 北京：人民卫生出版社，2015.

[2] 宋海波，戴立忠，邹炳德，等. 中国体外诊断产业发展蓝皮书（2018 卷）[M]. 上海：上海科学技术出版社，2019.

[3] 全国卫生产业企业管理协会医学检验产业分会，中国医疗器械行业协会体外诊断分会. 中国体外诊断行业报告（2020 版）[R]. 北京，2020.

[4] 宋海波，唐勇，周旭一，等. 中国体外诊断产业发展蓝皮书（2019—2020 卷）[M]. 上海：上海科学技术出版社，2022.

[5] 宋海波. IVD 产业概况及未来发展的思考 [R/OL]. (2021-07-09) [2022-05-10]. https：//www.caivd-org.cn/index.asp.

[6] SONG H B，YAO J. In Vitro Diagnostic Industry in China[M]. 上海：Springer，2022.

[7] 中国生物技术发展中心. 2021 年中国生物医药产业园区竞争力评价及分析报告 [R]. 北京，2021.

[8] Liftstream.Biotech clusters Biotech Clusters USA [EB/OL]. [2020-01-09]. https：//www.liftstream.com/biorn-biotech-cluster.html.

[9] Mizuho Industry Focus.Sciences and biotechnology industry clusters in Europe [EB/OL]. (2013-12-01) [2020-01-09]. https：//www.mizuhobank.com/fin_info/industry/pdf/mif_122.pdf.

[10] IBEF.Indian biotechnology industry analysis [EB/OL]. (2017-05-01) [2020-01-09]. https：//www.ibef.org/archives/industry/biotechnology-reports/indian-biotechnology-industry-analysis-may-2017.

[11] 林巧，王晓梅，何微，等. 全球生物技术产业集群建设情况综述 [J]. 全球科技经济瞭望，2020，35（2）：6.

致 谢

2022年年初，中国生物技术发展中心组织中华医学会检验医学分会和国内体外诊断领域专家成立《2022体外诊断科技创新发展报告》（简称《报告》）编写组，进行全书框架设计、信息收集和写作校对等工作。在《报告》编制过程中，编写组召开了多次专家咨询会，邀请高校、科研院所、医疗机构、创新型企业的一线科研工作者和有关产业界人士，对《报告》的框架、编写方法和内容等进行研讨。

《报告》编写历时10个月，凝结了多家高校、科研院所、医疗机构和创新型企业的心血和智慧。特别感谢参与《报告》撰写指导和意见咨询的各位专家。

最后，感谢编写团队的辛勤付出，以及中华医学会检验医学分会给予的大力支持。

中国生物技术发展中心
2022年10月